FORA DO LUGAR

EDWARD W. SAID

Fora do lugar

Memórias

Tradução
José Geraldo Couto

Copyright © 1999 by Edward W. Said

Título original
Out of Place. A Memoir.

Capa
Ettore Bottini

Foto de capa
Corbis/Stock Photos

Preparação
Maria Cecília Caropreso

Revisão
Ana Maria Barbosa
Carmen S. da Costa

Dados Internacionais de Catalogação na Publicação (CIP)
(Câmara Brasileira do Livro, SP, Brasil)

Said, Edward W., 1935-2003
    Fora do lugar : memórias / Edward W. Said ; tradução José
Geraldo Couto. — São Paulo : Companhia das Letras, 2004.

    Título original: Out of place : a memoir
    ISBN 85-359-0455-7

    1. Intelectuais - Estados Unidos - Biografia 2. Memórias
autobiográficas 3. Palestinos-americanos - Biografias 4. Said,
Edward W., 1935-2003 - I. Título.

03-7169   CDD-973.0492740092

Índices para catálogo sistemático:
1. Memórias autobiográficas : Palestinos-americanos : História
    973.0492740092
2. Palestinos-americanos : Memórias autobiográficas : História
    973.0492740092

[2004]
Todos os direitos desta edição reservados à
EDITORA SCHWARCZ LTDA.
Rua Bandeira Paulista 702 cj. 32
04532-002 — São Paulo — SP
Telefone (11) 3707-3500
Fax (11) 3707-3501
www.companhiadasletras.com.br

Para o dr. Kanti Rai e Mariam C. Said

Sumário

Agradecimentos 9
Prefácio 11
Fora do lugar 17

Agradecimentos

Este livro foi escrito em grande parte durante períodos de doença ou tratamento, às vezes em casa, em Nova York, às vezes desfrutando da hospitalidade de amigos ou instituições na França e no Egito. Comecei a trabalhar em *Fora do lugar* em maio de 1994, enquanto me restabelecia de três sessões iniciais de quimioterapia para tratamento de leucemia. Com incansável gentileza e paciência, Dale Janson e as magníficas enfermeiras do Ambulatório de Quimioterapia e Transfusão do Hospital Judaico de Long Island trataram de mim pelos dias, semanas e meses em que fiquei sob seus cuidados até terminar a escrita.

Minha família — Mariam, Wadie, Najla — me agüentou ao longo dos cinco anos de trabalho no manuscrito, como se não bastassem minha doença, minhas ausências e meu estado de espírito, com o qual em geral era difícil lidar. Seu humor, seu apoio incondicional e sua força tornaram mais fácil — para mim; para eles, nem sempre — atravessar tudo aquilo, e sou-lhes profundamente grato.

Meu querido amigo Richard Poirier, certamente o mais refinado crítico literário dos Estados Unidos, encorajou-me desde o início e leu vários rascunhos, assim como Deirdre e Allen Bergson. Tenho com eles uma dívida genuína. Zaineb Istrabadi, meu excelente assistente na Universidade de Columbia, deveria ganhar um prêmio por decifrar minha caligrafia, reproduzindo-a para mim numa forma legível, passando a limpo numerosos rascunhos, sempre com paciência e sem nenhuma palavra desagradável. Sonny Mehta, um extraordinário editor e camarada, deu-me sua amizade e apoio. Mais uma vez gostaria de agradecer a Andrew Wylie por ter examinado este trabalho do início ao fim.

É praxe, para não dizer rotina, um autor agradecer a seus editores. No meu caso não há nada de *pro forma* nos sentimentos de afeto, admiração e gratidão que tenho por meus amigos Frances Coady, da Granta, e Shelley Wanger, da Knopf. Frances me ajudou a ver o que eu estava tentando fazer, e a partir daí fez as mais perspicazes sugestões no sentido de desbastar um manuscrito volumoso e desordenado até dar-lhe algo parecido com uma forma. Sempre com paciência e bom humor, Shelley sentou-se a meu lado e serviu-me de guia à medida que atravessávamos centenas de páginas de uma prosa freqüentemente prolixa e rudimentar.

A formidável competência médica e a notável humanidade do dr. Kanti Rai permitiram que eu fosse em frente durante a escrita até a conclusão deste livro. Desde o início da minha enfermidade, ele e Mariam Said agiram em cooperação e literalmente me impediram de sucumbir. Com gratidão, dedico este livro a Mariam por seu afetuoso apoio e a Kanti por sua destreza humana e amizade.

E.W.S.
Nova York, maio de 1999

Prefácio

Fora do lugar é um registro de um mundo essencialmente perdido ou esquecido. Vários anos atrás recebi o que parecia ser um diagnóstico médico fatal, e isso me fez considerar importante deixar um relato subjetivo da vida que vivi no mundo árabe, onde nasci e passei meus anos de formação, e nos Estados Unidos, onde cursei o colégio e a universidade. Muitos dos lugares e das pessoas que aqui relembro não existem mais, embora eu me espante freqüentemente com o tanto que carrego deles dentro de mim, muitas vezes em detalhes miúdos e assombrosamente concretos.

Minha memória mostrou-se crucial para a faculdade de manter-me em funcionamento durante períodos desgastantes de doença, tratamento e angústia. Quase diariamente, e enquanto escrevia também outras coisas, meus encontros com este manuscrito forneciam-me uma estrutura e uma disciplina ao mesmo tempo prazerosas e exigentes. Meus outros escritos e minha atividade de professor pareciam afastar-me dos vários mundos e experiências deste livro: claramente nossa memória opera melhor e de modo mais livre quando não é forçada a trabalhar mediante artifícios ou atividades designados a esse propósito. Não obstante, meus escritos políticos sobre a situação palestina, meus estudos acerca das relações entre política e estética, especialmente ópera e prosa de ficção, e minha fascinação pelo tema de um livro que eu vinha escrevendo sobre estilo tardio (começando com Beethoven e Adorno) devem certamente ter alimentado estas memórias de modo sub-reptício.

Depois de terminar o manuscrito, fiz uma viagem a Jerusalém e em seguida ao Cairo em novembro de 1998: permaneci na primeira enquanto participava de um congresso sobre a paisagem palestina realizado em Bir Zeit, e viajei ao Egito para acompanhar a defesa de tese de doutorado de um talentoso aluno meu que leciona na Universidade de Tanta, oitenta quilômetros ao norte do Cairo. Descobri mais uma vez que o que havia sido uma rede de cidades e lugarejos nos quais tinham vivido todos os membros de minha família era agora uma série de locais israelenses — Jerusalém, Haifa, Tiberias, Nazaré e Acre — onde a minoria palestina vive sob a autoridade de Israel. Em partes da margem ocidental e de Gaza, os palestinos tinham leis próprias ou autonomia, mas o exército israelense mantinha o controle sobre a segurança geral, em nenhum lugar de modo mais rígido que nas fronteiras, postos de controle e aeroportos. Uma das perguntas rotineiras que me eram feitas pelos funcionários israelenses (já que meu passaporte norte-americano indicava que eu havia nascido em Jerusalém) era exatamente quando, depois do nascimento, eu havia deixado Israel. Respondia afirmando que deixara a *Palestina* em dezembro de 1947, enfatizando a palavra "Palestina". "O senhor tem algum parente aqui?", era a pergunta seguinte, à qual eu respondia: "Nenhum", e isso deflagrava em mim um sentimento de tristeza e perda cuja intensidade eu não havia previsto. Pois no início da primavera de 1948 toda a minha família havia sido varrida do local, e permanecera no exílio desde então. Em 1992, porém, tive a oportunidade, pela primeira vez desde nossa partida em 1947, de visitar a casa de propriedade da família onde eu nasci, no setor oeste de Jerusalém, bem como a casa em Nazaré onde minha mãe cresceu, a casa de meu tio em Safad e assim por diante. Todas tinham novos ocupantes agora, o que, por razões tremendamente inibidoras e indistintamente emocionais, tornou muito difícil para mim, a bem da verdade impossível, entrar nelas outra vez, mesmo para uma observação superficial.

Enquanto estava no Cairo, durante minha viagem de novembro de 1998, fui fazer uma visita a nossas velhas vizinhas Nadia e Huda, e à mãe delas, a sra. Gindy, que por muitos anos moraram três andares abaixo do nosso, no segundo andar da rua Sharia Aziz Osman, nº 1. Elas me disseram que o nº 20, nosso velho apartamento, estava vazio e à venda, mas, depois de pensar um pouco na sugestão de que eu o comprasse de volta, não senti entusiasmo algum em readquirir um local que havíamos abandonado quase quarenta anos antes. Pouco depois Nadia e Huda disseram que, antes de almoçarmos, havia alguém esperando por mim na cozinha. Será que eu gostaria de vê-lo? Um homem pequeno e magro, vestindo o manto escuro e o turbante que eram o traje formal de um camponês do Alto Egito, entrou na sala. Quando ouviu das duas mulheres que este era o Edward que ele havia esperado pacientemente para ver, ele recuou, balançando a cabeça. "Não, Edward era alto e usava óculos. Este não é Edward." Eu havia reconhecido prontamente Ahmad Hamed, nosso *suffragi* (mordomo) por quase três décadas, um homem irônico, fanaticamente honesto e leal, que todos considerávamos membro da família. Tentei então convencê-lo de que era eu mesmo, mudado pela doença e pela idade, depois de 38 anos de ausência. Subitamente nos jogamos um nos braços do outro, soluçando com as lágrimas de um encontro feliz e de um tempo pranteado e irrecuperável. Ele falou sobre como me carregara nos ombros, como tagarelávamos na cozinha, como a família celebrava o Natal e o Ano-Novo, e por aí afora. Fiquei admirado ao constatar que Ahmad lembrava-se minuciosamente não apenas de nós sete — os pais e cinco filhos —, mas também de cada um dos tios, tias, primos, e de minha avó, além de alguns amigos da família. E então, à medida que o passado jorrava desse velho recolhido à distante cidade de Edfu, perto de Aswan, percebi mais uma vez como eram frágeis, preciosas e fugidias a história e as circunstâncias não apenas desaparecidas para sempre, mas basicamente não lembradas e não registradas, a não ser como reminiscência ocasional ou conversação intermitente.

Esse encontro casual me fez sentir de modo ainda mais forte que este livro, que revelava tanto quanto possível da existência vivida naqueles dias, principalmente entre 1935, ano do meu nascimento, e 1962, quando eu estava prestes a completar o doutorado, tinha alguma validade como um registro pessoal e não oficial daqueles tumultuosos anos no Oriente Médio. Eu me vi contando a história da minha vida sobre o pano de fundo da Segunda Guerra Mundial, da perda da Palestina e do estabelecimento de Israel, do fim da monarquia egípcia, dos anos Nasser, na Guerra de 1967, da emergência do movimento palestino, da Guerra Civil Libanesa e do processo de paz de Oslo. Eles estão na minha memória apenas de modo alusivo, embora sua presença fugidia possa ser vista aqui e ali.

Mais interessante para mim como autor era a sensação de tentar sempre traduzir experiências que eu tive não apenas num ambiente remoto, mas também numa língua diferente. Cada pessoa vive sua vida em determinada língua; suas experiências, em função disso, são vividas, absorvidas e relembradas nessa língua. A cisão básica da minha vida era entre o árabe, minha língua nativa, e o inglês, a língua da minha educação e subseqüente expressão como intelectual e professor, e portanto tentar produzir uma narrativa em uma língua ou outra — para não falar das numerosas maneiras como as línguas se misturavam diante de mim e invadiam o reino uma da outra — tem sido até hoje uma tarefa complicada. Assim, sempre foi difícil explicar em inglês as verdadeiras distinções verbais (bem como as ricas associações) que o árabe usa para diferenciar, por exemplo, os tios maternos e os paternos; mas, uma vez que tais nuanças desempenharam um papel definido no início da minha vida, tenho de tentar dar conta delas aqui.

Junto com a linguagem, é a geografia — especialmente na forma deslocada de partidas, chegadas, adeuses, exílios, nostalgia, saudades de casa e da viagem em si — que está no cerne das minhas lembranças daqueles primeiros anos. Cada um dos lugares onde vivi — Jerusalém, Cairo, Líbano e Estados Unidos — tem uma rede densa e complicada de valências que constitui grande parte do que significa crescer, ganhar uma identidade, formar minha consciência de mim mesmo e dos outros. E em cada local as escolas têm um lugar privilegiado na história, como microcosmos das cidades e metrópoles onde meus pais encontraram essas escolas e me matricularam. Uma vez que eu mesmo sou um educador, era natural que considerasse o ambiente escolar particularmente digno de ser descrito e comentado, embora eu não tivesse noção de como eram claras para mim as lembranças das primeiras instituições que freqüentei, e de como, comparativamente, os amigos e conhecidos que tive nelas tomaram mais parte da minha vida do que aqueles dos tempos de universidade ou dos meus anos de internato nos Estados Unidos. Uma das coisas que tentei explorar implicitamente é a influência que essas primeiras experiências escolares tiveram sobre mim, bem como por que ela persiste e por que ainda as considero experiências fascinantes e interessantes o suficiente para escrever sobre elas para os leitores cinqüenta anos depois.

A principal razão destas memórias, contudo, é, evidentemente, a necessidade de atravessar a distância de tempo e espaço entre minha vida atual e minha vida de então. Quero apenas mencionar esse fato como óbvio, sem analisá-lo ou discuti-lo, a não ser para dizer que um de seus resultados é um certo distanciamento irônico na postura e no tom quanto à reconstrução de uma época e de uma experiência remotas. Várias pessoas descritas aqui ainda estão vivas e provavelmente discordarão ou ficarão descontentes com o retrato que faço delas e de outros. Por menos que eu quisesse ferir quem quer que fosse, minha primeira obrigação não era ser simpático, mas sim honesto com minhas talvez peculiares lembranças, experiências e sentimentos. Eu, e somente eu, sou responsável pelo que recordo e vejo, não indivíduos do passado que não poderiam saber que efeito tiveram sobre mim. Espero que fique claro também que, tanto na qualidade de narrador como na de personagem, resolvi conscientemente não poupar a mim mesmo das mesmas ironias ou revelações embaraçosas.

FORA DO LUGAR

I.

Todas as famílias inventam seus pais e filhos, dão a cada um deles uma história, um caráter, um destino e até mesmo uma linguagem. Sempre houve algo errado com o modo como fui inventado e destinado a me encaixar no mundo de meus pais e de minhas quatro irmãs. Se isso ocorreu porque constantemente interpretei mal meu papel ou por causa de uma falha profunda no meu ser, é algo que não sei dizer no que se refere à maior parte da minha infância. Às vezes eu era intransigente, e sentia orgulho disso. Outras vezes parecia a mim mesmo quase desprovido de qualquer caráter. Tímido, inseguro, sem vontade. Contudo, minha sensação predominante era a de sempre estar fora do lugar. Por conta disso, levei quase cinquenta anos para me acostumar, ou, mais exatamente, para me sentir menos desconfortável, com "Edward", um nome ridiculamente inglês atrelado à força ao sobrenome inequivocamente árabe Said. Verdade que minha mãe me explicou que eu havia recebido o nome de Edward em homenagem ao príncipe de Gales, que fazia bela figura em 1935, ano de meu nascimento, e que Said era o nome de vários tios e primos. Mas os fundamentos racionais do meu nome desabaram quando descobri que nenhum de meus avós se chamava Said e também quando tentei combinar meu extravagante nome inglês com seu parceiro árabe. Durante anos, dependendo das circunstâncias específicas, eu pronunciava rapidamente o "Edward" e enfatizava o "Said"; em outras ocasiões, fazia o contrário, ou então juntava um nome no outro de modo tão rápido que nenhum dos dois soava claro. A única coisa que eu não podia tolerar, mas que muitas vezes fui obrigado a sofrer, era a reação descrente e, por conta disso, desalentadora: Edward? Said?

O fardo que esse nome representava sobre meus ombros tinha como paralelo um dilema semelhante no que se referia à língua. Eu nunca soube que língua falei primeiro, se árabe ou inglês, ou qual das duas era realmente a minha acima de qualquer dúvida. O que sei, entretanto, é que as duas sempre estiveram juntas em minha vida, ressoando uma na outra, às vezes com ironia, às vezes com nostalgia, mais freqüentemente uma corrigindo e comentando a outra. Cada uma delas pode parecer minha língua absolutamente primordial, mas nenhuma das duas é. Localizo a origem dessa instabilidade básica em minha mãe, de quem me recordo falando a mim tanto em inglês como em árabe, embora sempre me tenha escrito em inglês — uma vez por semana, durante toda a sua vida, assim como eu a ela. Algumas frases ditas por ela, como *tislamli* ou *mish 'arfa shu biddi 'amal?*, ou *rouh'ha* — dúzias delas —, eram árabes, e nunca tive consciência de ter de traduzi-las ou, mesmo em casos como *tislamli*, de saber exatamente o que significavam. Faziam parte da atmosfera infinitamente maternal em torno dela, pela qual, em momentos de grande aflição, me pego suspirando de saudade com a frase docemente murmurada *"ya mama"*, uma atmosfera oniricamente sedutora logo desfeita, deixando no ar a promessa de algo que no final não se consuma.

Mas, entremeadas a seu discurso árabe, havia palavras inglesas como *naughty boy* (menino malcriado) e, claro, meu nome, pronunciado "Edwaad". Ainda sou perseguido pela lembrança do som, exatamente na mesma época e lugar, de sua voz me chamando "Edwaad", a palavra flutuando pelo ar do crepúsculo na hora de fechamento do Jardim dos Peixes (um pequeno parque de Zamalek com aquário), e de mim mesmo, indeciso quanto a responder a ela ou continuar escondido por mais um tempo, desfrutando do prazer de ser chamado, de ser querido, a parte não Edward de mim dando-se ao luxo de tirar uma folga e ficar sem responder até que meu silêncio se tornasse insuportável. O inglês dela desdobrava-se numa retórica de normas e prestação de contas que nunca me abandonou. Quando minha mãe deixava o árabe de lado e falava inglês, havia um tom mais objetivo e sério que praticamente bania a intimidade generosa e musical de *sua* primeira língua, o árabe. Aos cinco ou seis anos, eu sabia que era irremediavelmente *naughty* e que na escola era uma porção de coisas igualmente reprovadas, como *fibber* (mentiroso) e *loiterer* (vadio). Quando me tornei plenamente consciente de que falava inglês com fluência, embora nem sempre de modo correto, eu me referia regularmente a mim mesmo não como "me", mas como *you*. "Mamãe não ama você, garoto malcriado", ela me dizia, e eu respondia, a meio caminho entre a repetição queixosa e a afirmação desafiadora: "Mamãe não ama você, mas tia Melia ama". Tia Melia era sua tia mais velha e solteirona, que me mimava quando eu era pequeno. "Não, ela não ama", minha mãe insistia. "Tudo bem. Saleh [o motorista sudanês de tia Melia] ama você", eu concluía, salvando alguma coisa da tristeza que me envolvia.

Eu não tinha na época a menor idéia de onde vinha o inglês de minha mãe ou de quem, no sentido nacional da expressão, ela era: esse estranho estado de ignorância continuou até relativamente tarde em minha vida, quando eu já estava na faculdade. No Cairo, um dos lugares onde me criei, o árabe que ela falava era um egípcio fluente, mas, aos meus ouvidos aguçados, e aos dos muitos egípcios que ela conhecia, era, se não completamente *shami*, pelo menos perceptivelmente modulado por ele. *Shami* (damasceno) é o adjetivo e o substantivo usado pelos egípcios para descrever tanto alguém de língua árabe que não é egípcio como alguém da Grande Síria, isto é, a Síria propriamente dita, o Líbano, a Palestina e a Jordânia; mas *shami* também é usado para designar o dialeto árabe falado por um shami. Muito mais que meu pai, cuja habilidade lingüística era primitiva em comparação com a dela, minha mãe tinha um excelente domínio do árabe clássico, assim como do demótico. Não o suficiente deste último, porém, para passar por egípcia, o que, evidentemente, ela não era. Nascida em Nazaré, em seguida enviada para um internato e um ginásio em Beirute, ela era palestina, embora sua mãe, Munira, fosse libanesa. Nunca conheci o pai dela, mas ele, conforme descobri, era o ministro batista em Nazaré, apesar de ter vindo originalmente de Safad, com uma passagem breve pelo Texas.

Eu não apenas era incapaz de absorver — que dirá dominar — todos os meandros e interrupções desses detalhes que rompiam uma simples seqüência dinástica, como também era incapaz de compreender por que ela não era uma pura mãe inglesa. Mantive por toda a vida essa vaga sensação de muitas identidades — em geral em conflito umas com as outras —, junto com uma aguda lembrança do sentimento de desespero com que eu desejava que fôssemos completamente árabes, ou completamente europeus e americanos, ou completamente cristãos ortodoxos, ou completamente muçulmanos, ou completamente egípcios, e assim por diante. Descobri que eu tinha duas alternativas com as quais reagir ao que, na verdade, era o processo de desafio, reconhecimento e revelação, resumido em perguntas e comentários do tipo: "Você é o quê?"; "Mas Said é um nome árabe"; "Você é americano?"; "Você é americano sem ter um sobrenome americano, e nunca esteve na América"; "Você não parece americano!"; "Como você pode ter nascido em Jerusalém e viver *aqui*?"; "Você é um árabe no fim das contas, mas de que tipo? Protestante?".

Que eu me lembre, nenhuma das respostas que dei em alto e bom som a tais interrogatórios foi satisfatória ou mesmo memorável. Minhas alternativas tinham a ver exclusivamente comigo: uma delas podia funcionar, digamos, na escola, mas não na igreja ou com os amigos da rua. A primeira consistia em adotar o tom impetuosamente afirmativo de meu pai e dizer a mim mesmo: "Sou um cidadão norte-americano", e pronto. Ele era americano por força de ter morado nos Estados Unidos e servido o exército americano na Primeira Guerra Mundial. Em parte porque essa alternativa tornava algo um tanto incrível o fato de ele haver me produzido, ela me parecia a menos convincente. Dizer "Sou um cidadão norte-americano" numa escola inglesa em tempo de guerra, com o Cairo sob o domínio de tropas britânicas e com uma população que me parecia total e homogeneamente egípcia, era uma aventura temerária, um risco a ser corrido em público apenas quando eu fosse forçado oficialmente a enunciar minha cidadania; em particular eu não poderia sustentar a afirmação por muito tempo, pois rapidamente ela sucumbiria a um escrutínio existencial.

A segunda de minhas alternativas era ainda menos eficaz que a primeira. Eu me abria ao estado de profunda desorganização da minha verdadeira história e das minhas origens ao recolher seus fragmentos e tentar recompô-los de modo a formar uma ordem. Mas eu nunca tinha informação suficiente; nunca havia o número certo de conectivos eficientes entre as partes que eu conhecia ou tinha alguma condição de escavar; o quadro geral nunca era totalmente correto. O problema, ao que parecia, começava com meus pais, seu passado e seus nomes. Meu pai, Wadie, passou depois a se chamar William (uma primeira discrepância que supus por muito tempo ser apenas uma anglicização de seu nome árabe, mas que logo me pareceu, suspeitosamente, um caso de identidade simulada, com o nome Wadie posto de lado, exceto por sua mulher e por sua irmã por razões não muito honrosas). Nascido em Jerusalém em 1895 — minha mãe dizia que o mais provável é que fosse em 1893 —, ele nunca me contou mais do que dez ou onze coisas a respeito do seu passado, uma série de imutáveis frases feitas que praticamente não comunicavam nada. Tinha pelo menos quarenta anos quando nasci.

Ele odiava Jerusalém e, embora eu tenha nascido lá e tenhamos passado na cidade longos períodos, a única coisa que dizia sobre ela era que lhe fazia lembrar da morte. A certa altura da vida, seu pai fora um drogomano que, por saber alemão, havia, segundo se dizia, mostrado a Palestina ao *Kaiser* Guilherme. E meu avô — nunca mencionado pelo nome, exceto quando minha mãe, que não o havia conhecido, chamava-o de Abu-Asaad — portava o sobrenome Ibrahim. Por isso, na escola meu pai era conhecido como Wadie Ibrahim. Ainda não sei de onde vem o "Said", e ninguém parece capaz de me explicar. O único detalhe relevante sobre seu pai que ele achou apropriado me comunicar foi que as surras de Abu-Asaad eram muito mais rigorosas que as que ele me infligia. "Como o senhor suportava?", perguntei, e ele respondeu com uma risada: "Na maioria das vezes eu fugia correndo". Nunca fui capaz de fazer o mesmo, e nem sequer considerei essa possibilidade.

Quanto à minha avó paterna, ela era igualmente obscura. Seu sobrenome de solteira era Shammas e seu prenome, Hanné; de acordo com meu pai, ela o convenceu a voltar dos Estados Unidos em 1920 — ele havia deixado a Palestina em 1911 — porque o queria perto dela. Meu pai sempre dizia lamentar sua volta para casa, embora com a mesma freqüência asseverasse que o segredo de seus espantosos êxitos nos negócios era o fato de ter "tomado conta" da mãe, que em retribuição rezava constantemente para que as estradas sob seus pés se convertessem em ouro. Nunca vi os traços dela em nenhuma fotografia, mas no regime imposto por meu pai à minha formação ela representava dois adágios contraditórios que nunca consegui conciliar: as mães devem ser amadas, dizia ele, e os cuidados para com elas devem ser incondicionais. Não obstante, em virtude de seu amor egoísta, elas podem desviar os filhos da carreira que escolheram (meu pai queria permanecer nos Estados Unidos e exercer a advocacia), e por esse motivo não se deve deixá-las chegar perto demais. Isso era, e é, tudo o que cheguei a saber sobre minha avó paterna.

Eu supunha a existência de uma longa história familiar em Jerusalém. Baseava essa crença na maneira como minha tia paterna Nabiha e seus filhos habitavam o lugar, como se eles, e especialmente ela, encarnassem o espírito peculiar, para não dizer austero e constrito, da cidade. Mais tarde ouvi meu pai falar de nós como Khleifawis, o que, segundo me informaram, era nosso verdadeiro clã original; mas os Khleifawis eram originários de Nazaré. Em meados dos anos 1980, me enviaram trechos de um livro de história de Nazaré, e neles havia uma árvore genealógica de um Khleifi, provavelmente meu bisavô. Pelo fato de não corresponder a nenhuma experiência vivida ou mesmo da qual eu suspeitasse, essa informação espantosa e inesperada — que me deu de repente todo um novo conjunto de primos — significa muito pouco para mim.

Meu pai, pelo que sei, freqüentou a St. George's School em Jerusalém e se destacou em futebol e críquete, fazendo parte da seleção da escola em ambos os esportes durante vários anos, como centroavante e guarda-meta, respectivamente. Ele nunca falou sobre nada que tenha aprendido na St. George's, nem sobre nenhuma outra coisa da escola, exceto que era famoso por atravessar o campo driblando até fazer o gol. Parece que seu pai induziu-o a deixar a Palestina para escapar do recrutamento no exército otomano. Mais tarde li em algum lugar que uma guerra havia eclodido na Bulgária por volta de 1911, para a qual eram necessárias tropas; imaginei-o fugindo do mórbido destino de se tornar bucha de canhão palestina para o exército otomano na Bulgária.

Nada disso foi apresentado a mim alguma vez em seqüência, como se os anos pré-americanos de meu pai fossem descartados por ele como irrelevantes para sua presente identidade como meu pai, marido de Hilda, cidadão dos Estados Unidos. Uma das grandes histórias estabelecidas, contada e recontada por ele muitas vezes à medida que eu crescia, era a narrativa de sua vinda aos Estados Unidos. Era uma espécie de versão oficial, e tinha o propósito, à maneira de Horatio Alger,* de instruir e informar seus ouvintes, basicamente seus filhos e esposa. Mas ela também reunia e colocava solidamente no lugar tanto o que ele queria que fosse conhecido a seu respeito antes do casamento com minha mãe como o que desde então estava liberado à visão pública. Ainda me impressiona que ele tenha se aferrado aos poucos episódios e detalhes dessa história durante os 36 anos em que foi meu pai, até sua morte em 1971, e que tenha sido tão bem-sucedido em manter afastados todos os outros aspectos esquecidos ou renegados de sua história. Só vinte anos depois de sua morte me ocorreu que ele e eu tínhamos quase exatamente a mesma idade quando, com quarenta anos de intervalo, viemos para os Estados Unidos, ele para construir sua vida, eu para seguir o script que ele preparou para mim, até que o rasguei e comecei a tentar escrever e viver meu próprio script.

---

* Horatio Alger Jr. (1834-99), romancista norte-americano, autor de livros juvenis edificantes. (N. T.)

Meu pai e um amigo chamado Balloura (cujo primeiro nome nunca foi mencionado) foram primeiro de Haifa a Port Said em 1911, onde embarcaram num cargueiro britânico para Liverpool. Ficaram em Liverpool por seis meses antes de conseguir trabalho como camareiros num navio de passageiros com destino a Nova York. Sua primeira tarefa a bordo era limpar as vigias, mas, uma vez que nenhum dos dois sabia o que era uma vigia, tendo alegado "grande experiência naval" só para obter os empregos, eles limparam tudo, menos as vigias. Seu supervisor ficou "nervoso" (uma palavra que meu pai usava regularmente para significar raiva ou aborrecimento em geral) com eles, entornou um balde d'água e mandou-os esfregar o convés. Wadie em seguida mudou de função, passando a trabalhar como garçom, atividade cujo único aspecto memorável era sua descrição de como servia um prato, corria para fora para vomitar por causa do balanço do barco e cambaleava de volta para servir o prato seguinte. Chegando a Nova York sem documentos válidos, Wadie e o obscuro Balloura esperaram uma chance, até que, a pretexto de abandonar o navio temporariamente para visitar um bar nas proximidades, subiram num bonde que passava "indo para sabe-se lá para onde", e viajaram nele até o fim da linha.

Outra das histórias muito repetidas de meu pai dizia respeito a uma prova de natação da Associação Cristã de Moços num lago no interior do estado de Nova York. Ela forneceu a ele uma moral sedutora: ele foi o último a terminar a prova, mas persistiu até o fim ("Nunca desista", era a divisa) — a bem da verdade, só terminou quando a prova seguinte já tinha começado. Nunca questionei, e fui devidamente submisso à homilia do "Nunca desista". Depois, quando eu estava com trinta e poucos anos, me dei conta de que Wadie foi tão lento e teimoso que na verdade *retardou* todos os outros eventos, o que não era uma coisa louvável. "Nunca desistir", eu disse a meu pai — com a arrogância de quem conseguira recentemente a cidadania, mas continuava sem poder algum —, poderia também significar um transtorno social, obstruindo outros, atrasando a programação, talvez mesmo dando a espectadores impacientes uma oportunidade de vaiar e xingar o nadador ofensivamente lento e irresponsavelmente teimoso. Meu pai reagiu com um sorriso surpreso e levemente desconfortável, como se eu o tivesse finalmente encurralado um pouquinho, depois virou as costas e se afastou sem dizer uma palavra. A história não foi mais repetida.

Ele se tornou vendedor da Arco, uma empresa de tintas de Cleveland, e estudou na Western Reserve University. Ao ouvir dizer que os canadenses estavam mandando um batalhão "para lutar contra os turcos na Palestina", atravessou a fronteira e se alistou. Quando descobriu que não iria haver nenhum batalhão desse tipo, simplesmente desertou. Inscreveu-se então na Força Expedicionária Americana e foi destinado aos rigores de Camp Gordon, na Georgia, onde sua reação a uma bateria de vacinas fez com que passasse a maior parte do tempo de treinamento doente, na cama. A cena muda então para a França, onde ele cumpriu um tempo nas trincheiras; minha mãe tinha duas fotografias dele no uniforme militar da época, uma delas com uma cruz de Lorena pendurada no pescoço testemunhando sua ação na França. Ele costumava dizer que fora intoxicado por gás e ferido, ficando depois de quarentena, hospitalizado em Mentone (sempre usava a pronúncia italiana). Uma vez, quando lhe perguntei como era participar de uma guerra, lembro-me de que ele me contou sobre um soldado alemão que ele havia matado à queima-roupa e que "ergueu as mãos num grande choro antes que eu atirasse nele"; disse que tivera pesadelos recorrentes com o episódio durante anos a fio de sono atormentado. Depois de sua morte, quando, por alguma razão, recuperamos seus documentos de baixa do Exército (perdidos por meio século), fiquei pasmo ao descobrir que, como membro do corpo de oficiais encarregados do abastecimento das tropas, não havia registro de participação sua em nenhuma campanha militar conhecida. Tratava-se provavelmente de um engano, uma vez que ainda acredito na versão de meu pai.

Ele voltou a Cleveland depois da guerra e abriu sua própria empresa de tintas. Seu irmão mais velho, Asaad ("Al"), estava trabalhando na época como marinheiro nos Grandes Lagos. Já naquele tempo era o irmão mais novo, "Bill" — a mudança de nome ocorreu no Exército —, que supria o mais velho de dinheiro e que também mandava aos pais metade de seu salário. Asaad uma vez ameaçou atacar Bill com uma faca: precisava de mais dinheiro de seu irmão mais jovem para casar com uma mulher judia, à qual ele abandonou sem se divorciar, segundo a suspeita de meu pai, quando subitamente voltou também para a Palestina nos anos 20.

Curiosamente, nada da década americana de meu pai sobreviveu, com exceção de seus parcos relatos a respeito dela e alguns fragmentos isolados, como o gosto por torta de maçã *à la mode* e umas poucas expressões repetidas com freqüência, como *hunkydory* (bacana) e *big boy* (garotão). Com o tempo, descobri que o que seu período nos Estados Unidos realmente significou em relação a sua vida subseqüente foi a prática do progresso pessoal com um objetivo, algo que ele explorou naquilo que fez e no que levou os outros a seu redor, principalmente eu, a fazer. Ele sempre afirmou que os Estados Unidos eram seu país, e quando divergíamos violentamente a respeito do Vietnã, ele se aferrava confortavelmente à frase: "Meu país, certo ou errado". Mas nunca conheci nem tive notícias sobre seus amigos ou conhecidos daquele tempo; havia uma pequena foto de Wadie num acampamento da ACM e apenas algumas anotações lacônicas e pouco informativas num diário militar do ano na guerra, 1917-18. Era tudo. Depois que ele morreu, fiquei me perguntando se, a exemplo de Asaad, ele também não tivera uma mulher, e até mesmo uma família, que tivesse abandonado. No entanto, sua história foi tão poderosamente instrutiva para a forma que minha juventude tomou sob sua direção que não me lembro de ter feito nada que se parecesse com uma pergunta difícil.

Depois dos Estados Unidos, a história ganha proximidade e de algum modo perde qualquer traço de romance de Horatio Alger: era como se, tendo voltado à Palestina em 1920 armado com a cidadania norte-americana, William A. Said (anteriormente Wadie Ibrahim) tivesse virado abruptamente um pioneiro, trabalhador e negociante bem-sucedido, além de protestante, morador primeiro em Jerusalém e depois no Cairo. Esse foi o homem que conheci. A natureza de sua relação inicial com o primo mais velho Boulos Said — que era também marido de sua irmã Nabiha — nunca foi explicada de fato, embora tenha sido Boulos quem fundou a Companhia Educacional da Palestina, na qual Wadie ingressou (e investiu) quando voltou para casa. Os dois homens tornaram-se sócios igualitários, embora tenha sido Wadie que, em 1929, expandiu o negócio da Palestina para o Egito, onde, em não mais que três anos, estabeleceu a bem-sucedida Standard Stationery Company, com duas lojas no Cairo, uma em Alexandria e várias agências e representantes na zona do canal de Suez. Havia uma florescente comunidade síria (*shami*) no Cairo, mas ele parece ter se mantido afastado dela, preferindo, em vez disso, trabalhar durante longas horas e jogar ocasionalmente uma partida de tênis com seu amigo Halim Abu Fadil; ele me contou que jogavam às duas da tarde, na hora mais quente do dia, do que eu deveria concluir que uma disciplina férrea, implacável em seus rigores, governava seus esforços em tudo o que fazia, até mesmo nos esportes.

Meu pai aludia pouco a esses anos anteriores ao seu casamento, em 1932, mas parecia que as tentações da carne — a extravagante vida noturna do Cairo, com seus bordéis, espetáculos eróticos e as oportunidades gerais de dissipação oferecidas a estrangeiros prósperos — tinham pouco interesse para ele; seu celibato era íntegro e sem nenhuma sombra de devassidão. Minha mãe — que obviamente não o conhecia na época — costumava contar como ele voltava a seu modesto apartamento em Bab el Louk, jantava solitariamente e passava a noite ouvindo discos de música clássica e lendo os clássicos da coleção Everyman's Library, o que incluía muitos dos romances de Waverley, assim como a *Ética* de G. E. Moore e Aristóteles (durante minha adolescência e depois dela, entretanto, ele limitaria suas leituras a obras sobre guerra, política e diplomacia). Em 1932 estava bem de vida o suficiente para se casar e levar a esposa muito mais jovem — ela estava com dezoito anos e ele com 37 — para uma lua-de-mel de três meses na Europa. O casamento foi negociado por minha tia Nabiha por intermédio de seus contatos em Nazaré e, até certo ponto, pela tia de minha mãe no Cairo, Melia Badr (tia Melia), uma formidável solteirona que, junto com seu amável chofer, Saleh, tornou-se parte importante da paisagem da minha infância. Todos esses detalhes vinham de minha mãe, que deve tê-los ouvido como uma espécie de preparação para o ingresso no estado matrimonial com um homem mais velho que ela não conhecia, que vivia num lugar do qual ela não sabia praticamente nada. E então ele se transformou no marido e pai exemplar cujas idéias, valores e, claro, métodos deveriam me moldar.

Quaisquer que tenham sido os fatos históricos reais, meu pai representou uma combinação devastadora de poder e autoridade, disciplina racionalista e emoções reprimidas; e tudo isso, como percebi depois, influenciou minha vida inteira, com alguns efeitos bons, mas com outros inibidores e debilitantes. À medida que fui crescendo, encontrei o equilíbrio entre esses efeitos, mas de minha infância até os vinte e poucos anos fui muito controlado por ele. Com a ajuda de minha mãe, ele tentou criar um mundo muito parecido com um casulo gigante, no qual fui introduzido e mantido, a um custo exorbitante, conforme me dou conta meio século depois. O que me impressiona agora não é o fato de eu ter sobrevivido, mas sim o de que, ao aguardar minha vez dentro desse regime, tenha de alguma maneira conseguido canalizar a força de suas lições básicas para minhas próprias habilidades, as quais ele parecia incapaz de afetar, talvez até mesmo de alcançar. O que também ficou dele em mim, infelizmente, foi sua incansável insistência em fazer algo útil, em levar as coisas até o fim, em "nunca desistir", mais ou menos o tempo todo. Não tenho nenhuma noção do que seja ócio ou relaxamento e, em especial, nenhum senso de realização progressiva. Cada dia, para mim, é como o início de um novo período letivo, com um verão vasto e vazio atrás de si e um incerto amanhã à frente. Com o tempo, "Edward" tornou-se um exigente mestre-de-obras, registrando uma lista de falhas e fracassos com a mesma energia com que, em outra lista, enumera obrigações e compromissos acumulados. As duas listas se equilibram e, em certo sentido, anulam-se uma à outra. "Edward" ainda tem que começar cada dia do zero e, no final dele, normalmente sente que muito pouco foi feito direito.

Minha mãe foi com certeza a companheira mais próxima e mais íntima durante meus primeiros 25 anos de vida. Mesmo agora, sinto-me marcado e dirigido por vários de seus persistentes pontos de vista e hábitos: uma ansiedade paralisante diante de caminhos de ação alternativos; uma insônia crônica, em grande parte auto-infligida; uma entranhada inquietação acompanhada de um suprimento inesgotável de energia mental e física; um profundo interesse em música e linguagem, bem como nas noções estéticas de aparência, estilo e forma; um sentido talvez demasiado elaborado do mundo social, suas correntes, seus encantos e seu potencial para a felicidade e a dor; e, por fim, um cultivo virtualmente insaciável e incrivelmente diversificado da solidão como forma tanto de liberdade como de angústia. Se minha mãe tivesse sido apenas um simples refúgio, ou uma espécie de intermitente abrigo, frente à passagem do tempo, não sei dizer quais teriam sido os resultados. Mas ela possuía a mais profunda e irresoluta ambivalência diante do mundo, e de mim mesmo, que jamais conheci. A despeito de nossas afinidades, minha mãe exigia meu amor e minha devoção, e dava-os de volta dobrados e redobrados; mas ela também podia afastá-los de repente, produzindo em mim um pânico metafísico que ainda sou capaz de experimentar com considerável desagrado e mesmo terror. Entre o sorriso de minha mãe, revigorante como o sol, e seu olhar frio de censura ou sua carranca hostil de rejeição, eu existia como uma criança ao mesmo tempo afortunada e irremediavelmente desesperada, nem totalmente uma coisa nem outra.

Ela representava a si mesma para mim como uma jovem descomplicada, talentosa, amorosa e linda, e até meus vinte anos — quando ela tinha apenas quarenta — eu a vi dessa maneira; se ela se tornou abruptamente outra coisa, eu me culpei por isso. Mais tarde nosso relacionamento se turvou bastante. Mas, no que se refere ao início de minha vida, eu estava num estado arrebatado de sintonia precária e altamente provisória com minha mãe, de tal maneira que eu não tinha de fato nenhum amigo da minha idade, e minhas relações com minhas irmãs mais novas, Rosemarie, Jean, Joyce e Grace, eram débeis e, pelo menos para mim, não muito satisfatórias. Era exclusivamente para minha mãe que eu me voltava em busca de companhia intelectual e emocional. Ela costumava dizer que, pelo fato de seu primeiro filho ter morrido no hospital logo depois de ela ter me dado à luz, eu recebera doses extras de cuidado e atenção. Mas esse excesso não podia esconder o forte pessimismo subjacente, que com freqüência neutralizava sua afirmação radiante de mim.

Embora por motivos diferentes, minha mãe, a exemplo de meu pai, revelou muito pouco acerca de suas origens e de seu passado durante meus anos de formação. Nascida em 1914, era a criança do meio de cinco filhos, e os outros quatro eram meninos, tios paternos com os quais eu tinha laços altamente problemáticos. Todo mundo que conheceu minha mãe em Nazaré confirma sua alegação de ser a favorita de seu pai; embora ela o descrevesse como um homem "bom", ele me soava como alguém sem encanto, um pastor batista fundamentalista que era ao mesmo tempo um patriarca severo e um marido repressor. Hilda, minha mãe, foi enviada a um internato em Beirute, a American School for Girls (Escola Americana para Meninas), ou ASG, uma instituição missionária que a amarrou a Beirute do princípio ao fim, o Cairo figurando aí como um longo interlúdio. Sem dúvida uma estrela ali e no Junior College (hoje Universidade Libanesa Americana), ela era popular e brilhante — a primeira da classe — na maioria das coisas. Não havia homem algum em sua vida, tão completamente virginal era sua existência naquelas duas escolas basicamente religiosas. Ao contrário de meu pai, que parecia independente de todos os laços da juventude que não fossem os da família, ela manteve até morrer fortes amizades com colegas de classe e contemporâneos: ser estudante em Beirute durante cinco anos foi a parte mais feliz de sua vida e imprimiu um selo de duradouro prazer em todos que ela conheceu e em tudo o que fez naquela época. De alguém de cuja companhia desfrutou depois de ficar viúva, costumava dizer, de modo desapontado e, para mim, insano: "Wadad não é minha amiga de verdade, pois não estudou comigo".

Em 1932 ela foi arrancada do que era — ou parecia ser, retrospectivamente — uma vida maravilhosa e das realizações de Beirute e levada de volta à velha e casmurra Nazaré, onde foi entregue a um casamento arranjado com meu pai. Nenhum de nós pode hoje ter uma noção completa do que foi aquele casamento ou de como ele aconteceu, mas fui treinado por ela — meu pai em geral silenciava sobre esse assunto — a vê-lo como algo inicialmente difícil, ao qual ela foi se ajustando aos poucos ao longo de quase quarenta anos e que acabou por transformar no evento mais importante de sua vida. Ela nunca trabalhou ou estudou novamente, exceto pelas aulas de francês que teve no Cairo e, anos depois, por cursar humanidades em sua velha faculdade de Beirute. Havia histórias sobre sua anemia e enjôo na viagem de lua-de-mel, todas elas intercaladas por comentários sobre a paciência e a delicadeza de meu pai para com ela, a jovem, vulnerável e ingênua noivinha. Ela nunca falava sobre sexo sem um estremecimento de desgosto e desconforto, embora as freqüentes observações de meu pai sobre o homem como um hábil cavaleiro e a mulher como uma égua subjugada sugiram a mim uma basicamente relutante, ainda que excepcionalmente frutífera, parceria sexual que produziu seis filhos (cinco dos quais sobreviveram).

Mas também nunca duvidei de que, na época de seu casamento com aquele homem de meia-idade silencioso e singularmente forte, ela tenha sofrido um terrível golpe. Foi arrancada de uma vida feliz em Beirute. Recebeu um marido muito mais velho — talvez como retribuição a alguma espécie de pagamento a sua mãe —, que prontamente a levou a terras estranhas e em seguida a estabeleceu no Cairo, uma cidade gigantesca e confusa num país árabe desconhecido, com sua tia solteirona Emelia (Melia) Badr. Melia tinha ido para o Egito no início do século e — assim como minha mãe, a seu modo, viria a fazer — criara uma existência em território essencialmente estrangeiro. O pai de Melia (meu bisavô), Yousif Badr, foi o primeiro pastor evangélico nativo do Líbano, e por seu intermédio, talvez, Melia tenha sido contratada como professora de árabe pelo American College for Girls do Cairo, uma instituição essencialmente missionária.

35

Era uma mulher miúda, mas tinha mais força de vontade que qualquer outra pessoa que já conheci. Fez com que os norte-americanos a chamassem de Miss Badr (em vez da complacente forma de tratamento reservada aos nativos, professora Melia) e logo demonstrou sua radical independência ao boicotar as cerimônias religiosas, que eram parte integrante da vida escolar e missionária. "Existe um deus?", perguntei a ela em 1956, um pouco antes de sua morte. "Duvido muito", respondeu, de modo cansado e mesmo irritado, com aquela estranha determinação a que recorria quando não queria mais ser importunada pelo tópico em questão.

A presença de Melia na vida da família Said, antes e depois do meu nascimento, foi de importância central. Não vivíamos com nossos parentes nem éramos seus vizinhos. Nossa família estava sozinha no Cairo, exceto por Melia e, mais tarde, nos anos 40, pela irmã dela, minha avó Munira, que também morou conosco. Melia ajudou minha mãe a compreender o complicado sistema social do Cairo, que era tumultuosamente diferente de qualquer coisa que Hilda havia conhecido na qualidade de garota protegida em Nazaré e em Beirute. E Melia apresentou o casal a vários de seus amigos, em geral coptas e sírios (*shawam*, plural de *shami*), cujas filhas eram suas alunas. Melia não parecia dar atenção excessiva a minhas irmãs, mas era doida por mim, embora nunca se deixasse levar de fato pelo sentimento, como era normalmente o caso com as mulheres da família: nada de efusões, abraços demorados ou declarações exageradas de preocupação ritual. Só a mim era concedido o direito de fazer a ela perguntas como "Você é casada com Saleh?", o motorista que parecia praticamente viver com ela, e de vez em quando eu tinha permissão até mesmo para dar uma espiada no complicado interior de sua bolsa.

Entre os anos de 1945 e 1950, eu a vi em ação várias vezes

na faculdade. Magra e com pouco mais de 1,5 metro de altura, vestia-se sempre de preto, a cabeça coberta por um turbante igualmente preto, e nunca calçava nada nos pés, a não ser delicados escarpins de couro preto. Seus gestos eram econômicos ao extremo, e ela nunca levantava a voz nem expressava a mais leve hesitação ou incerteza. Tinha um método diferente para cada classe e subclasse social, mas subjacente a cada um deles havia um senso de formalidade que não podia ser violado, bem como uma distância mantida fria e cuidadosamente, de modo a não permitir a ninguém passar de certo ponto de familiaridade, determinado exclusivamente por ela. Aterrorizava criadas e alunas; obrigava até mesmo pais ilustres — inclusive pelo menos dois primeiros-ministros — a aceitar suas severas críticas e julgamentos como inapeláveis e definitivos; por sua perseverança, longevidade e ar de infalibilidade, forçou as professoras americanas (também solteironas) a se adequarem a seu jeito, em vez de ela se adaptar ao das colegas. Ao longo de meio século na faculdade — morou lá também, comandando seu pavimento como uma rainha —, nunca ninguém levou a melhor sobre ela. Parou de lecionar antes de eu nascer e tornou-se "diretora" da faculdade, um cargo criado em deferência a sua habilidade em governar alunos e funcionários egípcios como nenhum americano era capaz.

Tia Melia tomou Hilda pela mão, mostrou-lhe onde fazer suas compras, em que escola colocar os filhos, a quem procurar quando precisasse de alguma coisa. Supriu-a de criadas, professores de piano, tutores, indicações de escolas de balé, costureiras e, obviamente, de inesgotáveis conselhos, transmitidos sem estardalhaço. Ela sempre aparecia para almoçar às terças-feiras, um hábito que se iniciou antes de eu nascer e continuou até ela deixar o Egito, em 1953, para seu breve período de aposentadoria no Líbano, onde morreu em 1956. Eu era particularmente fascinado por duas coisas a respeito dela. Uma era seu jeito de comer.

Talvez devido a defeitos nos molares, pequenas porções de comida eram cuidadosamente depositadas entre suas gengivas e os dentes da frente; não iam para o fundo da boca, onde poderiam ser mastigadas e engolidas. Em vez disso, ela lidava com a comida na parte frontal da boca, pressionando-a com a língua e então sugando dela uma minúscula porção de suco e, digamos, um grão de arroz, ou um pedacinho de carne, que engolia de modo abrupto e quase imperceptível. Em seguida, com o garfo, ela extraía o que havia sobrado — que sempre me pareceu completamente intacto — e depositava com cuidado no canto do prato. Ao final da refeição, que ela era sempre a última a terminar, seu prato continha sete ou oito montículos de comida, dispostos num círculo perfeito, como se tivessem sido colocados lá por um *chef* caprichoso.

A segunda coisa que me deixava estupefato eram suas mãos, sempre envolvidas em luvas de renda negra ou branca, dependendo da estação. Ela usava braceletes, mas não anéis. Sua mão esquerda sempre segurava um pequeno lenço na palma, próximo ao polegar, e ela o desenrolava e enrolava de novo o dia todo. Cada vez que me oferecia uma bala — que ela chamava de *bastilia* —, esta emergia do lencinho, sempre cheirando a lavanda, sempre envolvida em celofane, sempre com um gosto suave e delicado, como marmelo ou tamarindo. Sua mão direita carregava a bolsa ou repousava sobre ela.

O relacionamento de tia Melia com meu pai era muito correto, respeitoso e às vezes até cordial; era totalmente diferente da atitude dele com a irmã dela, a gentil, paciente e irremediavelmente bondosa Munira, que ele chamava de *mart 'ammi*, sogra (literalmente, "a mulher do meu tio paterno"), e a quem sempre tratou com uma espécie de condescendência brincalhona. Quanto a seus quatro cunhados, ele parecia dirigir-lhes uma afeição moderada e uma grande dose de desaprovação. Os irmãos de Hilda — Munir, Alif, Rayik e Emile — viviam na Palestina, e nós os visitávamos com certa regularidade; depois de 1948, eles começaram a passar temporadas no Cairo, em geral refugiados, às vezes "em apuros", como meu pai dizia, precisando de ajuda. Eram mais numerosos que os parentes de meu pai, especialmente se acrescentarmos aos palestinos a verdadeira multidão de parentes libaneses de Hilda. Uma das regras férreas de meu pai era jamais discutir a família Said em hipótese alguma; ele me dizia com freqüência que a família de um homem é sua honra. Mas não tinha nenhum escrúpulo em discutir a família de minha mãe, para a qual (e isto deve ter complicado enormemente a vida dela) ele parecia ser, segundo ele próprio, uma inesgotável fonte de empréstimos. Meu pai sempre foi abastado, e os irmãos de Hilda não. Um deles pediu dinheiro emprestado a meu pai para se casar. Os outros tomaram somas emprestadas para vários empreendimentos fracassados, e fui levado a crer que essas somas nunca foram devolvidas. Meu pai me contava essas coisas todas com desgosto, e por conta dessa informação devo ter desenvolvido de modo subliminar um sentimento de desconforto e tênue reprovação que tornou desajeitada e pouco prazerosa minha interação com eles na adolescência.

Mas a objeção básica de meu pai a eles ao longo dos anos começou com seu casamento com Hilda. Nunca tive acesso a todos os detalhes, mas tinha alguma coisa a ver com o fato de o irmão mais velho de minha mãe, o favorito de Munira, ter vendido o pequeno pedaço de terra da família para poder se casar. Isso deixou a viúva Munira, mais Hilda e os outros três irmãos, sem meios adequados de subsistência. Há muito tempo desconfio (talvez incorretamente) que parte do arranjo matrimonial feito com meu pai pela família de Hilda incluía uma dotação para a subsistência de Munira. Ela acabou passando muitos anos conosco, e para nós era rotina ouvir histórias a respeito do mau tratamento dado a ela na casa de seu filho mais velho ou a respeito da inabilidade — meu pai preferia dizer má vontade — de seus outros filhos em contribuir para sustentá-la. Meu pai teve um justificado sentimento de vitória quando conseguiu convencer um dos filhos de minha avó a levá-la ao Groppi's para tomar sorvete uma vez por semana.

Para meu pai, tudo isso representava um exemplo clássico, para não dizer definitivo, de como os filhos *não* deviam tratar sua mãe — depois de 1948, ele passou regularmente a dizer também "e sua irmã". Esse tipo de conversa, expressa no estilo lacônico de meu pai, impregnava o ambiente familiar de uma maneira tanto geral como agudamente pessoal, no que me dizia respeito. Isso não apenas parecia colocar a família de minha mãe sob uma nuvem permanente de reprovação e desqualificação, como também me causava desconforto como irmão e como filho. O silogismo implícito sob o qual cresci era: "Edward" se parece com seus tios maternos (*talih' mikhwil* é a expressão árabe para o processo; ela sugere também que quanto mais velho se fica, mais forte é a semelhança); seus tios são inegavelmente maus filhos e maus irmãos; logo, "Edward" tem grande probabilidade de terminar como eles, e por isso deve ser desviado de seu caminho, reeducado e reformado para ser menos parecido com eles.

Isso era horrível para minha mãe, obviamente. Ter seu filho, sua mãe (a quem na minha presença ela tratava sempre com uma frieza quase debochada) e seus irmãos escolhidos para tal destino darwiniano transformou-a numa intolerável mistura de defensora de sua família original, executora das determinações de meu pai em sua nova família e ao mesmo tempo em minha advogada de acusação e de defesa. Qualquer coisa que ela fizesse caía simultaneamente nessas três categorias de julgamento e ficava emaranhada dentro dela, com conseqüências muito desnorteantes para mim, seu filho admirado, mas lamentavelmente genioso, o filho que confirmava o que havia de pior na linhagem dela. Seu amor por mim era ao mesmo tempo belo e refreado, e também dotado de infinita paciência.

Cresci oscilando entre ser — na minha avaliação da atitude de meu pai em relação a mim — um filho delinqüente e o sobrinho demasiado obediente de meus tios. Chamei meu pai de papai até o dia de sua morte, mas sempre percebi o que havia de contingente na expressão, e como era potencialmente inadequado pensar em mim mesmo como seu filho. Nunca lhe pedi nada sem sentir grande apreensão ou sem preparar-me para tanto durante horas de desespero. A coisa mais terrível que ele me disse — eu tinha doze anos na época — foi: "Você nunca vai herdar nada de mim; você *não* é o filho de um homem rico", embora eu o fosse, claro. Quando ele morreu, deixou todo o patrimônio para minha mãe. Desde o momento em que me tornei consciente de mim mesmo como criança, achei impossível deixar de pensar em mim como alguém que tinha tanto um passado desabonador como um futuro imoral à espera; toda a percepção que tive de mim mesmo durante os anos de formação foi experimentada no tempo verbal presente, pois eu labutava furiosamente para não cair de volta num padrão já estabelecido e também para não cair em frente, na perdição garantida. Ser eu mesmo significava não apenas nunca estar totalmente certo, mas também nunca me sentir à vontade, sempre esperando ser interrompido ou corrigido, ter minha privacidade invadida e minha insegura pessoa atacada. Permanentemente fora do lugar, o extremo e rígido regime de disciplina e educação extracurricular que meu pai criou e no qual fui aprisionado desde os nove anos de idade não me deixava nenhum espaço para perceber a mim mesmo além dos limites de suas regras e padrões.

E assim me tornei "Edward", uma criação de meus pais, cuja labuta diária um eu interior diferente, mas totalmente adormecido, era capaz de observar, embora na maior parte do tempo fosse impotente para ajudar. "Edward" era principalmente o filho, em seguida o irmão e finalmente o menino que ia para a escola e tentava em vão seguir (ou ignorar e contornar) todas as regras. Sua criação tornara-se necessária pelo fato de que seus pais eram, eles próprios, autocriações: dois palestinos com retrospectos e temperamentos dramaticamente diferentes vivendo numa Cairo colonial como membros de uma minoria cristã em meio a um grande arquipélago de minorias, tendo apenas um ao outro como apoio, sem nenhum precedente para o que faziam, exceto uma singular combinação de costume palestino anterior à guerra; sabedoria americana colhida ao acaso em livros e revistas e na década que meu pai passou nos Estados Unidos (minha mãe nem ao menos visitou os Estados Unidos antes de 1948); influência dos missionários; escolaridade incompleta e excêntrica; atitudes coloniais britânicas que representavam tanto os lordes como a porção de "humanidade" que eles governavam; e, finalmente, o estilo de vida que meus pais percebiam à sua volta no Egito e que eles tentavam adaptar a suas circunstâncias especiais. Poderia a posição de "Edward" ser outra que não fora do lugar?

II.

Embora morassem no Cairo em 1935, meus pais tomaram providências para que eu nascesse em Jerusalém, por razões que foram declaradas com bastante freqüência durante minha infância. Hilda já havia dado à luz um bebê do sexo masculino, a ser chamado de Gerald, num hospital do Cairo, onde ele contraiu uma infecção e morreu pouco tempo depois do nascimento. Como uma alternativa radical a outro desastre hospitalar, meus pais viajaram para Jerusalém durante o verão, e em 1º de novembro eu nasci em casa, pelas mãos de uma parteira judia, madame Baer. Ela nos visitava regularmente para me ver durante meu crescimento: era uma mulher grandalhona e despachada de origem alemã, que não falava nada de inglês, mas um árabe comicamente incorreto e com forte sotaque. Quando ela chegava havia muitos abraços, beliscões e tapinhas afetuosos, mas não me lembro de muita coisa além disso a seu respeito.

Até 1947, nossas intermitentes temporadas na Palestina eram inteiramente familiares — isto é, não fazíamos nada como uma família isolada, mas sempre com outros membros do clã mais amplo. No Egito, era exatamente o contrário; ali, por estarmos sozinhos num ambiente com o qual não tínhamos nenhum vínculo verdadeiro, desenvolvemos um sentido muito maior de coesão interna. Minhas lembranças mais antigas da Palestina são vagas e, curiosamente, nada extraordinárias, considerando minha profunda imersão posterior nos assuntos palestinos. Era um local que eu tomava como garantido, o país de onde eu vinha, onde a família e os amigos levavam sua existência (assim me parece retrospectivamente) com despreocupada naturalidade. O lar de nossa família ficava em Talbiyah, parte da zona oeste de Jerusalém esparsamente habitada, mas que havia sido edificada e ocupada exclusivamente por palestinos cristãos como nós: a casa era uma imponente *villa* de pedra de dois andares, com uma porção de quartos e um belo jardim no qual meus dois primos mais jovens, minhas irmãs e eu costumávamos brincar. Não se pode dizer que havia uma vizinhança, embora conhecêssemos todos os outros moradores daquele distrito ainda não claramente definido. Diante da casa havia um terreno retangular vazio onde eu andava de bicicleta ou brincava. Não havia vizinhos imediatos, ainde que a quinhentos metros dali houvesse uma série de *villas* semelhantes, onde moravam os amigos dos meus primos. Hoje, o terreno vazio virou um parque e a área em torno da casa tornou-se um luxuriante e densamente povoado bairro da classe alta judaica.

Quando nos hospedávamos com minha tia viúva Nabiha, irmã de meu pai, e seus cinco filhos crescidos, eu era um estorvo para os gêmeos Robert e Albert, cerca de sete anos mais velhos que eu; eu não tinha independência nenhuma, tampouco um papel particular a desempenhar, exceto o de primo mais novo, usado ocasionalmente como um alto-falante irrefletido e cegamente obediente que gritava insultos e mensagens obscenas aos amigos e inimigos deles do alto de um muro, ou então como crédulo ouvinte de suas histórias exageradas. Albert, com seu ar devasso e seu senso jovial de diversão, foi o mais próximo que cheguei de ter um irmão mais velho ou um bom amigo.

Íamos também a Safad, onde durava cerca de uma semana cada uma de nossas visitas a meu tio materno Munir, um médico, e sua esposa, Latifeh, que tinham dois filhos e uma filha mais ou menos da minha idade. Safad pertencia a um outro mundo, menos desenvolvido: a casa não tinha eletricidade, as descuidadas ruas estreitas e as ladeiras íngremes formavam um maravilhoso parque de diversões, e a comida de minha tia era excepcionalmente deliciosa. Depois da Segunda Guerra Mundial, nossas visitas a Jerusalém e, mais ainda, a Safad proporcionavam uma fuga do regime que já se formava à minha volta com um reforço diário e cumulativo no Cairo. As visitas a Safad eram em geral momentos idílicos para mim, rompidos ocasionalmente pela escola ou por aulas particulares, mas nunca por muito tempo.

À medida que passamos a permanecer cada vez mais tempo no Cairo, a Palestina foi adquirindo para mim um aspecto evanescente, quase de sonho. Ali eu não sentia tão agudamente a solidão que comecei a temer mais tarde, aos oito ou nove anos, e, embora percebesse a ausência do espaço e do tempo rigorosamente organizados que moldavam minha vida no Egito, não conseguia desfrutar por completo a liberdade relativa que possuía em Jerusalém. Recordo que eu achava que estar em Jerusalém era agradável, mas perturbadoramente incerto, temporário, até mesmo transitório, como de fato se tornaria mais tarde.

A geografia e a atmosfera mais importantes e cheias de significado concentravam-se, para nós, em Zamalek, uma ilha no Nilo entre a velha cidade, a leste, e Giza, a oeste, habitada por estrangeiros e endinheirados locais. Meus pais mudaram-se para lá em 1937, quando eu tinha dois anos. À diferença de Talbiyah, cujos habitantes eram predominantemente um grupo homogêneo de prósperos comerciantes e profissionais, Zamalek não constituía uma verdadeira comunidade, mas uma espécie de posto colonial avançado, cujo estilo era delineado por europeus com quem tínhamos pouco ou nenhum contato: construímos nosso próprio mundo nesse meio. Nossa casa era um espaçoso apartamento de quinto andar na Sharia Aziz Osman, nº 1, com vista para o chamado Jardim dos Peixes, um parque pequeno e cercado, com uma montanha artificial de pedra (*gabalaya*), um pequeno lago e uma gruta; seus verdes gramados eram entrecortados por caminhos sinuosos, árvores grandes e, na área do *gabalaya*, por formações rochosas artificiais e ladeiras que a gente podia subir e descer correndo à vontade. Com exceção dos domingos e feriados, o Jardim, como todos o chamávamos, era onde eu passava as minhas horas de folga, vigiado o tempo todo, ao alcance da voz de minha mãe, sempre liricamente audível para mim e minhas irmãs.

Ali eu brincava de Robinson Crusoe e de Tarzan, e quando minha mãe ia junto, eu brincava de fugir dela e depois de reencontrá-la. Ela geralmente ia a quase todos os lugares conosco, naquele nosso pequeno mundo, uma pequena ilha dentro de outra ilha. Nos primeiros anos freqüentamos uma escola a poucas quadras de casa — a GPS, Gezira Preparatory School. No que se refere a esportes, havia o Gezira Sporting Club e, nos fins de semana, o Maadi Sporting Club, onde aprendi a nadar. Durante anos, domingo foi sinônimo de escola dominical; esse aborrecimento estúpido vigorava entre nove e dez da manhã na GPS, seguido pela missa matinal na Catedral de Todos os Santos. As noites de domingo nos levavam à Igreja Missionária Americana em Ezbekieh. Dois domingos a cada três, freqüentávamos a hora canônica na catedral. Escola, igreja, clube, jardim, casa — um segmento limitado e cuidadosamente circunscrito da grande cidade —, esse foi meu mundo até um estágio bem avançado da adolescência. E à medida que a agenda da minha vida se tornava mais exigente, os ocasionais desvios em relação a ela eram folgas cuidadosamente concedidas de modo a apertar mais, depois, o cerco das obrigações sobre mim.

Um dos principais rituais recreativos dos meus anos no Cairo era o que meu pai chamava de "dar uma volta de carro", que se distinguia de sua viagem diária de carro até o trabalho. Por mais de três décadas ele teve uma série de carros pretos americanos, cada um maior que o anterior: um Ford, em seguida um luxuoso sedã Plymouth, depois, em 1948, uma enorme limusine Chrysler. Ele sempre contratou motoristas; com dois deles, Faris e Aziz, eu tinha permissão de conversar, mas só quando meu pai não estava presente: ele fazia questão de completo silêncio enquanto era conduzido a seu escritório ou de volta para casa. Nas ocasiões em que eu o acompanhava no carro, ele saía de casa e começava o percurso com uma disposição bastante doméstica, por assim dizer, relativamente aberto à conversação, e chegava a me conceder um sorriso, até que atingíamos a ponte Bulaq, que ligava Zamalek à terra firme. A partir de então, ficava gradualmente mais rígido e calado, tirando papéis de sua pasta e passando a examiná-los. Quando chegávamos ao cruzamento entre 'Asa 'af e Mixed Courts, que delimitava o início do centro europeu de comércio do Cairo, ele já estava completamente fechado para mim. Não respondia minhas perguntas nem tomava conhecimento da minha presença: estava transformado no formidável comandante de seus negócios, um homem que passou a me suscitar aversão e medo, porque me parecia uma versão maior e mais impessoal do homem que supervisionava minha vida.

À noite ou em feriados, sem motorista, ele nos levava "para rodar", todo tagarela e brincalhão, o próprio patriarca divertido, o que eu reconhecia, de modo parcialmente consciente, como uma liberação para ele próprio, acima de tudo. Livre do terno e da gravata, em mangas de camisa no verão ou em paletó esportivo no inverno, ele rumava para um destino escolhido entre um punhado de opções de diversão. Nas tardes de domingo era para a Mena House, para o chá e um modesto concerto. Nas tardes de sábado o destino era a Barrages, uma minúscula represa construída no Delta pelos britânicos. Rodeados por parques verdejantes riscados por uma rede simples de bondes cujos desígnios misteriosos sempre excitaram minhas fantasias de fuga (e a impossibilidade dela), podíamos perambular por onde quiséssemos, comendo um sanduíche aqui, uma maçã ali, por um período de duas ou talvez até de três horas. Nos feriados éramos levados invariavelmente para além das pirâmides, ao Deserto Ocidental, onde parávamos num ponto qualquer da estrada, estendíamos nossas cobertas, desembrulhávamos um elaborado almoço, jogávamos pedras em algum alvo, pulávamos corda, brincávamos de bola. Só nós cinco, seis ou sete, de acordo com o tamanho da família. Nunca, com exceção da Mena House, num local público, como um café ou um restaurante. Nunca com outras pessoas. Nunca em algum lugar reconhecível — simplesmente num ponto à margem da estrada do Deserto. Nas noites de feriados passeávamos pelas ruas ao sul de Bab el Louk, onde estava localizada a maior parte dos prédios do governo. Iluminados por milhares de lâmpadas cor de areia e brilhantes luzes verdes de néon, os prédios constituíam "as iluminações", como meu pai as chamava, que visitávamos no aniversário do rei ou na abertura do Parlamento.

Para além dessas fronteiras do hábito e das excursões minuciosamente planejadas, eu sentia que havia todo um mundo à espreita, prestes a desabar sobre nós e nos engolfar, talvez até nos arrastar com ele, por mais protegido e enclausurado que eu estivesse dentro do pequeno mundo que meus pais haviam criado. O Cairo era uma cidade um tanto abarrotada no início dos anos

40: durante os anos da Segunda Guerra Mundial milhares de soldados aliados ficaram estacionados lá, somando-se a numerosas comunidades de expatriados italianos, franceses, ingleses, e às minorias residentes de judeus, armênios, sírio-libaneses (os *shawam*) e gregos. Era possível topar por acaso, em todo o Cairo, com vários desfiles e exibições militares não anunciados, e embora meu pai falasse ocasionalmente a respeito de me levar a um *jamboree* — um desfile agendado —, isso nunca ocorreu. Tanto em Jerusalém como no Cairo, vi marcharem tropas britânicas e da Anzac,* soando inexoravelmente seus clarins e rufando tambores, mas nunca entendi por que ou para quem: eu supunha que seu propósito na vida era muito maior que o meu, e portanto tinha um significado que eu não era capaz de alcançar. Sempre me chamaram a atenção as fachadas dos restaurantes e cabarés proibidos, decoradas com cartazes como "Todas as patentes são bem-vindas", mas também não compreendia o que significavam. Um desses lugares, o Sauld's, no edifício Immobilia, no centro da cidade, por acaso ficava perto da companhia de artigos de papelaria Arrow, de meu tio Assad (um presente dado a ele por meu pai), e ele me levava lá com freqüência. "Dê comida ao garoto", anunciava a um empregado de olhos sonolentos atrás do balcão, e eu me refestelava com sanduíches de queijo e picles. No começo eu achava que "todas as patentes" significava que civis como eu tinham permissão para entrar, mas logo percebi que eu não tinha patente alguma. O Sauld's e tio Al, como o chamávamos, simbolizavam um momentâneo, breve e, dadas as rígidas leis relativas à dieta impostas por minha mãe, inteiramente fugidio instante de liberdade.

Por volta de 1943, meus pais haviam começado a impor de

---

* Sigla para Australia and New Zealand Army Corps (Unidade de Exército da Austrália e da Nova Zelândia). (N. T.)

modo tão completo seu regime disciplinar que quando deixei o Egito rumo aos Estados Unidos, em 1951, o vigoroso "Dê comida ao garoto" de tio Al já havia se impregnado de uma doçura nostalgicamente irrecuperável, a um só tempo estúpida e alegre. Quando tio Al morreu em Jaffa, quatro anos depois, o Sauld's também havia deixado de existir.

Durante a primeira parte da guerra, passamos mais tempo que de costume na Palestina. Em 1942 alugamos uma casa de verão em Ramallah, ao norte de Jerusalém, e só voltamos ao Cairo em novembro. Aquele verão alterou dramaticamente a vida de nossa família, uma vez que ocorreu uma mudança em nossos até então bastante imprevisíveis e desajeitados movimentos entre o Cairo e Jerusalém. Habitualmente viajávamos de trem do Cairo até Lydda com pelo menos dois criados, uma grande quantidade de bagagem e uma disposição frenética generalizada; a viagem de volta era sempre um pouco mais fácil e controlada. Em 1942, porém, minha mãe, minhas duas irmãs, Rosemarie e Jean, meu pai e eu não viajamos de trem, mas de carro. Em vez de embarcar no luxuoso trem da Wagons-Lits na estação Bab-el-Hadid, no Cairo, para a viagem noturna de doze horas a Jerusalém, em maio daquele ano estávamos fugindo da rápida aproximação do exército alemão a bordo do Plymouth preto de meu pai, com os faróis altos, nossas malas de couro empilhadas de qualquer jeito no porta-bagagem externo e no porta-malas. Gastamos muitas horas para chegar à zona do canal de Suez, pois cruzamos com numerosos comboios militares britânicos que se dirigiam ao Cairo: éramos obrigados a sair da estrada e esperar que os tanques, caminhões e carros de transporte de pessoal passassem por nós em direção ao que seria uma derrota aliada seguida por uma contra-ofensiva britânica que culminaria na batalha de el-Alamein, em novembro.

Fizemos a longa viagem em completo silêncio noite adentro. Meu pai conseguiu avançar pelas estradas do Sinai que não constavam dos mapas, depois de haver cruzado o canal de Suez sem cerimônia e sem alarde na ponte Qantara; o posto da alfândega estava deserto quando passamos por lá, por volta da meianoite. Foi naquele ponto que encontramos o primeiro carro civil indo na mesma direção que nós, um conversível dirigido por um negociante judeu do Cairo, sem nenhum outro passageiro a bordo, e levando como bagagem apenas várias garrafas de água gelada e um revólver. Ele reconheceu meu pai e ofereceu-se para aliviar o Plymouth de parte de sua carga — várias malas grandes foram devidamente transferidas para o seu carro —, mas em troca pediu permissão para seguir atrás de nós. Lembro-me vivamente da expressão cansada e aborrecida de meu pai ao aceitar esse acordo desigual, e assim prosseguimos em silêncio noite adentro, o segundo carro seguindo de perto o primeiro, com meu pai abandonado à própria sorte, tendo que se manter na estradinha sinuosa e coberta de areia no meio da mais negra das noites e ao mesmo tempo agüentar a pressão de sua pequena família dentro do carro, assim como, do lado de fora, a do negociante judeu egípcio que, convencido de que corria para salvar a pele, constantemente nos acossava.

Antes disso, naquele mesmo inverno, eu tinha ouvido as sirenes bradarem "alarme" e "o perigo passou". Enrolado em cobertores e carregado nos braços de meu pai até a garagem-abrigo durante um bombardeio noturno alemão, senti uma vaga premonição de que "nós" estávamos ameaçados. O significado político daquela situação, para não falar do militar, estava fora do meu alcance aos seis anos e meio de idade. Na qualidade de americano no Egito, onde se previa que os alemães comandados por Rommel invadiriam primeiro Alexandria e em seguida o Cairo, meu pai deve ter pensado que estava marcado para um destino infeliz. Uma parede inteira na sala de entrada de nossa casa estava coberta por mapas da Ásia, do Norte da África e da Europa. A cada dia, meu pai movia tachinhas de cabeça vermelha (para os Aliados) e pretas (para o Eixo) de modo a registrar os avanços e recuos dos dois lados em combate. Para mim, os mapas eram mais perturbadores que informativos, e embora eu ocasionalmente pedisse a meu pai que os explicasse, isso era difícil para ele: estava desatento, incomodado, distante. E então, de repente, partimos para Jerusalém naquela difícil viagem noturna. No dia em que decidiu partir, ele veio almoçar em casa e disse a minha mãe simplesmente para fazer as malas e se aprontar, e às cinco da tarde já estávamos a caminho, dirigindo lentamente pelas ruas quase desertas do Cairo. Um momento desolado, atordoante, em que meu mundo familiar era inexplicavelmente abandonado à medida que penetrávamos no triste anoitecer.

As imagens do recolhimento e do silêncio de meu pai durante o longo, estranho e desconcertante verão em Ramallah continuaram a me perseguir anos a fio. Ele ficava sentado na sacada fitando a distância, fumando sem parar. "Não faça barulho, Edward", dizia minha mãe. "Não vê que seu pai está tentando descansar?" Então ela e eu saíamos para uma caminhada pela cidade frondosa, confortável e predominantemente cristã ao norte de Jerusalém, e eu ia nervosamente agarrado a ela. A casa de Ramallah não tinha atrativos para mim, mas era, não obstante, um cenário perfeito para o silêncio e a desolação da provação que meu pai atravessava. Uma íngreme escada externa subia em diagonal a partir do jardim, que era dividido ao meio por um caminho de pedras, em cujas margens havia sulcos de terra marrom onde não florescia nada, a não ser alguns arbustos espinhosos. Um par de marmeleiros esqueléticos erguia-se perto da casa até a sacada do primeiro andar, onde meu pai passava a maior parte do tempo. O andar de baixo ficava fechado e vazio. Tendo sido proibido de caminhar pelos sulcos, só me restava como parque de diversões a pouco generosa trilha de pedras entre o portão e as escadas.

Eu não fazia nem idéia do que é que estava errado, mas foi em Ramallah que ouvi pela primeira vez a expressão "colapso nervoso". Associada a ela estava a protetora "paz de espírito" de meu pai, expressão tirada por ele de um livro com aquele título e que serviu de tema para muitas conversas com seus amigos. O tedioso langor de nosso verão em Ramallah era impermeável ao questionamento e às explicações, duas coisas de que eu, como um garoto vivaz de seis anos e meio, sentia naturalmente falta. Estaria papai com medo de alguma coisa?, era a primeira pergunta que eu queria fazer. Por que ele fica ali sentado por tanto tempo, sem dizer nada? Como resposta, eu era desviado para alguma atividade útil ou punitiva, ou então recebia algumas alusões enigmáticas e geralmente incompletas. Havia rumores angustiantes a respeito da elevação súbita da pressão sangüínea de meu pai. Havia também referências ao fato de meus primos Abie (Ibrahim) e Charlie — filhos do tio Asaad — terem sido enviados a Asmara, onde, de acordo com um temor que deixava meu pai doente, poderiam ser mortos. Dizia-se que um sombrio negociante do Cairo tinha tentado em vão seduzir meu pai a participar de um esquema para tirar vantagem da situação de guerra. (Entendi que meu pai recusou.) Seriam esses eventos suficientes para causar um colapso nervoso?

Qualquer que tenha sido a razão, assim que retornamos ao Cairo começou um processo de mudança em minha vida, e de fato fui encorajado, em particular por minha mãe, a crer que um período mais feliz e menos problemático havia terminado. Eu afundava cada vez mais no ócio generalizado — "Você é muito inteligente", diziam-me a toda hora, "mas não tem personalidade, é preguiçoso, malcriado" etc. — e tinha de ouvir a respeito de um Edward anterior, às vezes mencionado como "Eduardo Bianco", cujas façanhas e virtudes eram-me apresentadas como sinais de uma promessa pré-1942 não cumprida. Ouvi de minha mãe que, com um ano e meio de idade, o antigo Edward havia memorizado 38 canções e quadrinhas de ninar, que ele era capaz de cantar e recitar perfeitamente. E que quando o primo Abie, um competente tocador de gaita, introduzia de propósito uma nota errada em sua interpretação de "John Peel", Edward cerrava os punhos, fechava os olhos e, depois de expressar aos berros seu aborrecimento com o erro, entoava a versão correta. E que, exceto pelo uso peculiar do *you* no lugar do *me*, Edward falava frases perfeitas em inglês e em árabe com quinze meses de idade. E que sua habilidade para ler textos simples em prosa já estava totalmente desenvolvida com dois anos e meio ou três. E que a matemática e a música eram tão naturais para ele na idade de três ou quatro anos como eram para os garotos de oito ou nove. Gracioso, brincalhão, excepcionalmente rápido e inteligente, esse Edward anterior gostava de brincar ruidosamente com seu pai feliz. Eu mesmo não me lembrava de nada disso, mas a repetição freqüente desses relatos por minha mãe, junto com um par de álbuns de fotos daqueles anos — incluindo um verão idílico em Alexandria —, sustentava a alegação.

Nada disso sobreviveria, a não ser como saudosa lembrança, aos dias negros de 1942. Retornamos ao Cairo depois da batalha de el-Alamein, em novembro, e voltei à GPS para me tornar um garoto-problema consumado, para o qual se inventava um remédio desagradável atrás do outro, até que, dos nove aos quinze anos, estive constantemente envolvido em terapias particulares depois da escola ou nos fins de semana: aulas de piano, ginástica, escola dominical, aulas de equitação, boxe, mais os enlouquecedores rigores dos verões implacavelmente regulamentados em Dhour el Shweir. Depois de 1943 começamos a passar todos os verões naquela lúgubre aldeia libanesa na montanha, à qual meu pai parecia mais ligado do que a qualquer outro lugar na Terra. Meus pais estavam no coração do sistema de controle que determinava meu tempo minuto a minuto e que definiria a atitude de meu pai com relação a mim pelo resto de sua vida, sistema que só me permitia um espaço mínimo de alívio no qual eu pudesse me sentir fora do alcance de suas garras.

Ele conseguia combinar aspereza, silêncio inescrutável e uma afeição singular, temperada com uma surpreendente generosidade, que de alguma forma nunca bastou para que eu pudesse contar com ela e que até muito recentemente eu não conseguia deixar de ver como ameaçadora e nem mesmo compreender por inteiro. Mas, à medida que o cerne da estrutura disciplinar concebida para minha vida emergia das devastações de 1942, o perigo de não corresponder a suas diversas prescrições produziu em mim um temor de cair em algum horrível estado de desordem completa e de me ver perdido — e esse temor sinto até hoje.

Esse estado perigoso logo viria a se encarnar, para mim, nas tentações físicas e morais do Cairo, que ficavam logo ali, pouco além dos limites da minha rotina de vida cuidadosamente planejada e rigidamente administrada. Eu nunca saía com garotas; não tinha permissão sequer de visitar, menos ainda de freqüentar, locais de entretenimento público ou restaurantes; e era sempre alertado tanto por meu pai como por minha mãe para não me aproximar das pessoas no ônibus ou no bonde, não comer ou beber qualquer coisa servida num bar ou numa barraca e, acima de tudo, considerar nossa casa e nossa família como o único refúgio naquele vasto antro de vícios à nossa volta.

Salvar a mim mesmo do que já estava acontecendo: esse o paradoxo que eu vivia. A única coisa pior que isso, eu imaginava, era o colapso total, talvez do tipo que meu pai sofreu no verão de 1942. Depois disso meu pai deu início à séria tarefa de reorganizar seus negócios e seu lazer, com uma nova ênfase neste último, uma vez que sua fortuna crescia de forma considerável. Por volta de 1951 ele havia parado definitivamente de voltar para o escritório depois do almoço. Em vez disso, começou a jogar bridge, que se tornou sua obsessão sete dias por semana, todas as semanas do ano, exceto quando viajava. Voltava para casa para almoçar à uma e meia, comia, dormia até as quatro e então era levado de carro ao clube para jogar até as sete e meia ou oito horas. Às vezes jogava de novo após o jantar.

Depois do nosso verão em Ramallah, inúmeros livros de Ely Culbertson* apareceram em todos os cantos do apartamento no Cairo, bem como vários maços de baralho e uma nova toalha de feltro verde destinada a cobrir as duas mesas de jogo dobráveis que possuíamos. Nas noites de terça-feira meu pai ia à casa de Philip Souky, perto das pirâmides, para jogar bridge. Quando começamos a passar nossos verões em Dhour el Shweir, ele jogava bridge de manhã num café, voltava a jogar à tarde e finalmente à noite presidia um jogo em casa ou na casa de um amigo. A distância entre nós tornou-se ainda maior quando descobri — e ele também, para meu azar — que eu não tinha nenhum talento para o bridge, nem estava interessado. Ele parecia ter uma capacidade fenomenal para todos os jogos de salão, nenhum dos quais cheguei a dominar. Tentou me ensinar gamão, ou *tawlah*, com resultados, para mim, pavorosos. Depois de me observar enquanto eu contava laboriosamente os espaços, ele tirava com impaciência a ficha de debaixo do meu dedo e a movia rapidamente para a casa certa: "Por que você está contando desse jeito" — e aqui ele imitava minha contagem fazendo uma careta grosseira de retardado — "quando *este* é o modo certo de fazer?". Depois me pedia para jogar de novo, mas acabava jogando a partida in-

---

* Ely Culbertson (1893-1955), norte-americano tido como autoridade em *contract bridge*, uma das variações do bridge. (N. T.)

teira por mim. "É mais rápido assim!" Eu só ficava lá sentado diante dele sem fazer nada: ele jogava por nós dois.

Não havia jogo de cartas que ele não conhecesse ou ritual de cassino que não tivesse tentado em vão me ensinar. Não fui capaz de aprender pôquer nem bacará mesmo tendo ouvido meu pai explicá-los trinta vezes. Durante o verão de 1953, depois de um ano aprendendo a jogar sinuca no meu internato americano, achei que havia conseguido astutamente persuadi-lo a jogar uma partida comigo num pequeno café em Dhour, em frente ao Cirque Café. Atribuí sua relutância inicial ao medo de ser derrotado, mas era um truque. Mais tarde me dei conta de que ele havia fingido relutância, e até um pouco de admiração, só para me dar corda. "É assim que jogamos nos Estados Unidos", tripudiei, como um profissional diante de um novato. "Se você bate de lado na bola, é chamado bilhar inglês." Encaçapei duas bolas e errei a terceira. Empunhando o taco, meu pai pareceu subitamente se transformar de humilde aprendiz em temível profissional. Não fui páreo para ele nem mesmo depois que nos mudamos para a mesa vizinha, de bilhar de três bolas, na qual pensei que poderia ter alguma chance. Fiquei reduzido a um estado de confusão completa, e de balbuciante desamparo, enquanto colocava a culpa no taco, no garçom sarcástico, na falta de prática. "Então é chamado de bilhar inglês", disse ele de modo cáustico no caminho de volta para casa, e isso vinha de um jogador que parecia ter cada rotação e cada curva da bola sob controle.

Os jogos não exigiam que ele falasse muito nem fizesse mais do que um investimento emocional mínimo, e talvez por isso jogar cartas tornou-se para ele um hábito obsessivo e aparentemente vital. Era um meio de sublimar suas angústias num setor da vida no qual as regras estavam estabelecidas e em que uma ordem rotineira prevalecia; uma fuga de qualquer tipo de confrontação com pessoas, negócios ou problemas.

O bridge e os jogos de baralho em geral faziam parte de sua convalescença das devastações de 1942. "É um relaxamento", disse ele uma ou duas vezes ao longo dos anos, descrevendo um passatempo que ocupava pelo menos doze horas de seu dia durante as férias de verão e até quatro horas durante os períodos de trabalho. Não me lembro de nada tão desolador e deprimente como aquelas ocasiões em que, ainda menino, eu era obrigado a vê-lo jogar. Enquanto eu estava sentado a seu lado, cada carta lançada à mesa, cada aposta, cada lacônico comentário depois de cada rodada significavam minha subordinação moral e mental e aumentavam minha percepção da autoridade dele sobre mim. Ele não abria a boca comigo, nem para chamar a atenção para o que pudesse haver de interessante numa dada rodada; havia apenas a infinita monotonia do jogo de baralho, e seu desejo expresso de participar dele por razões que nunca pude entender completamente.

Ficar em pé ou sentado junto dele durante os primeiros anos após 1942 era minha punição por mau comportamento, e constituía a primitiva idéia de meus pais para me manter longe de problemas quando eu não estava na escola e, mais ainda, quando veraneávamos no Líbano. Ser obrigado a vê-lo jogar bridge ou *tawlah* durante horas a fio era uma experiência desalentadora. Esses períodos de tédio compulsório eram as primeiras manifestações de um esquema maior destinado a inibir meu potencial de travessuras: "Wadie, por favor leve o garoto com você", dizia minha mãe, exasperada. "Ele está causando um monte de problemas." Quando os serviços de Wadie não estavam disponíveis, minha mãe me mandava cumprir alguma tarefa demorada e sem sentido ou enunciava as palavras: "Tire essas roupas e vá já para a cama". Livros, música, diversões de qualquer tipo eram proibidas na cama, assim como comida e bebida. Eu estava proibido de trancar a porta do quarto, para permitir a entrada livre, súbita e não anunciada de minha mãe para se certificar de minha obediência. A única vantagem desse castigo particularmente debilitante era que, tendo descoberto três peças de xadrez no fundo de uma gaveta, eu treinava jogá-las para o alto e pegá-las, e assim aprendi a fazer malabarismo.

Associo as primeiras práticas disciplinares de meus pais primeiramente com as longas férias, quando extensos intervalos de tempo livre poderiam ter permitido a meu ser inquiridor e radicalmente perverso ultrapassar fronteiras arriscadas. Mas elas logo se estenderam também a minha vida no Cairo. Eu tinha uma curiosidade espantosamente desenvolta acerca de pessoas e coisas. Com freqüência era repreendido por ler livros que não devia e, o mais comprometedor, era pego a toda hora bisbilhotando diários, cadernos de anotações, panfletos, gibis e bilhetinhos de minhas irmãs, de meus colegas de escola e de meus pais. "A curiosidade matou o gato" era o veredicto constante lançado a mim, mas eu queria ir além das várias gaiolas em que me via encerrado, que me faziam sentir tanta insatisfação e desgosto comigo mesmo. Tendo que cumprir minhas tarefas escolares, praticar esportes como futebol, nos quais eu era manifestamente um fracasso, ser um filho e irmão obediente e freqüentador da igreja, logo comecei a gozar um prazer secreto ao fazer e dizer coisas que rompiam as regras ou me levavam para além das fronteiras estabelecidas por meus pais. Sempre espiava por portas entreabertas, lia livros para descobrir o que o decoro mantinha escondido de mim, bisbilhotava gavetas, armários, prateleiras, envelopes, papéis rabiscados, para catar neles o que eu pudesse a respeito de personagens cuja devassidão pecaminosa correspondia aos meus desejos.

Logo comecei a cultivar o ato de descoberta que a leitura proporcionava. Praticamente metade dos negócios de nossa família na Palestina — a Companhia Educacional da Palestina —

referia-se ao comércio de livros, e uma pequena parte à edição; no Egito, contudo, meu pai dirigia uma empresa (em sociedade com seu primo Boulos e os filhos deste) inteiramente devotada a equipamentos de escritório e artigos de papelaria, parte dos quais vendíamos também em Jerusalém e Haifa. Sempre que algum membro de nossa família de Jerusalém nos visitava, eu ganhava de presente livros apropriados, tirados das prateleiras ainda com etiquetas de preço e fichas de registro coladas neles. Esses livros apropriados, ao que parecia, pertenciam a duas categorias gerais: livros infantis nos moldes de A. A. Milne e Enid Blyton e proveitosos livros de informação, como o *Collins Junior Book of Knowledge*, que me foi dado quando eu tinha de nove para dez anos. Ele me entreteve por longas horas, durante as quais eu procurava desvendar o mistério de certa Kalita, a garota faquir que executava prodígios de força e autopunição no Circo Bertram Mills. Eu ainda não havia visto um circo — o Circo Togni só apareceria no Cairo quatro anos depois — nem tinha idéia do que era a vida num circo europeu, à parte as anódinas sugestões providas pelos livros de Blyton sobre o Circo de Mr. Galliano. Bastava, para mim, o fato de Kalita ser de origem misteriosa; nas pequenas fotos granuladas e manchadas que acompanhavam o texto, ela vestia o que parecia ser uma fantasia de duas peças que eu nunca havia visto, e era capaz de fazer coisas espantosas, inimagináveis, com seu corpo.

Tudo isso desafiava as leis indiscutíveis de respeitabilidade e decência sob as quais me impacientava. As contorções da garota também contrariavam a natureza, mas isso as tornava ainda mais excitantes. Ela era descrita deitada de costas suportando uma pedra gigantesca sobre a barriga nua; um homem grande e seminu de turbante erguia-se junto a ela com uma enorme marreta, com a qual golpeava a pedra. Um retrato da cena toda, com a ferramenta no meio da descida, confirmava a façanha. Kalita era capaz também de andar de pés descalços sobre cacos de vidro, de sustentar-se apenas sobre as unhas e, proeza suprema, permanecer enterrada durante muitos minutos. Outra fotografia representava-a em seu traje de banho com um perceptível sorriso de satisfação quase sensual a arrastar um grande e aparentemente terrível crocodilo.

Eu lia e relia as três páginas mal impressas sobre Kalita e examinava e reexaminava as duas fotografias que me atraíam toda vez que abria o livro. Mas eram as próprias insuficiências das fotos — seu tamanho minúsculo, a impossibilidade de ver de verdade o corpo da mulher, a enlouquecedora distância entre mim e elas — que, paradoxalmente, me compelia, na verdade me enfeitiçava, por semanas a fio. Eu sonhava em conhecê-la, ser acolhido em sua "caravana", presenciar mais alguns feitos horríveis (por exemplo, sua impassibilidade — talvez até seu prazer — diante de outras formas de dor extrema e espécies desconhecidas de prazer, seu desdém pela vida doméstica, sua capacidade de mergulhar em profundezas incomuns, comendo animais vivos e frutas nojentas) e ouvi-la falar sobre sua independência em relação ao falatório vulgar e às responsabilidades da vida cotidiana. Foi a partir de minhas experiências com Kalita que desenvolvi o hábito de estender mentalmente a história apresentada num livro, forçando seus limites de modo a me incluir nela; aos poucos me dei conta de que poderia me tornar o autor de meus próprios prazeres, particularmente daqueles que me levavam o mais longe possível das sufocantes imposições da família e da escola. Minha habilidade em dar a impressão de estar estudando, lendo ou praticando piano enquanto pensava em algo completamente diferente e totalmente meu, como Kalita, era um dos traços da minha vida que irritava professores e pais, mas que ajudava a me formar.

Havia duas fontes principais de histórias cujas fronteiras eu podia expandir: livros e filmes. Contos de fadas e histórias bíblicas eram lidos para mim por minha mãe e minha avó, mas também ganhei um livro ilustrado dos mitos gregos de presente de aniversário de sete anos. Ele abriu todo um mundo para mim, não apenas pelas histórias em si, mas pelas maravilhosas conexões que podiam ser feitas entre elas. Jasão e os Argonautas, Perseu e a Górgona, Medusa, Hércules e seus doze trabalhos: eles eram meus amigos e parceiros, pais, primos, tios e mentores (como Quíron). Eu vivia com eles e imaginava meticulosamente seus castelos, bigas e trirremes. Pensava em como eram quando *não* estavam matando leões ou monstros. Eu os liberava para uma vida de encantos fáceis, livre de professores odiosos e pais ameaçadores, Perseu conversando com Jasão em algum pátio arejado sobre como era ver Medusa refletida em seu escudo, Jason contando a Perseu sobre os prazeres da Cólquida, ambos comentando maravilhados o fato de Hércules ter matado as serpentes quando ainda estava no berço.

A segunda fonte eram os filmes, em particular aqueles no estilo das aventuras de *As mil e uma noites*, estrelados regularmente por Jon Hall, Maria Montez, Turhan Bey e Sabu, bem como a série *Tarzã*, com Johnny Weissmuller. Quando eu estava nas graças dos meus pais, os prazeres do sábado incluíam uma sessão vespertina de cinema, meticulosamente escolhida para mim por minha mãe. Filmes franceses e italianos eram tabu. Os de Hollywood eram adequados apenas se fossem considerados "para crianças" por minha mãe. Isso significava *O Gordo e o Magro*, muito Abbott e Costello, Betty Grable, Gene Kelly, Loretta Young, muitos, muitos musicais e comédias familiares com Clifton Webb, Claudette Colbert e Jennifer Jones (aceitável em *A canção de Bernadette*, proibida em *Duelo ao sol*), fantasias de Walt Disney, episódios de *As mil e uma noites* — de preferência só com Jon Hall e Sabu (Maria Montez provocava uma careta de reprovação) —, filmes de guerra, alguns faroestes. Sentado nas felpudas poltronas do cinema, muito mais do que com a visão dos filmes de Hollywood em si — que me pareciam uma estranha forma de ficção científica, sem nenhuma correspondência com coisa alguma da minha vida —, eu me deleitava com a liberdade permitida de ver sem ser visto. Mais tarde desenvolvi uma ligação irrecusável com o mundo do Tarzã de Johnny Weissmuller, especialmente com a uxória e, pelo menos em *Tarzã e sua companheira*, virginalmente sensual Jane saltitando em sua aconchegante casa na árvore, cujos confortos dignos dos Wemmick pareciam uma pura e descomplicada destilação de nossa vida de família solitária no Egito. Assim que as palavras *The End* apareciam na tela ao fim de *O filho de Tarzã* ou de *O tesouro de Tarzã*, eu começava minhas elucubrações sobre o que acontecia depois, sobre o que a pequena família fazia na casa da árvore, sobre os "nativos" cuja amizade eles cultivavam, sobre membros da família de Jane que poderiam tê-los visitado, sobre os truques que Tarzã ensinava a Boy, e assim por diante. Era muito estranho, mas eu não me dava conta de que, no cinema, Aladim, Ali Babá e Simbad, cujos gênios, camaradas de Bagdá e sultões eu incorporava completamente nas fantasias que contrapunha às lições da escola, todos tinham sotaque americano, não falavam nada de árabe e comiam comidas misteriosas — talvez "guloseimas", ou seriam arroz, cozido e costela de cordeiro? — que eu nunca conseguia decifrar direito.

Um dos raros momentos de completa satisfação que desfrutei antes dos dezoito anos ocorreu durante meu primeiro ano na Escola para Crianças Americanas do Cairo (eu tinha dez anos e meio). Estava no primeiro lance de uma grande escadaria, encarando uma multidão de rostos lá embaixo e declamando narrativas com desenvoltura, desvelando as histórias de Jasão e Perseu. Refestelei-me em detalhes meticulosos e intermináveis — a identidade dos argonautas, a natureza do velocino de ouro, as razões da terrível desgraça de Medusa, a história posterior de Perseu e Andrômeda — e experimentei pela primeira vez as alegrias do virtuosismo e do sentimento de libertação que me eram negadas pelas aulas de francês, inglês e história, nas quais eu parecia ser tão fraco. A fluência e a concentração que eu tinha ao narrar e refletir sobre essas histórias me propiciavam um prazer único, que eu não podia obter em nenhum outro lugar no Cairo. Estava também começando a gostar seriamente de música clássica, mas nas minhas aulas de piano, que principiaram quando eu tinha seis anos de idade, meus dons de memória e melodia iam por água abaixo diante da necessidade de praticar escalas e exercícios de Czerny,* sempre com minha mãe perto de mim; o resultado era a sensação de estar sendo interrompido em meu desenvolvimento de uma identidade musical. Só quando cheguei aos quinze anos pude comprar discos e desfrutar das óperas de minha própria escolha. A temporada musical de óperas e dança do Cairo ainda estava fora do meu alcance: por conta disso, eu dependia daquilo que a BBC e a Rádio Estatal Egípcia tinham a oferecer, e meu maior prazer era o programa de 45 minutos *Noites na ópera*, da BBC, nas tardes de domingo. Usando o *Livro completo da ópera*, de Gustave Kobbé, descobri bem cedo que não gostava de Verdi e Puccini, mas amava o pouco que conhecia de Strauss e Wagner, cujas obras só fui ver numa casa de espetáculos no final da adolescência.

---

* Carl Czerny (1791-1857), compositor austríaco conhecido por seus exercícios de técnica para piano. (N. T.)

III.

Eu achava que os professores eram sempre ingleses. Os alunos, se tivessem sorte, também poderiam ser ingleses; se não tivessem, como no meu caso, não eram. Freqüentei a Gezira Preparatory School (GPS) do outono de 1941 até deixarmos o Cairo, em maio de 1942, e de novo do início de 1943 até 1946, com duas ou três longas interrupções palestinas ao longo do período. Durante esse tempo todo não tive nenhum professor egípcio nem percebi nenhuma presença de árabes muçulmanos na escola: os alunos eram armênios, gregos, judeus egípcios e coptas, ao lado de um número substancial de crianças inglesas, inclusive muitos dos filhos do corpo docente. Nossos professores eram, para citar os mais proeminentes, a sra. Bullen, a diretora, e a sra. Wilson, a onipresente e versátil chefe dos professores. A escola era localizada numa grande *villa* de Zamalek, construída no passado para ser residência de luxo, cujo andar térreo agora era dividido em várias salas de aula que davam todas para um enorme salão central com um terraço numa das extremidades e um imponente portal de entrada na outra. O salão tinha a altura de dois andares e teto de vidro; um corrimão cercava outro conjunto de salas localizadas bem acima de nossas classes. Só me aventurei a subir lá uma vez, e sem muito sucesso. Aquelas salas me intrigavam como lugares secretos onde se realizavam misteriosos encontros de ingleses e onde podia ser encontrado o temível sr. Bullen, um homenzarrão de rosto vermelho que raramente era visto no térreo.

Eu não tinha como saber então que a sra. Bullen, a diretora, cuja filha Anne era da classe uma série acima da minha, estava no Egito como uma concessionária que detinha a franquia para dirigir uma escola para o GPS British Council, e não como educadora. Depois da Revolução dos Oficiais Livres de 1952, a escola lentamente perdeu seu caráter europeu, e na época da crise de Suez de 1956 já havia se tornado algo completamente diferente. Hoje é uma escola profissionalizante para jovens adultos, sem nenhum vestígio de seu passado inglês. A sra. Bullen e sua filha apareceram depois em Beirute como diretoras de uma outra escola de estilo inglês, mas aparentemente foram ainda menos bem-sucedidas do que haviam sido no Cairo, onde foram demitidas por incompetência e pela tendência do sr. Bullen ao alcoolismo.

A GPS ficava, convenientemente, no final da Sharia Aziz Osman, nossa rua relativamente curta de Zamalek, a exatas três quadras de caminhada. O tempo que eu demorava para chegar a ela ou voltar para casa era sempre tema de discussão com meus pais e professores, associado para sempre em minha cabeça a duas palavras: "vadiagem" e "tapeação", cujo significado aprendi em conexão com minha ziguezagueante e fantasiosa travessia daquela curta distância. Parte da demora vinha do desejo de adiar minha chegada a qualquer dos dois destinos. A outra parte vinha da pura e simples fascinação pelas pessoas que eu eventualmente encontrava, ou pelos fugazes relances de vida divisados quando uma porta se abria, ou um carro passava, ou uma cena se desenrolava por instantes numa sacada. Como meu dia começava às sete e meia, o que eu testemunhava estava invariavelmente marcado pelo fim da noite e pelo início da manhã — *ghafeers* de terno preto, ou guardas-noturnos, despindo-se lentamente de cobertores e grossos casacos, *suffragis* com cara de sono arrastando-se até o mercado para comprar pão e leite, motoristas aprontando o carro da família. Raramente havia outros adultos àquela hora, embora de vez em quando eu visse um pai ou uma mãe caminhando junto com uma criança da GPS vestida em nosso uniforme: boina, calça comprida, jaqueta, tudo cinza com detalhes azul-claros. O que mais me encantava naquelas caminhadas ociosas era a oportunidade de fantasiar a partir do escasso material que me era oferecido. Uma mulher ruiva que vi uma tarde me deixou convencido — só por seu andar — de que era uma envenenadora e (uma palavra que eu ouvira recentemente e cujo significado ainda não conhecia bem) divorciada. Dois homens que vi perambulando uma manhã eram detetives. Eu imaginava que um casal em pé numa sacada no primeiro andar falava francês e tinha acabado de tomar um demorado café-da-manhã com champanhe.

Fantasiar sobre outras vidas e especialmente sobre a casa de outras pessoas era algo estimulado por meu rígido confinamento em nossa própria casa. Posso contar nos dedos de uma só mão o número de vezes em que pus os pés no apartamento ou na casa de um colega de classe durante meus anos de crescimento. E não sou capaz de lembrar de nenhuma ocasião em que um de meus amigos — "amigo" talvez seja uma palavra forte demais para descrever as crianças da minha idade com quem eu tinha contato — da escola ou do clube tenha vindo até minha casa. Uma das minhas mais antigas e duradouras paixões, em função disso, era um desejo quase avassalador de imaginar como era a casa das outras pessoas. Será que os quartos e salas se pareciam com os nossos? As cozinhas funcionavam como a nossa? O que havia dentro de seus armários, e como esses guardados eram organizados? E assim por diante, até os mínimos detalhes — criados-mudos, rádios, luminárias, estantes de livros, tapetes etc. Até deixar o Egito, em 1951, eu tomava por certo que minha reclusão era (de um modo extremamente impreciso) "boa" para mim. Só mais tarde me ocorreu que o tipo de disciplina que meus pais conceberam para mim implicava que eu visse nossa vida e nossa casa como a norma, e não como o que certamente eram: algo fantasticamente isolado e quase experimental.

Numa rara oportunidade de evasão, eu às vezes tinha permissão para ir patinar nas manhãs de sábado num rinque, o Rialto, perto da Filial "B" — uma pequena loja mantida por meu pai basicamente para vender canetas e presentes caros de couro — na rua Fuad al-Awwal. A área era repleta de movimentadas lojas e centros comerciais: Chemla e Cicurel do outro lado da rua, Paul Favre, a grande loja de calçados vizinha à Filial "B", onde um cansado balconista armênio bigodudo de meia-idade, de colete e viseira verde, nos vendia calçados de verão (sandálias e sapatos leves) e de inverno (de abotoar ou de cordão, de cor preta ou marrom-escura). Tênis e mocassins eram "maus", portanto sempre vetados.

O dia na escola começava sempre no grande salão com o canto coral de hinos — "Todas as coisas brilhantes e belas" e "Das montanhas de gelo da Groenlândia" eram os mais freqüentes — acompanhados ao piano pela polivalente sra. Wilson e regidos pela sra. Bullen, cujas homilias diárias eram ao mesmo tempo condescendentes e enjoativas, seus dentes britânicos ruins moldando as palavras com indisfarçável desprezo pela multidão mestiça de crianças à sua frente. Então marchávamos em fila para nossas classes, para uma longa manhã de aulas. Minha primeira professora na GPS foi a sra. Whitfield, que eu suspeitava não ser inglesa de verdade, embora ela se esforçasse para representar o papel. Além disso, eu invejava o sobrenome dela. Seu filho, Ronnie (a sra. Wilson tinha um filho, Dickie, e uma filha, Elizabeth; a sra. Bullen tinha Anne, claro), assim como os filhos dos Wilson, estava matriculado na GPS; todos eram mais velhos que eu, e isso contribuía para sua privilegiada distância e *hauteur*. Nossas aulas e livros eram desconcertantemente ingleses: líamos sobre prados, castelos e sobre os reis John, Alfred e Canute com a reverência que nossos professores viviam nos lembrando que eles mereciam. O mundo deles fazia pouco sentido para mim, a não ser pelo fato de que eu admirava a criação da língua que usavam, sobre a qual eu, um garoto árabe, estava aprendendo alguma coisa. Uma quantidade desproporcional de atenção era esbanjada com a Batalha de Hastings, junto com extensas explanações sobre anglos, saxões e normandos. Edward, o Confessor, ficou desde então na minha cabeça como um idoso cavalheiro barbudo de bata branca deitado de costas, talvez como conseqüência de haver confessado algo que não devia ter feito. Nunca existiria nenhuma conexão perceptível entre mim e ele, a despeito de nosso idêntico prenome.

As aulas sobre a glória inglesa eram intercaladas com exercícios repetitivos de escrita, aritmética e recitação. Meus dedos estavam sempre sujos; na época, como hoje, eu era fatalmente atraído pelo hábito de escrever com uma caneta-tinteiro que produzia um garrancho horrendo, além de inúmeras manchas e borrões. Eu tinha aguda consciência de minhas intermináveis infrações, graças, particularmente, às advertências da sra. Whitfield. "Sente-se direito e faça seu trabalho com capricho" — "Não fique se agitando", ela acrescentava quase a seguir. "Continue sua tarefa." "Não seja preguiçoso" era a conclusão habitual. À minha esquerda, Arlette era uma aluna-modelo; à minha direita, ficava o sempre obediente e bem-sucedido Naki Rigopoulos. À minha volta toda, estavam Greenvilles, Coopers e Pilleys: inglesinhos e inglesinhas engomados, com nomes invejavelmente autênticos, olhos azuis e pronúncia cristalina, definitiva. Não tenho nenhuma lembrança definida de como soava o que eu falava naqueles dias, mas sei que não era inglês. O estranho, porém, é que todos éramos tratados como se devêssemos (ou quiséssemos *de verdade*) ser ingleses, um programa irrepreensível para Dick, Ralph e Derek, mas nem tanto para os locais como Micheline Lindell, David Ades, Nadia Gindy e eu mesmo.

Todo nosso tempo fora da classe era passado num pequeno pátio interno completamente vedado à Fuad al-Awwal, a movimentada avenida da qual a Aziz Osman — nossa casa ficava no final dela, virando à esquerda — era uma travessa. A Fuad al-Awwal era constituída por lojas e bancas de verduras; havia nela um tráfego contínuo, assim como uma linha de bonde extremamente ruidosa e ônibus públicos ocasionais. Não era apenas agitada e distintamente urbana, mas brotava das partes mais antigas do Cairo, cruzava Zamalek a partir de Bulaq, atravessava a pacata, rica e afetada ilha de Gezira, onde morávamos, e então desaparecia através do Nilo até Imbaba, outra fervilhante antítese de Zamalek e suas silenciosas alamedas arborizadas, seus estrangeiros e suas ruas cuidadosamente traçadas, desprovidas de lojas, como a Sharia Aziz Osman. O *playground* da GPS, como era chamado, constituía uma fronteira entre o mundo urbano nativo e o subúrbio colonial planejado onde morávamos, estudávamos e brincávamos. Antes do início das aulas éramos perfilados por classes no pátio, e de novo no recreio, no almoço e na hora da saída. Um sinal de como foi duradoura em mim a impressão deixada por aqueles exercícios é o fato de que ainda me lembro da *esquerda* como o lado mais próximo do prédio da escola e da *direita* como o lado da Fuad al-Awwal.

Ficávamos perfilados ali supostamente para ser contados e acolhidos ou dispensados: "Bom dia, crianças" ou "Até logo, crianças". Isso parecia um educado ritual para camuflar o sacrifício de ficar em fila, onde tinha lugar todo tipo de coisas desagradáveis. Como éramos proibidos de abrir a boca na classe, exceto para responder as perguntas dos professores, a fila era a um só tempo um bazar, uma casa de leilão e um tribunal, onde eram trocadas as mais extravagantes ofertas e promessas, e onde as crianças menores eram intimidadas verbalmente pelos meninos mais velhos, que as ameaçavam com os mais medonhos castigos. Meu suplício particular era David Ades, um garoto dois ou três anos mais velho que eu. Moreno e musculoso, ele se voltava impiedosamente para minhas canetas, meu estojo de lápis, meus sanduíches e doces, que ele queria para si, e era terrivelmente provocador com relação a tudo o que eu era ou fazia. Ir à escola ou sair dela representava um desafio diário para mim, no sentido de evitar ser pego ou abordado de surpresa por David Ades, e durante os anos em que estive na GPS até que fui bem-sucedido. Mas nunca pude escapar dele nas fileiras das classes, quando, apesar da presença supervisora do professor, o comportamento agressivo e delinqüente era tolerado, e Ades sussurrava e murmurava suas ameaças e sua reprovação geral por entre a fileira de crianças inquietas que nos mantinham misericordiosamente separados.

Retive duas frases de Ades na memória. Uma delas papagaiei durante anos a partir de então: "Eu juro a você"; a outra eu não esqueci de tanto que me assustava quando ele a pronunciava: "Vou esmagar sua cara depois da escola". Às vezes separadas, geralmente juntas, ambas eram pronunciadas com férvida, para não dizer ameaçadora, seriedade, embora no máximo um mês depois de ele dizer isso pela primeira vez eu tenha percebido como elas eram vazias e inconseqüentes. Apesar de sua soporífera e às vezes repressiva atmosfera de aula, a "escola" depois da qual Ades prometia esmagar minha cara me protegia dele. Seu irmão mais velho, Victor, era um famoso nadador e mergulhador que freqüentava o English Mission College (EMC) em Heliópolis; eu admirava suas performances em competições na região do Cairo para as quais éramos levados pela GPS, mas jamais simpatizei com ele, assim como não me animava a me aproximar de David, que ocasionalmente me convidava para jogar bolinha de gude.

Ensaiei ambas as frases em casa — "Juro a você" com minhas irmãs, "Vou esmagar sua cara depois da escola" diante do espelho (era muito tímido para usá-la com uma pessoa de verdade). Nas discussões que eu tinha com as mais velhas de minhas irmãs mais novas, "jurar" significava tentar conseguir alguma coisa emprestada ("Juro que devolvo") ou esforçar-me para convencê-las da veracidade de alguma "lorota" absurda que eu lhes contava ("Juro que vi o envenenador maluco de cabelo vermelho hoje!"). Mas era impedido de pronunciar a expressão tanto quanto eu gostaria por tia Melia, que me dizia para evitar sua insinceridade estúpida e monótona dizendo em seu lugar "Eu lhe asseguro".

Por alguma infração cometida durante a aula, aos oito anos fui posto para fora da classe por uma das professoras (não havia professores homens) que nunca usavam castigos físicos, exceto por umas poucas pancadinhas leves com a régua nos dedos das mãos. A professora me deixou do lado de fora, e então mandou chamar a sra. Bullen, que, com uma expressão sisuda no rosto, me empurrou até uma escada que dava para o salão principal. "Venha comigo, Edward. Você precisa falar com o sr. Bullen no andar de cima!" Ela subiu à minha frente. No alto da escada, parou, colocou a mão no meu ombro esquerdo e me conduziu em direção a uma porta fechada. "Espere aqui", disse, e entrou. Um instante depois estava de volta, fazendo sinal para que eu entrasse; então fechou a porta atrás de mim e eu fiquei, pela primeira e última vez na vida, na presença do sr. Bullen.

Senti um medo instantâneo daquele inglês grandalhão de rosto vermelho e cabelos cor de areia, que acenou para que eu chegasse mais perto. Não trocamos uma palavra enquanto me aproximei lentamente de onde ele estava, perto da janela. Lembro-me de um colete azul e de uma camisa branca, bem como de uma longa vara flexível de bambu, algo entre um chicote de montaria e uma bengala. Eu estava apreensivo, mas também sabia que, tendo atingido aquele ápice do horror, não devia fraquejar ou chorar. Ele me puxou pela nuca e depois forçou-a para baixo e me virou, de modo que fiquei meio curvado diante dele. Com a outra mão ele ergueu a vara e me açoitou três vezes no traseiro; ouvia-se um assobio cada vez que a vara cortava o ar, seguido de um estalo abafado quando ela me atingia. A dor que eu sentia era menor que a raiva que ardia em mim a cada golpe desferido em silêncio por Bullen. Quem era esse brutamontes para me bater de modo tão humilhante? E por que eu me permitia ser tão impotente, tão "fraco" — a palavra começava a adquirir uma considerável ressonância em minha vida — a ponto de deixá-lo me atacar com tamanha impunidade?

Aquela experiência de cinco minutos foi meu único encontro com Bullen; eu não sabia nem seu primeiro nome nem nenhuma outra coisa a respeito dele, exceto que personificou minha primeira experiência pública de uma "disciplina" impessoal. Quando o incidente foi levado ao conhecimento de meus pais por uma das professoras, meu pai me disse: "Veja como você está ficando malcriado. Quando é que vai aprender?", e não havia em seu tom nem a mais leve objeção à indecência do castigo. Pai: "Nós pagamos um dinheirão para que você freqüente as melhores escolas; por que você desperdiça a oportunidade desse jeito?", como se não visse que, na verdade, ele pagava aos Bullen para me tratar daquela maneira. Mãe: "Edward, por que você sempre se mete em encrencas como essa?".

Assim, me tornei delinqüente, o "Edward" dos delitos passíveis de punição, da preguiça, da vadiagem, de quem se podia esperar que fosse regularmente pego em alguma ação proibida e punido com detenção ou, quando fiquei mais velho, com um violento tapa dado por um professor. A GPS me ofereceu minha primeira experiência de um sistema organizado estabelecido como negócio colonial pelos britânicos. A atmosfera era de uma aceitação indiscutível, combinada de antemão com um odioso servilismo tanto por parte dos professores como dos estudantes. A escola não foi interessante como local de aprendizado, mas me forneceu o primeiro contato continuado com a autoridade colonial consubstanciada no caráter completamente inglês de seus professores e de muitos de seus alunos. Eu não tinha nenhum contato próximo com crianças inglesas fora da escola; um cordão invisível as mantinha escondidas num outro mundo que me era inacessível. Eu tinha perfeita consciência de como os nomes delas eram simplesmente *certos* e de que suas roupas e pronúncias e amizades eram totalmente diferentes das minhas. Não me lembro de ter ouvido alguma delas fazer referência à "terra natal", mas eu associava a idéia a elas, e no sentido mais profundo a "terra natal" era algo do qual eu estava excluído. Embora eu não gostasse dos ingleses como professores ou como exemplos morais, sua presença no final da rua onde eu morava não era nem incomum nem perturbadora. Era simplesmente uma característica prosaica do Cairo, uma cidade da qual sempre gostei, embora nunca tenha me sentido em casa nela. Descobri que nosso apartamento era alugado e que, apesar de algumas crianças da GPS acharem que éramos egípcios, sempre houve algo de "exterior" e de fora do lugar no que se referia a nós (a mim, em particular), mas eu ainda não sabia bem por quê.

Bullen permaneceu fixado em minha memória, tão inalterado e sem evolução quanto um ogro numa história infantil. Uma figura da minha infância cuja função exclusiva era me açoitar, nunca se tornando mais complexa que isso. Exatamente cinqüenta anos depois, durante uma breve visita ao Cairo, eu estava folheando um livro escrito por um intelectual egípcio sobre duzentos anos de interesse cultural britânico no Egito quando o nome

Bullen me chamou a atenção numa página. Tratava-se de uma referência a Keith Bullen, membro de um grupo de escritores britânicos secundários conhecidos como poetas da *Salamander*, que residiam no Cairo na época da guerra. *Salamander* era uma revista literária cujo nome derivava da fútil observação de Anatole France segundo a qual "é preciso ser filósofo para ver uma SALAMANDRA"; um obsequioso amigo do Cairo me enviou posteriormente uma fotocópia da edição de março de 1943, que deve ter saído justamente na época em que o sr. Bullen estava me açoitando, ou talvez a outro garoto. Tendo já verificado que o meu Bullen era de fato o Keith Bullen da *Salamander*, li sua tradução livre para o inglês de "Horas de verão" de um certo Albert Samain. Eis a abertura:

> *Bring me the cup of gold,*
> *The crystal, colour of a dream;*
> *In perfumes violent, extreme*
> *Our love may still unfold*

A continuação é:

> *Crushed is the golden summer's vine*
> *Let the cut peach incarnadine*
> *Stain the white splendour of your breast*
>
> *Sombre the woods are, void and vain...*
> *This empty heart that finds no rest*
> *Aches with an ecstasy of pain...* *

---

* Em tradução literal: "Traga-me a taça de ouro,/ o cristal, da cor de um sonho;/ em perfumes violento, extremo,/ nosso amor ainda pode desabrochar.// Despedaçada está a dourada vinha do verão./ Deixe o encarnado do pêssego cortado/ tingir o branco esplendor do seu seio.// Sombrios são os bosques, fúteis e

Como são artificiais e até afetados esses versos, com suas palavras e construções extravagantes ("o encarnado do pêssego"), seu sentimento exagerado, irrealista e patético ("dói com um êxtase de sofrimento"). Para mim, o primeiro verso do poema — "Traga-me a taça de ouro" — sugeria uma bizarra revisão caricatural da surra que o sr. Bullen me deu: poderia Keith ter dito aquelas palavras a sua esposa quando ela abriu a porta para me levar ao castigo, "em perfumes violento... nosso amor ainda pode desabrochar"? Por mais que eu tente, não consigo conciliar a submissão silenciosa e aterrorizada a que fui forçado enquanto ele me açoitava com o afetado poetastro que havia me disciplinado pela manhã e à tarde produzia o pavoroso "Horas de verão", sem dúvida um sujeito admirável que à noite ouvia Chaminade.

Pouco tempo depois de ter sido açoitado, tive um encontro colonial ainda mais agudo e muito mais explícito. Voltando para casa ao anoitecer através de um dos vastos campos externos do Gezira Club, fui abordado por um inglês de terno marrom com um capacete de cortiça na cabeça e uma pequena pasta preta pendurada no guidom de sua bicicleta. Era o sr. Pilley, conhecido por mim por escrito como "Ilmo. Secr." do clube, e também como pai de Ralph, um contemporâneo meu na GPS. "O que está fazendo aqui, rapaz?", ele me interpelou numa voz seca e aguda. "Indo para casa", respondi, tentando manter a calma enquanto ele descia da bicicleta e andava em minha direção. "Você não sabe que não deveria estar aqui?", perguntou, em tom de reprovação. Comecei a dizer alguma coisa sobre o fato de ser sócio, mas ele me interrompeu brutalmente. "Não seja insolente, garoto. Simplesmente dê o fora, e seja rápido. Árabes não são permitidos aqui, e você é

---

vãos.../ Este coração vazio que não tem descanso/ dói com um êxtase de sofrimento". (N. T.)

um árabe!" Se eu nunca antes havia pensado em mim como árabe, agora apreendia diretamente o significado da designação como uma verdadeira mutilação. Quando contei a meu pai o que o sr. Pilley havia me dito, ele só ficou levemente perturbado. "E ele não acreditou que éramos sócios", protestei. "Vou falar com Pilley sobre isso", foi a resposta evasiva. O assunto nunca mais foi discutido: Pilley escapara incólume.

O que me incomoda, cinqüenta anos depois, é que, embora o episódio tenha permanecido comigo por tanto tempo, e embora ele seja tão doloroso agora como na época, parecia existir um pacto fatalista entre meu pai e eu sobre nosso status necessariamente inferior. Ele o conhecia; eu o descobri publicamente pela primeira vez frente a frente com Pilley. No entanto, nenhum de nós o via então como algo que justificasse uma briga qualquer, e a consciência disso me envergonha até hoje.

Tais disparidades entre a percepção e a realidade só puderam se tornar visíveis para mim décadas e décadas depois que deixei a GPS. Muito pouco do que havia à minha volta na escola — aulas, professores, alunos, atmosfera — me incentivava ou ajudava. As melhores lembranças que tenho de meus anos na GPS pertencem ao fim do dia de aula, quando minha mãe sempre estava disposta a me ouvir e a falar comigo, já que ela envolvia minhas horas de vigília com uma interpretação de tudo o que acontecia. Ela explicava meus professores, minhas leituras e eu mesmo. Exceto no que diz respeito à caligrafia e à arte, eu era um aluno esperto, ainda que irregular, rápido e perspicaz, mas minha mãe parecia inconscientemente desvalorizar meus feitos, depois de a princípio celebrá-los, ao dizer "Claro que você é esperto, você é tão inteligente, mas" — e aqui eu era impedido de falar — "mas isso não é uma conquista realmente sua, já que foi Deus que lhe deu esses dons". Diferentemente de meu pai, ela expressava um sentimento de terna suavidade e apoio que me sustentou enquanto durou. Eu sentia que aos olhos dela eu era abençoado, completo, maravilhoso. Um elogio seu a respeito da minha vivacidade, ou da minha musicalidade, ou da minha aparência, me causava um enlevo capaz de me dar momentaneamente a sensação de pertencer de fato a um lugar bom e sólido, embora, ai de mim, eu tenha logo me dado conta do quanto seria breve essa sensação. Imediatamente, então, eu começava a me preocupar a respeito de me permitir ou não *ser* seguro, e em pouco tempo eu tinha perdido de novo a autoconfiança, e as velhas inseguranças e angústias voltavam a dominar. Nunca duvidei de que minha mãe realmente me amava quando dizia fazê-lo, mas, quando eu tinha doze ou treze anos, soube também que, de algum modo não expresso e misterioso, ela era profundamente crítica em relação a mim. Ela havia desenvolvido uma extraordinária capacidade de seduzir, convencendo uma pessoa do total comprometimento dela, e então, de uma hora para outra, fazia essa mesma pessoa se dar conta de que ela a avaliara e considerara deficiente. Por mais próximo que eu estivesse dela, ela sempre podia revelar uma misteriosa reserva ou objetividade que nunca se explicava plenamente, mas exercia um severo julgamento, desencorajando-me e me enlouquecendo ao mesmo tempo.

E quando eu voltava para casa à tarde havia sempre o risco de um telefonema relatando um delito que eu houvesse cometido ou uma aula para a qual não houvesse estudado, para envenenar a trégua do controle escolar pela qual eu ansiava. Desse modo, gradualmente perdi a autoconfiança, retendo apenas um frágil senso de segurança em mim mesmo e no meu entorno, ficando mais dependente do que nunca da aprovação e do amor de minha mãe. Meu pai era uma figura bastante remota durante a semana. Parecia não ter nenhuma responsabilidade doméstica que não fosse comprar frutas e verduras em quantidades enormes, que chegavam em casa trazidas por um entregador e das quais minha mãe invariavelmente reclamava. "Estamos nadando em laranjas, bananas, pepinos e tomates, Wadie. Por que comprou mais cinco quilos hoje?" "Você está louca!", ele respondia algumas vezes com frieza, e voltava a se afundar no jornal da noite, a menos, claro, que a escola houvesse "relatado" algo a meu respeito ou que meu "relatório" mensal expressasse as habituais reservas quanto a meu comportamento, negligência, vadiagem ou agitação. Nesse caso ele me confrontava ferozmente por um par de instantes terríveis e depois se retirava. As confrontações pioraram mais tarde, sobretudo quando fui para o Victoria College.

Entretanto, até que tive alguns momentos duradouros de inesperado bem-estar na GPS. O mais notável deles teve a ver com minha introdução no teatro, que ocorreu no início de 1944. Era estranho voltar à escola no começo da noite, as salas de aula escuras e desertas, o salão central vagamente iluminado sendo aos poucos tomado por pessoas que ocupavam as cadeiras dispostas de forma meticulosa. O estrado algo elevado do qual a sra. Bullen emitia seus pronunciamentos matinais havia sido convertido num palco, completado por uma cortina franzida branca estendida na frente. Haveria uma encenação de *Alice no país das Maravilhas*; o livro me havia sido passado por minha mãe mais ou menos na mesma época, mas eu o achei cansativamente jocoso e em grande parte incompreensível, exceto pelas ilustrações, uma em particular, de um rato nadando correnteza acima, com seu focinho só um pouco fora d'água, o que misteriosamente me intrigou. A observação bastante vaga e desapontada de minha mãe quando viu que eu não avançava na leitura — "Mas é para crianças, Edward!" — não havia mudado minha opinião, embora eu estivesse excitado com a possibilidade de descobrir alguma coisa diferente no livro se ele fosse apresentado e concretizado no palco. "É como o cinema?", lembro-me de ter perguntado a um garoto mais velho que me empurrava junto com ele para as fileiras da frente.

Ainda posso ver e ouvir fragmentos daquela montagem escolar de *Alice*, especialmente a reunião para o chá, a Rainha Vermelha jogando croqué e vociferando "Cortem-lhes as cabeças", e acima de tudo Alice entrando e saindo de situações que achávamos engraçadas, mas que a deixavam alarmada e perdida. Não fui capaz de apreender o sentido da coisa toda, mas percebi que ela transformava totalmente e dava uma aura de irredutível glamour e estranheza aos atores, que durante o dia tinham sido crianças como eu na GPS. A ninguém isso se aplicava de modo tão poderosamente verdadeiro quanto a Micheline Lindell, a menina que representava Alice. Os outros — o Chapeleiro Maluco e a Lebre de Março, a Rainha de Copas — eram estudantes mais velhos com os quais eu não tinha muito a ver; Colette Amiel, uma garota assombrosamente gorda que parecia ter nascido para representar a Rainha, era irmã de Jean-Pierre Amiel, colega de classe e vizinho de David Ades, portanto eu a conhecia indiretamente e tinha com ela só uma pequena familiaridade. Os outros eram apenas rapazes e garotas "grandes" que eu conhecia de vista na escola. Micheline, porém, era só um ano mais velha que eu; tinha sentado uma ou duas vezes na fileira ao lado da minha na aula de francês, quando, por motivos desconhecidos, classes diferentes eram reunidas. Tinha uma verruga do lado esquerdo da boca, era mais ou menos da minha altura e possuía a voz mais clara e maravilhosa, fluente num inglês impecável e num francês do Cairo.

Em *Alice* ela usava um vestido branco com meias compridas brancas e sapatilhas brancas de balé. Devia parecer virginal, mas não parecia nem um pouco, dado o modo ardiloso como passava sua mensagem subliminarmente sedutora por meio de suas roupas afetadas e justas, causando um impacto muito direto num garoto de nove anos totalmente pasmo e, devo acrescentar, desconcertado. Eu não sentia nenhuma atração sexual definida, já que simplesmente não tinha idéia do que era o sexo, mas, olhando para Micheline, me sentia agitado e excitado pelo modo como ela estava completamente transformada e mais excitado ainda pela facilidade com que, durante os três dias de encenação, ela deslizava entre ser como nós, prosaica, insípida, desinteressante, e ser uma criatura com uma aura tão inequívoca de glamour e elevação. Durante o dia eu ficava observando Micheline ser comum e me maravilhava com o fato de ela falar como nós, receber críticas dos professores, ter dificuldades com as lições. Seu sucesso como atriz parecia não lhe render nenhum privilégio. Então, à noite, ela se tornava a garota única e talentosa, iluminada por sua força e perícia. Vi todas as sessões, embora meus pais tenham resistido a cada vez, acabando por ceder com base no reconhecimento, por parte de meu pai, de que "faz parte da educação dele". Eu gostava de me postar quieto e despercebido do lado de fora do portão da escola para vê-la sair, com seus olhos brilhando pela excitação de ter a noite em suas mãos, o vestido branco escondido apenas parcialmente sob o casaco preto que o pai lhe pendurara nos ombros. Eu sentia certa culpa pela minha "furtividade", mas ela era sobrepujada pela emoção do segredo e da visão de Micheline saindo de uma vida para entrar em outra.

Não havia uma passagem assim para mim. Alguma coisa estava claramente errada em minha vida, e para isso eram concebidos remédios sistemáticos, todos fora da escola, muitos deles extensões dela. Por alguns meses, quando eu estava no meu último ano na GPS (1946), me vi depositado duas vezes por semana do outro lado dos trilhos de bonde junto à casa de Greenwood, para praticar exercícios suplementares e esportes. Como todas as crianças inglesas da escola que não eram filhas de professores, Jeremy Greenwood era filho de um executivo cuja *villa* em Zamalek, na qual nunca entrei, era cercada por um grande jardim e um muro alto. No gramado, sob a coordenação de um esguio instrutor egípcio em roupas brancas de críquete, alguns garotos eram submetidos a uma hora de ginástica, seguida de um pouco de corrida e arremesso de bola. Não desenvolvi nenhuma habilidade nas sessões de Greenwood, mas, como único garoto não inglês ali, aprendi alguma coisa sobre "jogo limpo" e "espírito esportivo" [*sportsmanship*, em inglês], uma expressão que me lembro claramente de nosso instrutor pronunciando com ênfase no *man* (homem) e um *r* fortemente enrolado. Eu entendia que ambas as expressões tinham a ver com aparências; "jogo limpo" significava queixar-se em voz alta a um adulto de que algo que seu oponente fez não foi "limpo", e "espírito esportivo" significava nunca revelar seus reais sentimentos de raiva e ódio. Eu era o único garoto não inglês nas tardes de Greenwood, e em conseqüência disso me sentia desconfortável e solitário.

Depois de algumas tristes e despropositadas semanas de exercício, fui transferido para os escoteiros, cujos traseiros imundos — a tropa toda parecia nunca levantá-los do chão — encontravamse com seus dois chefes atrás de uma barraca em algum lugar no terreno do Gezira Club. Ficava-se de cócoras e berrava-se muito contra o vento: "*Ak-e-la, vamos dar o máximo*". Orgulhava-me particularmente desse ritual de lealdade, uma vez que ele me colocava de maneira explícita, pela primeira vez, numa posição de igual para igual com os garotos ingleses *e* com o desagradável Ades, a cujas ameaças sussurradas eu era invulnerável nas fileiras do escotismo. Nós nos encontrávamos nas tardes de quarta-feira e de sábado, quando eu orgulhosamente vestia minha camisa e meu short cáqui, meu lenço vermelho com laço de couro marrom e minhas vistosas meias verdes com elástico vermelho. Minha mãe não gostou do que considerou a militarização do meu espírito; tendo lido junto comigo sobre Mowgli, Kaa, Akela e até Rikki-tikki-tavi, ela não podia aceitar as hierarquias e autoridades impostas a seu menino pelos ingleses, e dava pouca atenção a minha vestimenta. Minhas irmãs Rosemarie e Jean, que tinham sete e quatro anos, respectivamente, eram intimadas por meus brados e gritos de guerra a mostrar uma admiração instantânea.

Meu pai não disse nada até o dia em que me ouviu ensaiando o juramento, em particular a parte sobre Deus e rei. "Por que você está dizendo isso?", ele me perguntou, como se eu tivesse inventado por conta própria aquelas palavras. "Você é um americano, e nós não temos rei nenhum, e sim um presidente. Você é leal ao presidente. A Deus e ao presidente." Momentaneamente perplexo diante dessa observação (eu não tinha a menor idéia de quem era o presidente nem do papel que ele desempenhava em minha vida; o rei, afinal de contas, era o último que eu havia estudado de uma longa série que partia de Edward, o Confessor, e passava pelos Plantagenetas, pelos Stuarts e seguia adiante), gaguejei algumas palavras de vago protesto: "'Deus e presidente' não fica bom", arrisquei. Em seguida, resmunguei: "Não posso dizer isso, papai, não posso". Ele pareceu intrigado com minha patética recusa, uma vez que claramente não podia imaginar o que significaria para um garoto de oito anos desafiar as autoridades do escotismo num ponto em que se exigia fidelidade absoluta. Virou-se para minha mãe, que, como sempre, estava por perto, e disse-lhe em árabe: "Hilda, venha cá, procure descobrir o que há de errado com seu filho".

Pela primeira vez percebi o que significava frustrar suas expectativas; haveria em breve uma segunda vez, também associada aos escoteiros. Numa bela tarde de sábado, em março, um grupo de escoteiros foi levado ao campo de futebol que ficava do outro lado, mais amplo, da nossa barraca no Gezira Club. Nosso jogo contra os escoteiros de Heliópolis fora anunciado com uma semana de antecedência, de modo que eu havia ingenuamente avisado meu pai — ele mesmo um grande atacante quando jovem, trinta anos antes, em Jerusalém — para que me visse levar adiante a tradição familiar. Meu primo Albert, que, a exemplo de seu tio Wadie, jogava no primeiro time do St. George, era elástico, forte e veloz — assemelhava-se a meu pai na aparência e no interesse por esportes. Eu teria gostado de ser como ele. De todo modo, eu associava Albert com o que meu pai havia sido, e presumia que meu pai fora de fato um grande jogador que gostaria de me ver atuar. Por favor, venha me ver jogar, eu disse, e ele, como era de se esperar, foi.

O chefe dos escoteiros e eu havíamos negligenciado o assunto chuteiras, de modo que acabei sendo o único jogador que entrou em campo com imaculados sapatos Paul Favre marrons. Escalado como um dos volantes defensivos, de repente me senti completamente perdido com relação ao que deveria fazer em campo. Fiquei ainda mais paralisado quando percebi, como que pela primeira vez, que na verdade eu nunca havia jogado num time antes e que meu pai, em pé, impassível, a uns quinze metros de mim, via seu filho não apenas incompetente, mas sem dúvida vergonhosamente desajeitado, jogando numa posição com a qual não tinha nada a ver. Meus pés pareciam gigantescos e, ao mesmo tempo, extremamente pesados. Tentei chutar, mas furei, a primeira bola que veio em minha direção, num começo perfeito para o que seria uma atuação completamente nula. "Said [pronunciado com acento no a]", gritou um dos chefes para mim, "movimente-se um pouco mais. Você não pode simplesmente ficar aí parado!" Mais tarde percebi que ele me lançou um olhar de censura quando peguei três ou quatro gomos de laranja, em vez de um ou dois, no intervalo entre os dois tempos. Durante o segundo tempo, continuei tão imóvel quanto no primeiro, por timidez e insegurança. Perdemos.

Depois da missa, no dia seguinte, meu pai me interceptou no corredor que levava à sala de jantar. O almoço estava para ser servido — em raras ocasiões tínhamos "pessoas", isto é, parentes, em casa para a principal refeição do domingo, o que animava o dia em geral monótono de devoção compulsória —, mas eu podia apostar que meu encontro com meu pai não seria nada agradável. Ele segurou meu ombro, depois de ter me virado de modo a encararmos juntos o corredor. Enquanto balançava a perna direita para imitar um chute na bola, começou: "Observei você ontem". Pausa. "Você chuta a bola e em seguida pára. Você tem que ir atrás dela, correr, correr, correr. Por que fica parado? Por que não corre atrás da bola?" Esta última pergunta foi acompanhada por um grande empurrão que me lançou no corredor numa suposta perseguição a uma bola inexistente. Tudo o que pude fazer foi cambalear de forma desajeitada até recuperar o equilíbrio. Não havia absolutamente nada que eu pudesse dizer.

Não sei se meus sentimentos de inaptidão física, que vinham da sensação de que nem meu corpo nem meu caráter habitavam naturalmente os espaços designados para mim na vida, derivaram daquela provação desagradável imposta por meu pai, mas sei que sempre me vi rastreando esses sentimentos até chegar de volta àquele evento. Corpo e caráter eram, como comecei a perceber, intercambiáveis no que se referia ao julgamento dele. Um tema particularmente duradouro em seus comentários, da minha infância até o fim da faculdade, era minha tendência a não ir longe o bastante, a permanecer na superfície, a não "dar o máximo". Sempre que ele chamava minha atenção para cada uma dessas falhas, fazia um gesto particular com as mãos: primeiro um punho cerrado puxado em direção ao ombro, depois um movimento vibrante da esquerda para a direita, por fim um gesto de advertência com o dedo. A maior parte do tempo ele citava minha experiência no jogo de futebol dos escoteiros como ilustração do que queria dizer, e disso concluí que eu não tinha a força moral para fazer o que era necessário para "dar o máximo". Eu era fraco em todos os sentidos da palavra, mas especialmente (eu mesmo fiz a conexão subentendida) em relação a ele.

Um pouco mais tarde, no mesmo ano (1944) em que fui cativado por Micheline Lindell em *Alice*, eu teria outra experiência teatral extraordinária. Minha mãe anunciou que John Gielgud viria ao Cairo para representar *Hamlet* na Opera House. "Temos que ir", ela disse, com uma determinação contagiante, e de fato a coisa foi devidamente programada, embora eu, por certo, não fizesse nem idéia de quem era John Gielgud. Eu tinha nove anos na época e havia acabado de aprender um pouco sobre a peça no volume de histórias de Shakespeare de Charles e Mary Lamb que ganhara de Natal alguns meses antes. Para a ocasião que se aproximava, uma linda edição em volume único das obras completas de Shakespeare foi retirada da estante. A bela capa de marroquim vermelho e o delicado papel-bíblia encarnavam para mim tudo o que havia de voluptuoso e excitante num livro. Sua opulência se intensificava com os desenhos a lápis ou a carvão que ilustravam os dramas, sendo o de *Hamlet* um quadro extraordinariamente tenso de Henry Fuseli que representava o príncipe da Dinamarca, Horácio e o espectro aparentemente lutando entre si, arrebatados teatralmente pelo anúncio do assassinato e pela agitada resposta a ele.

Sentávamos os dois na sala de visitas, ela numa grande poltrona, eu num banquinho próximo a ela, com a lareira fumegante à sua esquerda, e juntos líamos *Hamlet*. Ela era Gertrudes e Ofélia, eu era Hamlet, Horácio e Claudio. Ela também interpretava Polônio como que em implícita solidariedade a meu pai, que freqüentemente, em tom de advertência, citava para mim a frase "Não empreste nem peça emprestado", como um lembrete de como era arriscado receber dinheiro para gastar por conta própria.

Pulávamos a seqüência toda da "peça dentro da peça" por considerá-la um ornamento demasiado desconcertante e complicado para nós. Deve ter havido pelo menos quatro, ou talvez cinco ou seis, sessões nas quais, compartilhando o livro, lemos e tentamos captar o sentido da peça, os dois completamente sozinhos e unidos, em quatro tardes depois da escola, com o Cairo, minhas irmãs e meu pai do lado de fora daquela sala.

Eu só entendia as falas pela metade, embora a situação básica de Hamlet, sua indignação diante do assassinato do pai e do novo casamento da mãe, sua verbosa e interminável vacilação, tenha ficado em mim. Eu não fazia idéia do que eram incesto e adultério, mas não podia perguntar a minha mãe, cuja concentração na peça me parecia tê-la feito submergir no livro e se afastado de mim. O que recordo acima de tudo é a mudança de sua voz normal para uma nova voz teatral como Gertrudes: ela subia de diapasão, ficava macia e excepcionalmente fluente e, mais que tudo, adquiria um tom encantadoramente coquete e apaziguador. "Bem, Hamlet", lembro-me dela dizendo claramente para mim, não para Hamlet, "tire essas trevas do teu rosto e lance um olhar amigo à Dinamarca." Eu sentia que ela estava falando ao meu eu melhor, menos inapto e ainda sadio, na esperança talvez de me elevar sobre a lama da minha vida delinqüente, já sobrecarregada de preocupações e angústias que agora eu tinha certeza de que ameaçavam meu futuro.

Ler *Hamlet* como uma afirmação do meu status aos olhos dela, não como alguém desvalorizado, que era o que eu havia me tornado a meus próprios olhos, foi um dos grandes momentos de minha infância. Éramos duas vozes um para o outro, dois espíritos alegremente aliados na linguagem. Eu não sabia nada da dinâmica interna que ligava o príncipe desesperado e a rainha adúltera na peça, nem compreendia de verdade a fúria da cena entre eles quando Polônio é morto e Gertrudes é esfolada verbalmente por Hamlet. Lendo juntos, passamos por cima de tudo isso, uma vez que para mim o que importava era que, de um modo curiosamente não hamletiano, eu podia contar com ela como alguém cujas emoções e afeições cativavam as minhas sem que ela fosse na verdade mais do que uma pessoa perfeitamente maternal, protetora e tranqüilizadora. Longe de sentir que ela houvesse traído suas obrigações para com seu filho, eu sentia que aquelas leituras confirmavam a profundidade de nossa ligação recíproca; durante anos guardei na lembrança o tom de sua voz mais elevado que o habitual, o equilíbrio sereno de seus gestos, o suave e paciente contorno de sua presença como bens a serem preservados a todo custo, mas cada vez mais raros à medida que meus delitos cresciam em número e os poderes destrutivos e perturbadores dela ameaçavam-me mais e mais.

Quando enfim vi a peça na Opera House, estremeci na poltrona ao ouvir Gielgud declamando "Anjos e ministros da Graça nos defendam", pela sensação que aquilo transmitia de ser uma miraculosa confirmação do que eu havia lido em particular com minha mãe. A trêmula ressonância de sua voz, o palco sombrio e tempestuoso, a figura vagamente resplandecente do fantasma, tudo parecia trazer vida ao desenho de Fuseli que eu havia estudado longamente, e isso elevou minha apreensão sensorial a um clímax que não creio ter experimentado de novo com a mesma intensidade. Mas fiquei também abatido pelas incongruências físicas entre mim e os homens, cujas calças colantes verdes e carmesins acentuavam o relevo de pernas roliças e perfeitamente formadas, que pareciam zombar das minhas pernas magrelas e sem forma, da minha postura desajeitada, dos meus movimentos atrapalhados. Tudo em Gielgud e no homem louro que representava Laertes exprimia um desembaraço e uma confiança — eram heróis ingleses, afinal — que me reduziam a um status inferior, diminuindo minha capacidade de fruir a peça. Dias depois, quando um colega de classe anglo-americano chamado Tony Howard me convidou para conhecer Gielgud em sua casa, tudo o que consegui foi um aperto de mão frouxo e silencioso. Gielgud estava de terno cinza, mas não disse nada; apertou minha pequena mão com um olímpico meio sorriso no rosto.

Deve ter sido a lembrança daquelas remotas tardes de *Hamlet* no Cairo que tornou minha mãe, durante os últimos dois ou três anos de sua vida, novamente entusiástica a respeito de irmos juntos ao teatro. A ocasião mais memorável foi quando — sofrendo já os tormentos de seu câncer — ela chegou a Londres, vinda de Beirute e a caminho dos Estados Unidos, onde consultaria um especialista; encontrei-a no aeroporto e levei-a ao Brown's Hotel para a única noite que ela passaria ali. Mesmo com escassas duas horas para se aprontar e ter um jantar apressado, não hesitou em dizer sim a minha sugestão de vermos Vanessa Redgrave e Timothy Dalton como *Antônio e Cleópatra* no Haymarket Theatre. Produção sutil e despojada, a longa peça causou-lhe um impacto que me surpreendeu; depois de anos de guerra e invasão israelense no Líbano, ela havia se tornado desatenta, freqüentemente queixosa, preocupada com sua saúde e com o que podia fazer de si própria. Tudo isso, entretanto, ficou em suspenso enquanto assistíamos e ouvíamos as falas de Shakespeare — "A eternidade estava em nossos lábios e olhos, a felicidade em nossas frontes inclinadas" — como se fossem ditas com a pronúncia do Cairo na época da guerra, de novo em nosso pequeno casulo, nós dois, a despeito da diferença de idade, muito calados e concentrados, compartilhando a língua e a comunhão e também o fato de sermos mãe e filho pela última vez. Oito meses depois ela iniciou sua queda final na doença que a matou, a mente devastada pela metástase que, antes de emudecê-la por completo nos dois meses que antecederam sua morte, levou-a a falar alarmadamente sobre complôs a seu redor e a proferir aquela que foi a última coisa lucidamente íntima que ela jamais me disse: "Meu pobre menininho", pronunciada com triste resignação, uma mãe fazendo sua última despedida de seu filho.

Durante meus anos de crescimento, sempre desejei que tivesse sido ela a me ver jogando futebol ou tênis, ou que só ela pudesse ter falado com meus professores, desobrigada de seus deveres como parceira de meu pai no programa conjunto pela minha reforma e aprimoramento. Depois que ela morreu e não pude mais lhe escrever minha carta semanal nem (quando ela estava em Washington tratando de sua doença) falar diretamente com ela em nosso telefonema diário, mantive-a como companhia silenciosa mesmo assim. Ser tomado em seus braços toda vez que ela queria me abraçar e afagar quando eu era um garotinho de fato era a felicidade, mas tal atenção nunca podia ser buscada ou pedida. Seus humores regulavam os meus, e recordo que um dos mais angustiados estados de espírito da minha infância e início da adolescência era quando eu tentava, sem nada para me guiar e sem obter nenhum sucesso, desviá-la de seu papel de governanta e seduzi-la a me dar aprovação e apoio. Uma boa ação, uma nota decente na escola, uma passagem bem executada no piano podiam entretanto causar uma súbita transfiguração de seu rosto, uma dramática elevação de seu tom de voz, um abraço de tirar o fôlego, enquanto ela me dizia: "Bravo, Edward, meu menino querido, bravo, bravo. Deixe-me beijá-lo". Porém, na maior parte do tempo ela estava tão tomada por seu senso de dever materno e de supervisora da vida do lar, que a voz habitual daqueles anos — e que também guardei comigo — era a que usava para comunicar alguma ordem: "Vá estudar piano, Edward!"; "Volte para sua tarefa de casa"; "Não perca tempo: comece logo sua redação"; "Já tomou seu leite, seu suco de tomate, seu óleo de fígado de bacalhau?"; "Termine seu prato"; "Quem comeu os chocolates? Uma caixa inteira desapareceu, Edward!".

IV.

A força de meu pai, moral e física, dominou a primeira parte de minha vida. Ele tinha costas compactas e um tórax roliço e, embora fosse bastante baixo, transmitia a sensação de invencibilidade, bem como, pelo menos para mim, de poderosa autoconfiança. Sua característica física mais impressionante era o porte, tão ereto que era quase uma caricatura. E com essa postura, que contrastava com meu encolhimento, timidez e nervosismo, vinha junto um modo de andar superior, que fornecia outro elemento de intimidante contraste comigo: ele nunca parecia ter medo de ir a nenhum lugar ou de fazer o que quer que fosse. Eu tinha, sempre. Não apenas eu não me lançava para a frente, como deveria ter feito no desafortunado jogo de futebol, como também me sentia pouco inclinado a me deixar observar pelos outros, tal era minha consciência de meus inúmeros defeitos físicos, os quais, eu estava convencido, refletiam minhas deformações internas. Ser olhado diretamente e devolver o olhar era algo muito difícil para mim. Quando eu tinha uns dez anos comentei isso com meu pai. "Não olhe nos olhos dos outros; olhe para o nariz", disse ele, transmitindo-me assim uma técnica secreta que usei durante décadas. Quando comecei a lecionar como estudante graduado, no final dos anos 50, considerei imperativo tirar meus óculos de modo a transformar a classe num borrão que eu não era capaz de distinguir. E até hoje acho insuportavelmente difícil me ver na televisão ou mesmo ler qualquer coisa a meu respeito.

Quando eu tinha onze anos, esse medo de ser visto me impediu de fazer algo que eu queria muito. Era talvez meu segundo espetáculo na Ópera do Cairo, uma réplica em miniatura do gigante criado por Garnier em Paris,* que havia consagrado *Aída*. Eu estava emocionado pelos rituais solenes do palco e pelas pessoas fantasiadas, mas também pela música, por sua execução e formalidade. Estava particularmente intrigado com o poço da orquestra e, em seu centro, pelo pódio do regente, com sua enorme partitura e longa batuta. Eu queria examinar a ambas mais detidamente durante o intervalo, algo que a localização de nossos assentos, no centro da platéia, não permitia. "Posso dar uma olhada nelas?", perguntei a meu pai. "Vá em frente. Desça lá", ele respondeu. A idéia de caminhar sozinho pelo assoalho de parquê de repente me pareceu impossível: eu estava envergonhado demais; minha vulnerabilidade à inspeção (e talvez condenação) alheia era grande demais. "Tudo bem", ele disse com irritação. "Vou eu." Eu o vi dominar o corredor, quase desfilando em direção ao pódio, que ele alcançou de modo muito lento e calculado; então, para aumento do meu desconforto, simulou virar as folhas da partitura com o rosto tomado pela curiosidade e pela audácia. Afundei ainda mais na poltrona, permitindo-me apenas uma espiada por cima do parapeito, incapaz de suportar o duplo

---

* O arquiteto francês Charles Garnier (1825-98) ganhou em 1861 um concurso público para projetar a Ópera de Paris, construída entre 1862 e 1875 no estilo eclético e suntuoso conhecido como "estilo Napoleão III". (N. T.)

embaraço, talvez até medo, diante da exibição de meu pai e da minha encolhida timidez.

Era o zelo sempre enternecedor de minha mãe que me oferecia a rara oportunidade de ser a pessoa que eu sentia ser, em contraste com o "Edward" que fracassava na escola e nos esportes e que nunca estaria à altura da hombridade representada por meu pai. Entretanto, meu relacionamento com ela tornou-se mais ambivalente, e suas atitudes de reprovação tornaram-se para mim muito mais devastadoras emocionalmente que as reprimendas e intimidações viris de meu pai. Certa tarde de verão no Líbano, quando eu tinha dezesseis anos e sentia mais que nunca a necessidade de sua simpatia, ela pronunciou um julgamento a respeito de todos os seus filhos que nunca mais esqueci. Eu tinha acabado de passar o primeiro de dois anos infelizes no Mount Hermon, um repressivo internato da Nova Inglaterra, e aquele verão de 1952 era de uma importância crítica, principalmente porque eu poderia passar algum tempo com ela. Tínhamos desenvolvido o hábito de sentar juntos durante as tardes, conversando intimamente, trocando notícias e opiniões. De repente ela disse: "Meus filhos têm sido uma decepção para mim. Todos". Por algum motivo, não consegui me forçar a dizer "Menos eu, com certeza", embora estivesse bem estabelecido que eu era seu favorito, a ponto de (segundo me contaram minhas irmãs), durante meu primeiro ano longe de casa, ela reservar um lugar para mim à mesa em ocasiões importantes, como a noite de Natal, e não permitir que se tocasse em casa a Nona de Beethoven (minha peça musical preferida).

"Por que", perguntei, "você sente isso a nosso respeito?" Ela franziu os lábios e recolheu-se em si mesma, física e espiritualmente. "Por favor, me diga por quê", insisti. "O que foi que eu fiz?"

"Algum dia quem sabe você fique sabendo, talvez depois que eu morrer, mas está muito claro para mim que vocês todos são uma grande decepção." Durante alguns anos, repeti minhas perguntas inutilmente: as razões para a decepção dela conosco, e obviamente comigo, continuaram sendo seu segredo mais bem guardado, assim como uma arma em seu arsenal para nos manipular, nos deixar sem equilíbrio e me colocar em conflito com minhas irmãs e com o mundo. Tinha sido sempre assim? O que significava o fato de eu haver uma vez acreditado que nossa intimidade era tão segura que admitia poucas dúvidas e nenhum enfraquecimento da minha posição? Agora, ao analisar minha franca e, apesar da diferença de idade, profunda ligação com minha mãe, percebia que sua ambivalência crítica sempre havia estado presente.

Durante meus anos na GPS, as mais velhas de minhas irmãs mais novas, Rosy e Jean, e eu começamos lentamente, de modo quase imperceptível, a desenvolver uma relação conflituosa que tinha a ver com o talento de minha mãe para lidar conosco e nos manipular. Eu havia tido um sentimento de proteção com relação a Rosy: ajudava-a sempre, já que ela era um pouco mais nova e menos habilitada fisicamente do que eu; tratava-a com carinho e com freqüência a abraçava quando brincávamos na sacada; mantinha uma tagarelice constante, à qual ela respondia com sorrisos e risadas abafadas. Íamos juntos à GPS pela manhã, mas nos separávamos ao chegar lá, uma vez que ela estava numa classe de alunos mais jovens. Ela tinha um monte de amiguinhas risonhas — Shahira, Nazli, Nadia, Vivette — e eu meus belicosos colegas de classe, como Dickie Cooper ou Guy Mosseri. Logo ela se estabeleceu como uma "boa" menina, enquanto eu perambulava pela escola com uma crescente sensação de desconforto, rebeldia, falta de rumo e solidão.

Depois da escola começavam os problemas entre nós. Eram acompanhados por nossa separação física forçada: nada de banho juntos, nada de empurra-empurra nem de abraços, quartos separados, regimes separados, o meu mais físico e disciplinado que o dela. Quando mamãe voltava para casa, discutia meu desempenho em comparação com o de minha irmã mais nova. "Olhe para Rosy. Todos os professores dizem que ela está indo muito bem." Não demorou para que Jean — excepcionalmente bonita com suas grossas tranças ruivas — se transformasse, de uma indefectível miniatura de Rosy, em outra "boa" menina, com seu próprio círculo de amigas aparentemente de mentalidade idêntica. E ela também era elogiada pelas autoridades da GPS, enquanto eu continuava a afundar em prolongada "desgraça",* palavra inglesa que me rodeou desde os sete anos de idade. Rosy e Jean ocupavam o mesmo quarto; eu ficava no final do corredor; meus pais no quarto do meio; Joyce e Grace (que eram oito e onze anos mais novas que eu) tiveram seus dormitórios mudados da sacada envidraçada para um ou outro dos quartos restantes à medida que o apartamento era adaptado para acomodar as crianças que cresciam.

A porta fechada do quarto de Rosy e Jean significava o definitivo abismo, tanto físico como emocional, que lentamente se abria entre nós. Chegou a haver uma vez um mandamento taxativo contra minha entrada no quarto, vigorosamente pronunciado e ocasionalmente inspecionado por meu pai, que agora tomava abertamente o partido delas como defensor e patrono; aos poucos, fui relegado ao papel do irmão de intenções dúbias, situação cujos precursores (aos olhos de meu pai) foram por certo meus tios maternos. "Proteja-as", diziam sempre para mim, sem nenhum resultado. Para Rosy, especialmente, eu era uma espécie de predador-alvo sempre à espreita, a ser espicaçado ou bajulado para entrar em seu quarto, onde era bombardeado por borrachas de apa-

---

* *Disgrace*, no original em inglês. A palavra pode significar, conforme o contexto, "desgraça", "desonra", "descrédito" ou "vergonha". Todas as acepções se enquadram aqui. (N. T.)

gar, golpeado na cabeça com travesseiros e provocado com risos e guinchos que misturavam o terror e o prazer do perigo. Elas pareciam ávidas por estudar e aprender tanto em casa como na escola, enquanto eu adiava essas atividades de modo a atormentá-las ou a passar o tempo à toa até que minha mãe voltava para casa e ouvia uma cacofonia de acusações e contra-acusações comprovadas pela exibição de machucados e marcas de mordidas.

Não havia nunca, porém, um desentendimento completo, já que cada um de nós três, em alguma medida, gostava daquela interação competitiva, e raramente hostil, com os outros dois. Minhas irmãs podiam exibir sua rapidez ou seu refinado talento no jogo da amarelinha, e eu tentava acompanhá-las; em disputas memoráveis de cabra-cega, *ring-around-the-rosy** e futebol improvisado num espaço minúsculo, eu me beneficiava da altura e da relativa força. Depois que fomos ao Circo Togni, cujo domador de leões, em particular, me impressionou por sua presença imponente e fanfarrice, passei a imitar seu número no quarto das meninas, gritando-lhes comandos como *"A posto, Camelia"*, enquanto brandia um chicote imaginário e avançava ameaçadoramente com uma cadeira em direção a elas. Elas pareciam deliciar-se com a pantomima e até emitiam um delicioso rugido enquanto escalavam a cama ou o guarda-roupa com uma graça não muito felina.

Mas nunca nos abraçávamos, como seria comum entre irmãos e irmãs; pois era justamente nesse nível subliminar que eu percebia um retraimento de parte a parte, meu com relação a elas, delas com relação a mim. Sinto que a distância física entre nós continua existindo, talvez aprofundada ao longo dos anos por

---

* Brincadeira infantil semelhante à dança das cadeiras. Todos cantam e andam em roda. Quando a canção diz "todos para baixo", os participantes têm de se agachar. (N. T.)

minha mãe. Quando voltava de suas tardes no Clube Feminino do Cairo, ela invariavelmente se interpunha entre nós. Com freqüência cada vez maior, minha delinqüência me expunha a sua raivosa reprovação. "Não posso nunca deixar você com suas irmãs sem que cause problemas?" era seu refrão, geralmente seguido do temível apêndice: "Espere até seu pai chegar em casa". Precisamente por existir uma proibição não declarada de contatos físicos entre nós, minhas infrações tomavam a forma de ataques que incluíam socos, puxões de cabelo, empurrões e, de vez em quando, o perverso beliscão. Eu era invariavelmente "acusado" e "desgraçado" — em inglês* — e recebia alguma punição rigorosa (proibição de ir ao cinema, ser mandado para a cama sem jantar, uma drástica redução da mesada e, em caso extremo, uma surra de meu pai).

Tudo isso intensificava nossa percepção da condição peculiar e problemática do corpo. Havia um abismo — nunca discutido, nem examinado, nem mesmo mencionado durante o período crucial da puberdade — separando o corpo de um garoto do corpo de uma garota. Até os doze anos de idade eu não tinha a menor idéia do que o sexo entre homens e mulheres implicava, nem sabia muita coisa sobre a anatomia correspondente. Subitamente, porém, palavras como "calças" e "calcinhas" ganharam ênfase: "Estou vendo suas calças", diziam minhas irmãs, me provocando, e eu respondia, inebriado de perigo: "Estou vendo *suas* calcinhas". Recordo claramente que as portas dos banheiros tinham de ser trancadas com cadeado contra invasores do sexo oposto, embora minha mãe estivesse presente às minhas trocas de roupa, assim como às de minhas irmãs. Acho que ela devia compreender muito bem a rivalidade entre irmãos e irmãs e as tentações de perversidade polimorfa que nos cercavam. Mas sus-

* Ver nota à p. 95.

peito também de que ela manipulava a seu bel-prazer esses impulsos e energias: mantinha-nos separados realçando nossas diferenças, dramatizava a cada um de nós os defeitos dos outros, fazia-nos sentir que ela era nosso único ponto de referência, nossa amiga mais confiável, nosso amor mais precioso — como, paradoxalmente, ainda acredito que era. Tudo, entre mim e minhas irmãs, tinha de passar por ela, e tudo o que eu dizia a elas estava embebido em suas idéias, em seus sentimentos, em seu discernimento de certo ou errado.

Nenhum de nós, claro, jamais soube o que ela realmente achava de nós, a não ser de modo fugaz, enigmático e desconcertante (como quando me disse que éramos todos uma decepção). Só muito mais tarde compreendi quão insatisfeita e furiosa devia se sentir em relação à nossa vida no Cairo, com seu diligente convencionalismo, seus rigores forçados e a ausência (nela e nos filhos) de franqueza, suas manipulações sem fim e sua peculiar falta de autenticidade. Grande parte disso tinha a ver com a fabulosa capacidade que possuía de fazer qualquer pessoa acreditar e confiar nela, mesmo sabendo que no momento seguinte ela poderia voltar-se contra essa mesma pessoa com incomparável fúria e desprezo ou então seduzi-la com seu charme radiante. "Venha sentar ao meu lado, Edward", ela dizia, dando assim a impressão de me acolher em sua confiança e me proporcionando uma espantosa sensação de segurança; claro que eu sentia também que, fazendo isso, ela estava deixando de fora Rosy e Jean, e até meu pai. Havia uma espécie de demoníaca possessividade e, ao mesmo tempo, um afeto infinitamente modulado que me aceitava não apenas como um filho, mas como um príncipe. Certa vez confessei a ela minha crença em mim mesmo como alguém talentoso e singular, apesar da quase cômica lista de fracassos e problemas que me envolvia na escola — e em todos os lugares. Foi a afirmação, revelada muito timidamente, de uma força, talvez mesmo de uma outra identidade, existente por trás de "Edward". "Eu sei", ela me disse com suavidade, na mais confidencial, tranqüilizadora e fugaz *sotto voce.*

Mas quem era ela de verdade? À diferença de meu pai, cuja solidez geral e pronunciamentos lapidares constituíam um valor conhecido e estável, minha mãe era a própria energia em todas as coisas, por toda a casa e em nossa vida, incessantemente esquadrinhando, julgando, arrastando todos nós, junto com nossas roupas, quartos, vícios ocultos, realizações e problemas, para dentro de sua órbita sempre expandida. Mas não havia espaço emocional comum. Em vez disso, havia relações bilaterais com minha mãe, como entre colônia e metrópole, formando uma constelação que só ela podia ver em conjunto. O que me dizia a respeito dela própria, por exemplo, dizia também a minhas irmãs, e essa caracterização formava a base de sua *persona* operante: ela era simples, era uma boa pessoa, que sempre fazia as coisas certas, amava a todos nós incondicionalmente, e queria que lhe contássemos todas as coisas, pois era a única capaz de mantê-las em segredo. Eu acreditava nisso cegamente. Nada havia de tão satisfatório no mundo exterior, que era um carrossel de mudanças de escola (e portanto de amigos e conhecidos), de vidas numerosas, sendo eu um não-egípcio de incerta, para não dizer suspeita, identidade múltipla, habitualmente fora do lugar e representando uma pessoa sem nenhum perfil reconhecível e nenhum rumo particular. Minha mãe parecia perceber meu drama e simpatizar com ele. E isso era suficiente para mim. Funcionava como um suporte provisório, ao qual eu dava um valor tremendo.

Foi por meio de minha mãe que desenvolvi a percepção de meu corpo como algo incrivelmente intenso e problemático; primeiro porque, com seu íntimo conhecimento dele, ela parecia mais capaz de compreender sua tendência às más ações e, segundo, porque ela nunca falava abertamente a respeito dele, mas abordava o assunto com alusões indiretas ou, o que era mais perturbador, por intermédio de meu pai e meus tios maternos, pela boca dos quais falava como um ventríloquo. Quando eu estava com uns catorze anos, disse algo que ela julgou tremendamente engraçado; não me dei conta, na época, de quão inconscientemente astuto eu fora. Tinha deixado a porta do banheiro destrancada (uma distração significativa, uma vez que, como adolescente, eu havia conquistado certa privacidade, mas por alguma razão queria vê-la de vez em quando infringida) e ela entrou subitamente. Por um momento, não fechou a porta, mas ficou lá observando seu filho nu a enxugar-se depressa com uma toalha pequena. "Saia, por favor", eu disse, com impaciência, "e pare de tentar preencher as lacunas." Minha observação fez o maior sucesso: ela caiu na gargalhada, fechou logo a porta e se afastou alegremente. Será que havia mesmo uma lacuna?

Muito antes disso, eu soube que meu corpo e os de minhas irmãs eram um tabu inexplicável. A radical ambivalência de minha mãe expressava-se em seu modo extraordinário de abraçar os filhos — cobrindo-nos de beijos, carícias e apertões, ronronando, emitindo interjeições de deleite a propósito de nossa beleza e dotes físicos — e ao mesmo tempo oferecendo uma grande quantidade de comentários devastadoramente negativos sobre nossa aparência. A obesidade tornou-se um assunto perigoso e constante quando eu tinha nove anos e Rosy, sete. À medida que minhas irmãs engordavam, isso se tornou um ponto de discussão que atravessou nossa infância, adolescência e início da vida adulta. Junto com ele vinha uma consciência espantosamente detalhada dos alimentos "engordativos", além de proibições sem fim. Eu era completamente magro, alto, bem-proporcionado; Rosy não parecia ser, e esse contraste entre nós, ao qual se acrescentavam o contraste entre seu êxito na escola e meu desempenho pífio nela, a preferência de meu pai por ela e a de minha mãe por mim (eles sempre negaram qualquer favoritismo), sua maior habilidade para organizar o tempo e sua capacidade de modular seu ritmo, talentos de que eu carecia — tudo isso aprofundava a desavença entre nós e intensificava meu desconforto em relação a nossos corpos.

Foi meu pai quem gradualmente tomou a dianteira na tentativa de reformar, talvez até de refazer, meu corpo, e minha mãe quase nunca objetava e regularmente entregava meu corpo às atenções de um médico. Ao analisar hoje a percepção que eu tinha de meu corpo a partir dos oito anos, vejo-o aprisionado a um exigente conjunto de correções repetidas, todas ordenadas por meus pais, a maioria tendo o efeito de me colocar contra mim mesmo. "Edward" encontrava-se enclausurado numa forma feia e recalcitrante na qual quase tudo estava errado. Até o final de 1947, quando deixamos a Palestina pela última vez, nosso pediatra foi um certo dr. Grünfelder — um judeu alemão, a exemplo de madame Baer, a parteira —, considerado o melhor da Palestina. Seu consultório ficava numa área pacata, limpa e arborizada da cidade ressequida, uma área que parecia estrangeira a meus olhos de criança. Falava conosco em inglês, embora houvesse entre ele e minha mãe um bocado de sussurros confidenciais que eu raramente conseguia captar. Três problemas persistentes foram-lhe relatados, para os quais ele forneceu suas soluções pessoais e idiossincráticas; os problemas em si indicam a extensão em que certas partes de meu corpo foram submetidas a uma supervisão quase microscópica e desnecessariamente intensa.

Um deles dizia respeito a meus pés, que foram declarados chatos logo no início de minha vida. Grünfelder prescreveu os arcos de metal que calcei com meu primeiro par de sapatos; eles foram finalmente descartados em 1948, quando um agressivo vendedor de uma loja Dr. Scholl em Manhattan dissuadiu minha mãe de seu uso. Um segundo problema era meu estranho hábito de tremer convulsivamente por um breve instante toda vez que urinava. É óbvio que fui solicitado a exibir o tremor para o médico, mas é igualmente óbvio que não consegui nem urinar nem tremer. Minha mãe me observou por um par de semanas e então levou o caso ao "especialista em crianças" de renome mundial. Grünfelder deu de ombros. "Isso não é nada", pronunciou. "Provavelmente é psicológico" — uma frase que não entendi, mas que, percebi, deixou minha mãe um pouco mais preocupada, ou pelo menos *me* preocupou até uma fase avançada da adolescência, quando o assunto foi abandonado.

O terceiro problema era meu estômago, fonte de inúmeras aflições e sofrimentos durante toda a minha vida. Começou com o ceticismo de Grünfelder quanto ao hábito de minha mãe de envolver meu tronco com um pequeno cobertor preso por alfinetes, tanto no verão como no inverno. Ela achava que isso me protegia das doenças, do ar noturno, talvez até do mau-olhado; mais tarde, ao ouvir diferentes amigos falarem sobre a mesma coisa, percebi que se tratava de uma prática comum na Palestina e na Síria. Uma vez ela mencionou a Grünfelder, na minha presença, essa estranha profilaxia, e a resposta dele, lembro-me muito bem, foi um cético franzir de sobrancelhas. "Não vejo a necessidade", disse ele, ao que ela reagiu com uma recitação de todo tipo de benefícios (em sua maioria preventivos) para minha saúde. Eu tinha de nove para dez anos na época. O assunto foi discutido igualmente com Wadie Baz Haddad, o clínico geral da nossa família no Cairo, e ele também tentou dissuadi-la. Demorou mais um ano para que aquela tolice fosse abandonada de uma vez por todas; Hilda me contou mais tarde que um terceiro médico a alertara contra a sensibilização excessiva do meu tronco, que assim se tornava vulnerável a toda espécie de outros problemas.

Meus olhos haviam ficado fracos porque eu tivera um resfriado de primavera conjugado com um ataque de tracoma; durante dois anos usei óculos escuros, numa época em que ninguém usava. Com seis ou sete anos, eu tinha que deitar todos os dias num quarto escuro com compressas sobre os olhos durante uma hora. À medida que minha miopia se acentuava, eu enxergava cada vez pior, mas meus pais eram da opinião de que usar óculos não era "bom" para a gente, e que era ruim "acostumar" com eles. Em dezembro de 1949, com catorze anos, fui ver *As armas e o homem* no Ewart Hall da Universidade Americana do Cairo, e não consegui enxergar nada do que se passava no palco até que meu amigo Mostapha Hamdollah me emprestou seus óculos. Seis meses depois, a partir da reclamação de um professor, acabei obtendo meus óculos, sob a expressa determinação de meus pais de que não os usasse o tempo todo: meus olhos já estavam suficientemente ruins, me disseram, e iriam piorar.

Aos doze anos fui informado de que os pêlos púbicos que surgiam entre minhas pernas não eram "normais", o que aumentou meu já exacerbado desconforto comigo mesmo. As maiores críticas, entretanto, estavam reservadas para meu rosto, língua, costas, tórax, mãos e abdome. Eu não sabia que estava sendo atacado, nem percebia como campanhas bélicas todas aquelas censuras e reformas. Tomava-as como elementos da disciplina que a gente tinha de experimentar no processo de crescimento. O efeito final dessas reformas, porém, foi me tornar profundamente autocrítico e envergonhado.

A reforma mais duradoura e infrutífera — quase uma obsessão para meu pai — foi da minha postura, que se tornou uma grande questão para ele logo que atingi a puberdade. Em junho de 1957, quando me graduei em Princeton, ela culminou com a insistência de meu pai em me levar a um fabricante de cintas e espartilhos de Nova York com o objetivo de comprar um colete ortopédico para ser usado sob a camisa. O que me aflige a propósito dessa experiência é o fato de que, aos 21 anos de idade, permiti sem reclamar que meu pai se sentisse no direito de me enfaixar como se eu fosse uma criança malcriada cuja postura incorreta simbolizava um traço de caráter reprovável que requeria punição científica. O funcionário que nos vendeu o colete permaneceu impassível quando meu pai declarou, alegre: "Viu, funciona perfeitamente. Você não vai ter problemas".

O colete de algodão branco e látex, com alças em torno do meu tórax e sobre os ombros era a conseqüência de anos de tentativa de meu pai de me fazer "ficar ereto". "Ombros para trás", ele dizia, "ombros para trás", e minha mãe — cuja própria postura, assim como a da mãe dela, era ruim — acrescentava em árabe: "Não se afunde". Como o delito persistiu, ela acabou se resignando à idéia de que minha postura vinha dos Badr, a família da mãe dela, e rotineiramente emitia um suspiro fora de propósito, ao mesmo tempo fatalista e reprovador, seguido da frase "*Herdabit beit Badr*", ou "A corcunda da família Badr", não endereçada a ninguém em particular, mas que tinha o claro objetivo de colocar a culpa em meus ancestrais, quando não nela mesma.

Fosse culpa dos Badr ou não, meu pai persistiu em seus esforços. Eles incluíam "exercícios", um dos quais consistia em colocar uma de suas bengalas sob minhas axilas, às minhas costas, e me fazer mantê-la ali por duas horas seguidas. Em outro exercício, eu tinha de ficar em pé diante dele e, durante meia hora, a cada vez que ele dizia "Um", jogar meus cotovelos para trás com o máximo de força e rapidez, supostamente endireitando as costas no processo. Toda vez que eu entrava em seu campo de visão, ele gritava "Ombros para trás"; isso evidentemente me deixava constrangido quando havia outras pessoas por perto, mas demorei semanas para pedir a ele o favor de não chamar minha atenção em voz alta na rua, no clube ou mesmo à entrada da igreja. Ele reagiu de modo razoável a minha objeção. "Eis o que vou fazer", disse em tom tranqüilizador. "Vou dizer apenas 'Para trás', e só você e eu saberemos o que isso quer dizer." Assim, aturei "Para trás" durante anos, antes do colete.

Um corolário da batalha contra minha postura era o modo como ela afetava meu tórax, cuja proeminência e tamanho desproporcionalmente grande herdei de meu pai. Bem no início da adolescência recebi um dilatador torácico de metal junto com instruções para usá-lo de modo a desenvolver o tamanho e a disposição da parte frontal de meu corpo, gravemente afetada pela má postura crônica. Nunca fui capaz de dominar as molas malucas da engenhoca, que saltavam ameaçadoras para fora se a gente não tivesse força suficiente para mantê-las tesas. O verdadeiro problema, conforme expliquei uma vez a minha mãe, que me ouviu com aprovação, era meu tórax, já grande demais; lançá-lo agressivamente para a frente, tornando-o ainda maior, fazia de mim uma caricatura grotesca, em forma de barril, de um homem fisicamente bem-dotado. Eu parecia aprisionado entre a corcunda e o barril. Minha mãe compreendeu e tentou persuadir meu pai a esse respeito, sem nenhum resultado visível. Quando estivera nos Estados Unidos, antes da Primeira Guerra Mundial, meu pai fora influenciado por Gregory Sandow, o legendário fortão que até aparece em *Ulisses*, e Sandow exibia um tórax superdesenvolvido e costas eretas. O que era bom para Sandow, meu pai me disse uma vez, tinha de ser bom "para você também".

Contudo, em várias ocasiões minha resistência exasperou meu pai a ponto de levá-lo a me dar pancadas dolorosas nos ombros, chegando uma vez a me desferir um tremendo soco nas costas. Ele sabia ser fisicamente violento e me dava tapas sonoros no rosto e no pescoço, enquanto eu me encolhia e me esquivava de um modo que me parecia dos mais vergonhosos. Eu lastimava indizivelmente sua força e minha fraqueza, mas nunca respondi ou protestei, nem mesmo quando, como estudante de graduação em Harvard, aos vinte e poucos anos, fui surrado por ele de forma humilhante, por ter, segundo ele, sido rude com minha mãe. Aprendi a sentir que uma bofetada estava a caminho pela maneira singular como ele chupava o lábio superior para dentro da boca e pela respiração pesada que adotava de repente. Eu preferia, sem dúvida, o estudado esmero com que ele me surrava — usando um chicote de montaria — à violência assustadora, raivosa e impulsiva de seus tapas e bofetadas no rosto. Quando perdia a calma de repente, minha mãe também me golpeava no rosto e na cabeça, mas com menor freqüência e muito menos força.

Agora, ao escrever isso, tenho a chance, muito tarde na vida, de recordar as experiências como um todo coerente que, por estranho que pareça, não deixou nenhuma raiva, só alguma mágoa e um amor residual surpreendentemente forte por meus pais. Todas as coisas que meu pai fazia para me reformar coexistiam com uma espantosa disposição de me deixar seguir meu próprio caminho mais tarde; ele foi notavelmente generoso comigo em Princeton e Harvard, sempre me encorajando a viajar, a continuar os estudos de piano, a viver bem, sempre se dispondo a arcar com as despesas (do seu jeito muito especial, claro), mesmo que isso me afastasse dele como único filho varão e provável sucessor nos negócios da família, os quais ele vendeu discretamente no ano em que obtive meu doutorado em literatura. O que não consigo perdoar completamente, porém, é o fato de que a batalha em torno de meu corpo e as correções e punições físicas que meu pai me impôs instilaram em mim um profundo sentimento de medo, que passei a maior parte da vida tentando superar. Às vezes ainda penso em mim como um covarde, com alguma catástrofe gigantesca à espreita, para me arrebatar por pecados que cometi e pelos quais em breve serei punido.

O temor de meus pais diante de meu corpo imperfeito e moralmente falho estendia-se à minha aparência. Quando eu tinha uns cinco anos, meus longos cabelos encaracolados foram desbastados num corte muito curto e sério. Pelo fato de ter uma razoável voz de soprano e ser considerado "bonito" por minha amorosa mãe, eu sentia a reprovação de meu pai, e até mesmo seu medo de que eu pudesse ser um "maricas", palavra que me rondou até os dez anos. Um estranho refrão do início da adolescência era um ataque à "fragilidade" do meu rosto, particularmente da minha boca. Minha mãe costumava contar duas histórias; a primeira era sobre como Leonardo da Vinci usou o mesmo homem como modelo para Jesus Cristo e, depois de anos de depravação do sujeito, para Judas. A outra citava Lincoln, que, depois de condenar um homem por sua péssima aparência e de ser advertido por um amigo de que ninguém tem culpa da própria feiúra, teria respondido: "Cada um é responsável pela sua cara". Quando eu era repreendido por importunar minhas irmãs, ou por mentir a respeito dos doces que comera, ou por ter gasto todo o dinheiro, meu pai estendia rapidamente a mão, colocava o polegar e o indicador de cada lado da minha boca, apertava-a e fazia rápidos movimentos para a esquerda e para a direita, produzindo ao mesmo tempo um desagradável zumbido parecido com "mmmmmmmmm", logo seguido da frase "essa sua boca delicada". Sou capaz de lembrar de mim mesmo encarando com desgosto o espelho bem depois do meu vigésimo aniversário, fazendo exercícios (franzindo a boca, cerrando os dentes, levantando o queixo vinte ou trinta vezes), num esforço para conferir "força" a minha aparência desmoronada. O jeito de Glenn Ford de mover os músculos da mandíbula para comunicar fortaleza moral e mostrar a trabalheira que dá ser "forte" foi um modelo inicial, que eu tentava imitar quando respondia à acusação de meus pais. E um aspecto suplementar do meu rosto e da minha boca frágeis era o fato de meus pais desaprovarem meu uso de óculos; minha mãe, sempre pronta a condenar e a elogiar ao mesmo tempo, determinou que os óculos obscureciam "esse seu lindo rosto".

Quanto ao tronco, não foi dita muita coisa sobre ele até meus treze anos, um ano antes de meu ingresso no Victoria College, em 1949. Meu pai conheceu no Gezira Club um cavalheiro chamado sr. Mourad, que havia acabado de abrir uma sala de ginástica num apartamento da rua Fuad al-Awwal, em Zamalek, a cerca de oitocentos metros de onde morávamos. Pouco tempo depois, eu me vi matriculado em três aulas de exercícios por semana, junto com meia dúzia de kuweitianos que tinham vindo ao Egito para cursar a universidade. Essas aulas incluíam flexões de joelhos, levantamento de *medicine balls*,* abdominais, corridas e saltos (tudo isso dentro de uma pequena sala quadrada). Logo me tornei o alvo de nosso enxuto instrutor, o sr. Ragab. "Mais esforço", ele me gritava ameaçadoramente em inglês — "Para cima, para baixo, para cima, para baixo" etc. Foi então que, com algumas semanas de curso, veio a bomba. "Vamos lá, Edward", disse ele, desdenhando meus abdominais, "temos que colocar em forma essa sua barriga." Quando eu lhe disse que pensava que o motivo de eu freqüentar a sala de ginástica eram minhas costas, ele respondeu que sim, mas que minha cintura não era suficientemente firme. "O que interessa é que é isso que seus pais querem de nós." Fiquei tão constrangido com a opinião de meus pais sobre minha cintura que nem sequer toquei no assunto com eles. Abria-se um novo rasgão no relacionamento com meu corpo. E, à medida que aceitei o veredicto, internalizei o olhar crítico e me tornei ainda mais inseguro e desconfortável com minha identidade física.

Minhas problemáticas mãos tornaram-se uma província especial da atenção de minha mãe. Embora eu tivesse apenas uma vaga percepção de não me assemelhar fisicamente nem com os

---

* *Medicine balls* são bolas especiais empregadas para exercícios físicos, muito mais pesadas que as utilizadas em jogos e esportes. (N. T.)

Said (baixos, fortes, morenos) nem com a família dela, os Musa (de pele clara, estatura e compleição medianas, dedos e membros mais longos que o usual), estava claro para mim que eu era dotado de uma força e de uma habilidade atlética negadas aos outros. Com doze anos eu era consideravelmente mais alto que qualquer outra pessoa da família e, graças à curiosa persistência de meu pai, havia acumulado conhecimento e prática em numerosos esportes, incluindo tênis, natação, futebol (apesar de meu célebre fracasso nele), equitação, caminhadas, críquete, pingue-pongue, vela, boxe. Nunca me destaquei em nenhuma dessas modalidades, sendo tímido demais para dominar um oponente, mas desenvolvera uma já considerável competência natural. Isso me permitiu ao longo do tempo desenvolver minha força, certos músculos e — algo que ainda possuo — resistência e fôlego singulares. As mãos, em particular, eram grandes, excepcionalmente vigorosas e ágeis. E, para minha mãe, elas representavam tanto objetos de admiração reverente (os dedos longos e afilados, as proporções perfeitas, a soberba agilidade) como de freqüentes presságios históricos ("Essas suas mãos são instrumentos mortais"; "Elas vão metê-lo em problemas mais tarde"; "Tome muito cuidado").

Para minha mãe, elas eram quase tudo, menos um par de mãos: eram martelos, alicates, porretes, cabos de aço, pregos, tesouras e, quando não estava irada ou agitada, instrumentos da espécie mais refinada. Para meu pai, minhas mãos eram dignas de nota pelas unhas, que eu roía e que ele tentou durante décadas me fazer deixar de roer, chegando a ponto de pintá-las com remédios de gosto ruim e de me prometer um serviço caprichado de manicure no Chez George, a elegante barbearia que ele freqüentava na rua Kasr el Nil. Tudo em vão, embora eu freqüentemente me pegasse escondendo as mãos nos bolsos, assim como tentava não me expor ao olhar de meu pai, para que minhas "costas" não atraíssem sua atenção nem a das outras pessoas.

A dimensão moral e a física se influenciavam mutuamente da maneira mais imperceptível quando se tratava de minha língua, objeto de uma compacta série de associações metafóricas em árabe, na maioria negativas e, no meu caso particular, recorrentes. Em inglês, ouve-se falar predominantemente em uma língua "mordaz" ou "afiada", em contraste com uma língua "branda". Quando eu deixava escapar alguma coisa que soava impertinente, era a minha língua "comprida" que levava a culpa: agressiva, desagradável, descontrolada. Era uma descrição comum em árabe e significava alguém que não tinha as devidas boas maneiras e habilidade verbal, qualidades importantes na maioria das sociedades árabes. Era minha situação de reprimido que causava essas explosões ocasionais, como uma compensação na direção errada. Além disso, eu violava todos os códigos referentes à maneira correta de me dirigir aos pais, parentes, pessoas mais velhas, professores, irmãos e irmãs. Isso era percebido por minha mãe, que via nas minhas ofensas um presságio das coisas terríveis que estavam por vir. Acrescente-se a isso que eu era também singularmente incapaz de manter segredos ou de fazer o que todas as outras pessoas faziam com o propósito de escolher o que *não* dizer. No contexto do árabe, portanto, eu era visto como alguém que estava fora do comportamento normal, uma criatura nociva com a qual os outros deviam tomar cuidado.

Talvez a verdadeira questão fosse o sexo, ou melhor, a resistência de meus pais contra a emergência dele em minha vida e, quando ela não podia mais ser adiada, sua tentativa de domesticá-lo. Até partir para os Estados Unidos em 1951, com quinze anos, minha existência tinha sido completamente virginal, e meu contato com as garotas inexistente. Filmes como *O proscrito*, *Duelo ao sol* e mesmo o drama de época, *Fabiola*, com Michèle Morgan, que eu queria desesperadamente ver, eram proibidos sob a justificativa de ser "inconvenientes para crianças"; tais censuras existiram até os meus catorze anos. Não havia nenhuma revista de sexo disponível ou vídeo pornográfico naqueles dias; as escolas que freqüentei no Egito e nos Estados Unidos até os dezessete anos e meio infantilizavam e dessexualizavam tudo. Isso também valia para Princeton, que freqüentei até os 21 anos. O sexo era banido em toda parte, inclusive nos livros, embora minha curiosidade e o grande número de volumes em nossa biblioteca tornassem impossível uma proibição completa. A experiência da relação amorosa era descrita em detalhes convincentes nas memórias da Primeira Guerra Mundial de Wilfred de Saint-Mandé, um oficial britânico de quem nunca aprendi nada, exceto que trocou a batalha pelos encontros sexuais ao longo de mais de seiscentas páginas. Saint-Mandé, com efeito, tornou-se um dos companheiros silenciosos e secretos de minha adolescência. Como um soldado britânico libertino e sanguinário, um bárbaro de elite, era um pavoroso modelo de conduta, mas eu não me importava — gostava dele mais ainda. Assim, na parte visível da minha vida eu era afastado cuidadosamente de qualquer coisa que pudesse excitar interesse sexual, sem que o assunto fosse sequer abordado. Foi minha poderosa necessidade pessoal de conhecer e experimentar que abriu uma brecha nas restrições de meus pais, até que teve lugar uma confrontação aberta cuja lembrança, 46 anos depois, ainda me faz estremecer.

Numa gélida tarde de domingo, no final de novembro de 1949, às três horas, poucas semanas depois do meu aniversário de catorze anos, ouvi uma forte batida na porta de meu quarto, seguida imediatamente por um ríspido e autoritário giro da maçaneta. Estava longe de ser uma amistosa visita paterna. Executado com impecável retidão "para o seu próprio bem", era o inclemente ataque à minha personalidade que vinha sendo conduzido a esse clímax por cerca de três anos. Meu pai ficou parado junto à porta por um momento; na mão direita, segurava desagradavelmente os fundilhos do meu pijama, que me lembrei então, desesperado, haver deixado no banheiro naquela manhã. Estendi as mãos para recolher a afrontosa peça, esperando que ele fizesse o que já havia feito uma ou duas vezes antes, ou seja, ralhar comigo por deixar minhas coisas pela casa ("Faça o favor de recolhê-las; não obrigue outras pessoas a fazê-lo"). Os criados, ele acrescentava, não estavam ali para meu conforto pessoal.

Como ele continuou segurando a peça, percebi que daquela vez a coisa seria mais séria e afundei de volta na cama, esperando angustiadamente pelo ataque. Quando ele estava no meio do quarto, no exato momento em que começava a falar, vi o rosto cansado de minha mãe aparecer na moldura da porta, vários passos atrás dele. Ela não disse nada, mas estava presente para dar peso emocional à condução do caso por meu pai. "Sua mãe e eu notamos" — e aqui ele agitou o pijama — "que você não teve nenhum sonho erótico.* Isso significa que você andou se automanipulando." Ele nunca havia dito isso de modo acusatório, embora os perigos da automanipulação e as virtudes dos sonhos eróticos tivessem sido o tema de várias de suas preleções, a primeira delas durante uma caminhada pelo convés do *Saturnia* a caminho de Nova York em julho de 1948.

Essas preleções foram o resultado de minhas perguntas a minha mãe a respeito de um pequeno e robusto casal de cantores italianos de ópera, nossos companheiros de viagem no *Saturnia*. A mulher usava saltos muito altos, um vestido branco justo e tinha lábios fortemente pintados; o homem estava de terno marrom lustroso e saltos elevados, e tinha o cabelo cuidadosamente penteado para trás e alisado com brilhantina; ambos exalavam uma abundante sexualidade, à qual eu não podia associar nenhuma prática específica. Num momento de precipitação eu havia

---

* *Wet dream*, no original, eufemismo para polução noturna. (N. T.)

perguntado a minha mãe, de modo confuso e desarticulado, como é que pessoas como aquelas faziam "aquilo". Eu não tinha nenhuma palavra para "aquilo", nenhuma palavra para pênis ou vagina, e nenhuma para as carícias preliminares; tudo o que pude fazer foi recorrer a urina e a evacuação na minha pergunta, que, como eu de certa maneira percebera, continham algum significado prazenteiro também. O olhar de alarme e desagrado de minha mãe me encaminhou para a conversa "de homem para homem" com meu pai. Grande parte da sólida autoridade dele e de seu poder esmagador sobre mim era aquela estranha combinação de silêncio com a repetição ritual de clichês recolhidos de fontes variadas — *Os tempos de estudante de Tom Brown*,* a Associação Cristã de Moços, cursos de vendas, a Bíblia, sermões evangélicos, Shakespeare e por aí afora.

"Pense simplesmente numa xícara enchendo-se lentamente de líquido", começou ele. "Então, uma vez que está cheia" — aqui ele imitava a xícara com uma das mãos e com a outra tirava o excesso imaginário — "ela naturalmente transborda, e você tem um sonho erótico." Fez uma pausa. Em seguida continuou, de novo usando metáforas. "Você já viu um cavalo vencer uma corrida sem ser capaz de manter um ritmo constante? Claro que não. Se o cavalo dispara muito rápido no começo, fica cansado e esmorece. Com você é a mesma coisa. Se você se automanipula, sua xícara não transborda; você não consegue nem terminar a corrida, quanto menos vencer." Numa ocasião semelhante, mais tarde, ele acrescentou alertas sobre o risco de ficar careca e/ou louco como resultado da "automanipulação", à qual só muito raramente ele se referia como masturbação, palavra pronunciada com terrível

---

* *Tom Brown's Schooldays*, romance publicado pelo inglês Thomas Hughes em 1857 e considerado o primeiro grande romance de ambientação escolar da literatura de língua inglesa. (N. T.)

carga de censura: "*maaasturbação*" (com os *aaa* soando quase como *ooo*).

Meu pai nunca falou sobre fazer amor, e certamente nunca sobre foder. Quando tentei trazer à luz a questão de como as crianças eram produzidas, a resposta foi esquemática. As freqüentes gravidezes de minha mãe, e em especial sua barriga assustadoramente protuberante durante elas, nunca resolveram a questão. O refrão dela para mim era sempre "Escrevemos uma carta a Jesus e ele nos mandou um bebê!". O que meu pai me disse depois de seu solene e imediato alerta a respeito da "automanipulação" foram umas poucas e reticentes palavras sobre como o homem coloca suas "partes privadas" nas "partes privadas" da mulher. Nada sobre orgasmo ou ejaculação ou sobre o que eram "partes privadas". O prazer nunca foi mencionado. Quanto ao beijo, meu pai se referiu a ele uma única vez em todos os anos em que estive com ele. "Você deve se casar com uma mulher", ele me disse quando eu estava na faculdade, "que nunca tenha sido beijada antes de você beijá-la. Como sua mãe." Não houve sequer uma menção à virgindade, conceito obscuro sobre o qual eu tinha ouvido na escola dominical, e depois no catecismo, e que só adquiriu certo significado concreto para mim quando eu estava com uns vinte anos.

Depois que voltamos dos Estados Unidos, no outono de 1948, houve duas ou talvez três ocasiões em que tivemos conversas de homem para homem, cada uma delas me trazendo um crescente sentimento de transgressão e culpa. Uma vez perguntei a ele como se podia saber se um sonho erótico havia ocorrido. "Você fica sabendo de manhã", foi sua primeira resposta. Como ocorria então com a maioria das coisas, hesitei em perguntar mais, porém o fiz quando ele abordou de novo o assunto, junto com um relato ainda mais figurado dos males da "automanipulação" (o homem tornando-se "inútil" e um "fracasso" à medida que a degeneração o dominava). "Um sonho erótico é uma ejaculação noturna", disse ele. A frase soou como se a estivesse lendo numa página. "É como ir ao banheiro?", perguntei, usando o eufemismo que todos usávamos com o sentido de urinar ("xixi" era uma alternativa definitivamente mais arriscada, contra a qual minha mãe sempre me advertia: eu a usava quando tentava ser "malcriado", junto com o "estou vendo sua calcinha!" que dizia a uma de minhas irmãs, como um ato suplementar de insubordinação e intransigência).

"Sim, mais ou menos, mas é mais grosso e gruda no seu pijama", ele respondeu. Então era por isso que o pijama estava sendo clinicamente transportado em sua mão esquerda a poucos passos de minha cama. "Não há absolutamente nada neste pijama", ele me disse com um zangado olhar de desgosto, "nada. Eu não lhe falei muitas vezes sobre os perigos da automanipulação? O que há com você?" Houve uma pausa, durante a qual olhei furtivamente para minha mãe, que estava atrás de meu pai. Embora no fundo eu soubesse que ela era solidária comigo a maior parte do tempo, raramente ela rompia o alinhamento com ele. Agora eu não conseguia detectar nenhum apoio; apenas um olhar timidamente interrogativo, como se dissesse: "Sim, Edward, o que você está fazendo?", mais uma pitada de "Por que você faz coisas malvadas para nos ferir?".

Fui imediatamente tomado por tamanho terror, culpa, vergonha e vulnerabilidade que nunca mais esqueci aquela cena. O que há de mais importante nesses sentimentos é a maneira como se amalgamavam em torno de meu pai, cuja fria acusação a mim em minha cama me deixou completamente mudo e derrotado. Eu não tinha nada para confessar que ele já não soubesse. Eu não tinha desculpas: os sonhos eróticos de fato não haviam ocorrido, embora por algum tempo, no ano anterior, eu tivesse acordado ansioso, examinando a roupa de cama e o pijama em busca de eventuais evidências. Eu já estava no caminho da perdição, talvez mesmo da calvície. (Fiquei alarmado depois do banho, uma vez, ao notar que meu cabelo molhado, normalmente bastante espesso, deixava entrever um par de áreas que pareciam calvas. Eu também suspeitava que a insistência de meu pai em cortes de cabelo freqüentes estava ligada à descoberta de efeitos prematuros da automanipulação. "Corte o cabelo amiúde, e sempre curto, como seu pai", ele dizia, "e ele continuará sempre forte e espesso.") Meu segredo, se é que se podia chamá-lo assim, tinha sido descoberto. Tudo o que conseguia pensar era que eu não tinha para onde fugir do terrível castigo que estava prestes a vir. De algum modo, a vaga e ao mesmo tempo esmagadora angústia que eu estava sofrendo continha uma sensação de ameaça extremamente concreta, e por um momento tive a sensação de estar agarrando "Edward" para salvá-lo da extinção final.

"Você tem alguma coisa a dizer?" Uma pausa rápida, e então o clímax. Ele atirou os fundilhos do pijama contra mim com veemência e com o que me pareceu ser um desgosto exasperado. "Tudo bem então. Tenha um sonho erótico!" Fiquei tão perplexo com essa ordem peremptória — era possível a alguém, se quisesse, ter um sonho erótico? — que me encolhi ainda mais na cama. Então, justamente quando pensei que ele fosse sair, voltou-se de novo para mim.

"Onde você aprendeu a se automanipular?" Como por um milagre, era-me dada uma abertura para que eu me salvasse. Lembrei num lampejo que poucas semanas antes, perto do fim do verão e um pouco antes de as aulas recomeçarem, eu tinha estado vadiando no vestiário masculino do Maadi Club. Embora aquele fosse na época o clube favorito de meu pai para jogar golfe e bridge, eu conhecia relativamente poucas pessoas e, com minha habitual timidez, entrava no vestiário para vestir meu traje de banho, mas também para fazer hora, na esperança talvez de iniciar uma amizade ou de encontrar um conhecido. Meu sentimento de solidão era incontido. Aquela vez, entretanto, entrou de repente um grupo ruidoso de rapazes mais velhos, ainda molhados da piscina. Eram liderados por Ehab, um rapaz muito alto e magro, com uma voz profunda que exalava confiança. Rico, seguro, à vontade e em seu elemento. "Faz, vai, Ehab", os outros insistiam. Eu o vira antes, mas não o conhecia de verdade: nossos pais não se conheciam e eu ainda dependia desse tipo de introdução familiar. Ehab baixou o calção, ficou de pé sobre o banco e, enquanto espiava por cima do muro a área da piscina designada para os banhos de sol, começou a se masturbar. Ouvi minha voz dizer por conta própria: "Faz pensando na Colette". Colette era uma jovem voluptuosa, em seus vinte e poucos anos, que sempre usava um maiô preto e ornava minhas fantasias particulares. Ninguém me ouviu; eu me senti como um asno e corei incontrolavelmente, embora ninguém parecesse ter notado. Estávamos todos vendo Ehab esfregar seu pênis devagar até que, finalmente, ele ejaculou, também devagar, e nesse momento começou a rir de satisfação, exibindo seus dedos melados como se tivesse acabado de ganhar um troféu esportivo.

"Foi no clube. Ehab fez aquilo", despejei sobre meu pai, que não fazia idéia de quem era Ehab ou do que eu estava tentando dizer. Percebi que ele não estava me perguntando nada de concreto: era apenas uma pergunta retórica. Claro que eu era culpado. Claro que agora ele sabia disso. Meus pecados tinham sido expostos também a minha mãe, que nunca disse palavra, mas mostrou sinais de um horror difícil de conceber, e mesmo de um sentimento de perda.

Meu pai não parecia interessado nem na minha explicação nem em ouvir por alguns segundos minhas desajeitadas promessas de me emendar dali para a frente. Ele havia me surpreendido no erro, e me considerava em débito; sabia do mal que eu estava me causando e me julgava ao mesmo tempo fraco e radicalmente não-confiável. Isso era tudo. Havia me falado sobre a xícara e a corrida de cavalos, sobre calvície e loucura. Repetira as homilias umas oito vezes, portanto tudo o que poderia fazer agora era repeti-las mais uma vez ou, "sabiamente" (palavra que gostava de usar), registrar o crime e sair de cena, mantendo sua autoridade e seu juízo moral formidavelmente intactos. Não fui punido e nem mesmo repreendido por meu vício secreto. Mas eu não julgava ter escapado ileso. Essa minha falha particular, encarnada naquela cena perfeitamente teatral, vinha se somar, como uma rachadura nova e extremamente ruinosa, à já incoerente e desorganizada estrutura de "Edward".

Durante os muitos anos que passamos no Cairo, meu pai exerceu uma vigilância de aspecto mais público como orgulhoso proprietário (um dos primeiros no Egito) de uma câmera Kodak de oito milímetros. Dedicou um tempo notável a filmar repetitivamente cena após cena de "Edward", sua mãe, primos, tias e tios (nunca alguém de fora da família) brincando ou descansando, parecendo felizes, idílicos e sem problema nenhum. Eu era fascinado pela máquina retangular que cheirava a plástico, com seu complicado mecanismo e labirintos por onde passava o filme, e que demandava paciência para carregar, bobinar e descarregar. Nenhum de meus pais era hábil — imperícia que pareço ter herdado no que se refere a coisas práticas —, mas meu pai era particularmente atrapalhado. Ele comprava os filmes em pequenos rolos e colocava-os na câmera de modo tão desajeitado que a fita engastalhava, tendo de ser arrastada à força pela engrenagem, puxada raivosamente para fora e substituída por um novo rolo, para que a filmagem finalmente pudesse começar. A cada duas semanas ele ia à loja da Kodak na rua Adly Pasha entregar um punhado de filmes para revelar; aos oito anos de idade eu o acompanhava enquanto ele juntava uns quatro ou cinco deles num rolo grande, formato mais conveniente para propiciar trinta minutos de projeção contínua.

Uma ou duas vezes por mês praticávamos o ritual de fechar as venezianas da sala de estar e instalar o rebuscado e sempre lustroso projetor na moderna mesa de centro e a tela armada num tripé; enquanto o cheiro de novidade envernizada e mecânica tomava o ar, apagávamos as luzes e nos acomodávamos nas grandes poltronas e sofás estofados para ver a nós mesmos no zoológico, num piquenique na estrada do deserto ou nas pirâmides. Seis meses depois que minha mãe morreu, em 1990, um lote considerável de filmes, cada um deles cuidadosamente acondicionado nas caixas brancas e azuis que meu pai encomendara especialmente aos funcionários de seu setor de embalagens, foi encontrado no fundo de um de seus armários em Beirute. Devia haver 35 rolos, contendo 120 dos filmetes rodados entre 1939 e 1952, alguns com identificações como "Cairo 1944", "Jerusalém 1946" e "Casamento de Yousif", no garrancho de meu pai, todos ainda exalando os cheiros e até mesmo a sensação daquelas noites de projeção de tantos anos atrás. Levei-os para minha casa em Nova York, onde por alguns anos eles ficaram numa indefinível caixa de papelão marrom, provocando-me de quando em quando a curiosidade a respeito da porção de nossa antiga vida que estava preservada neles enquanto caíam no esquecimento e na falta de uso.

Uma coincidência tornou-os acessíveis novamente: dois jovens diretores da BBC que faziam um documentário sobre a escrita de meu livro *Cultura e imperialismo* pediram-me algumas velhas imagens de família, e por algum impulso misterioso pensei na caixa com os filmes que esperavam pacientemente. Eles foram levados de volta para Londres e convertidos para vídeo.

O que mais me decepcionou não foi a péssima maneira como foram filmados, ou as seqüências descontínuas e insatisfatórias que continham, ou mesmo a alternância de imagens muito escuras e outras muito claras, e sim o fato de excluírem tanta coisa, que pareciam construídos de modo a banir completamente qualquer traço do esforço e da incerteza de nossas vidas. O sorriso nos rostos de todos, o aspecto impossivelmente jovial e até robusto de minha mãe (de quem me lembro como mais esbelta e mal-humorada), tudo isso realça a qualidade artificial daquilo que éramos, uma família determinada a fazer de si própria uma imitação de um pequeno grupo europeu, a despeito dos ambientes egípcios e árabes que só são percebidos ocasionalmente quando um camelo, um jardineiro, um criado, uma palmeira, uma pirâmide ou um motorista de turbante são captados brevemente pela câmera, de resto focada de modo obsessivo nas crianças e nos parentes diversos. Os filmes mais antigos consistem de cenas que mostram Rosy e eu brincando: eu a coloco numa das extremidades de uma gangorra, corro para o lado oposto, balanço para cima e para baixo, paro abruptamente, corro de volta até ela e beijo seus cachos. Havia depois toda uma seqüência de filmes rodados embaixo de nosso apartamento da rua Gabalaya, esquina com Aziz Osman, ao lado do Jardim dos Peixes, cuja cerca ainda permanece inalterada, mais de cinqüenta anos depois. Numa rua essencialmente deserta, na qual quase não se vê ninguém — hoje, as mesmas calçadas são tomadas por carros estacionados, e a rua está sempre congestionada —, vemos Edward e Rosy, com seis e quatro anos de idade, a uns trinta passos da câmera, duas figurinhas miúdas e excitadas, pulando para cima e para baixo enquanto esperam uma deixa de alguém fora do quadro da câmera, que capta seus rostos grotescamente ampliados, cobertos por todo tipo de sorrisos teatrais.

Essa mesma cena é representada dúzias de vezes: em Zamalek, em Jerusalém, no zoológico, no deserto, no clube, em outras ruas do Cairo. É sempre a corrida ansiosa, as caras alegres, a conclusão inconclusiva. A princípio pensei — na verdade, lembrei

— que esse era um meio elementar de demonstrar a diferença entre uma câmera fotográfica e uma câmera de cinema. Há numerosas seqüências que mostram Edward aos dez anos tentando convencer primos mais velhos a sair do que parece ser uma pose de atônita imobilidade diante da câmera. Em sua repetição aparentemente sem fim, os filmes decerto são, e parecem ter sido para meu pai, uma espécie de cena ordenada e pré-ensaiada, que representávamos a sua frente enquanto ele filmava sem descanso. Não há imagens de perfil nos filmes e, conseqüentemente, não havia o risco de que algum de nós revelasse um olhar desarmado ou uma trajetória imprevisível. A câmera estava sempre presente quando saíamos de casa para um passeio a pé ou de carro. Deve ter sido também a maneira que meu pai encontrou de captar e ao mesmo tempo confirmar o ordenado domínio familiar que ele havia criado e que agora governava.

Lembro-me de que, ao me tornar mais velho — certamente entre os onze e os doze anos —, senti que o ritual de fazer sempre a mesma coisa diante da câmera de meu pai estava se tornando cada vez mais inquietante. Essa consciência coincidiu com meu desejo de, de alguma maneira, sair do meu corpo. Uma de minhas fantasias recorrentes, tema de um trabalho escolar que escrevi aos doze anos, era ser um livro, cujo destino eu supunha alegremente livre de mudanças indesejadas, de distorções da forma física, de críticas à aparência; o texto impresso significava para mim uma rara combinação de expressão — no estilo e no conteúdo —, rigidez absoluta e integridade de aparência. Passando de mão em mão, de um lugar a outro, através dos tempos, eu poderia continuar sendo meu verdadeiro eu (na condição de livro), mesmo que fosse atirado para fora de um carro ou perdido no fundo de uma gaveta.

De vez em quando, entretanto, alguns vestígios excêntricos de nossa vida introduziam-se furtivamente pelas frestas da im-

placável grade ótica de meu pai. Há uma cena de rapazes deso-
cupados (entre eles eu) assistindo a um casal de noivos ensaiar a
descida da escada frontal de nossa casa em Jerusalém, em 1947.
É como se a câmera de cinema de meu pai subvertesse a rigidez
ainda mais exigente da câmera fotográfica de Khalil Raad, mon-
tada num tripé e coberta por um pano preto, sempre convocada
por minha tia e seus filhos para as ocasiões familiares importantes. Homem de físico frágil e cabelos brancos, Raad gastava um
tempo enorme para arrumar numa ordem aceitável o grande grupo de familiares e convidados. Em tais momentos, prolongados
indefinidamente pelo detalhismo do sujeito e por sua falta de
consideração pelos retratados, permanecer imóvel parecia a todos um fardo inevitável dessas ocasiões familiares formais. Ninguém sabia, então, que as fotos de Raad se tornariam talvez a mais
rica fonte documental sobre a vida dos palestinos até 1948 —
"antes de sua diáspora", nas palavras de Walid Khalidi. O interesse de meu pai no movimento, talvez como resultado da exasperação com Raad, é outra parte, também inadvertida na época,
desse registro não oficial.

Então há cenas que ele captou do meu tio Boulos, marido
(e primo) de tia Nabiha, Ellen Badr Sabra, tio Munir e sua esposa Latifeh, meu primo Albert: eles passam sorridentes pelos filmes de meu pai, a premonição da morte acrescentada retrospectivamente pelo espectador, e nos contornos borrados de suas
formas eles parecem, com efeito, estar andando para o lado, para
fora do quadro, como se caminhassem de acordo com outro ritmo, por outra razão que não a esperada.

Ninguém nos filmes parece estar vestido de modo informal
ou leve, talvez porque meu pai fizesse suas filmagens no inverno,
nunca na claridade terrível do sol do Oriente Médio. As mulheres vestem cetins e lãs em tons pesados, os homens estão sempre
de terno escuro, as crianças de malhas de lã, gorros, meias com-

pridas. Só minha mãe, por algum motivo, aparece em vestidos sem manga, às vezes de bolinhas, com seus braços roliços e sorriso radiante expressando de vez em quando um alegre protesto, que me lembro claramente de ouvi-la opor com voz suave às atenções voltadas a ela por meu pai e sua câmera que não parava de zumbir. Minha avó ("Teta") nunca aparece, em rígido cumprimento de seu vigoroso desejo de não ser jamais fotografada. Não sei o motivo desse desejo, assim como não sei por que ela fazia questão de não comer chocolate, ou de não tomar chá se o leite não fosse despejado na xícara primeiro, ou por que cada jogo de pertences seus (novelos, papel de carta, pijamas, lápis, baralhos etc.) tinha de ser abrigado (a expressão era dela) numa pequena bolsa de pano, que ela fazia e decorava com complicados padrões de bordados. Mas Teta era inflexível quanto a essas coisas e resistiu contra as pressões de meu pai até o fim da vida.

Diferentemente de minha avó, nunca ofereci nenhuma resistência; como poderia, se me sentia um fracasso, tanto física como moralmente? Devem os pais suprir modelos de papéis, ou pelo menos alguma idéia concreta de para onde levaria, em última análise, todo esse esforço de modelagem, e de onde e quando ele deveria parar? Havia apenas uma cena intrigante nas muitas e muitas horas de filmes transpostos para o vídeo que me mostraram uma outra versão de "Edward", meu eu da infância. Ela foi rodada na piscina do Maadi, provavelmente numa manhã de domingo de junho, e revela um ambiente apinhado e tumultuoso atravessado por banhistas, mergulhadores, pais vigilantes, todos passando rápido pela câmera de meu pai enquanto ele, claramente desconcertado pelo alvoroço à sua frente, move a câmera aos solavancos de uma figura para outra, para cima e para baixo, e transforma a já considerável desordem da piscina numa estonteante mixórdia de luz, corpos e espaço sem sentido (piso, parede, nuvem), que parece zombar das imagens ordenadas e pré-ensaiadas às quais ele estava tão acostumado em nossas ações diante da câmera.

Assistindo a esse redemoinho, detectei subitamente a mim mesmo, um rapazinho de calção escuro de banho com um cinto branco, passando em meio a uma legião de corpos muito maiores e mergulhando na piscina quase sem espirrar água. Era como se eu tivesse pego meu pai desprevenido; depois de ter me localizado abruptamente, a câmera tentou me seguir com rapidez, mas parece que nadei para fora do quadro. A câmera retorna à confusão geral, e então, de um ângulo inesperado, correndo na direção dele com a cabeça baixa, apareço eu, e quase de imediato desapareço piscina adentro. Ele tinha me perdido pela segunda vez, embora evidentemente eu houvesse aparecido na imagem por uma fração de segundo.

Esse episódio pequeno e perfeitamente trivial ainda me causa júbilo meio século depois, enquanto tento apresentar um resumo e detalhes importantes de uma história na qual eu estava mergulhado e na qual os planos e expectativas de meu pai, seus exercícios e provérbios, formatavam e dirigiam a mim, minhas irmãs e minha mãe, da mesma maneira que os filmes dele registram sua incansável vontade de fazer com que todos nos movêssemos em direção a ele, em frente marche!, deixando de fora tudo o que fosse desnecessário. O grande paradoxo é que ele era uma tamanha força de sustentação de nossas vidas — nenhum de nós teve sequer um dia de preocupação com qualquer coisa material, a despensa estava sempre cheia de comida, tínhamos a melhor educação, vestíamos boas roupas, nossas casas eram perfeitamente administradas e supridas de criados, sempre viajávamos na primeira classe — que na época nunca pensei nele como um repressor. Ele me pressionava constantemente com aquele seu jeito lapidar, e eu via isso de novo no caráter estranhamente episódico, repetitivo e redutor de seus filmes. Mas o fato de eu conseguir ocasionalmente escapar de sua temível força, como na pequena seqüência na piscina, diz algo de que só me dei conta anos depois, quando já havia seguido meu caminho: que havia mais em "Edward" que o filho delinqüente mas submisso, que se curvava aos desígnios vitorianos do pai.

Era minha mãe que supria muitas vezes o brilho que redimia o aspecto frio e inflexível dele. Era como se ele fosse uma estátua de mármore e o trabalho dela fosse colocar palavras em sua boca para torná-lo articulado e fluente; ela traduzia meu pai para mim, representando todos os sentimentos que ele nunca expressou, falando tanto em nome dele que o transformou num homem amoroso e atencioso, muito diferente da pessoa rudemente inflexível cuja autoridade sobre mim foi exercida quase até sua morte. "Você precisava ouvi-lo falar sobre 'meu filho' aos amigos", dizia ela. "Ele tem tanto orgulho de você." Não obstante, eu nunca conseguia conquistar, e muito menos atrair, sua ajuda. Eu não tinha mais do que quatro anos quando ele me levou para um passeio a pé nas cercanias do Jardim dos Peixes, no Cairo (acho que ele nunca entrou no local, que parecia ser domínio exclusivo de minha mãe). Eu ia saltitando atrás, enquanto ele avançava num passo resoluto com as mãos cruzadas às costas. Quando tropecei e caí para a frente, esfolando feio as mãos e os joelhos, instintivamente gritei para ele "Papai... por favor", e então ele parou e virou lentamente para mim. Ficou parado daquele jeito por alguns segundos e em seguida me voltou de novo as costas, retomando a caminhada sem uma palavra. Isso foi tudo. Foi assim também que ele morreu, virando o rosto para a parede, sem emitir nenhum som. Eu me pergunto se ele alguma vez quis realmente dizer algo mais do que de fato disse.

V.

Foi como filho de negociante americano que não se sentia nem um pouco americano que entrei na Cairo School for American Children (CSAC) no outono de 1946, e tive meu primeiro dia facilitado pelo fato de que o motorista grego do ônibus que me apanhou muito cedo numa ensolarada manhã de outubro em Zamalek e me transportou junto com uma porção de crianças americanas totalmente estranhas para mim, ruidosas e despreocupadas, de camisas, saias e calças curtas muito coloridas, era um motorista da escola de minha tia Melia. Ele me reconheceu logo de cara e sempre me tratou — como nenhuma outra pessoa — com uma cortesia especial, ainda que familiar. Eu nunca tinha visto antes tamanho agrupamento, ou concentração, de americanos. Adeus, uniformes cinzas e cochichos conspiratórios das crianças inglesas e sobretudo levantinas da GPS; adeus, nomes ingleses como Dickie, Derek e Jeremy, assim como nomes franco-árabes como Micheline, Nadia ou Vivette. Agora havia Marlese, Marlene, Annekje, várias Marjies, Nancy, Ernst, Chuck e uma porção de Bobs. Ninguém me dava a menor atenção.

"Edward Sigheed" conseguiu passar no teste, e logo fui capaz, de alguma forma, de me integrar, mas a cada manhã, quando descia do ônibus, eu fervia de pânico ao ver as camisetas coloridas, as meias listradas e os mocassins que todos usavam, enquanto eu vestia meu traje meticulosamente correto: calça curta cinza, camisa branca e sapatos de amarrar convencionalmente europeus. Na classe, escondia meu pavor interno sob uma identidade eficiente, embora provisória, aquela do aluno brilhante, ainda que freqüentemente genioso. Então, na hora do lanche, quando eles desembrulhavam sempre os mesmos sanduíches de pão branco com pasta de amendoim ou geléia cortados com capricho — nenhum dos quais nunca sequer provei — e eu desembrulhava meu sanduíche muito mais interessante de queijo e presunto no pão Shami, eu tinha uma recaída de dúvida e vergonha pelo fato de, sendo uma criança americana, comer uma comida diferente, que nunca ninguém quis experimentar ou tampouco me pediu para explicar.

Certa noite estávamos sentados na varanda quando meu pai enfiou a mão no bolso do paletó e tirou um par de meias listradas. "Um piloto americano deu-as para mim", disse. "Por que você não as calça?" Foi como uma súbita tábua de salvação anunciando dias melhores. Calcei-as no dia seguinte e de novo no outro, e meu estado de espírito teve uma sensível melhora. Entretanto, ninguém no ônibus chegou a notar, e as meias tiveram de ser lavadas. Com um único par de meias para dar aval a minha pretensão de ser americano, me senti bruscamente desapontado. Tentei explicar a minha mãe que poderia ser interessante levar sanduíches cortados em retângulos e recheados com geléia e manteiga, mas recebi como resposta um impaciente "Nós só usamos pão de fôrma e geléia no café-da-manhã. Quero que você seja bem nutrido. Afinal, o que há de errado com a nossa comida?".

Fundada depois da guerra para acomodar na recém-ampliada comunidade de expatriados do Cairo os filhos dos americanos empregados nas companhias de petróleo, no comércio e na diplomacia, a Cairo School for American Children localizava-se no perímetro externo ocidental de Maadi, paralela à estação de trem e a cerca de dois quilômetros do grande rio. Como a GPS, que era somente escola primária, a nova escola ocupava uma grande *villa*, mas com um jardim de dois acres, choupana de jardineiro e, no lado sul da casa, uma extensão de terra com a metade do tamanho de um campo de futebol, metade da qual foi asfaltada e se transformou numa quadra de basquete durante meu primeiro ano lá, 1946-47 (interrompido por uma longa temporada de primavera em Jerusalém). Sendo uma escola para crianças menores, a GPS limitava-se ao *netball* — uma versão mais suave do basquete, concebida principalmente para meninas — e, em ocasiões festivas como o aniversário do rei, à dança do mastro enfeitado, diversão que eu considerava ao mesmo tempo curiosa (por que tantas fitas e o que elas representavam?) e idiota (andar em círculos obedecendo ao comando das palmas da sra. Wilson e a um disco extremamente estridente de música caipira inglesa era para mim um ponto baixo na idéia de movimento físico disciplinado). A CSAC me introduziu não apenas no basquetebol, mas também no *softball*,* esportes sobre os quais meu pai não sabia nada. Como presidente honorário da Associação Cristã de Moços do Cairo, que promovia partidas de times do Cairo, como o Armenian Houmentmen e o Jewish Maccabees, contra um excelente time visitante do Exército dos Estados Unidos, ele nos levava a jogos que nunca havia, pessoalmente, praticado. O *softball* me interessou o bastante para que eu me tornasse um razoável lançador e rebatedor; *rounders*** era como meu pai insistia em

---

* Esporte semelhante ao beisebol, jogado num campo menor e com uma bola maior e mais macia. (N. T.)

** Outra variação do beisebol. (N. T.)

chamar o jogo, mas felizmente ele não tinha nenhum interesse sério nele, tampouco em me ver golpear a bola gorducha com um taco Louisville Slugger.

O Cairo do pós-guerra me deu, pela primeira vez, uma percepção de estratos sociais altamente diferenciados. A grande mudança foi a substituição de instituições e indivíduos britânicos pelos vitoriosos americanos, o velho império dando lugar ao novo, enquanto meu pai desfrutava de um sucesso comercial ainda maior. Nas cerimônias da GPS todos se alvoroçavam em torno de lady Baden-Powell ou Roy Chapman-Andrews, símbolos da autoridade britânica que não precisavam de nenhum contraponto egípcio ou árabe a seu lado no palanque para contrabalançar seu caráter estrangeiro; a Brittania governava, soberana, e todos achávamos isso natural. A aparição de Shafiq Ghorbal, um renomado historiador egípcio e alto funcionário do Ministério da Educação, na primeira cerimônia da CSAC de que me lembro, marcou a diferença de postura imperial. Nós, americanos, éramos parceiros dos egípcios, e não havia nada mais apropriado do que deixá-los aparecer como oradores em ocasiões como a abertura do Parlamento egípcio ou o aniversário do rei Farouk, dos quais nem se tomava conhecimento na GPS. "Todas as coisas brilhantes e lindas" havia significado brilhante e linda Inglaterra, a distante estrela-guia do bem para todos nós: aquilo estava terminado, e o hino desapareceu do meu repertório para sempre. Fui surpreendido pelo fato de que fazia parte da abordagem americana instituir o ensino de árabe para todas as crianças, e, tendo feito de conta que "Sigheed" era um nome americano, passei alguns de meus piores momentos na aula de árabe. De alguma maneira eu tinha que esconder meu domínio perfeito daquela que era minha língua materna, de modo a me adaptar melhor às fórmulas pobres ensinadas aos jovens americanos como sendo o árabe coloquial (na verdade, um árabe pídgin, "de cozinha"). Nunca me dispunha a falar, e raramente falava. Ficava encolhido no fundo da classe. Havia provocações, entretanto, como a da jovem e bonita professora de árabe que, ao descrever suas aventuras no recém-aberto parque de diversões de Gezira, deu ênfase particular a um passeio de aeroplano chamado "Saida", em referência à companhia aérea egípcia formada havia pouco. Numa pequena classe de quatro pessoas, ela se plantou à minha frente e passou a detalhar sua excitação com o "Saida", palavra que repetiu inúmeras vezes, como a enfatizar o caráter árabe que se escondia em meu nome, que eu havia laboriosamente tentado enquadrar nas normas correntes da pronúncia americana. "Não, Edward", disse ela enfaticamente, "você não pode ter experimentado as melhores diversões se você não provou o Saida. Sabe quantas vezes andei no Saida? Pelo menos quatro. Saida é demais, é simplesmente o máximo." Em outras palavras, pare de fazer de conta que você é Sigheed: você é Said, como em Saida. A conexão era inegável.

Fui matriculado na sexta série, numa sala de aula do segundo andar que tinha um ar doméstico graças às plantas e às floreiras na janela. A classe era governada pelo primeiro sargento sádico da minha vida, uma certa Miss Clark, cuja franca perseguição a mim estropiou meu já incerto sentido de identidade. A postura de Miss Clark era extremamente contida, silenciosa e tranqüila a ponto de ser desagradável. Tinha uns 35 anos e parecia, como me dei conta ao longo do tempo, uma WASP* do Nordeste americano, uma típica criatura daquele mundo de cidadãos honrados — moralmente íntegra, confiável, em geral protetora. Eu nunca soube o que havia em mim que a incomodava tanto, mas bastou uma semana para ela se declarar minha inimiga numa

---

* Sigla que designa um indivíduo branco, anglo-saxão e protestante (*White Anglo-Saxon Protestant*, em inglês). (N. T.)

classe que não tinha mais do que uma dúzia de meninos e meninas.

Depois do hierárquico e rígido sistema britânico, a escola americana era informal em todos os sentidos. Nas salas de aula, as carteiras e mesas ficavam espalhadas livremente, enquanto na GPS sentávamos em fileiras militares de pequenas escrivaninhas e bancos apertados. Com exceção dos professores de francês, árabe e artes, as aulas eram ministradas por mulheres americanas (pesadamente maquiadas e usando vestidos de cores vivas, totalmente diferentes das caras lavadas e das saias sóbrias adotadas pela sra. Wilson e seu séquito) e por um americano, um certo Mark Wannick, que também exercia as funções de técnico de basquete e de *softball*. Certa ocasião ele vestiu o uniforme de basquete amarelo-brilhante do Ohio State para jogar conosco: na tórrida tarde do Cairo, cercado de campos pardos com camponeses pardos em *galabiyahs* puxando jumentos e búfalos domésticos do mesmo modo como faziam há milênios, o sr. Wannick era uma figura surrealista em seu uniforme de colorido berrante, braços e pernas peludos, cabelo de recruta, tênis pretos e delicados óculos sem aro.

Encontrei na educação americana um regime concebido de forma a ser atraente, aconchegante e adequado para crianças em formação. Os livros na GPS eram todos impressos em letra pequena, sem ilustrações, impiedosamente secos no tom; história e literatura, por exemplo, eram apresentadas da maneira mais prosaica possível, fazendo da leitura de cada página um sacrifício. Em aritmética, não se fazia nenhuma concessão ao mundo da experiência vivida: recebíamos montes de algarismos para somar, subtrair, dividir e multiplicar, mais um grande número de regras e tabelas (tabuada, pesos e medidas, distâncias, metros, jardas, polegadas) para decorar. O objetivo disso tudo era resolver "problemas", uma tarefa cuja dificuldade para nós era proporcional a sua programática chatice. Na CSAC recebíamos "livros de trabalho", em marcante contraste com os "livros de cópia" da GPS, que eram livros encapados de exercícios, tão anônimos quanto passes de ônibus; os livros de trabalho continham perguntas atraentes e coloquiais, ilustrações para ser admiradas e, quando fosse relevante, completadas. Escrever em um de nossos livros da GPS era um delito grave; nos livros de trabalho americanos, a *idéia* era escrever neles.

Ainda mais atraentes eram os livros de texto distribuídos por Miss Clark no início do dia. No centro de cada assunto parecia sempre haver uma família à qual éramos logo apresentados: havia sempre uma Mana, uma Mamãe e um Papai, além de parentes e agregados diversos, incluindo uma gorda empregada negra com uma expressão extremamente exagerada de tristeza ou de satisfação no rosto. Por intermédio da família aprendíamos a respeito de soma e subtração, educação cívica e história norte-americana (a literatura era tratada separadamente). A idéia parecia ser a de tornar o aprendizado um processo indolor, comparável a passar um dia na fazenda ou num subúrbio de St. Louis ou Los Angeles. Referências a minimercados, casas de ferramentas ou lanchonetes deixavam-me completamente confuso, mas não requeriam explicações para meus colegas de classe, pois todos tinham morado em lugares como St. Louis ou Los Angeles. Para mim, entretanto, tais locais não correspondiam a nada da minha experiência concreta, desprovida de balcões de refrigerante e garçonetes, os dois itens que mais me intrigavam.

Devia achar tudo isso "divertido", e durante um mês de fato achei. Mas eu não era deixado em paz por Miss Clark nem pelas outras crianças, com as quais logo me antagonizei; depois daquele primeiro mês agradável, eu me peguei com saudades da GPS, com suas linhas definidas de autoridade, suas lições claras e secas, suas rígidas regras de conduta. Os professores da CSAC nunca usavam ou ameaçavam usar violência, mas os estudantes do sexo masculino eram extremamente brutos entre si, já que os garotos eram bem grandes e queriam usar sua força uns contra os outros em disputas de poder e território. Quando chegou a época do Natal, cada dia na escola era uma provação na qual, no ônibus, eu tinha de atravessar um corredor polonês de punhos e braços ameaçadores, seguida então das gélidas humilhações e duras reprimendas de Miss Clark na sala de aula.

O momento mais humilhante de meu primeiro ano na escola americana veio um dia depois de uma excursão didática — um conceito novo para mim — a uma grande refinaria de açúcar na outra margem do Nilo, em frente a Maadi. Admito que depois dos primeiros vinte minutos a excursão ficou simplesmente chata demais para prender minha atenção, mas eu não tinha outra alternativa que não fosse seguir com o grupo, levado da caldeira ao depósito e dali ao galpão de prensagem, na companhia de nosso guia alegre e tagarela — meia hora de explicações, quando apenas um minuto seria suficiente, uma superabundância de termos técnicos com um extraordinário ar de auto-satisfação —, para tornar as coisas ainda menos interessantes. Ele era um cavalheiro de meia-idade, de barrete árabe sobre a cabeça, destacado por um dos ministérios especialmente para nos acompanhar nessa excursão. Miss Clark estava junto, claro. Prestei muito pouca atenção nela, o que foi um grande erro. Quando ela entrou em meu campo de visão, vi que balançava a cabeça afirmativamente (seria concordância, compreensão ou satisfação diante da torrente de informações sobre a cana-de-açúcar, sua história e estrutura, a química do açúcar etc.?) e não pensei mais nela. A excursão era tão bizarramente diferente de qualquer coisa que minhas escolas coloniais inglesas pudessem proporcionar que eu não tinha nem começado a refletir sobre as diferenças entre os autoritários britânicos e os benevolentes americanos, tão empenhados em dar aos egípcios uma chance democrática de ser eles mesmos.

No dia seguinte, como de costume, nos reunimos na sala de aula. Miss Clark já estava atrás de sua mesa e parecia tão controlada e inescrutável como sempre. "Vamos conversar um pouco sobre nossa excursão didática de ontem", começou ela, e imediatamente voltou-se para B. J., uma garota de cabelos curtos cuja elegância arrumadinha e modos certinhos logo a transformaram em modelo a ser seguido pela classe. B. J. forneceu uma detalhada apreciação dos eventos do dia anterior. "E o que diz você, Ernst?", a professora perguntou a Ernst Brandt, o maior e o mais forte, ainda que um tanto inarticulado, garoto da classe. Havia pouca coisa que se pudesse acrescentar à ardorosa narrativa de B. J., e Ernst não fez muito esforço nesse sentido. "Foi OK", foi tudo o que ele disse. E eu lá sentado, me entregando lentamente a algum devaneio ocioso, mais uma vez sem prestar atenção suficiente nos instintos predatórios de Miss Clark. "Vocês todos se comportaram muito bem ontem: estou orgulhosa de vocês", disse ela, e pensei que retomaria então nossas lições de inglês. "Isto é, todos, exceto uma pessoa. Só uma pessoa não deu atenção aos comentários muito úteis e fascinantes de Ibrahim Effendi. Só uma pessoa ficou para trás em relação ao resto do grupo. Só uma pessoa mostrou-se impaciente o tempo todo. Só uma pessoa não olhou sequer uma vez para as máquinas e os tonéis. Só uma pessoa roeu as unhas. Só uma pessoa desonrou a classe toda." Ela fez uma pausa, durante a qual eu mesmo me perguntei quem poderia ser a pessoa em questão.

"Você, Edward. Você se comportou de modo abominável. Nunca vi alguém tão incapaz de se concentrar, alguém tão sem consideração e tão desleixado. O que você fez ontem me deixou muito zangada. Observei você o tempo todo, e você não fez nada que pudesse redimi-lo. Vou falar com Miss Willis [a diretora] sobre você, e pedirei a ela que chame seus pais para uma conversa." Parou de falar, olhando para mim com indisfarçável desgosto. "Se você fosse um dos bons alunos desta classe", continuou, "talvez eu tivesse perdoado sua conduta. Se você fosse alguém como B. J., por exemplo. Mas, uma vez que você é sem dúvida o pior aluno desta classe, o que fez ontem é simplesmente imperdoável." As ênfases eram proferidas com uma frieza definitiva, como palavras em itálico.

Miss Clark, de forma intencional, deliberada e até obstinada, havia me definido, me virado pelo avesso, por assim dizer; vira-me de um modo que só eu, ou nem eu, poderia me ver, e tornara públicas suas descobertas. Fiquei grudado na cadeira, vermelho, tentando parecer contrito e forte ao mesmo tempo, odiando a classe que agora estava completamente concentrada, cada um deles me olhando, eu sentia, com justificada aversão e curiosidade. "Quem é essa pessoa?", imaginei-os dizendo, "um rapazinho árabe, o que ele está fazendo numa escola para crianças americanas? De onde ele surgiu?" Enquanto isso, Miss Clark organizava seus livros e lápis sobre a mesa. Então voltamos para nossos exercícios, como se nada tivesse acontecido. Embora eu tenha dado uma espiada nela dez minutos depois em busca de um possível olhar compassivo, ela permanecia tão inabalável e impiedosa como sempre.

A força do que Miss Clark disse a meu respeito estava no fato de reunir todos os comentários negativos e críticos que haviam me cercado esparsamente em casa e na GPS, e de concentrar a coisa toda num único e desagradável recipiente de aço, no qual fui colocado como uma geléia que se despeja numa forma. Eu tinha a sensação de não ter uma história que pudesse me servir de escudo contra o julgamento de Miss Clark ou resistir a minha desgraça pública. Mais até do que aquela exposição passiva, eu sempre detestara e temera o anúncio súbito de más notícias, que não me dava chance de reagir, de separar "Edward", em todas as suas bem conhecidas fraquezas e pecados, do ser interior que eu geralmente considerava meu eu verdadeiro ou melhor (indefinido, livre, curioso, rápido, jovem, sensível, até digno de estima). Agora eu não podia mais fazer isso, ao ser confrontado com um único eu inapelavelmente desvalorizado e condenado, nunca realmente certo, na verdade muito errado e fora do lugar.

Passei a detestar essa identidade, mas até então eu não tinha nenhuma alternativa a ela. Havia me tornado tão censurável que obviamente fui forçado a ver Miss Willis, uma pouco enérgica mulher de cabelos brancos do Centro-Oeste, já no final da meia-idade, que parecia mais perplexa que zangada com minha má conduta. Miss Clark não estava presente à entrevista, mas não havia comparação possível entre minha condenação ontológica por Miss Clark e o vago sermão de Miss Willis acerca das virtudes da boa cidadania, uma frase impensável no contexto colonial britânico que eu acabara de deixar, onde éramos, quando muito, súditos, e do tipo obediente e incondicional. Meus pais também compareceram, como se esperava; eles conversaram com Miss Clark e Miss Willis. A primeira deixou uma forte impressão em minha mãe, que ouviu no timbre penetrante da mulher o relato mais bem delineado e mais bem expresso que ela já tinha recebido das fraquezas de seu filho. O quê, exatamente, foi dito sobre mim eu nunca soube, mas ressoou nos discursos de minha mãe durante anos a fio. "Lembre-se do que disse Miss Clark" era o refrão usado para explicar tanto minha falta de foco e de concentração como minha inabilidade crônica para fazer a coisa certa. Portanto, na prática, a péssima opinião de Miss Clark a meu respeito foi prolongada e ampliada por minha mãe. Nunca me ocorreu perguntar a minha mãe por que ela se aliou de modo tão crédulo a alguém que parecia se mover não por imperativos pedagógicos, e sim sádicos e instintivos.

Supostamente eu estava entre iguais na CSAC, mas descobri que minha sina ali era ser ainda mais estrangeiro do que havia sido na GPS. Havia muita bonomia — "bons-dias" e "olás" eram *de rigueur* entre nós, como nunca tinham sido na GPS — e era dada grande importância a quem sentava perto de quem no ônibus, na classe ou no refeitório. Entretanto, havia uma hierarquia dos garotos, oculta mas aceita por todos, baseada não na idade nem na posição social, mas na força, na coragem e na capacidade atlética. O líder da escola era Stan Henry, aluno da nona série cuja irmã Patty estava um ano atrás de mim; eram filhos de um alto executivo da Standard Oil. Stan tinha mais de 1,85 metro, irradiava confiança e inteligência, era um nadador soberbo e atleta completo. Tinha uma gargalhada que contradizia a aguda sagacidade competitiva de que lançava mão para dominar nossos freqüentes intervalos de recreio no jardim. Seu único rival, em tamanho, era Ernst Brandt, a quem vi uma vez Stan humilhar prendendo suas mãos e esmagando seus dedos até forçá-lo a cair de joelhos. Ernst então ergueu-se e permaneceu imóvel, enquanto as lágrimas corriam por seu rosto. Como Stan era também um "líder" (uma palavra que aprendi na CSAC), não demorou muito para que o restante de nós formasse um círculo a seu redor, embora esse espaço fosse calorosamente disputado, com Stan incontestado em sua preeminência e os outros em fluxo constante.

Eu estava em perpétuo combate com dois garotos em particular, Alex Miller (filho de pais diplomatas, acho) e Claude Brancart, um belga-americano cujo pai representava a Caltex no Egito. Ambos tinham atraentes irmãs mais velhas — a morena Amaryllis e a loura Monique — que mais me pareciam mulheres feitas que garotas de dezesseis ou dezessete anos. Amaryllis de vez em quando sentava a meu lado no ônibus, era sempre cordial, ainda que não propriamente afetuosa, e me deixou atordoado quando a vi usando um maiô de duas peças num passeio da escola à piscina de Maadi; aquela foi a primeira vez, em minha reprimida existência, que vi toda aquela extensão do corpo feminino ser assim exposta, mas senti, paradoxalmente, que aquilo aumentava a distância entre nós. Monique tinha um ar vago e sonhador, e flutuava pela escola de modo muito sedutor. As duas garotas tinham pouco em comum com seus irmãos mais novos, que não eram de forma alguma meus amigos, e sim oponentes numa série incessante de lutas e provocações cujos motivos pareciam ao mesmo tempo obscuros e indiscutíveis. Lembro-me de ter ficado impressionado com a maneira como certa vez Alex trocou golpes comigo no ônibus, em pé do outro lado de um banco, desferindo lenta, paciente e metodicamente socos em minha cabeça e barriga, enquanto eu, o lutador sempre impetuoso e relativamente descontrolado, esmurrava-o com os cruzados e os elaborados diretos no queixo — em sua maioria fora do alvo — que havia aprendido com meu instrutor de boxe da Associação Cristã de Moços, Sayed. É de fato bizarro que tal cena, ao mesmo tempo sem sentido e extremamente vigorosa, continue em minha memória depois de tanto tempo, como uma seqüência de fotografias de Muybridge: o que é que eu pretendia na época, fico me perguntando, e por que eu era propenso a antagonismos tão intensos?

Diferentemente da GPS, onde não havia nenhuma chance de uma briga durar mais que dez segundos antes de ser apartada por vários professores, a CSAC adotava uma filosofia radicalmente diferente, que era a de proporcionar um espaço autorizado para as lutas e outras maneiras de gastar o excesso de energia juvenil. Não me lembro de um único momento de paz durante a hora do lanche, nem de um momento agradável de camaradagem.

Claude Brancart e eu éramos rivais — a propósito do quê, não faço nem idéia —, sempre prontos para uma discussão, uma guerra de cuspe ou um campeonato de ostentação, no qual nossos pais, eminentemente desqualificados na vida real para tais modalidades, eram colocados um contra o outro em confrontos imaginários de tênis, luta livre ou remo. A certa altura, quando Claude e eu tínhamos chegado ao ápice da inimizade, esta exigiu uma luta total, e nos entregamos a ela no campo de terra, agarrando, socando, até que, por fim, engalfinhados num abraço apertado, caímos juntos no chão. Ele conseguiu ficar por cima de mim e lutou vigorosamente para me imobilizar com as costas no chão, até por fim me obrigar a dizer "Desisto".

A essa altura, um dos espectadores, Jean-Pierre Sabet, um morador não americano de Maadi matriculado na CSAC por conta de algum desígnio incompreensível, disse prosaicamente, referindo-se a mim: "Ele está resistindo. Você não vê que ele está resistindo? Ainda não acabou". Ele tinha razão: de certa forma, eu sentia que tinha sido derrotado porque "Edward" havia entregado os pontos, havia cedido e agora era dominado por alguém que devia dominá-lo. Estranhamente, contudo, um outro eu começava a surgir dentro de mim justamente quando "Edward" havia desistido e agora era um prisioneiro de Claude Brancart, um novo eu vindo de alguma região dentro de mim que eu sabia existir, mas à qual só raramente conseguia ter acesso. Em vez de permanecer inerte e desprezível sob Brancart, meu corpo começou a forcejar contra ele, primeiro libertando meus braços, depois esmurrando-lhe o peito e a cabeça até que ele foi obrigado a se defender, a afrouxar o controle sobre mim e finalmente a rolar para o lado enquanto eu me erguia e continuava a golpeá-lo. Num minuto o sr. Wannick apareceu, apartou-nos e, com um desdenhoso "Qual é o problema com vocês dois?", mandou-nos de volta para o prédio da escola.

Um ano antes eu tivera uma experiência similar de derrota e regeneração, e só agora elas me chamam a atenção como exemplos da mesma vontade imprevisível de ultrapassar as regras e os limites já aceitos por "Edward". Num fim de semana, na piscina de Maadi, eu tinha encontrado Guy Mosseri, um garoto franzino que morava em Maadi, mas que também freqüentava a GPS. Começamos a brincar de pega-pega — eu mergulhava, nadava, saía da piscina, mergulhava de novo, até que ele me pegasse. Comecei de modo exuberante, abrindo caminho entre os outros banhistas, com Guy me perseguindo de perto. Mas logo comecei a cansar, enquanto, para minha consternação, Mosseri continuava se aproximando de mim de modo inexorável e impassível. A perseguição ficou ainda mais terrível ao ser despropositadamente amplificada por meu sentimento de fracasso esmagador. À medida que ele chegava perto, comecei a diminuir o ritmo, num sinal de que "Edward" havia desistido, mas então descobri que uma nova energia impulsionava minhas pernas e braços para mais e mais longe de Mosseri, que ficou perplexo com a súbita mudança de relação entre perseguidor e perseguido. Poucos minutos depois ele simplesmente parou e não conseguiu prosseguir.

Episódios como esses eram raros. A CSAC me obrigou a ver em "Edward", com mais seriedade do que nunca, uma construção falha, assustada e incerta. A sensação geral que eu tinha da minha problemática identidade era a de um americano dentro do qual espreitava outra identidade, árabe, da qual eu não extraía força nenhuma, apenas embaraço e desconforto. Eu via em Stan Henry e Alex Miller uma muito mais sólida e invejável identidade em conformidade com o real. Jean-Pierre Sabet, Malak Abu-el-Ezz, até mesmo Albert Coronel — que, apesar de obviamente egípcio e judeu, tinha um passaporte espanhol —, todos podiam ser eles mesmos, não tinham nada a esconder, não tinham nenhum personagem americano para representar. Uma vez, durante meu segundo ano ali, quando apareceu um novo garoto mais velho, Bob Simha, pensei que talvez tivesse encontrado um companheiro, pois meus pais me explicaram que o nome Simha era árabe e judeu. Tentei descobrir uma afinidade entre nós, mas ele pareceu confuso diante de minhas perguntas sobre parentes que ele poderia ter em Aleppo ou Bagdá. "Não", respondeu com impaciência, "eu sou de New Rochelle." Foi com ele que aprendi a expressão "o bigode do seu pai".

Diariamente na escola eu sentia a disparidade entre minha vida de "Edward", uma identidade falsa e até ideológica, e minha vida doméstica, na qual floresceu a prosperidade de meu pai como negociante americano depois da guerra. Depois de 1946, ele e minha mãe começaram a fazer pelo menos duas viagens por ano à Europa, e depois também à Ásia e à América, e pelo fato de eu ser o único filho homem, e de meu pai nunca ter deixado de ser proprietário e administrador de seus vastos negócios comerciais, esperava-se que eu passasse a me interessar por seus empreendimentos. Uma longa série de companhias, das quais ele era representante ("agente" era a palavra usada), entrou em nossa vida, em nossa casa e em nosso discurso cotidiano; quase todos os seus produtos chegaram à rua Sharia Aziz Osman nº 1, apartamento 20, quinto andar: canetas Sheaffer e tinta Scripp, móveis de aço Art Metal, cadeiras e mesas Sebel, cofres Chubb, máquinas de escrever Royal, calculadoras Monroe, facas e tesouras de aço inoxidável Solingen, duplicadores e mimeógrafos Ellam's e A. B. Dick, materiais de escritório Maruzen, agendas Letts, fitas adesivas 3M, copiadoras, tintas, gravadores e aparelhos de transcrição Dictaphone, e ainda máquinas inglesas de franquear correspondência, uma calculadora sueca, uma máquina de escrever automática Chicago e as mais recentes novidades da empresa de globos Weber-Costello.

Não foram apenas os produtos dessas empresas que viemos a conhecer, mas também seus caixeiros-viajantes, em especial um certo Alex Kaldor, húngaro (ou romeno: suas origens eram obscuras e alvo de muita especulação) de forte sotaque, solteirão mais ou menos da geração de meu pai, representante das máquinas de escrever Royal e que viajava de primeira classe por todo o planeta. Ele aparecia pelo menos duas vezes por ano no Cairo, geralmente passando em casa para tomar uns drinques e pegar meus pais — e eu também, quando tinha por volta de catorze anos — para jantar fora. Kaldor foi o primeiro cínico inveterado e aproveitador que conheci, mas eu gostava do seu jeito de quem parecia ter feito de tudo (exceto talvez casar) sem se impressionar com nada, nem mesmo com meu pai, a quem tratava de modo divertido e condescendente. Era gordo e parecia viciado em torradas. Acho que eu o considerava fascinante porque me lembrava Bela Lugosi, cujos filmes eu não tinha permissão para ver ("impróprios para menores"), mas sobre os quais aprendi um pouco por meio dos *trailers* das "próximas atrações" exibidos antes dos filmes para crianças nos cinemas locais.

Depois da guerra, meu pai começou a viajar regularmente para os vários escritórios e fábricas de seus clientes, fornecedores e associados. Ele sempre buscava e obtinha representação exclusiva, de maneira a poder vender esses produtos para outros comerciantes e clientes como representante local. Na época em que deixei o Egito, seu negócio de equipamentos de escritório e artigos de papelaria era o maior do Oriente Médio. E eu também contraí o mesmo sentimento agudamente competitivo que ele destinava aos produtos rivais, aos quais tratava como inimigos pessoais: Olivetti, Roneo, Parker, Gestetner e Adler, entre outros, cuja inferioridade diante das "nossas tropas", como meu pai as chamava, discutíamos com notável paixão. Justamente por isso os vendedores e os diretores de departamento da "firma" também eram próximos de nós; não chegavam a ser da família, mas eram mais do que simples empregados. Muitos tiveram uma notável longevidade no emprego; só um, o sr. Panikian, o contador, cuja esposa tinha dentes pronunciados e em sua visita anual a nossa casa mostrava seus dotes musicais tocando piano com laranjas, partiu para a Austrália em 1946 com os dois filhos do casal; e, de acordo com seu sucessor no escritório de meu pai, descobriu-se que uma quantia substancial do dinheiro da firma tinha desaparecido.

Os restantes permaneceram por anos e anos, formando um insólito agrupamento de minorias levantinas, egípcios muçulmanos e coptas e, depois de 1948, um número crescente de refugiados palestinos que tia Nabiha pressionou meu pai a empregar, o que ele fez sem hesitação. Mais tarde percebi que o que meu pai realizou em termos de organização racional e incentivos a cada membro de sua equipe cada vez maior foi algo único no Oriente Médio: Lampas, um grego tagarela e o mais antigo empregado de meu pai, era gerente de vendas; Peter, um armênio, administrava duplicadores e mimeógrafos; Hagop e Nicola Slim, as calculadoras; Leon Krisshevsky, as máquinas de escrever; Sobhi, um copta, os móveis; Farid Tobgy, as agendas e canetas; Shimy era gerente de estoque; Ahamad, o caixa. Cada um deles comandava um pequeno batalhão de assistentes.

Em seu escritório do outro lado da rua, meu pai tinha uma secretária pessoal e um secretário árabe, Mohammed Abu 'Oof, um homem baixo, de óculos, com uma incrível paciência e uma característica anal retentiva que se costuma associar a um estudante laboriosamente esforçado, mas pouco talentoso, que nunca consegue se formar. Durante minha infância, a secretária era a vigilante e bem vestida Miss Anna Mandel, que ocasionalmente vinha tomar chá em casa e que pouco depois da batalha de el-Alamein desapareceu de repente. Ela tinha começado a trabalhar para meu pai um ano antes de seu casamento, em 1932, e me lembro de conversas dele, em meus primeiros anos, fazerem referência freqüente a "Miss Mandel". Mais tarde descobri que ela havia sido levada a deixar de trabalhar para meu pai por minha mãe, que, segundo ela mesma me contou calmamente, muitos anos depois, acreditava que Anna Mandel "tinha desejado casar com seu pai". "Eles tiveram um caso?", perguntei. "Bem que ela teria gostado. Mas não, claro que não", foi a resposta. Nunca tive tanta certeza. Em sua maioria, as mulheres (houve também uns dois homens) que subseqüentemente ocuparam o cargo com a aprovação ou aquiescência de minha mãe tenderam a ser extremamente jovens e sem graça, ou então gordas e de meia-idade, enfadonhas e obtusas — bem diferentes de Miss Mandel, de quem me recordo como uma mulher vistosa e saudável, com cada coisa cuidadosamente no lugar.

Dois outros departamentos completavam o pequeno exército de pessoas que meu pai empregava: um era o de contabilidade, chefiado por Asaad Kawkabani, trazido por meu pai de uma firma contábil inglesa e transformado, na prática, em seu segundo no comando. Isso não impedia meu pai de tratar Asaad como o mais vulgar imbecil cada vez que ele não conseguia lembrar alguma coisa ou errava nas contas. Asaad também comandava uma equipe própria, todos seguindo procedimentos contábeis meticulosos estabelecidos por "Mr. Said", como chamavam meu pai. Por fim, havia o departamento de reparos, chefiado por um contemporâneo de Lampas, um homem chamado Hratch, armênio extremamente taciturno que nunca vi sem um avental de couro: meu pai achava que Hratch era um gênio capaz de consertar qualquer coisa, inclusive nossos brinquedos, os utensílios de cozinha de minha mãe e os móveis. Em consertos e, mais tarde, em serviços, meu pai também foi um pioneiro, inventando o esquema de um contrato de manutenção para cada máquina que vendia; isso lhe permitiu vencer a concorrência e depois recuperar com folga o investimento ao convencer os clientes a renovar os contratos por vários anos. Hratch comandava trinta mecânicos, equipados com motos ou bicicletas, que percorriam a cidade consertando praticamente tudo o que a Standard Stationery Company — SSCO, como a chamávamos — tinha vendido.

O negócio empregava também um batalhão de "serventes", como meu pai os chamava, ou *farasheen*, em árabe, que trabalhavam como mensageiros, copeiros, porteiros, faxineiros; alguns deles também rodavam pelo Cairo em triciclos e mais tarde em pequenas peruas de entregas. Sobre esses domínios enormes e sempre em expansão, meu pai governava como um monarca absoluto, uma espécie de figura paterna dickensiana, despótica quando zangada, benevolente quando calma. Ele sabia mais que qualquer outra pessoa a respeito dos mais miúdos detalhes de seu império, lembrava-se de tudo, não tolerava respostas malcriadas (nunca se entregava a discussões pessoais com quem quer que fosse na propriedade, como chamava o lugar, nem mesmo com membros da família) e recebia o respeito de sua equipe, se não a afeição, graças à infalível competência administrativa e ao talento para os negócios em geral. Um de seus feitos foi transformar a burocracia governamental egípcia com a introdução de máquinas de escrever, mimeógrafos, duplicadores e armários de arquivo, em substituição aos informais métodos de papel-carbono, lápis copiadores e papéis empilhados em escrivaninhas e peitoris de janelas. Com a ajuda de minha mãe, desenvolveu — dizer que "inventou" não estaria errado — a máquina de escrever em árabe da Royal, cujos aristocráticos proprietários americanos, os John Barry Ryans, ele chegou a conhecer muito bem. Possuía duas faculdades formidáveis e infalíveis que não encontrei em nenhuma outra pessoa: a capacidade de executar de cabeça cálculos aritméticos extremamente complexos com uma rapidez vertiginosa e uma memória perfeita para o preço e a data de aquisição de cada objeto (de muitos milhares deles) envolvidos em seu negócio. Era assustador observá-lo atrás de sua mesa, cercado por Asaad, numerosos secretários, chefes de departamento, todos revolvendo pastas e papéis, enquanto ele descrevia inteiramente de memória todo o histórico de compra e venda de, digamos, determinado arquivo, uma linha de calculadoras ou cada modelo de caneta Sheaffer.

Isso não fazia dele um patrão paciente, ou mesmo ponderado, mas acredito que era sempre correto e justo, além de generoso, tendo inventado no processo a idéia de bônus de Natal, ou Eid al-Adha, ou Rosh Hashanah para todos, sem falar nos planos de saúde e aposentadoria. Nada disso causou nenhuma impressão significativa sobre mim na época: eu estava ocupado demais sendo amansado ou me sentindo perseguido para poder dar valor a seu extraordinário gênio comercial, desenvolvido por conta própria numa provinciana capital do Terceiro Mundo ainda atolada na economia colonial, numa estrutura fundiária feudal e num desorganizado (ainda que ocasionalmente bem-sucedido) comércio ambulante de pequena e grande escala. Só agora, à medida que examino suas realizações, é que me dou conta de como foram tremendas e, infelizmente, pouco louvadas e registradas. Ele era basicamente um capitalista moderno com uma extraordinária capacidade de pensar sistemática e institucionalmente, sem nunca ter medo de assumir riscos ou fazer despesas com vistas ao lucro de longo prazo, um brilhante explorador da propaganda e das relações públicas, e mais que tudo uma espécie de organizador e formatador dos interesses comerciais de seus clientes, propiciando-lhes primeiro uma articulação de suas necessidades e objetivos, e depois os produtos e serviços necessários para satisfazê-los.

Uma de suas inovações foi produzir um catálogo anual de todos os seus produtos, algo que ninguém em seu ramo jamais havia feito no Egito. Certa vez me contou que Boulos, seu primo e parceiro em Jerusalém, repreendeu-o por causa da despesa que isso implicava. Mas, à medida que o negócio se expandiu, ele interrompeu a prática por vontade própria e instituiu em seu lugar listas impressas de "clientes satisfeitos" em cada uma das principais linhas de produtos; a um custo relativamente pequeno, isso fazia, em certo sentido, seus clientes trabalharem com ele e para ele. Desse modo, seu negócio cresceu cada vez mais, a despeito de freqüentes reveses calamitosos; em conseqüência, à sua maneira peculiar, ele proporcionou à família o usufruto pleno de sua crescente riqueza e influência.

Antes de minha partida para os Estados Unidos, em 1951, meus pais ainda não haviam penetrado plenamente na sociedade do Cairo. Apesar de sua riqueza, o círculo de conhecidos e amigos estava confinado praticamente a vários agregados e a umas poucas pessoas com as quais mantinham relações profissionais, como Isaac Goldenberg, o joalheiro da família; Osta Ibrahim, o amável marceneiro de bigodes de guidom de bicicleta cujas oficinas produziam mobília para a casa e, numa escala crescente, para os negócios de meu pai; Mahmud, genro de Osta Ibrahim (seu outro genro era Mohammed Abu 'Oof); o irmão mais novo de minha mãe, Emile, que agora trabalhava para meu pai; Mourad Asfour, um jovem empregado ascendente da Associação Cristã de Moços que mais tarde legou a meu pai uma dívida de milhares de libras quando sua loja de material esportivo faliu e os empréstimos que meu pai tinha avalizado foram cobrados; Naguib Kelada, um afável copta que era o secretário-geral da Associação Cristã de Moços e um importante sócio de meu pai. A filha de Kelada, Isis, possuía uma fenomenal voz de contralto e cantava na Igreja da Missão Americana. O círculo deles era completado por um pequeno número de parentes, como tia Melia, tio Al e sua estranha esposa risonha, Emily, seus dois filhos e uma filha, mais outro parente radicado na Palestina em visita ocasional ao Cairo, geralmente para compras ou negócios. Esses amigos e conhecidos apareciam para comer em nossa casa em dias e horários agendados (por exemplo, o marceneiro nos desjejuns de sábado), e acabei conhecendo-os melhor por seus hábitos alimentares — Osta Ibrahim se recusava a comer pão branco, adorava alho e preferia *foul* (semente de fava) a carne, por exemplo. Eu era um observador meticuloso dos detalhes mais superficiais e me tornei mais ainda à medida que vivi com intensidade crescente o contraste entre ambientes americanos e locais naquele primeiro ano na CSAC. Por que os americanos calçavam meias coloridas e os egípcios e árabes não? Por que não tínhamos camisetas de manga curta e "eles" tinham?

A antipatia e a reprovação impassíveis de Miss Clark em relação a mim me perseguiam em casa também. Havia monótonos sermões contra minha falta de concentração, de seriedade, de objetivo, de força de caráter: nunca aproveitei coisa alguma desses sermões, aos quais aprendi a resistir reduzindo-os mentalmente a puro som. Todos os prazeres, com exceção dos sancionados por meus pais, como brincar com meu trem elétrico Lionel — trazido dos Estados Unidos por meu pai em 1946, uma engenhoca extremamente complicada de instalar, demandando que a mesa de jantar fosse desocupada, além dos serviços de alguém entendido em eletricidade, uma vez que as conexões entre os vagões nunca davam certo —, eram tão cercados de advertências e controles que se tornava impossível desfrutá-los. Eu tinha permissão para ouvir dois, depois três, programas de rádio por semana: dois do Cantinho da Criança, nas tardes de domingo e noites de quartafeira, uma horrível coleção de untuosos tios e tias, ingleses durante a guerra, egípcios depois dela (todos afetando um horrendo sotaque inglês de imitação e nomes revoltantes como tia Loulou e tio Fouad), e um programa — *Noites na ópera* — na BBC nas tardes de domingo, à 1h15, que foi onde ouvi pela primeira vez uma ópera completa. Quando *A noiva vendida*, de Smetana, foi transmitida, fiquei extasiado tentando imaginar festividades nupciais tchecas e o que poderiam significar as palavras completamente incompreensíveis que as ondas radiofônicas traziam e que me davam tanto prazer.

A música era, por um lado, o fardo de frustrantes e tediosos exercícios de piano nos quais Burgmüller, Czerny e Hanon eram os livros aos quais eu estava acorrentado em incontáveis repetições que não pareciam melhorar o suficiente minha habilidade no teclado, e, por outro lado, um mundo imensamente rico e aleatoriamente organizado de sons e imagens magníficos, que compreendiam não apenas o que eu ouvia, mas também versões adornadas dos instantâneos e retratos encontrados no *Livro completo da ópera*, de Gustav Kobbé, e no *Noites na ópera*, de Ernest Newman, ambos presentes na biblioteca de meus pais, combinadas com cenas imaginadas, nascidas dos sons produzidos pelas performances das orquestras que aprendi a apreciar com as transmissões de rádio. Desprovida de um sistema racional ou claro, a coleção de discos da família me forneceu uma estranha miscelânea de Jeanette MacDonald e Nelson Eddy, Richard Straus e Paderewski, Paul Robeson e Bach, além de excentricidades como Deanna Durbin cantando a *Aleluia* de Mozart. Ao me entregar à experiência íntima da música, via e ouvia um vasto teatro, com uma porção de homens trajados a rigor e mulheres de ombros nus (meu pai havia adquirido o hábito de vestir smoking nas noites em que ia a suas reuniões altamente secretas na loja maçônica; minha mãe passou a usar vestidos de noite que realçavam seu amplo busto e seus ombros brancos quando eles começaram a freqüentar regularmente os espetáculos das temporadas de ópera e balé do Cairo). Tudo isso sugeria a minha imaginação erraticamente alimentada uma pompa de exibição sexual maravilhosamente decorada e uma performance musical de brilho impossível, às vezes orquestral, à maneira de um filme da MGM (aquele, afinal, era o apogeu de José Iturbi como maestro, um papel que ele desempenhava munido de uma batuta gigantesca com uma luzinha vermelha na ponta, abanada para cima e para baixo com resultados extremamente vistosos), às vezes operística, com base no que indicavam de maneira vaga os retratos sexualmente provocantes que eu esmiuçava nos livros de Kobbé e Newman. Um deles em particular, de Ljuba Welitsch como Salomé num traje de banho estilizado, arrebatou minha fantasia, fazendo da ópera a encarnação de um mundo erótico cujas línguas incompreensíveis, enredos selvagens, emoções incontidas e música vertiginosa eram extremamente excitantes.

Wagner continuou sendo o grande mistério, o mais sedutor de todos. Um disco de 78 rpm enigmático ao extremo, contendo "A vigília de Hagen" de um lado e "O chamado de Hagen" do outro, me introduziu, com cerca de dez anos de idade, ao *Anel*,* do qual não consegui ver nenhum fragmento até 1958, quando fiz minha primeira visita a Bayreuth. Hagen era interpretado por um cantor inglês — Albert Coates, acho — que berrava, rugia e rosnava de maneira envolvente sons que representavam um mundo maravilhosamente nebuloso de vilões de lança em punho, juramentos terríveis, ação sangrenta, tudo isso tão distante quanto possível do mundo arrumadinho das crianças americanas e da vida doméstica controlada pelos pais. Estou convencido de que, não fosse pelo campo vasto e fortuito aberto pela heterogênea discoteca — que nunca deixou aflorar o segredo oculto que presidia sua coesão nem tampouco me revelou a base lógica da história da música ocidental, com suas escolas, períodos e gêneros em transformação — e por uma ou outra apresentação ocasio-

---

* *O anel dos nibelungos*, tetralogia de Richard Wagner (1813-83) formada pelas óperas *O ouro do Reno*, *A valquíria*, *Siegfried* e *O crepúsculo dos deuses*. Hagen é personagem desta última e deve ser interpretado pela mais grave das vozes masculinas, o baixo. (N. T.)

nal, eu teria sido completamente sufocado pelos exercícios estéreis, pelas peças de piano "para crianças" e pelos pobres professores bem-intencionados aos quais estava oficialmente sujeito.

Na época em que eu estava na CSAC, tornei-me aluno de piano de uma certa Miss Cheridjian (que substituíra minha primeira professora, a bondosa e paciente Leila Birbary), cujas aparições semanais para nossas aulas (primeiro a de Jean, depois a de Rosy e por fim a minha) eram desagradáveis confrontos em torno da minha inabilidade para seguir suas instruções estridentes — conte ta fa ti fi, forte, piano, *staccato* — pontuadas por ruidosos goles no café e enérgicas mordidas no bolo, trazidos diligentemente a ela por Ahmed, nosso irônico *suffragi* chefe. Cherry (como a chamávamos) só teve êxito em me convencer de que eu era um preguiçoso e um pianista fracassado, ao passo que sozinho com meus discos e livros eu era um garoto que sabia um bocado a respeito de enredos de ópera e de uns poucos artistas como Edwin Fischer, Wilhelm Kempff e Bronislaw Huberman (conheci este último por intermédio do disco que ele fez com George Szell do Concerto para Violino de Beethoven), e tinha minhas rebuscadas fantasias sobre a vida de concerto.

No final dos anos 40 finalmente pude assistir a apresentações de ópera — a chamada *saison lyrique italienne* — na Ópera do Cairo, construída originalmente por Khedive Ismail para a abertura do canal de Suez em 1869. A permanente de meus pais incluía também o balé francês dos Champs-Elysées, comandado de forma memorável por Jean Babilée e Nathalie Phillipart, que até hoje representam para mim a pedra de toque de um deslumbrante e glamouroso estilo de dança, gênero no qual eu situava a assombrosa Cyd Charisse, de quem via todos os filmes: para mim a dança era uma espécie espetacular de experiência sexual, só que vivida de modo vicário e sub-reptício. O Cairo era então uma metrópole internacional dominada em sua vida cultural, até onde eu podia enxergar, por europeus, alguns dos quais meu pai conhecia por conta de seus negócios. Sempre senti que eu estava a vários graus de distância do que havia de mais excitante na cidade, embora fosse zelosamente grato pelo que conseguia aproveitar dela, geralmente sob a rubrica de "arte". A CSAC, onde permaneci durante o ano acadêmico de 1948-49, ficou menor e menos desafiante quando passei para a nona série, menos estimulante intelectualmente e cada vez mais enclausurada, travada, cinza, sonolenta e tediosa. As idas à ópera nos meses de inverno representaram um grande progresso no meu conhecimento de música — de compositores, repertórios, intérpretes, tradições. Posso situar naqueles anos a origem da minha exasperada impaciência com os livros de Sigmund Spaeth, o "detetive das melodias", e suas pegajosas "histórias por trás da maior música do mundo", e também com os livros para crianças, dos quais tínhamos inúmeros, a respeito dos "grandes compositores". Só Wagner permanecia fora do meu alcance: lembro-me de ter assistido a uma apresentação de *Lohengrin* em italiano durante a *saison lyrique* que me deixou confuso e desapontado, por sua ação incompreensível, pela literal obscuridade de um interminável segundo ato e por sua atmosfera geral de desânimo e desorientação. O atarracado Lohengrin napolitano me pareceu a verdadeira antítese do que eu havia esperado em termos de nobreza e estatura cavalheiresca.

A primeira ópera que vi (e que nunca mais revi) foi *André Chenier*, de Giordano, quando eu tinha doze anos. Lembro-me de perguntar a meu pai se "eles" cantavam o tempo todo ou se havia pausas para diálogos (como nos filmes e discos de Nelson Eddy e Jeanette MacDonald, aos quais eu estava habituado). "Todo o tempo", foi sua brusca resposta, mas ela veio algumas semanas depois de uma penosa noite no Cinema Diana, em que assistimos a um concerto da cantora Om Kulthum que só começou às nove e meia e terminou bem depois da meia-noite, sem nenhum intervalo, num estilo de canto que considerei terrivelmente monótono em sua interminável melancolia e luto desesperado, como se fossem os gemidos e as lamúrias de alguém sofrendo de um extremo e duradouro acesso de cólica. Não apenas não entendi nada do que ela cantou como tampouco consegui discernir uma forma qualquer em suas efusões, as quais, com uma grande orquestra acompanhando-a em sua estridente monofonia, considerei árduas e tediosas. Em comparação com aquilo, *André Chenier* tinha a animação dramática e o enredo capazes de me manter atento. Um de nossos 78 rpm era *Nemico della patria*, portanto esperei com ansiedade pela chegada da ária enquanto o drama se desenvolvia, mas não fui capaz de identificá-la. Gino Bechi, um membro permanente da companhia visitante, arregimentada em Roma e no San Carlo de Nápoles, interpretava Gerard com uma fanfarrice e uma intensidade que tentei imitar depois saltitando e deslizando de um lado para o outro na privacidade do meu quarto. Eu não fazia idéia de por que os personagens tinham de cantar, mas fui arrebatado por esse mistério desde meu primeiro contato com ele no palco do Cairo.

Posso, contudo, situar quase com exatidão minhas mais importantes descobertas musicais: todas ocorreram em particular, longe das tormentosas exigências do piano tal como era visto por minha mãe e professoras como Cherry. Esse descompasso entre o que eu sentia a respeito da música e o que eu era capaz de realizar com ela parece ter afiado consideravelmente minha memória, permitindo-me primeiro reter e em seguida ouvir mentalmente um considerável número de composições orquestrais, instrumentais e vocais sem muito conhecimento sobre seu período ou estilo. Sempre fui atormentado pela raridade, pela preciosidade fugidia de uma experiência musical "ao vivo", e portanto estava sempre procurando meios de agarrá-la. Quando vi *O barbeiro de Sevilha* pela primeira vez, aos treze anos, me senti arrebatado pela performance e, curiosamente, desamparado ao mesmo tempo; eu sabia que o que estava presenciando — o júbilo e a irreverência de Rossini, a graça e a autoridade de Tito Gobbi, a pseudo-solene *La Calunnia* por Ettore Bastianini — não voltaria a acontecer tão cedo, embora eu pudesse ter a esperança de que *Noites na ópera* transmitisse uma ou outra ária de vez em quando, o que por um bom tempo o programa acabou não fazendo. Contudo, exatamente um ano depois, como de costume rondando com atenção — para não dizer bisbilhotando — o quarto de meus pais na época do Natal, desconfiei que ganharia discos como presente. Por volta das quatro horas da madrugada de Natal, entrei pé ante pé na sala de visitas, tateando às escuras para achar o caminho até a árvore artificial que minha mãe desencavava do sótão, decorava e recolocava em seu nicho ano após ano, e descobri debaixo dela uma caixa de oito discos com trechos do *Barbeiro*. O elenco incluía Riccardo Stracciari, Dino Borgioli, Mercedes Capsir, Salvatore Baccaloni. Abrindo o pacote com cuidado, coloquei os discos imediatamente para tocar, com as portas fechadas e o volume bem baixo, na sala sombria que aos poucos ia se iluminando à medida que a manhã se aproximava. Ter confirmada num ambiente tão privado e exclusivo a apresentação no palco tal como eu a recordava era o mais elevado dos prazeres, e entretanto também me sentia semiconscientemente encurralado por aquela situação muito especial num reino de silêncio e subjetividade que eu não tinha a devida força para sustentar.

Mais do que qualquer outro compositor, foi Beethoven quem deu consistência a minha auto-educação musical. Eu não era considerado apto, como pianista, para suas sonatas (Mozart era minha sina), embora tenha feito repetidas tentativas ocultas de tocar a sonata "Patética", desenvolvendo no processo uma habilidade de leitura musical muito fora do alcance de minhas possibilidades digitais. Repreendido por não praticar os exercícios de Hanon e Czerny que me eram designados, apesar da presença sempre vigilante de minha mãe, escapei para os discos e para as ilicitamente decifradas peças "adultas" para piano de Mendelssohn, Fauré, Handel, que me pareciam programaticamente negligenciadas em favor do lixo no qual eu era solicitado a persistir durante horas a fio.

Uma vez me levaram ao Ewart Hall (o auditório, que fazia parte da Universidade Americana do Cairo, era o maior do gênero e costumava ser usado — como até hoje — para concertos importantes) a fim de assistir a um concerto da orquestra Musica Viva, conduzida por Hans Hickman, um cuidadoso marcador de compasso que afundava a cabeça na partitura como se ela fosse seu travesseiro. A solista, acho que tanto no Primeiro como no Segundo Concerto para Piano de Beethoven, era Muriel Howard, esposa do reitor da universidade, mãe de Kathy, uma colega minha na CSAC. Meu pai era amigo do reitor Worth (um nome cuja sólida ressonância tinha para mim a força do continente americano) Howard e insistiu em levar minha mãe e eu até ele e sua esposa, que me pareceu estranhamente reservada, assim que ela terminou sua execução freneticamente veloz do concerto. "Bravo", disse meu pai, e voltou-se imediatamente para minha mãe em busca de apoio. "Maravilhoso", ela acrescentou antes de virar-se bruscamente para mim com uma expressão de censura. Claro que não consegui dizer nada e fiquei lá parado, exibindo todo o meu profundo embaraço. "Veja", disse minha mãe em tom de triunfo para mim, embora também se dirigisse a Muriel, "veja como é importante praticar suas escalas, Edward. Escalas e Hanon. Não é verdade, senhora Howard?" Ela concordou com a cabeça, dando a clara impressão de que a prática de escalas era a última coisa sobre a qual queria conversar naquele momento.

Em comparação, a gravação de Stokowski da Nona de Beethoven (em que o coral cantava "An die Freude", de Schiller, em inglês — "Joy, thou daughter of Elysium"*) me enlevava em sua explanação da liberdade, no obscuro mistério das quintas com que ela se iniciava e no que eu ouvia invejosamente como a facilidade rotineira da orquestra em atravessar de forma impecável as escalas e contrapontos difíceis, que eu sem perceber tentava transpor para posições de dedos imaginárias, que minhas mãos inábeis me negavam no piano. Eu me refestelava com a *Salomes Tanz*, como anunciava a capa marrom do disco, ou com a gravação de Paderewski das peças de Chopin *Noturno em fá sustenido* e *Valsa em dó menor sustenido*, que eu considerava o máximo — e exatamente o oposto da minha miserável e inapta técnica pianística.

As maiores experiências musicais de meus anos de adolescência no Cairo foram as visitas realizadas em 1950 e 1951 por Clemens Krauss e Wilhelm Furtwängler com as filarmônicas de Viena e Berlim, respectivamente. Embora em ambos os casos eu tenha sido levado às apresentações de domingo à tarde, recheadas, no caso de Krauss, de confeitos como a abertura de *Donna Diana* e a *Polca Pizzicato* de Strauss, fui liberado de qualquer reflexão prosaica pelo som grandioso, pela presença soberana no pódio e até pela magia dos nomes alemães (Wiener Philharmoniker, por exemplo). Jamais tendo ouvido antes nada comparável a um virtuosismo tão direto e opulento, lembro-me de como fiquei arrebatado e de como tentei por todos os meios disponíveis prolongar a experiência para além das míseras duas horas que me foram dadas no Rivoli Cinema (nunca compreendi por que o Rivoli, um palácio do cinema ornamentado com extravagância, que tinha até um órgão cheio de rangidos, iluminado por uma luz néon adocicada e pulsante, e um organista inglês — Gerald Peal, um *showman* de rosto rosado cujos saltos acrobáticos

---

* "Alegria, tu que és filha do Elísio." (N. T.)

diante do majestoso instrumento me divertiam mais que suas intermináveis interpretações de Ketelby e de ritmos latinos domesticados —, foi escolhido por Krauss e Furtwängler em vez do mais sério e apropriado Ewart). Isso significava, basicamente, tentar manter a música em meu ouvido, reger uma orquestra imaginária, procurar em vão por discos caros demais para os meus recursos que apresentassem as mesmas peças pela mesma orquestra, regida pelo mesmo maestro. Eu ficava deprimido, muitas vezes completamente triste, com a rapidez com que prazeres raros como aqueles vinham e iam embora, e com o tempo que eu gastava depois tentando não apenas experimentá-los de novo, mas também confirmá-los recorrendo a livros, artigos e pessoas que me falassem sobre eles, afirmassem sua verdade e seu prazer, revivessem em mim o que parecia prestes a desaparecer totalmente.

Um ano depois de Krauss, Furtwängler também postou-se no pódio numa tarde de domingo. Essa foi *a* performance musical soberana dos meus primeiros 22 anos de vida. Impacto comparável só ocorreria em 1958, quando ouvi os compassos iniciais de *O ouro do Reno* elevarem-se do poço negro de Bayreuth. Eu não sabia coisa alguma sobre Furtwängler, com exceção de seu nome, que aparecia no selo vermelho da HMV em seu disco da Quinta de Beethoven: por pelo menos cinco anos aquela gravação foi a minha favorita, a pedra de toque pela qual eu avaliava todas as outras performances musicais, o ápice de uma força indescritível que parecia viajar do nosso rádio-gramofone Stewart-Warner direto para mim. No início, era o nome de Furtwängler a fonte daquela força: eu o repetia com freqüência para mim mesmo (não tinha conhecimento nenhum de alemão) e imaginava Furtwängler como um ser super-refinado e de porte soberbo para o qual a música de Beethoven havia sido expressamente escrita. Lembro-me da considerável impaciência com que certa vez repudiei a especulação amadorística de um primo segundo a qual o motivo da Quinta significava "O destino bate à porta". "Música é música", lembro-me de ter respondido, em parte por impaciência, em parte por minha inabilidade de formular o que é que fazia a música me atingir de modo tão específico e sem palavras.

Sentamos nos mesmos lugares no balcão — naqueles dias o balcão parecia reservado ao que meu pai chamava de "uma classe melhor de pessoas" — que ocupáramos para ver Krauss, que agora me parecia um enfadonho homem de negócios. Além disso, o programa de Furtwängler, assim como sua aparência, era mais instigante: a "Inacabada" de Schubert, a Sol menor de Mozart, a Quinta de Beethoven. No programa de sua outra apresentação, à qual não me levaram, havia a Sexta de Tchaikovsky e a Sétima de Bruckner: meus pais haviam chegado à óbvia conclusão de que só o Programa 1 era adequado para mim, e é possível que tenha sido o desconhecido "Bruckner" que os convenceu disso. A figura alta, esquelética, angulosa e desajeitada de Furtwängler, coroada por uma cabeça majestosamente careca, causava em mim a melhor impressão: ali estava um ascético músico de outro mundo, cuja figura simbolizava para mim a transfiguração que uma música como a de Beethoven necessariamente exigia. Impressionava-me o fato de que, ao contrário do desenvolto Krauss, Furtwängler, mais do que reger (com uma batuta singularmente pequena, pelo que me lembro), punha a música em movimento com seus ombros e braços desajeitadamente longos. Ele não usava partitura e, portanto, não havia mudanças de página nem a pedante batida para marcação do tempo à la Hans Hickman, o regente da orquestra clássica local. Em vez disso, eu tinha a impressão de que a música desabrochava com uma lógica inexorável, cabal, arrebatadora, desenrolando-se diante de mim como eu nunca havia experimentado antes, sem nenhum "erro" do tipo que me manietava a Cherry, sem a necessidade de parar para virar o disco, sem nenhum som que não fosse o de Beethoven.

Eu sentia também que aquilo era melhor, e portanto mais precioso, que qualquer experiência que um disco poderia produzir, embora evidentemente eu tenha sentido uma espécie de delicioso pesar depois que o concerto acabou e não pôde mais ser recuperado a não ser mediante as aproximações disponíveis, seja por meios mecânicos ou pela precária memória. Quando eu punha para tocar o disco da Quinta interpretada por Furtwängler, ele me dava prazer, mas não a satisfação plena que eu havia desfrutado no teatro; a réplica havia sido suplantada de uma vez por todas pela coisa em si. Apesar disso, eu ainda valorizava a obra como um artigo especial a ser tocado repetidas vezes.

Meus esforços posteriores para aprender mais a respeito de Furtwängler foram totalmente frustrados pelo Cairo da minha adolescência. Não havia nenhum círculo germânico no Cairo do pós-guerra que pudesse rivalizar com instituições culturais dos triunfantes britânicos, franceses ou americanos. Eu vasculhava os jornais — *Ahram, Egyptian Gazette, Progrès Egyptien*, bem como periódicos como *Rose el Yousef* e *al-Hilal* — em busca de informações sobre ele, mas nada encontrava. A metrópole estava começando a ser inundada por revistas americanas para fãs de cinema, como *Photoplay* e *Silver Screen*, e, se era possível encontrar tudo o que se quisesse a respeito de Janet Leigh e Tony Curtis, não havia nada comparável no que se referia às figuras estranhas (para os meus amigos) que me interessavam. A guerra tinha acabado, claro, mas nenhuma documentação sobre o que havia acontecido *dentro* da Alemanha (onde Furtwängler figurava de modo tão proeminente) era acessível. No meu aniversário de quinze anos, em 1950, meus pais me haviam dado o *Oxford Companion to Music*, de Percy Scholes, que tenho até hoje e que continha um pequeno verbete sobre Furtwängler ("Compositor alemão nascido em 1886; ver 'Alemanha e Áustria'") que enveredava por uma discussão genérica mas muito oblíqua sobre a música sob o Terceiro Reich e o papel de Furtwängler no caso *Mathis der Maler*. Nada que explicasse por que ele foi uma figura tão controversa depois da guerra ou por que a questão da moralidade e da colaboração tinham um significado tão poderoso para ele.

Uma das razões principais do modo relativamente limitado pelo qual experimentei Furtwängler foi minha percepção do tempo como algo essencialmente primitivo e restritivo. O tempo parecia estar contra mim para sempre e, exceto por um breve período da manhã em que eu via o dia à minha frente como uma possibilidade, eu estava enquadrado em horários, tarefas, compromissos, sem nenhum momento para o ócio ou a reflexão. Ganhei meu primeiro relógio de pulso, um Tissot de aparência insípida, aos onze ou doze anos; durante vários dias passei horas olhando obsessivamente para ele, perplexo com minha inabilidade para ver seu movimento, sempre preocupado em saber se havia parado ou não. Desconfiei, no início, que não fosse inteiramente novo, uma vez que parecia haver nele alguma coisa de suspeitosamente gasto, mas meus pais me garantiram que era novo em folha e que seu mostrador levemente amarelado (tingido de laranja) era uma característica daquele modelo. A discussão acabou ali. Mas o relógio me obcecava. Eu o comparei primeiro com os que meus colegas da CSAC usavam, os quais, com exceção dos modelos Mickey Mouse e Popeye, que simbolizavam a América à qual eu não pertencia, me pareceram inferiores ao meu. Houve um primeiro período de experimentação de diferentes maneiras de usá-lo: com o mostrador virado para dentro; por cima da manga; por baixo da manga; com a pulseira apertada; com a pulseira frouxa; empurrado no pulso até o fim; na mão direita. Terminei por colocá-lo no pulso esquerdo, onde por muito tempo ele me deu a sensação bastante positiva de um disfarce.

Mas o relógio nunca deixou de me impressionar com seu desimpedido movimento para a frente, o que em geral aumentava minha sensação de estar atrasado e em dívida com minhas obrigações e compromissos. Não me recordo de alguma vez ter sido muito dorminhoco, mas me lembro da infalível pontualidade do despertar nas primeiras horas da manhã e da imediata e angustiada sensação de urgência que me acometia no momento em que eu saía da cama. Nunca havia tempo para vadiar ou fazer hora, embora eu fosse inclinado às duas coisas. Dei início então ao hábito (que dura até hoje) de experimentar o tempo como algo fugidio e, simultaneamente, resistir a ele mediante a tentativa subjetiva de prolongá-lo fazendo o máximo de coisas possíveis (ler furtivamente, espiar pela janela, procurar um objeto supérfluo, como um canivete ou a camisa do dia anterior) nos poucos momentos que me restavam antes do inexorável limite. O relógio às vezes ajudava, ao me mostrar que eu ainda dispunha de tempo, mas com maior freqüência ele vigiava minha vida como uma sentinela a serviço de uma ordem externa imposta por pais, professores e compromissos inflexíveis.

No início da adolescência eu estava completamente sob o domínio — ao mesmo tempo prazeroso e desagradável — da passagem do tempo como uma série de horários-limites, experiência que permaneceu comigo desde então. Os marcos do dia foram estabelecidos mais ou menos no início daquele período e não variaram mais. Seis e meia (ou, em casos de grande pressão, seis; ainda uso a frase "Vou levantar às seis para terminar isto") era a hora de levantar; às sete e meia começava a funcionar o cronômetro, e a partir desse ponto eu entrava no estrito regime de horas e meias horas governadas por aulas, igreja, lições particulares, tarefas de casa, exercícios de piano e esportes, até a hora de dormir. Essa percepção do dia como algo dividido em períodos de trabalho preestabelecidos nunca me abandonou, na verdade até se intensificou. Saber que são onze horas ainda me infunde a consciência culpada de que a manhã passou sem ser bem aproveitada — são onze e meia no momento em que escrevo estas palavras —, e nove da noite ainda representa "hora avançada", aquele momento que indica o fim do dia, a necessidade premente de começar a pensar na cama, a hora depois da qual fazer algum trabalho significa fazê-lo na hora errada, e na qual a fadiga e a sensação de ter falhado tomam conta da gente, enquanto o tempo lentamente deixa para trás o momento propício — hora avançada, de fato, em todos os sentidos da expressão.

Meu relógio fornecia o motivo básico subjacente a tudo isso, uma espécie de disciplina impessoal que de alguma maneira mantinha o sistema em ordem. Lembro-me com espantosa clareza dos primeiros sermões de meu pai contra permanecer de pijama e chambre depois das primeiras horas da manhã; chinelos, em particular, eram objeto de desprezo. Ainda sou incapaz de passar algum tempo, por mínimo que seja, me espreguiçando num chambre: a dupla sensação de culpa pela perda de tempo e pela inconveniência preguiçosa simplesmente me esmaga. Como forma de driblar a disciplina, a doença (às vezes fingida, às vezes exagerada) tornava positivamente aceitável a vida longe da escola. Tornei-me a piada da família por ficar satisfeito (chegando até a pedir) com um curativo desnecessário no dedo, no joelho ou no braço. E agora, por alguma ironia diabólica, eu me vejo com uma intransigente e traiçoeira leucemia, que tento, à maneira do avestruz, banir da mente por completo, procurando com razoável êxito viver no meu sistema de tempo, trabalhando, percebendo o atraso, os horários e aquele sentimento de realização incompleta que aprendi há cinqüenta anos e internalizei de modo tão marcante. Mas, em outra estranha inversão, pergunto-me secretamente se o sistema de obrigações e horários pode agora me salvar, embora eu saiba, é claro, que minha doença avança invisivelmente, de modo mais secreto e insidioso que o tempo anunciado por meu primeiro relógio, que eu carregava na época com tão pouca consciência de como ele numerava minha mortalidade, dividindo-a em intervalos perfeitos e imutáveis de tempo irrealizado, para todo o sempre.

VI.

Em 1º de novembro de 1947 — meu aniversário de doze anos —, recordo-me da desconcertante veemência com que meus primos mais velhos de Jerusalém, Yousif e George, lamentaram aquele dia, véspera da Declaração de Balfour, como "o mais negro da nossa história". Eu não tinha a menor idéia do que estavam falando, mas percebi que devia ser alguma coisa de importância esmagadora. Talvez eles e meus pais, sentados em torno da mesa onde estava meu bolo de aniversário, considerassem que eu não devia ser informado a respeito de algo tão complexo como nosso conflito com sionistas e britânicos.

Meus pais, minhas irmãs e eu passamos a maior parte de 1947 na Palestina, de onde partimos pela última vez em dezembro daquele ano. Em conseqüência, perdi vários meses de aula na CSAC e fui matriculado na St. George's School de Jerusalém.

Os sinais da crise iminente estavam por toda parte. A cidade havia sido dividida em zonas mantidas pelo exército britânico e barreiras policiais, pelas quais carros, pedestres e ciclistas tinham de passar. Todos os adultos da minha família portavam passes marcados com a zona ou as zonas por onde eles podiam trafegar. Meu pai e Yousif tinham passes válidos para várias zonas (A, B, C, D); os restantes estavam limitados a uma ou talvez duas zonas. Até fazer doze anos não precisei de um passe e, portanto, tive permissão para circular livremente com meus primos Albert e Robert. A cinzenta e sóbria Jerusalém era uma cidade tensa com a política da época, bem como com a competição religiosa entre as várias comunidades cristãs e entre cristãos, judeus e muçulmanos. Minha tia Nabiha nos deu uma vez uma grande bronca por termos ido ao Regent, um cinema judeu ("Por que não ficar nos árabes? O Rex não é bom o bastante?", ela perguntou com estridência. "Afinal de contas, eles não vêm aos nossos cinemas!"), e embora estivéssemos tentados a voltar ao Regent, nunca mais o fizemos. Nossa conversação diária na escola e em casa era toda em árabe; ao contrário do Cairo, onde o inglês era incentivado, nossa família em Jerusalém "tinha seu lugar" e nossa língua nativa prevalecia em toda parte, mesmo quando falávamos sobre filmes de Hollywood: Tarzan virava "Tarazan" e Laurel e Hardy eram "al Buns wal rafi'" ("o Gordo e o Magro").

Eu ia todas as manhãs à St. George's School, geralmente com meus primos gêmeos Robert e Albert. Sempre no comando, Albert era um líder e um astro na escola, e estava um ano à frente de Robert, que não era atlético nem fazia parte da turma dos durões. Eu era uma figura menor, que cursava a sétima série do primeiro grau, na escola que ficava do outro lado da rua em relação ao prédio dos alunos mais velhos, onde meus primos estudavam. A St. George's foi a primeira escola exclusivamente masculina que freqüentei e a primeira com a qual tive uma relação mais profunda — muito mais profunda do que com as do Cairo, onde eu era apenas um forasteiro pagante. Meu pai e, se não me engano, meu avô tinham estudado lá, assim como a maioria dos homens de minha família, com exceção do tio Asaad (Al), que freqüentara a Bishop Gobat's. Por alguns dias senti que a ausência de garotas e de professoras dava à escola uma atmosfera ligeiramente mais rude, mais áspera, mais física, muito menos cortês que a dos estabelecimentos que eu conhecera no Cairo. Mas em pouco tempo me senti completamente à vontade; pela primeira e última vez em minha vida escolar eu estava entre meninos iguais a mim. Quase todos os alunos de minha classe eram conhecidos de minha família; durante semanas depois do início das aulas, meus pais, minhas tias e Yousif faziam-me perguntas sobre "o menino dos Saffoury que está na sua classe" ou emitiam comentários ocasionais e bem informados sobre um colega chamado Dajani ou Jamal, cujos 107 pais, tios e tias eram amigos deles.

Os professores eram ingleses em sua maioria, embora eu tivesse dois que não eram: Michel Marmoura, um contemporâneo mais velho de Albert e filho do pastor anglicano, e o sr. Boyagian, um armênio de Jerusalém que tinha sido um garoto na época de meu pai. A única mulher no prédio era Miss Fenton, que ocasionalmente substituía o professor titular de inglês. De cabelos pretos e sandálias, esbelta em sua blusa branca e saia azul-marinho, Miss Fenton me parecia vistosa e atraente. Eu tinha pouco contato com ela, muito pouco tempo fora do selvagem mundo de senhores e subordinados que eu habitava. Assim, ela continuou sendo uma figura romântica, alguém cuja graciosa presença me dava um prazer íntimo ao desfilar entre as arcadas da escola primária, ou quando eu a divisava através da janela na sala de chá do corpo docente. Muitos anos depois descobri que ela era tia do poeta James Fenton. No extremo oposto estava o sr. Sugg, um inglês acentuadamente manco cujo nome, ao ser pronunciado, provocava explosões de riso sádico por conta de sua aparência e gagueira. Um dos primeiros acadêmicos britânicos desajustados que conheci, ele era um homem que parecia desligado das (talvez demasiado) complicadas realidades da escola em que trabalhava e dos alunos que tentava, geralmente em vão, ensinar. Nem eu nem a classe prestávamos atenção nele, e muito menos nos interessávamos pelas sonolentas aulas de geografia que nos oferecia; com seu colarinho duro e seu imutável terno bege, era uma criatura de outro mundo, cheio de Danúbios, Tâmisas, Apeninos e vastidões antárticas, e nada disso causava impressão alguma sobre os meninos indiferentes e resolutamente voltados para si mesmos.

Minha classe se dividia igualmente em alunos cristãos e muçulmanos, internos e externos. Michel Marmoura, que ensinava matemática, pertencia a um mundo prestes a se defrontar com a dissolução e o exílio nos cataclismos de 1948. Era um professor cortês e de inteligência aguda que, apesar de seu nervosismo pelo fato de ser um amigo de família da maioria dos estudantes (e filho do deão da catedral que me batizou), nos ensinou os rudimentos de frações com habilidade considerável. Eu o vi ao longo dos anos em Madison, capital do Wisconsin, em Princeton e, mais tarde, em Toronto, onde vive atualmente; o drama de seu passado esfacelado nunca o abandonou. O restante do que a St. George's tinha a oferecer em termos acadêmicos não deixou nenhuma marca em mim; combinava ensino indiferente, atmosfera volátil e, conforme percebo agora, cinqüenta anos depois, uma sensação geral de rotina sem propósito que tentava preservar a si própria enquanto a identidade do país sofria uma mudança irrevogável. Já alto e desenvolvido demais para a idade, quando fiz doze anos e precisei de um passe só para ir à escola, nervosos *Tommies** junto às barricadas de arame farpado vasculhavam minha mochila escolar e examinavam meu passe com desconfian-

---

* *Tommy* era o apelido dado a um soldado britânico. Tem origem no nome Thomas (Tommy) Atkins, usado em formulários de alistamento a título de exemplo. (N. T.)

ça, seus inamistosos olhos estrangeiros me observando como uma possível fonte de problemas.

Embora o passe me confinasse à área onde estava localizada minha escola, a família de minha tia possuía um Studebaker verde-claro que Albert e Robert tinham permissão para dirigir, e assim nós três saíamos rodando por Talbiyah, parando despreocupadamente nas casas dos amigos deles. Sozinho, eu pedalava minha bicicleta em torno da pequena praça que ficava a oeste de nossa casa. Duas quadras ladeira acima, atrás da casa, uma banda de clarins do exército britânico ensaiava ao sol inclemente do meio-dia; lembro-me de agachar detrás das pedras para espiá-los nos fins de semana, paralisado por seus berros ininteligíveis, suas grandes botas negras com calço de metal marchando sobre o asfalto negro, quase derretendo no calor, e seus estranhamente selvagens toques de clarim. Albert tinha jeito para a poesia inglesa, que ele declamava revirando os olhos, numa caricatura tanto de um professor de inglês como de um ator em pleno palco: "Meia légua, meia légua,/Meia légua para diante,/ No vale da morte/ Cavalgavam os seiscentos", ele recitava, a mão direita subindo lentamente junto com a voz. "A eles não cabia responder/ A eles não cabia saber a razão/ A eles só cabia agir e morrer./ Para o vale da morte/ Cavalgaram os seiscentos."* Segundo eu entendia, esperava-se que também fôssemos nobres soldados lançando-se para a frente sem nenhum outro pensamento em mente que não o dever. A voz de Albert subia ainda mais: "O mundo todo se admirou./ Honra à carga que eles fizeram./ Honra à Brigada Ligeira./ Nobres seiscentos". Só muito mais tarde eu soube alguma coisa a respeito da Brigada Ligeira, mas gradualmente aprendi o poema e, ao declamá-lo com meu primo, lembro-me de ter pensado que

---

* Em tradução livre, versos do poema *A carga da Brigada Ligeira*, de Lord Alfred Tennyson (1809-92). (N. T.)

as palavras podiam encobrir todos os pensamentos e sentimentos. "Não cabia a eles saber a razão" era uma profecia sinistramente apropriada de uma atitude que eu não havia encontrado diretamente, mas que viria a reconhecer e a ser tomado por ela vinte anos depois, ao observar as vastas multidões egípcias que saudavam e aplaudiam Gamal Abdel Nasser no calor do Cairo.

A família de minha tia Nabiha foi levada para fora de Jerusalém em etapas, de modo que no início da primavera de 1948 apenas o mais velho de meus primos, Yousif, permanecia na cidade; ele abandonara a casa em Talbiyah, porque todo o bairro havia caído sob o controle da Haganah, e mudara-se para um pequeno apartamento na parte alta de Baqa'a, um distrito vizinho, em Jerusalém Oeste. Minha clara lembrança de Talbiyah, de Katamon e das partes alta e baixa de Baqa'a, dos primeiros aos últimos dias que passei lá, era que pareciam bairros povoados exclusivamente por palestinos, muitos dos quais minha família conhecia e cujos nomes ainda soam familiares a meus ouvidos — Salameh, Dajani, Awad, Khidr, Badour, David, Jamal, Baramki, Shammas, Tannous, Qobein —, todos transformados em refugiados. Eu não via nenhum dos novos imigrantes judeus, a não ser em outros lugares de Jerusalém Oeste, portanto quando ouço hoje referências a Jerusalém Oeste, elas sempre conotam os setores árabes dos meus lugares de infância. Ainda é difícil aceitar o fato de que os bairros da cidade onde nasci, vivi e me senti em casa foram tomados por imigrantes poloneses, alemães e americanos que conquistaram a cidade e a transformaram em símbolo supremo de sua soberania, sem lugar para a vida palestina, confinada, ao que parece, à parte leste da metrópole, que mal conheci. Jerusalém Oeste tornou-se agora inteiramente judaica; seus moradores anteriores foram banidos de uma vez por todas em meados de 1948.

A Jerusalém que minha família e eu conhecemos naqueles dias era bastante menor, mais simples e, na superfície, mais or-

169

denada que o Cairo. Os britânicos detinham o mandato de administração, que eles encerraram subitamente em 1948, cerca de seis meses depois de minha família haver deixado Jerusalém pela última vez. Havia soldados britânicos por toda parte — a maioria deles já havia desaparecido do Cairo —, e a impressão geral era a de um local extremamente inglês, com casas asseadas, trânsito disciplinado e um bocado de gente tomando chá, um lugar cujos moradores eram, no caso de minha família e de seus amigos, árabes de educação inglesa; eu não tinha idéia do que significavam o mandato ou o governo palestino. Comparada ao Cairo, Jerusalém era um lugar mais calmo, sem o esplendor e a riqueza — casas opulentas, lojas caras, grandes automóveis e multidões ruidosas — que nos rodeava no Cairo. Jerusalém, além disso, parecia ter uma população mais homogênea, formada principalmente de palestinos, embora eu me recorde de ter divisado brevemente judeus ortodoxos e de uma visita a Mea Sharim, ou a um local próximo, onde senti uma combinação de curiosidade e distanciamento, sem assimilar ou compreender a presença espantosamente diferente dos judeus ortodoxos de ternos, chapéus e capotes negros.

Um garoto da minha classe permaneceu nítido em minha memória. Acho que David Ezra, cujo pai era um encanador, era o único judeu (havia vários na escola) da sétima série do primeiro grau, e a lembrança dele ainda me domina e me desconcerta à luz das mudanças subseqüentes em minha vida e na da Palestina. Ele tinha uma constituição forte, cabelos negros, e falava comigo em inglês. Parecia afastado do resto da classe e mais auto-suficiente, menos transparente e menos relacionado que qualquer outro aluno: tudo isso me atraiu em direção a ele. Embora não se parecesse com os judeus levantinos que eu conhecera na GPS ou no clube do Cairo, eu também não tinha muita idéia do que o judaísmo dele significava para nós, mas me recordo distintamente de não sentir nada de especial a respeito de sua presença entre nós. Era um atleta excelente, que me impressionava com seus ombros e coxas poderosos, bem como com seu modo agressivo de jogar. Ezra nunca se juntava a nós quando saíamos da escola andando em pequenos grupos depois das aulas da tarde, uma forma de atravessar as barreiras de controle em segurança. A última vez que vi Ezra, ele estava postado no alto da estrada olhando em minha direção, enquanto três ou quatro de nós caminhávamos juntos, devagar, rumo a Talbiyah. Quando minha família subitamente decidiu, pouco antes do Natal, que deveríamos voltar ao Cairo, minha ligação rompida com Ezra logo passou a simbolizar para mim o fosso intransponível, sufocado pela falta de palavras ou conceitos que o descrevessem, entre palestinos árabes e judeus, e o terrível silêncio marcou nossa história comum a partir daquele momento.

À medida que o outono chegava ao fim em Jerusalém, éramos jogados cada vez mais no seio de nossa família, um estreito círculo de primos, tios e tias. Fizemos uma visita à nova casa de meu tio Munir Musa em Jaffa, para onde ele havia ido depois de deixar Safad; ficava numa rua desolada e coberta de areia e não tinha nada do encanto e do mistério da cavernosa residência em Safad que eu achava tão interessante; como ele e sua família eram recém-chegados, pareciam não ter amigos na vizinhança. Em Jerusalém víamos bastante tio Shafeec Mansour, primo de segundo grau de meu pai, e tia Lore, uma bonita stuttgartiana que falava um árabe alarmantemente fluente com forte sotaque alemão, junto com os filhos do casal, Nabeel e Erica Randa, cujas idades batiam mais ou menos com a minha e a de Rosy. Shafeec era diretor do Departamento Juvenil da Associação Cristã de Moços, e Lore trabalhava como sua assistente: ele estava sempre cheio de entusiasmo pelo que fazia, pela associação, que ficava a poucas quadras de nossa casa, e por seu trabalho na direção de programas de esportes, artesanato, línguas e economia doméstica.

Mais do que da igreja, da qual eu realmente não gostava, por causa de seus rituais sombrios e incompreensíveis, a ACM representou a grande instituição social de meus últimos anos em Jerusalém. Contava com uma piscina coberta, quadras de tênis e um carrilhão no alto da torre, e inconscientemente assumi que todas essas coisas pertenciam a "nós". Todo mundo em minha família havia tido algum tipo de relação com a ACM, fosse como participante de suas atividades, usuário de suas instalações (ainda posso ver meu primo George jogando tênis lá numa tarde ensolarada) ou membro da direção. Mas a ACM tornou-se parte da Jerusalém israelense, e tio Shafeec e sua família, que tinham ido aos Estados Unidos por conta de uma bolsa da associação no início de 1948, não puderam mais voltar. Eles se instalaram primeiro em Chicago e depois no interior do Wisconsin em condições deprimentes. Por algum tempo, o enérgico e falante chefe do Departamento Juvenil trabalhou como funcionário do guarda-roupa da ACM de Chicago, depois tomou a estrada para o norte do Wisconsin como organizador de unidades do Lions Club. Sua raiva diante do que havia acontecido na Palestina e de seus primeiros dias na América praticamente não diminuiu com o passar do tempo, embora ele tenha conseguido, mais do qualquer outro parente meu, extrair alguma satisfação e até mesmo alegria de seus anos posteriores nos Estados Unidos. Não obstante, nunca foi capaz de reconciliar as duas metades de sua vida.

Havia um personagem muito pitoresco naqueles primeiros anos em Jerusalém que me fascinava, embora só muito mais tarde eu fosse ter idéia de quem realmente era. O insaciável apetite de meu pai por jogar *tawlah* parecia ser freqüentemente satisfeito por um homem idoso, de fartos bigodes, que sempre vestia um terno escuro e barrete árabe, fumava sem parar cigarros presos numa piteira de marfim e, com freqüência alarmante, tossia em meio à nuvem de fumaça que rodeava sua cabeça. Era Khalil Beidas, primo de meu pai e mais antigo professor de árabe do St. George; entretanto, nunca o vi na escola, e só soube de sua atividade profissional quatro décadas depois, quando meu primo Yousif me contou que Beidas tinha sido *seu* professor de árabe. Outro fato que fiquei sabendo mais tarde sobre Beidas é que ele era pai de Yousif Beidas, um homem que trabalhara numa época para a Companhia Educacional da Palestina, fora padrinho de casamento de meu pai e, depois de um breve período no Arab Bank, chegara a Beirute como refugiado e em cerca de dez anos tornara-se o principal magnata do Líbano. Era o proprietário do Intra Bank, com grandes investimentos em companhias aéreas, estaleiros e propriedades comerciais (inclusive um edifício no Rockefeller Center), e exerceu uma influência poderosa no Líbano até ir à falência e o Intra desmoronar, em 1966. Morreu de câncer poucos anos depois em Lucerna, sem dinheiro, amparado no fim da vida por tia Nabiha, que havia se mudado para a Suíça pouco tempo antes. A assombrosa ascensão e queda de Beidas foi considerada por alguns um presságio dos terríveis conflitos palestino-libaneses dos anos 70, mas para mim ela parecia simbolizar a trajetória interrompida imposta a tantos de nós pelos eventos de 1948.

Contudo, o que descobri muito mais tarde a respeito de Khalil Beidas foi que, longe de ser apenas um professor de árabe, tinha sido educado primeiro na Escola da Colônia Russa de Jerusalém (al-Mascowbia, hoje um centro de interrogatório e detenção israelense destinado predominantemente a palestinos), depois na própria Rússia, sob a tutela da Igreja Ortodoxa Russa. Quando voltou para a Palestina no início do século, tornou-se participante do *nadwa* (ou seminário contínuo) literário, promovido em Nazaré na al-Mascowbia local, hoje transformada na delegacia de polícia *daquela* cidade. Quando retornou a Jerusalém, cheio de idéias herdadas dos nacionalistas culturais cristãos da Rússia do século XIX, de Dostoiévski a Berdayev, começou a conquistar reconhecimento e mesmo fama como romancista e crítico literário. Durante as décadas de 20 e 30, contribuiu para a construção de uma identidade nacional palestina, particularmente no que dizia respeito aos colonos sionistas recém-chegados. Uma evidência de como eu era superprotegido e ignorante de nossa situação política quando menino era o fato de não ter compreensão nenhuma da real estatura de Beidas na Palestina e de pensar nele apenas como um velho esquisito com sua torturante tosse de cigarro e — quando jogava *tawlah* com meu pai — uma disposição alegre e jovial. Nada disso, descobri anos depois, sobreviveu à perda de seu país. Ao contrário de seus filhos, ele foi poupado do destino de refugiado.

O que me impressiona hoje é a escala do deslocamento que nossa família e nossos amigos experimentaram, do qual eu era uma testemunha inconsciente em 1948. Como um garoto de doze anos e meio no Cairo, eu freqüentemente via a tristeza e o desamparo nos rostos e na vida das pessoas que eu tinha conhecido como gente comum de classe média na Palestina, mas não conseguia compreender a tragédia que as tinha colhido, nem era capaz de juntar todos os fragmentos de narrativas de modo a entender o que havia acontecido na Palestina. Minha prima Evelyn, gêmea de Yousif, certa vez falou acaloradamente em nossa mesa de jantar no Cairo sobre sua fé em Kawoukji, um nome que não significava nada para mim quando o ouvi pela primeira vez; "Kawoukji virá para destruí-los", disse ela com uma força definitiva, embora meu pai (a quem recorri em busca de informação) tenha descrito o homem com algum ceticismo e mesmo desrespeito como "um general árabe". O tom de tia Nabiha era quase sempre queixoso e escandalizado quando descrevia os horrores de acontecimentos como o da aldeia de Deir Yassin — "moças nuas levadas aos campos *deles* nas carrocerias dos caminhões". Eu entendia que ela estava expressando vergonha pelas mulheres expostas a olhos masculinos, não o horror diante de um pavoroso massacre a sangue-frio de civis inocentes. Não imaginava na época, nem podia, aos olhos de quem ela se referia.

Mais tarde, no Cairo, certa formalidade manteve as relações da família ampliada como sempre tinham sido, mas me lembro de ter detectado fissuras, pequenas incoerências e lapsos que antes não haviam existido. Todos parecíamos ter desistido da Palestina, que passou a ser um lugar para onde nunca voltaríamos, que raramente era mencionado e do qual sentíamos falta de modo silencioso e patético. Eu era crescido o suficiente para notar que o primo de meu pai Sbeer Shammas, uma figura patriarcal que emanava autoridade e prosperidade em Jerusalém, aparecia agora no Cairo como um homem muito mais velho e frágil, sempre vestindo o mesmo terno e um pulôver verde, com uma bengala curva sustentando seu corpo grande e moroso enquanto se aproximava lenta e dolorosamente de uma cadeira, na qual ficava sentado em silêncio. Suas duas filhas solteiras, Alice e Tina, eram moças atraentes; uma delas trabalhava como secretária na zona do canal de Suez, a outra no Cairo. Eu gostava de seus dois filhos ruidosos e irascíveis, cuja nova insegurança se expressava em turbulentos ataques contra egípcios, britânicos, gregos, judeus e armênios. A mãe deles, Olga, tornou-se uma tremenda resmungona, queixando-se com sua voz aguda e estridente das dificuldades para pagar as contas, encontrar uma casa decente e procurar trabalho. Nós os visitamos em Heliópolis num prédio de apartamentos sombrio, de muitos andares, paredes descascadas e sem elevador. Lembro-me de ter ficado alarmado com o vazio do apartamento e com o ar de abandono que ele parecia comunicar.

Minha mãe nunca mencionou o que havia acontecido com todos eles. Não perguntei a meu pai; eu não tinha vocabulário apropriado para a pergunta, embora fosse capaz de sentir que alguma coisa estava radicalmente errada. Só uma vez, de um modo tipicamente impetuoso, meu pai elucidou a condição geral palestina, quando observou, a propósito de Sbeer e sua família, que "eles tinham perdido tudo"; um instante depois, acrescentou: "Nós também perdemos tudo". Quando expressei minha confusão a respeito do que ele queria dizer, uma vez que seus negócios, a casa e nosso estilo de vida no Cairo pareciam continuar os mesmos, tudo o que respondeu foi "Palestina". É verdade que ele nunca havia gostado muito do lugar, mas essa declaração singularmente rápida e monossilábica, assim como o também apressado enterro do passado, era algo típico dele. "O passado ficou para trás e é irrevogável; o homem sábio tem muito o que fazer com o presente e o futuro", ele dizia sempre, logo acrescentando: "Lorde Bacon", como um selo de autoridade, para encerrar um assunto que não queria discutir. Nunca deixei de me impressionar com esse estóico e resoluto abandono do passado, mesmo quando seus efeitos permaneciam no presente. Ele nunca chorou ou mostrou as emoções que deve ter sentido nas situações extremas. Recordo-me de haver praticamente implorado a minha mãe que me contasse se ele chorou no funeral de seu irmão Asaad em Jaffa. "Não", respondeu implacavelmente minha mãe. "Ele colocou os óculos escuros e seu rosto ficou muito vermelho. Mas não chorou." Como o choro era uma das minhas fraquezas, vi aquilo como uma força invejável.

Dois dos irmãos de minha mãe apareceram no Egito pouco depois de meados de dezembro de 1947. Emile, o mais novo, trabalhava em Tanta, a grande e poeirenta cidade provinciana do Delta, empregado numa fábrica de vidro de propriedade de uma parente distante de minha avó, Malvina Fares, que desconcertava a todos nós com seu tapa-olho negro e seu comportamento meio maluco. Alif, o outro irmão, era alguns anos mais velho que minha mãe, tinha mulher e quatro filhos. Era uma alma gentil, um tanto passiva, que gostava mais que tudo de montar quebra-cabeças gigantes, catalogar e recatalogar sua pequena biblioteca particular e ouvir música. Em Nablus, ele tinha sido funcionário do Arab Bank; mas no Cairo, e depois em Alexandria, trabalhou para a Unesco. Depois de mudar-se de Bagdá para Beirute, ele vive agora, aos 85 anos, em Seattle, tendo sido vítima dos acontecimentos de 1948, das revoluções iraquiana e egípcia e, como último golpe, da guerra civil libanesa. No Cairo, Alif e Salwa, sua esposa, exalavam uma mistura de indignação paralisada e passividade suplicante que eu nunca tinha visto.

A vida desordenada de Emile, suas muitas mudanças de casa, as queixas contra as duras condições de trabalho, suas dificuldades, tudo isso tinha um efeito desagradável sobre nosso olímpico distanciamento e nosso modo de vida aparentemente estável e confortável. Emile parecia um solteirão um tanto desamparado tentando construir seu caminho no Egito depois da queda da Palestina. Muitos anos depois fiquei sabendo que ele tinha tido uma esposa muçulmana egípcia e duas filhas, todas mantidas escondidas de nós enquanto crescíamos. O assunto da Palestina raramente era abordado de forma aberta, embora comentários esporádicos de meu pai indicassem o colapso catastrófico de uma sociedade e o desaparecimento de um país. Certa vez ele disse, a propósito dos shammases, que eles costumavam consumir dez barris de azeite de oliva por ano — "um sinal de riqueza em nosso país", afirmou, já que onde havia muito azeite havia oliveiras e terras cultiváveis. Agora tudo aquilo havia acabado.

Havia também os Halabys, Mira e Sami, vizinhos em Zamalek cujo apartamento acanhado e situação extremamente sacrificada eram comentados, nas conversas, em completo contraste com sua antiga vida abastada em Jaffa. Eu sabia que Mira era uma filha especialmente favorecida de pais prósperos e proeminentes; falava francês (algo incomum em nossos círculos, mas sinal de instrução privilegiada e de muitas viagens à França) e tinha uma dignidade natural que impressionava a todos nós, com sua calma de Jó, embora meus pais agora falassem rotineiramente dela como de uma pessoa infeliz, aflita, sob constante tensão. Havia outras famílias também, entre elas aquelas cujos pais e mães acabaram trabalhando para nós, em casa ou nos negócios de meu pai. Marika, uma simplória refugiada cristã, foi induzida por minha tia a assistir a cerimônias em árabe na All Saints Cathedral, um estabelecimento extremamente inglês que nós, como anglicanos, freqüentávamos. Ela se tornou a criada pessoal de minha mãe.

Mas era principalmente minha tia Nabiha que não nos deixava esquecer da desgraça da Palestina. Ela almoçava conosco toda sexta-feira — sua dinâmica presença ofuscava a mais velha e agora enfraquecida tia Melia — e descrevia os sofrimentos de uma semana dedicada a visitar famílias refugiadas em Shubra, atazanando insensíveis autoridades governamentais atrás de vistos de trabalho e de residência para seus refugiados e indo incansavelmente de uma agência de caridade a outra em busca de fundos.

Hoje me parece inexplicável que, tendo dominado nossas vidas ao longo de gerações, o problema da Palestina e de sua trágica perda, que afetava quase todas as pessoas que conhecíamos, mudando radicalmente nosso mundo, pudesse ser em tão grande medida sufocado por meus pais, omitido de suas discussões e mesmo de seus comentários. A Palestina era onde eles haviam nascido e crescido, ainda que sua vida no Egito (e mais freqüentemente no Líbano) tenha-lhes propiciado um novo ambiente. Enquanto crianças, minhas irmãs e eu éramos protegidos das "más pessoas", bem como de qualquer coisa que pudesse perturbar nossas "cabecinhas", como minha mãe costumava dizer. Mas a supressão da Palestina de nossa vida ocorria como parte de uma despolitização mais ampla por parte de meus pais, que odiavam e desconfiavam da política, sentindo-se muito inseguros no Egito para participar dela ou mesmo para discuti-la abertamente. A política parecia sempre envolver outras pessoas, não nós. Quando comecei a me envolver em política, vinte anos depois, meus pais foram veementemente contra. "Isso vai arruinar você", disse minha mãe. "Você é um professor de literatura", disse meu pai. "Limite-se a isso." Suas últimas palavras para mim, poucas horas antes de morrer, foram: "Estou preocupado com o que os sionistas vão fazer com você. Tenha cuidado". Meu pai e nós, seus filhos, estávamos todos protegidos da política da Palestina por nossos talismânicos passaportes norte-americanos, graças aos quais passávamos pelos funcionários de alfândega e de imigração com o que parecia ser uma facilidade risível, comparada com as dificuldades enfrentadas pelos menos privilegiados e menos afortunados naqueles anos de guerra e pós-guerra. Minha mãe, porém, não tinha um passaporte norte-americano.

Depois da queda da Palestina, meu pai empenhou-se seriamente — até o fim da vida — em tentar obter algum documento norte-americano para minha mãe, mas não conseguiu. Como sua viúva, ela tentou até o fim e também fracassou. Restrita a um passaporte palestino logo substituído por um *laissez-passer*, minha mãe viajava conosco como um empecilho levemente cômico. Meu pai contava rotineiramente a história (ecoada por ela) de como o documento dela era colocado embaixo da nossa pilha de vistosos passaportes verdes dos Estados Unidos, na esperança vã de que o funcionário da imigração a deixasse passar como um de nós. Isso nunca acontecia. Havia sempre a entrada em cena de um agente mais graduado que, com ar circunspecto e voz grave, chamava meus pais de lado para explicações, pequenos sermões, até mesmo ameaças, enquanto minhas irmãs e eu esperávamos ali por perto, entediados e sem entender nada. Quando finalmente passávamos, o significado da anômala existência dela, representada por um documento embaraçoso, nunca era explicada a mim como a conseqüência de uma dilacerante experiência coletiva de expropriação. E em questão de horas, uma vez que estávamos dentro do Líbano, ou da Grécia, ou dos Estados Unidos, o assunto da nacionalidade de minha mãe era esquecido e a vida cotidiana retomada.

Depois de 1948 minha tia Nabiha, que havia se estabelecido em Zamalek a umas três quadras de onde morávamos, deu início a seu solitário e desesperado trabalho de caridade em benefício dos palestinos refugiados no Egito. Ela começou procurando as instituições de caridade e missões de língua inglesa ligadas às igrejas protestantes, o que incluía a Church Mission Society (CMS) e as missões anglicana e presbiteriana. Crianças e atendimento médico eram os temas mais urgentes para ela; mais tarde, tentou conseguir empregos para homens, e em alguns casos para mulheres, nas casas e nos negócios de amigos. Minha lembrança mais forte de tia Nabiha é de seu rosto cansado e de sua voz patética e queixosa narrando os infortúnios de "seus" refugiados (como costumávamos chamá-los) e os sofrimentos ainda maiores da luta para arrancar concessões do governo egípcio, que se recusava a conceder vistos de residência com validade maior que um mês. Esse tormento sistemático dos indefesos, despossuídos e geralmente muito pobres palestinos tornou-se a obsessão de minha tia; ela o relatava sem parar e entremeava a narrativa com casos pungentes de subnutrição, disenteria ou leucemia na infância, famílias de dez pessoas vivendo num quarto, mulheres separadas dos maridos, crianças carentes pedindo esmolas (o que a irritava de modo irracional), homens acometidos por hepatites incuráveis, esquistossomoses, distúrbios do fígado e dos pulmões. Ela nos repetiu tudo isso semana após semana por um período de pelo menos dez anos.

Meu pai, seu irmão, era seu mais íntimo confidente e amigo. Entre ela e minha mãe sempre existiu cortesia, se não amor ("Ela sentiu ciúmes de mim quando nos casamos", disse minha mãe). As duas mulheres que desempenharam um papel essencial na vida de meu pai fizeram aparentemente, depois que ele se casou, um pacto que permitia a cooperação, a hospitalidade e a harmonia, mas não a intimidade. Ela e eu tínhamos um vínculo especial — era também minha madrinha —, que se manifestava numa quase embaraçosa demonstração de afeto da parte dela e, de minha parte, no sentimento de que vê-la, ouvir suas conversas e observar suas atitudes era uma experiência a ser buscada e valorizada.

Foi por meio de tia Nabiha que pela primeira vez experimentei a Palestina enquanto história e causa, na raiva e na consternação que eu sentia diante do sofrimento dos refugiados, aqueles Outros que ela trouxe para dentro de minha vida. Foi ela também quem me comunicou as aflições de não ter um país ou um lugar para onde voltar, de estar sem a proteção de nenhuma autoridade ou instituição nacional, de não ser mais capaz de ver sentido no passado, a não ser como um lamento amargo e sem esperança, nem no presente, com suas filas diárias, suas angustiadas buscas por emprego, sua pobreza, sua fome, suas humilhações. Eu tinha uma vívida percepção de tudo isso graças a suas conversas e à observação de sua frenética atividade diária. Ela era abastada o suficiente para ter um carro e um motorista de excepcional paciência — Osta Ibrahim, trajando elegantes terno preto, camisa branca e gravata escura, completados pelo fez vermelho, o barrete turco usado por respeitáveis egípcios de classe média até a revolução de 1952 desencorajar esse hábito — que começava o dia com ela às oito, trazia-a para almoçar em casa às duas, recolhia-a de novo às quatro e ficava com ela até as oito ou nove da noite. Casas, clínicas, escolas e órgãos do governo eram seus destinos cotidianos.

Às sextas-feiras ela ficava em casa para receber pessoas que só tinham ouvido falar dela como uma fonte de ajuda e apoio. Foi um grande choque para mim, quando a visitei numa sexta-feira, mal conseguir chegar até sua porta. Ela morava no segundo andar de um prédio de apartamentos na rua Fuad al-Awwal, num de seus cruzamentos mais congestionados e barulhentos; numa esquina havia um posto Shell, e sob o apartamento dela ficava a conhecida casa grega de secos e molhados do grego Vasilakis, que tomava todo o andar térreo do prédio. A loja estava sempre lotada de fregueses cujos carros estacionados bloqueavam o tráfego e produziam uma quase permanente balbúrdia de buzinas ferozes e cacofônicas, misturadas com os sons de gritos roucos e reclamações. Por algum motivo minha tia não se incomodava com essa terrível bagunça e se comportava, durante seus raros momentos livres em casa, tal qual estivesse num *resort*. "É como um cassino", ela dizia, a propósito da agitação noturna; para ela, um "cassino" não era um local de jogo, mas, inexplicavelmente, um café imaginário nas montanhas onde a atmosfera era sempre calma e sossegada. Somados ao barulho ensurdecedor da rua, quando tentei entrar em seu prédio, havia os gritos, e até os gemidos, de dúzias e dúzias de palestinos que se aglomeravam na escadaria ao longo de todo o caminho até a porta do apartamento dela, pois o elevador havia sido desligado com raiva pelo malhumorado e escandalizado porteiro. Havia um escasso arremedo de ordem naquele arfante e agitado mar de gente: ela se recusava a deixar entrar mais de um requerente por vez, e o resultado era que a multidão diminuía pouco de tamanho ao longo do dia.

Quando por fim entrei em sua sala de estar, encontrei-a sentada calmamente numa cadeira de espaldar reto sem mesa ou qualquer tipo de papel à vista, ouvindo uma mulher de meia-idade cujo rosto banhado em lágrimas contava uma história infeliz de pobreza e doença que parecia instilar em minha tia ainda mais eficiência e determinação. "Eu falei para você parar de tomar aqueles comprimidos", disse ela; "tudo o que eles fazem é deixar você com sono. Faça o que digo e eu consigo outras cinco libras da igreja, se você prometer abandonar os comprimidos e começar a tomar banho regularmente." A mulher começou a protestar, mas foi interrompida imperiosamente. "Já chega. Vá para casa e não se esqueça de dizer a seu marido que procure o dr. Haddad de novo esta semana. Eu providencio o que for receitado. Mas diga isso a ele." A mulher foi convidada com um gesto a sair, e em seu lugar entrou uma outra, com duas crianças a reboque.

Fiquei ali sentado por cerca de duas horas, enquanto o triste desfile prosseguia em seu curso incessante. Minha tia de vez em quando ia até a cozinha buscar um pouco de água, mas no resto do tempo ficou sentada, passando imperturbavelmente de um caso desesperado a outro, fornecendo conselhos financeiros, médicos e burocráticos, ajudando a encontrar vagas para crianças em escolas que ela havia convencido a aceitar aquelas criaturas despossuídas e inconscientes, empregos de domésticas ou de auxiliares de escritório para as mulheres, e de porteiros, mensageiros, vigias noturnos, operários fabris e assistentes hospitalares para os homens. Eu tinha treze anos e meio na época e ainda me recordo de dúzias de detalhes, rostos, pequenos discursos patéticos e do tom executivo de minha tia, mas não me lembro de haver pensado claramente que todo aquele doloroso espetáculo era o resultado direto de uma política e de uma guerra que também tinham afetado minha tia e minha própria família. Foi a primeira experiência que tive de tentar atenuar as agruras da identidade palestina tal como era mediada por minha tia e ilustrada pela

183

miséria e impotência daqueles refugiados palestinos cuja situação demandava ajuda, preocupação, dinheiro e raiva.

A impressão geral que guardei daquele tempo é de um estado contínuo de emergência médica. Sem nenhuma autoridade ou instituição visível para lhe dar retaguarda, a presença de minha tia para aquelas pessoas que ela voluntariamente tomava como responsabilidade sua parecia nada menos que hipocrática; ela era como um médico sozinho com seus pacientes, equipado com uma espantosa disciplina e a missão moral de ajudar os enfermos. E muitos daqueles refugiados palestinos pareciam ter perdido a saúde junto com seu país. Para eles, o novo ambiente egípcio, longe de alimentá-los, exauria-os ainda mais, mesmo que tanto o governo pré-revolucionário como o pós-revolucionário proclamassem apoio à Palestina, prometendo eliminar o inimigo sionista. Ainda sou capaz de ouvir as transmissões de rádio e de ver as desafiantes manchetes de jornais em árabe, francês e inglês declamando essas coisas para um populacho essencialmente surdo. Era o pormenor, a infelicidade vivida por pessoas desorientadas e sem saúde, o que mais contava para mim então, e para aquilo o único remédio era o comprometimento pessoal e o tipo de independência de pensamento que permitia a uma pequena mulher de meia-idade lutar contra toda espécie de obstáculos sem perder a disposição ou a certeza. Quaisquer que fossem as idéias políticas que ela pudesse ter, não eram comunicadas na minha presença: não pareciam necessárias naquele momento. O que tinha importância fundamental era o núcleo áspero, quase brutal, do sofrimento palestino, que ela havia transformado em problema seu, a ser enfrentado a cada manhã, tarde e noite. Ela nunca fazia proselitismo nem tentava converter os outros à sua causa: simplesmente trabalhava sozinha e sem ajuda, dirigida pela própria cabeça e movida pela própria vontade. Três ou quatro anos depois que começou sua missão, um jovem obscuro apareceu como seu secretário pessoal, mas logo foi dispensado e ela ficou novamente sozinha. Ninguém parecia capaz de acompanhá-la.

Seu parceiro médico era o dr. Wadie Baz Haddad, que cuidava de nossa família, um homem baixo, robusto e de cabelo grisalho, originalmente de Jerusalém mas que vivera em Shubra, um dos bairros mais pobres do Cairo, desde que obtivera o diploma de medicina em Beirute. Depois de sua morte, em agosto de 1948, seu posto foi imediatamente ocupado por seu filho Farid. Minha tia também contava com o irmão mais novo de Wadie, Kamil, que tinha uma farmácia do outro lado da rua e parecia capaz de suprir os refugiados palestinos de tia Nabiha com uma quantidade considerável de remédios gratuitos ou quase gratuitos. O dr. Wadie nunca foi mencionado em nenhuma história do período, mas desempenhou um papel notável entre os pobres do Cairo, por sua missão de caridade espantosamente profunda, ainda que pouco celebrada, bem como, segundo minha mãe e tia Nabiha, por seu talento em matéria de diagnósticos. Ele era associado ao Hospital da CMS (que ficava então na estrada para Maadi, logo depois de Qasr al Aini, a grande escola de medicina e complexo hospitalar geridos pelo Estado), e percebi que por seu intermédio minha tia conseguia que pacientes fossem atendidos mediante uma pequena taxa ou de graça. Ainda sou capaz de me lembrar de seus modos absurdos, fervendo agulhas de aço e seringas de vidro numa pequena caixa de metal sobre uma minúscula e desmontável lâmpada de álcool que ele levava no bolso; sempre nos visitava em casa quando um de nós adoecia, sempre receitava remédios e tratamentos com grande rapidez, deixando intocado o café ou a limonada que lhe ofereciam, e sempre, de acordo com meu pai, recusando-se a cobrar seus honorários ou "esquecendo" deles.

O dr. Haddad era peripatético e onipresente. Raramente podia ser alcançado por telefone, mas, a exemplo de minha tia, sabia-se que estava em casa duas ou três tardes por semana, e, uma vez que a casa e a clínica praticamente se confundiam, dúzias de pessoas — egípcios pobres, em sua totalidade — juntavam-se diante de sua porta sem hora marcada, esperando para vê-lo. Homem bastante taciturno, não jogava conversa fora, tomando cuidado para nunca ficar no mesmo lugar durante tempo suficiente para que isso se tornasse necessário. Sua esposa, Ida, uma esquelética sueco-alemã, era uma versão precoce dos atuais fanáticos por Jesus, e aproveitava a presença dos pacientes quase sempre indigentes do marido, enquanto aguardavam ansiosamente sua vez de entrar, como uma oportunidade para lhes falar sobre Maria, José e seu pequeno filho. Frida Kurban, uma idosa libanesa expatriada conhecida por todos como tia ou srta. Frida, que trabalhava como inspetora de alunas numa escola local, conhecia muito bem a sra. Haddad e não cansava de nos falar sobre uma tentativa da excêntrica velhinha sueca de converter uma porção de moradores pobres de Shubra (todos muçulmanos). Ela os abordara na rua, levara-os para sua sala de estar, apagara todas as luzes e regalara-os com uma projeção de slides, falando sem parar sobre a Sagrada Família, a salvação e as virtudes cristãs. Enquanto isso, os entediados e perplexos visitantes, percebendo que a velha estrangeira não prestava atenção neles, pegaram um objeto cada um — um vaso, um tapete, uma caixa — e saíram sorrateiramente da modesta sala de estar do dr. Haddad. Em cerca de uma hora a sala foi depenada, enquanto o bom médico fazia sua ronda e sua esposa proferia um inspirado sermão.

Estávamos em nossa primeira visita aos Estados Unidos no final do verão de 1948 quando meu pai recebeu um telegrama informando-o da morte do bondoso médico e pedindo-lhe dinheiro para o enterro. Ele tinha deixado a família sem um tostão; Ida estava delirantemente incapaz de qualquer coisa, claro, e Farid, o filho mais velho, estava na cadeia na época por ser comunista. Farid acabara de se formar em medicina quando foi preso, embora tenha sido solto meses depois. Assim que pôde, ele se tornou o ajudante médico de minha tia, vivendo da mesma maneira altruísta e comprometida de seu pai, sem se importar nem um pouco com dinheiro ou promoção — com a diferença que, ao contrário do pai, ele era, e continuou sendo até sua morte na prisão, no final de 1959, um homem profundamente político. A afinidade com minha tia era perfeita. Ela encaminhava palestinos a ele, que os tratava sem cobrar e parecia inabalado — até mesmo fortalecido — pelos sofrimentos diários com que se defrontava. Quarenta anos depois descobri que até seus amigos do Partido Comunista o consideravam um santo, tanto por seu trabalho extraordinário como por seu temperamento infalivelmente gentil e equilibrado.

Durante o último de meus anos de faculdade, em meados da década de 50, via bastante Farid (como eu, formado em escolas coloniais britânicas), mas ele evitava ao máximo falar sobre sua atuação política ou suas atividades extramédicas. A Palestina nunca veio à tona em nenhuma de nossas conversas ao longo de pelo menos uma década. Ele era talvez doze ou quinze anos mais velho que eu e tinha se casado muito jovem com Ada, tivera dois (ou talvez três) filhos, e de algum modo conseguira dividir sua vida entre o ambiente doméstico em Heliópolis, onde estabeleceu sua família e uma clínica de classe média, seu trabalho beneficente na velha clínica de Shubra e no Hospital da CMS, e sua atividade política cada vez mais clandestina. Quando eu tinha uns dezoito anos e era calouro em Princeton, combinando de modo peculiar a aparência de um estudante americano de cabelo à escovinha com a de um árabe da alta burguesia colonial interessado nos pobres da Palestina, lembro-me de seu simpático sorriso quando tentei questioná-lo sobre o que seu trabalho e sua vida política "significavam". "Temos que tomar um café juntos para discutir isso", disse ele, dirigindo-se para a porta. Nunca chegamos a nos encontrar socialmente, embora à medida que me instruía em história e política árabe eu tenha concebido uma análise racional do que aconteceu a ele como um infortúnio decorrente da inquietação e do turvejante nacionalismo que reinavam nos primeiros anos da era Nasser. Ele era um ativista, um homem comprometido com o Partido Comunista, um médico levando adiante o trabalho do pai e um combatente de uma causa social e nacional que eu e ele não éramos capazes de discutir ou mesmo, com exceção dos fatos de nosso nascimento, pronunciar.

Eu não tinha idéia de que em 1958 ele estava sob crescente pressão da sua família e da minha para deixar o partido, que exercia igual pressão sobre ele para que fizesse mais pela causa, sem se importar com conseqüências pessoais. Eu estava na pós-graduação naquele dia de final de dezembro de 1959 em que ele foi convocado em seu apartamento em Heliópolis para prestar depoimento na Segurança do Estado. Duas semanas depois, sua esposa Ada — desgrenhada e escassamente vestida — entrou aos gritos na Igreja Anglicana de Heliópolis, interrompendo a cerimônia semanal em árabe. "Eles bateram à porta e me disseram para apanhar Farid na delegacia de polícia local. Pensei que o estavam soltando, mas, quando cheguei ao lugar, um homem atrás de uma escrivaninha disse que eu deveria voltar com três ou quatro homens. Quando perguntei por quê, ele disse simplesmente que eu precisaria dos homens para carregar o caixão de Farid." Perturbada demais para dizer qualquer outra coisa, ela foi levada para casa por uma pessoa da paróquia, enquanto meu primo Yousif, junto com três companheiros, foi de carro até a delegacia. De lá foram levados a um desolado cemitério em Abassiya, onde encontraram um oficial e dois soldados em mangas de camisa vigiando uma cova aberta com um caixão rústico de madeira empoleirado numa das extremidades. "Vocês podem colocar o caixão na cova, mas um de vocês precisa assinar um recibo primeiro. Não têm permissão de abrir o caixão nem de fazer pergunta alguma." Aflitos e desnorteados, os amigos palestinos de Farid fizeram o que lhes mandavam, e depois disso os soldados rapidamente jogaram com a pá um pouco de terra no buraco. "Agora vocês têm que ir embora", disse asperamente o oficial, negando-lhes de novo o direito de abrir o caixão do amigo.

Durante décadas, a vida e a morte de Farid constituíram um tema subterrâneo em minha existência, e não apenas em períodos de consciência ou de luta política ativa. Uma vez que eu vivia nos Estados Unidos totalmente afastado dos círculos sociais e políticos que pudessem ter algum contato com os de Farid, senti que teria de dedicar anos, se necessário, à tentativa de descobrir exatamente o que aconteceu com ele depois de sua detenção. Em 1973, quando eu estava em Paris, um representante político palestino me apresentou dois comunistas egípcios do período, que me disseram que Farid havia sido morto por espancamento na cadeia. Mas eles não tinham presenciado o crime, embora estivessem seguros de "suas fontes", uma expressão repleta da estúpida pose terceiro-mundista da época, com seu tom sigiloso e ar de furtiva presunção. Vinte anos mais tarde, quando eu estava no Cairo e começava a trabalhar nestas memórias, minha amiga Mona Anis apresentou-me a um copta de idade avançada, Abu Seif, e a sua esposa, "Tante Alice", que haviam sido amigos íntimos de Farid, embora posteriormente tenha transpirado durante nossa visita que Abu Seif havia sido, na verdade, o superior direto de Farid na hierarquia do partido. Mona e eu fomos ver o casal de velhos, agora aposentados e alojados num deprimente apartamento térreo próximo de Bulaq, Nilo acima, num grande conjunto habitacional em estilo romeno, como se eles também não devessem ser lembrados. Era um lugar escuro, empoeirado e quente, apesar da mobília arranjada com cuidado e do chá com bolinhos de Tante Alice.

Perguntei-lhes se sabiam se a mulher e os filhos de Farid, ao emigrar para a Austrália, haviam deixado algum endereço ou mantido contato com seus velhos amigos. Ambos disseram que não — com tristeza, dando a entender que o capítulo havia sido encerrado quando da morte de Farid. Alice mostrou um retrato cuidadosamente preservado do matrimônio do jovem casal — Farid exibindo um terno elegante; a rechonchuda e bela Ada em um vestido branco de tafetá — para que pudéssemos meditar juntos sobre o momento fugidio de paz conjugal que uma vez eles desfrutaram. Mais tarde a foto me foi dada, em reconhecimento talvez por meu persistente interesse na causa, enterrada na prática por tantos anos. "Ele foi levado direto para a prisão — me contaram — e despido de suas roupas, como faziam com todos nós. Rodeados por um círculo de guardas, éramos então espancados com porretes e varas. Todo mundo chamava isso de cerimônia de boas-vindas. Farid foi levado direto para o interrogatório, embora já tivesse sido seriamente machucado e se mostrasse atordoado e muito trêmulo; perguntaram-lhe se era um médico russo — éramos todos esquerdistas e membros de vários grupos comunistas; o dele e o meu era Operários e Camponeses — e ele respondeu: 'Não, sou um médico árabe'. O oficial praguejou e golpeou a cabeça de Farid com um mangual por uns dez segundos, e então parou. Farid caiu morto."

Só depois que deixamos os Abu Seif me ocorreu que deveria ter perguntado se sabiam que o pai de Farid era um palestino, mas era tarde demais. Presumi que para eles Farid era principalmente um camarada, um membro (como eles) de uma minoria cristã; talvez também o vissem como um *shami*. Conjeturei ainda que, dada a presença substancial de judeus no movimento comunista egípcio, Farid nunca fez muito alarde de suas origens potencialmente causadoras de divisão. O fato de eu nunca ter sido capaz de discutir com Farid a questão palestina é outro exemplo da supressão desta última como tema político na primeira parte de minha vida.

Mas onde a Palestina assumiu um papel ainda mais problemático, embora igualmente misterioso por conta do silêncio e, no meu caso, de uma ignorância parcial, foi no conflito que lentamente se desenrolou entre meu pai e seus parceiros comerciais — meus primos e minha tia Nabiha. George, o segundo filho dela, e sua esposa, Huda, tinham chegado ao Cairo apenas alguns meses antes da queda da Palestina, em meados de 1948. Quando Yousif e sua esposa, Aida, chegaram pouco tempo depois, via Amã, houve uma tensão considerável no ar entre os dois homens mais jovens e meu pai. Como família, estávamos ainda mais unidos, agora que não havia mais uma Jerusalém para onde pudéssemos voltar. Mas a grande questão era quem estava no comando, e essa questão repousava numa narrativa e numa interpretação que divergiam frontalmente quando feitas pelo ramo deles ou pelo nosso ramo da família. Para mim, minha mãe desempenhava o papel de principal historiadora e, obviamente, intérprete fidedigna. É verdade, dizia ela, que tio Boulos (primo em primeiro grau de meu pai e marido de sua irmã) fundou o negócio em Jerusalém por volta de 1910. Mas era apenas uma lojinha, principalmente de livros e artigos de papelaria, até a volta de Wadie dos Estados Unidos, em torno de 1920. Ele colocou algum dinheiro — ninguém sabia exatamente quanto, já que, conforme minha mãe sempre dizia, ele nunca manteve registros — na Companhia Educacional da Palestina de seu primo e logo eles se tornaram sócios meio a meio. De acordo com minha mãe, Wadie trouxe para a firma uma porção de novas idéias americanas, dando rumos ousados aos negócios e levando-os a uma inesperada prosperidade.

Alguns anos depois ele foi para o Egito, pois a Palestina lhe parecia um lugar muito pequeno e acanhado, e no Cairo estabeleceu a Standard Stationery, adquirindo a representação de companhias como Royal (máquinas de escrever), Sheaffer (canetas), Art Metal (móveis) e Monroe (calculadoras), que me eram familiares desde a infância. Logo o Cairo superou a Palestina em vendas. Durante esse período (1929-40), segundo a alegação posterior de meus primos mais velhos e, pelo que entendi, de tia Nabiha, era Boulos quem estava no comando. Eles haviam preservado centenas de páginas de cartas manuscritas de Boulos dirigidas a meu pai para provar isso. Lembro-me de ter visto apenas uma delas, uma vez que meu pai, concentrado em seu trabalho, passava ao largo da necessidade de manter registros, em contraste com a mania quase jesuítica de seu primo de escrever e conservar tudo com impiedosa minúcia. Meus primos evidentemente tinham as cópias em papel-carbono dessas cartas longas e prolixas, e com elas, na tórrida atmosfera do período pós-1948, conseguiram demonstrar à vontade que meu pai sempre fora visto como um gerente de segundo escalão, um sócio que precisava ser supervisionado por um executivo mais velho e mais sábio que de fato estava no comando e sabia como dirigir adequadamente um negócio, mesmo a uma grande distância.

George e Yousif, talvez incitados nessa luta medonha por minha tia, que de algum modo conseguia permanecer muito próxima de seu irmão, pareciam provocar uma crise atrás da outra no escritório de meu pai. Tínhamos acesso apenas aos mais breves sinais dessas crises por intermédio dos relatos quase sempre alusivos e deliberadamente incompletos de minha mãe. Com sua relutância quase baconiana, quase evasiva, quase inarticulada em lidar com o passado como algo a ser recontado, analisado e avaliado, meu pai provavelmente era capaz de expressar apenas para a esposa suas reações perplexas e muito iradas às provocações de seus sobrinhos. Parece que ele era constantemente considerado responsável por coisas como estender além dos limites o crédito da firma, ser exageradamente um "vendedor" — e a palavra ganhava um aspecto sórdido e humilhante quando aplicada a ele — e relutar em deixar os dois homens mais jovens assumir mais responsabilidades. Lembro-me de meu pai me perguntando certa vez, sem dúvida numa alusão à depreciação dos vendedores por seus sobrinhos com mentalidade de executivos, que diabo deveríamos fazer a não ser vender, usando para isso vendedores com técnicas de vendas. Pouco depois de sua chegada ao Cairo, Yousif recebeu a filial de Alexandria para dirigir, mas voltou para a capital após uns poucos meses infelizes naquilo que ele considerava uma província. Na mesma ocasião, como resultado das peculiares atitudes sociais formais e lacônicas da família, costumávamos manter reuniões familiares, almoços, jantares e piqueniques em casa ou sob a égide de meu pai, sem que o menor traço de tensão fosse perceptível para nós, crianças.

Na época em que deixei o Cairo, em 1951, para o que eu sentia como meu desterro americano, todo o relacionamento entre os ramos do Cairo e de Jerusalém de nossa família estava, do ponto de vista dos negócios, irreparavelmente avariado. Eu sentia que o próprio desaparecimento da Palestina estava na base daquilo, mas nem eu nem nenhum outro membro de minha família era capaz de dizer exatamente como ou por quê. Havia uma dissonância fundamental que todos experimentávamos como estrangeiros no Egito, sem refúgio em nosso verdadeiro ponto de origem. A freqüência das referências a passaportes, documentos de identidade ou de residência, cidadania e nacionalidade crescia na mesma medida de nossa vulnerabilidade à inconstante situação política no Egito e no mundo árabe. Durante 1948, 1949 e 1950 a presença britânica no Egito diminuiu, assim como o poder e o prestígio da monarquia. Em julho de 1952 ocorreu a Revolução dos Oficiais Livres, ameaçando diretamente nossos interesses como próspera família de estrangeiros, com pouco apoio no interior da sociedade egípcia para gente como nós. Tenho a impressão de que meus primos — em virtude de sua juventude, melhor conhecimento do árabe e disposição (no começo) em lidar com o *status quo* — inicialmente não estavam tão deslocados no Egito como meu pai. Isso aumentava de forma considerável a tensão. Meu pai não contava quase nada aos filhos, mas uma vez fui informado por minha mãe de que George — que, com seus óculos, sempre me parecera um afável personagem professoral quando vinha jantar em casa e tocava no piano a *Grande Valse Brilliante em Mi Bemol* de Chopin e a *Marche Militaire* de Schubert — e meu pai tinham chegado a trocar socos. Isso era tremendamente emocionante, e fiquei dividido entre a satisfação de saber que alguém além de mim tinha sofrido os golpes de meu pai e a esperança irrealista de que talvez meu pai fosse, por fim, vítima de um antagonista mais forte.

Invariavelmente, a questão era a disputa em torno da tomada de decisões, o que, uma vez que a autoridade parecia não provir totalmente de Jerusalém e do passado (como acontecia com Yousif), fazia meu pai assumir ares cada vez mais combativos, ao mesmo tempo que, na condição de grupo (minha tia, seus filhos e nós sete) com status nacional anômalo, parecíamos nos unir cada vez mais. Eu tinha consciência de que o passado de meu pai, seu dinheiro (já que na época eu ficava mudo de vergonha, culpa e inibição quando se tratava de falar com ele sobre dinheiro), a Palestina e os calorosos desentendimentos interfamiliares estavam — assim como o sexo — fora de meu alcance, eram um conjunto de tópicos que eu não podia trazer à baila nem sequer mencionar de alguma maneira.

Minha mãe falava repetidamente sobre como era lamentável "seu pai" ou "papai" nunca ter respondido às cartas agressivas que Boulos mandava de Jerusalém, e de que por ser um homem tão decente ele nunca tivesse sequer guardado as cartas, de modo que era sempre Yousif quem o chantageava com um texto, deixando meu pai constantemente na defensiva, em meio a uma atmosfera carregada de alusões e de não pronunciadas acusações e contra-acusações, a ponto de sermos advertidos sobre o que dizer na frente de minha tia e proibidos de aceitar convites para almoçar. Então, de repente, no final da primavera de 1948, quando as batalhas familiares se intensificavam e a situação política piorava, meu pai anunciou para nós que, com exceção de minhas duas irmãs mais novas, Joyce, de cinco anos, e Grace, de dois, iríamos todos para a América. Não me dei conta totalmente do passo extraordinário que estávamos dando.

Naquela primavera eu tinha me aproximado de modo ainda mais intenso de meus colegas americanos na CSAC por causa de uma peça musical da escola, na qual, surpreendentemente, recebi um papel (em grande parte devido a meu aspecto moreno, eu suspeitava). Chamava-se *Ilha encantada* e era uma americanização amplamente sentimental da temporada de Chopin em Mallorca com George Sand, uma história cujo interesse amoroso era realçado pela presença de uma família espanhola — eu interpretava Papa Gomez, e Margaret Osborn, da décima série, representava Mama Gomez — cuja jovem filha se apaixonava temporariamente pelo mundano e invejavelmente brilhante Chopin, interpretado por Bob Fawcett, um americano cheio de espinhas e com uma agradável voz de tenor.

A idéia de uma peça como "atividade escolar" era novidade para mim; na GPS, que também montava peças teatrais, a maior parte do trabalho braçal era feito por empregados, a encenação era controlada rigidamente por um professor, os estudantes (mesmo a talentosa Micheline Lindell) tratados como fantoches por uma presunçosa diretora pedagógica. Na *Ilha encantada*, até as crianças menores participavam, ajudando na cenografia ou atuando como figurantes; havia alunos marceneiros, pintores, pontos e membros do coro. Todos éramos supervisionados (a palavra é um pouco exagerada) por Miss Ketchum, uma mulher enérgica e dentuça de 26 anos que era professora de inglês e polivalente diretora de atividades. Lembro-me com vergonha de haver certa vez rompido o silêncio da sala de estudos (uma divisão da atividade escolar desconhecida pelas escolas inglesas) perguntando-lhe em voz bastante alta o significado da palavra "estupro". Miss Ketchum — às vezes auxiliada pela mais velha e extremamente irritadiça Miss Guile — guiava-nos através das tolices da *Ilha encantada*, na qual meu papel como pai idoso da boba alegre Conchita era desviar sua atenção de Chopin para Juan, um semi-retardado rapaz do interior considerado seu semelhante. Cada diálogo breve entre os personagens era seguido por um "número" baseado em adaptações (para mim) aborrecidamente simplificadas, quadradas e semelhantes a hinos da *Berceuse*, da Polonaise "militar", da *Valse Brilliante em Mi Bemol* e da melodia em ré bemol da *Marcha fúnebre* de Chopin, que ressurgia na *Ilha encantada* como um animado e bizarro dueto amoroso.

Achei o processo extremamente frustrante: como um garoto de doze anos e meio, encarnar um homem no fim da meiaidade, pai, marido, espanhol, tendo como pano de fundo um Chopin mutilado e tocado como jazz, para não falar do sentimento de grupo americano, fazia me sentir ainda mais deslocado e improvável do que havia sido antes de *Ilha encantada*. Foi em meio a tudo isso que nossa viagem iminente foi anunciada, e a comuniquei timidamente a meus indiferentes colegas de elenco. Estavam programadas duas apresentações da peça, e meus pais compareceram à segunda. Meu pai ficou impressionado com o fato, disse, de eu já ter arranjado uma esposa; minha mãe me abraçou com sua ternura envolvente de sempre, enquanto eu me sentia ao mesmo tempo irritado e constrangido pelo que meu pai havia dito. Circulamos entre os outros pais e atores, tomando ponche, conversando cordialmente com várias professoras animadas. Só a terrível Miss Clark mantinha sua sisudez enfadonha, fumando e bebendo a certa distância dos demais, os cabelos ruivos elevados num coque desequilibrado e ameaçador. Meu pai gastou muito tempo procurando em vão pelo "ministro americano" que era o responsável pela "legação americana", um dos assuntos favoritos de sua conversa às refeições (até então ela não havia se tornado uma embaixada: os britânicos ainda eram a presença principal, mesmo em declínio contínuo, no Cairo).

Tudo isso ocorreu na véspera de nosso embarque em Alexandria. Rosemarie, Jean e eu fomos rapidamente conduzidos por nossa mãe a bordo do navio italiano *Saturnia*, junto ao cais apinhado e castigado pelo sol de Alexandria, e meu pai nos seguiu distribuindo gorjetas e ordens concisas ao pequeno exército de carregadores locais que levavam nossas muitas malas de couro. Embora tivesse ouvido meus colegas de escola falar a respeito dos navios italianos, eu nunca havia encontrado nada tão estrangeiro, tão vasto, tão completamente não familiar. Tudo nele me fascinava, da língua aos reluzentes uniformes brancos de camareiros e oficiais, passando pelos talheres cintilantes, a comida não árabe em quantidade ilimitada e as cabinas engenhosamente arrumadas, com suas pequenas vigias e ventiladores de teto ronronando delicadamente. Logo que reemergimos no convés para assistir à partida majestosamente lenta do navio, meu pai (usando o tratamento meio afetuoso, meio zombeteiro de "Eddy boy" que adotou depois que ingressei na CSAC) anunciou para mim: "Sua esposa está a bordo". Havia malícia em seus olhos ao me dar a boa notícia, sabendo o quanto ela me deixaria embaraçado. À parte a espécie de companheirismo-padrão que eu testemunhava entre meus pais, e também entre os amigos deles, eu não tinha nenhuma idéia do que era uma esposa, embora percebesse uma corrente subterrânea de comportamento impróprio na palavra quando aplicada a mim, um risível Papa Gomez cuja esposa no palco, Margaret Osborn, por acaso também estava no *Saturnia*.

Eu a vi apenas uma vez, quando ela passou aos pulos por mim descendo uma escada, mas não trocamos nenhuma saudação nem sequer um gesto de reconhecimento. Meu pai sempre me perguntava sobre ela, e isso aumentou a distância entre nós. Minhas irmãs e eu mal tínhamos consciência de que estávamos fazendo aquela viagem porque meu pai precisava de cuidados médicos; ele nunca mencionava nada a respeito de doença alguma, embora minha mãe, em seu estilo "isso não é algo com que suas cabecinhas devam se preocupar", tenha feito uma intrigante alusão a um grande médico americano que planejavam consultar. A razão da viagem nunca foi trazida à baila de novo no *Saturnia*. Meu pai jogava um bocado de bridge, juntando-se a nós para o almoço ou o jantar no espaçoso restaurante da primeira classe, ou, com menor freqüência, para um consomê às onze no convés principal. A bordo, eu oscilava entre, por um lado, momentos de angústia com relação à saúde de meu pai (o que me levava de volta aos incômodos dias de Ramallah no verão de 1942), misturados a suas súbitas zombarias e a seus sermões sobre os perigos da "automanipulação", minha postura cada vez pior e meus hábitos perdulários, e, por outro lado, momentos mais duradouros de despreocupado deleite com os luxos da vida no navio. Eu participava de jogos de *shuffleboard*,* pingue-pongue e, quase toda noite, bingo, e me entregava a longas viagens exploratórias pelo barco, tão bem equipado que estranhamente eu o sentia como uma receptiva e benigna presença feminina.

---

* *Shuffleboard* ou *shovelboard*: jogo praticado a bordo de navios, no qual discos de madeira são empurrados com uma pá. (N. T.)

Para meu deleite, descobri que eu era impermeável aos ataques do mau tempo. Enquanto toda a família passava mal, confinada às respectivas cabinas, quando o navio atravessou sacolejando e arfando impiedosamente o estreito de Messina, eu me deliciava na solidão dos bares, salas de descanso, áreas de recreação e conveses vazios. Havia uma fartura de revistas americanas, sessões noturnas de filmes, uma minibanda de baile tocando para salões de dança desertos, e dúzias de garçons italianos de terno branco, cujo anonimato, eu achava, combinava perfeitamente com o meu, já que me mantinham entretido e muito bem alimentado.

O *Saturnia* fez escalas em Atenas, Nápoles, Gênova, Marselha e Gibraltar. Com exceção de Gibraltar, percorremos de carro por algumas horas cada uma daquelas cidades cinzentas e destruídas pela guerra, parando para desinteressantes almoços em restaurantes locais, antes de voltarmos para o navio e retomar nossa viagem. Só Nápoles me deu prazer, porque depois de uma visita apressada a Pompéia, onde fomos proibidos de olhar para os mosaicos "impróprios para crianças", almoçamos espaguete perto do porto; ali pudemos ver e ouvir um barqueiro cantar "Santa Lucia", cuja gravação por Caruso era um dos discos favoritos de meu pai. Mas minha lembrança mais forte de nossos passeios de um dia é da sensação de sermos um pequeno grupo fechado em si mesmo, uma espécie de dirigível suspenso acima de novos lugares estranhos, abrindo caminho em meio a cidades estrangeiras, mas permanecendo intocados por elas.

Quando chegamos a Nova York, a questão da situação de minha mãe como uma não-pessoa depois da queda da Palestina tornou-se urgente mais uma vez. A principal dificuldade era que, para obter um passaporte norte-americano mais duradouro, ela teria de residir nos Estados Unidos, e isso ela se recusava a fazer. Todos os órgãos governamentais e escritórios de advocacia que visitamos em Nova York informaram-na de que a residência era necessária. Tanto minha mãe como meu pai eram, compreensivelmente, contrários a isso, e durante os sete ou oito anos seguintes a busca por algum artifício que driblasse a exigência de dois anos de residência no país foi levada adiante com zelo inabalável.

A ironia da busca infrutífera de minha mãe por cidadania é que depois de 1956, mediante a intervenção do embaixador do Líbano no Egito, ela pediu com sucesso a cidadania libanesa, e até sua morte, em 1990, viajou com um passaporte libanês, no qual, misteriosamente, seu local de nascimento foi trocado de Nazaré para o Cairo. Mesmo nos anos 50, com as sementes da Guerra Civil Libanesa tendo sido plantadas vinte anos antes, eu conjeturava que era aparentemente considerado menos sujeito a objeções ser de origem egípcia do que palestina. Tudo foi bem até o final dos anos 70, quase uma década depois da morte de meu pai, quando ser portadora de um passaporte libanês implicou para ela grandes dificuldades em conseguir vistos para a Europa e para os Estados Unidos e em passar por barreiras de imigração: ser libanês havia de repente se tornado sinônimo de ter tendência para o terrorismo, e assim minha mãe obstinadamente orgulhosa sentiu-se de novo estigmatizada. Mais uma vez fizemos investigações a respeito de cidadania — afinal, como viúva de um veterano da Primeira Guerra Mundial e mãe de cinco cidadãos, ela parecia plenamente digna da honraria — e mais uma vez disseram-lhe que teria de morar nos Estados Unidos. E de novo ela recusou, preferindo os rigores da vida em Beirute sem telefone, luz elétrica e água, ao conforto de Nova York ou Washington. Então foi surpreendida pelo retorno do seu câncer de mama, originalmente operado em janeiro de 1983 por um cirurgião de Beirute. Ela sabia talvez que seu fim estava próximo, embora também recusasse a quimioterapia, por medo, segundo me disse, dos efeitos colaterais. Comprou para si um condomínio em Chevy

Chase, Maryland, em 1987, e — com seu visto de visitante — foi ficando por períodos cada vez mais longos de tempo, consultando com regularidade seu médico, de quem gostava, mas cujos conselhos recusava teimosamente. Um desses vistos expirou na mesma época que ela perdeu a consciência, em maio de 1990, e minha irmã Grace, que estava morando com ela e cuidando altruisticamente de sua saúde, viu-se envolvida em interrogatórios sobre deportação enquanto minha mãe se aproximava de seus últimos dias. O caso acabou sendo encerrado por um juiz irado que passou uma descompostura no advogado do Serviço de Imigração e Naturalização por tentar deportar uma mulher de mais de setenta anos em estado de coma.

Tendo recusado um curto período de residência, minha mãe acabou morrendo e sendo enterrada na América que ela sempre tentara evitar, da qual nunca gostara, mas à qual estava inelutavelmente ligada, primeiro por meio do marido, depois dos filhos e, por fim, de sua doença terminal. Tudo isso havia começado quando ela entrou no porto de Nova York, a bordo do *Saturnia*, no início de julho de 1948. A Palestina havia caído, e sem que percebêssemos nossa vida estava nos orientando para os Estados Unidos, e tanto minha mãe como eu iniciando o processo de vida e de câncer que encerraria nossas vidas no Novo Mundo. Não tenho nenhuma imagem clara de nossa chegada ao cais da companhia italiana de navegação em Nova York, nem guardo idéia alguma do que senti diante da silhueta de edifícios do novo espaço totalmente estrangeiro onde entrávamos pela primeira vez. Só me lembro da tristeza melancólica da vasta sala de descanso da primeira classe transformada num miserável espaço para as mesas e cadeiras dos inspetores de alfândegas e do numeroso grupo de passageiros — agora vistos juntos em rebanho pela primeira e última vez — que se registravam ali.

Por contraste, guardo uma forte impressão de quão imprevista e, conforme deduzi de algo que meu pai disse, quão anticlimática foi nossa primeira visão da América do Norte devido ao vento e à neblina que nos empurrou inesperadamente muito para o norte: foi de manhã bem cedo dois ou três dias antes do desembarque em Nova York que nós dois subimos ao convés enquanto entrávamos no porto de Halifax. A neblina era muito espessa, mal conseguíamos enxergar alguns metros adiante da proa do navio, e um sino tocava tristemente ao longe. Um mapa de nossa rota de travessia havia sido pregado perto da ponte de comando. Nele eu podia ver nossa curva até a Nova Escócia, que aparecia numa considerável tangente à nossa rota original para o sul. Estávamos entrando no Oeste, algo com que eu havia sonhado, embora não fosse nem Hollywood, nem os míticos cânions, nem a cidade de Nova York, mas uma acanhada, silenciosa e despovoada cidadezinha cuja personalidade era impossível de decifrar do convés do *Saturnia* naquela manhã.

Nosso endereço na metrópole seria o moderno e bem dirigido Commodore Hotel, na rua 42 Leste. Meu pai tinha ficado lá em 1946, já que era próximo dos escritórios da companhia Royal de máquinas de escrever, localizados na Park Avenue e na rua 34. Ficamos todos encantados com as luvas brancas vestidas pelos ascensoristas e, claro, com a tremenda velocidade com que subíamos e descíamos até o 35º andar. A torneira de água gelada provocou uma porção de exclamações maravilhadas ("Wadie", disse minha mãe, "por que não podemos instalar uma dessas no Cairo? Elas tornam a vida tão mais fácil." Seguindo um costume seu da vida inteira, na relação comigo e com minha mãe, ele não respondeu, por achar que a pergunta era estúpida). As ruas retilíneas, a floresta de edifícios altos, os barulhentos mas velozes trens de metrô, a indiferença geral e por vezes a rudeza dos pedestres de Nova York: tudo isso contrastava vivamente com o estilo sinuoso, lento, muito mais desorganizado, mas muito menos ameaçador, do Cairo. Em Nova York ninguém prestava atenção em nós, ou, se prestavam, minha mãe dizia que nos tratavam com a condescendência reservada às pessoas um pouco deficientes, por causa do sotaque e do modo geralmente exagerado de vestir. Senti isso quando, em nossa quinta visita à Horn and Hardart Automat, na rua 42, fiz repetidas tentativas diante da máquina de leite, esquecendo duas vezes de colocar um copo embaixo da torneira (fazendo papel de bobo enquanto via o leite escorrer pelo ralo), duas vezes pedindo sem querer leite desnatado em vez de leite normal, e duas vezes deixando no balcão o copo que eu havia pago só para ficar sentado sem fazer nada.

Durante uma semana fizemos o circuito turístico: Metropolitan Museum, Planetário Hayden, Catedral de St. Patrick, Central Park. Só o Radio City Music Hall me impressionou, menos por causa do imponente espetáculo no palco do que pelo filme *O príncipe encantado*, com Jane Powell, George Brent, Carmen Miranda e Lauritz Melchior. Aquele luxuriante mundo em Technicolor era o que eu havia esperado da América; enquanto ele desfilava diante de mim, afundado em minha poltrona de veludo numa penumbra sedutora, eu esquecia rapidamente da América do lado de fora, agora tornada problemática pelas notícias sobre a operação a que meu pai teria de se submeter em setembro e pela necessidade iminente de fazer alguma coisa com as crianças durante o próximo mês ou as próximas cinco semanas. Lembro-me de uma longa visita ao escritório da revista *Parents* na Vanderbilt Avenue, durante a qual minha mãe examinou duas coleções de catálogos de acampamentos, uma para rapazes, a outra para garotas; dois foram escolhidos (Maranacook, no Maine, para mim; Moymadayo, também no Maine, para Rosy e Jean), reservas foram feitas rapidamente por telefone, uma visita à Best and Co. nos equipou com os apetrechos essenciais de acampamento e no dia seguinte embarcamos no trem-leito da Boston & Maine na estação central com destino a Portland.

Minha lembrança de nossa chegada lá no início da manhã seguinte é silenciosa: tudo o que recordo é um certo torpor, uma sensação de embotada impotência. Foi a primeira vez na vida que me separei de meus pais por um tempo. Comparei seus trajes, sotaques e gestos tranqüilizadores com o jovial mas completamente impessoal A. B. Dole (conhecido como A. B., o segundo no comando do acampamento) e o sr. Heilman, ambos vestindo roupas leves de algodão e sapatos brancos, que nos receberam em Portland para me levar à cidade de Winthrop, a poucos quilômetros do acampamento. Fui entregue com presteza — um beijo de minha mãe, uma rápida carícia, o abraço de urso de meu pai acompanhando seu "Boa sorte, filho" — e a transferência estava completa. Fizemos a viagem de carro em total silêncio, eu no banco de trás da perua, os dois na frente.

Fiquei um mês em Maranacook, e nesse período recebi talvez duas cartas e um postal (de Chicago) de meus pais. Alojado numa cabana com seis outros garotos de doze anos e um inspetor de alunos, Jim Murray, de dezessete, eu me vi envolvido agradavelmente na rotina diária de cumprir tarefas, passear a cavalo, nadar, jogar malha e *softball*, andar de canoa — a incessante sucessão de eventos dando a impressão de ecoar minha frenética vida no Cairo. Como eu era maior e mais forte que a maioria dos outros campistas "intermediários", adquiri rapidamente uma reputação como reforço das equipes de natação e de *softball*. Eu era "Ed Said, a maravilha do Cairo". Dos meus companheiros de cabana, apenas dois, um amável nova-iorquino chamado John Page e o histriônico, nervoso e tagarela Tom Messer, que molhava a cama todas as noites e conseqüentemente tinha uma troca de lençóis diária, deixaram em mim uma impressão duradoura. Havia uma espécie de prosaísmo na experiência, até que um breve diálogo me lembrou de novo minha identidade estrangeira, insegura e altamente provisória.

Algumas noites fomos de barco até uma ilha no meio do lago Maranacook para fazer piqueniques, contar histórias e cantar em volta da fogueira. Houve em particular uma noite triste, nublada, gelada, úmida e pouco acolhedora. Ficamos por ali enquanto o fogo era aceso e os *marshmallows* e os cachorros-quentes eram preparados para assar, e me veio uma sensação de solidão e falta de propósito. Onde eu estava? O que estava fazendo ali, naquele cenário americano que não tinha ligação alguma com o que eu era ou mesmo com o que eu me tornara depois de três anos numa escola americana no Cairo? A refeição era pobre: um cachorro-quente, quatro *marshmallows*, uma porção de salada de batatas. Depois que a comida foi distribuída, o grupo foi caminhar mais perto da orla; houve um pouco de cantoria e então um dos inspetores mais velhos — um homem troncudo de meia-idade, com mechas grisalhas riscando o cabelo, o que me fazia lembrar de índios americanos malvados dos faroestes hollywoodianos — começou a contar uma história sobre uma colônia de formigas vermelhas que entrava no ouvido de um homem adormecido e destruía seu cérebro.

Afastei-me com impaciência do círculo desagradavelmente lúgubre reunido em torno do narrador, em direção às brasas tremeluzentes do fogo do jantar. Ainda havia alguns cachorros-quentes sobre a mesa, eu estava com fome e não vi problema em abocanhar um rapidamente, embora de modo furtivo, desejando não ser visto. Depois que remamos de volta para o acampamento, Murray me fez sinal para que saísse com ele da cabine e fôssemos até o lago. "Olhe, eu vi você pegar aquele cachorro-quente", começou, me deixando paralisado de vergonha e constrangimento. "Aquilo foi muito covarde. Cada um de nós recebeu só um cachorro-quente. O que faz você acreditar que pode sair roubando um daquele jeito?" Ficou em silêncio por alguns segundos. Eu não conseguia ver seu rosto na escuridão, mas tinha certeza de que estava carrancudo, desaprovador, talvez mesmo cheio de ódio. "Se você não tomar jeito e passar a agir como o restante da turma, vou dizer a Dole e a Heilman que o mandem de volta para casa. Não queremos esse tipo de coisa aqui."

Senti-me cambaleando à beira do abismo e choraminguei pedidos de desculpas, justificativas idiotas, apelos para não ser mandado embora, já que isso me deixaria em maus lençóis. Imaginei as lágrimas de minha mãe e, tipicamente, sua raiva cortante; vi meu pai acenando para que eu entrasse em seu quarto para tomar uma surra. Naquele momento eu não tinha nenhuma idéia de onde meus pais estavam, mas imaginei vários dias de angústia terrível enquanto eles viajassem de volta a Portland para me recolher, e mais infelicidade, punições mais severas, sentimentos mais intensos de culpa e ansiedade.

Mas aquela foi a última conversa sobre o assunto que tive com Murray, que deu meia-volta e sumiu dentro da noite, enquanto eu voltava sozinho para minha cama úmida e desconfortável. Foi somente anos depois, quando li Stendhal, que reconheci muito do mesmo tipo de deformação em Julien Sorel, que desmaia ao ser subitamente confrontado com o olhar fixo de um padre. Sentia-me um vergonhoso forasteiro no mundo do qual Miss Clark e Murray queriam me expulsar. Nacionalidade, formação, origens verdadeiras e ações passadas, todas essas coisas pareciam ser fontes do meu problema; eu não via meio de derrotar os fantasmas que continuavam a me assombrar de escola em escola, de grupo em grupo, de situação em situação.

Com esse começo na América, decidi viver como se fosse uma alma simples e transparente e falar sobre minha família ou minhas origens somente o que fosse perguntado, e ainda assim de modo escasso. Em outras palavras, tornar-me como os outros, tão anônimo quanto possível. Era muito marcada a cisão entre "Edward" (ou, como logo eu me tornaria, "Said"), meu eu público e exterior, e as metamorfoses indefinidas, irresponsáveis, fantasiosas e turbulentas de minha vida privada, interior. Posteriormente, as erupções de meu eu interior se tornariam não apenas mais freqüentes como também menos passíveis de controle.

O resto do tempo em Maranacook foi de completa rotina, já que eu não extraía mais nenhum prazer do lugar, e menos ainda de meus companheiros de acampamento. Murray mal falou comigo de novo, e nem eu com ele. Uma experiência posterior foi emblemática da peculiaridade de um verão no acampamento que perdera a graça e o sentido para mim, tornando-se vazio ou árduo. O grupo da minha idade fez uma excursão noturna de canoa que envolvia a caminhada por terra de um lago a outro através das florestas fechadas do Maine, bem como longos trajetos nos quais remamos em meio a trechos ferventes de lagos de água marrom. Minha canoa era dirigida por mim, na parte traseira, e por outro campista na frente. Confortavelmente estendido no espaço entre nós ia um inspetor, Andy, que tinha um longo sobrenome tcheco e que, com seu lustroso traje de banho vermelho, mocassins e cachimbo, passava horas lendo um livro cujo título e conteúdo não fui capaz de decifrar. O estranho é que, depois de descer rapidamente o dedo indicador esquerdo até o fim da página, ele a arrancava do livro de forma metódica, transformava-a numa bola de papel e atirava-a distraidamente no lago. Por um momento olhei para trás e vi a trilha flutuante de vítimas de papel do destrutivo hábito de leitura de Andy, refletindo sobre o que aquilo podia significar. Sem descobrir nenhuma resposta convincente ou ao menos plausível (exceto a de que não queria que ninguém lesse o livro depois dele), registrei o evento como um aspecto inescrutável da vida americana. De todo modo lembrome de ter concluído posteriormente que a experiência extraía seu significado do desejo de não deixar rastros, de viver sem história ou sem a possibilidade de retorno. Vinte e dois anos mais tarde fui de carro até o lugar onde achava que tinha sido o acampamento: tudo o que restava de qualquer moradia eram as cabanas desertas, que tinham se transformado num motel, depois numa espécie de colônia de aposentados, depois em nada, conforme me contou um velho zelador estadual. Ele nunca tinha ouvido falar do Acampamento de Maranacook.

Passamos a segunda metade de agosto e as duas primeiras semanas de setembro em Nova York. Durante o período em que meu pai esteve na ala Harkness do Hospital Presbiteriano de Columbia, minha mãe e eu ficamos numa pensão nas redondezas. Minhas duas irmãs estavam hospedadas com a viúva de meu tio Al, Emily, e seus três filhos, Abe (Abie), Charlie e Dorothy, todos eles vários anos mais velhos que eu, todos com bilhetes permanentes de condução entre o Queens e seus empregos em Manhattan: Abie num banco, Charlie na loja de canetas da Foster na rua 42 e Dorothy na Companhia Donnelley (que imprimia listas telefônicas) na área de Wall Street. Foi em torno da operação de rim de meu pai que toda a nossa viagem para os Estados Unidos se organizou, embora só na véspera da cirurgia eu tenha começado a me dar conta, aterrorizado, do risco que ela significava. Aquela era a segunda crise de saúde dele durante minha juventude, mas era a primeira vez que eu sentia a possibilidade de sua morte e de uma vida sem ele. A terceira crise, treze anos depois, foi de longe a pior, mas aquela de 1948 me desorientou demais, me encheu de apreensão e de uma dor solidária, tomando conta de mim com seu potencial de desespero e solidão futuros.

Meus pais haviam convidado Fouad Sabra, então um talentoso jovem residente que se especializava em neurologia no Presbiteriano de Columbia, para jantar no restaurante Cedars of Lebanon, na rua 29. Faltavam dois dias para a operação, por isso

Fouad havia arranjado para depois do jantar um encontro entre meus pais e um colega residente seu, um australiano chamado Fred, se bem me lembro, que estava trabalhando no setor de urologia sob o comando do célebre John Latimer, que realizaria a cirurgia. Com o zelo do especialista novato, Fred resolveu nos expor todas as coisas que podiam dar errado — infecções, complicações cardíacas, problemas sangüíneos e tudo o mais. Isso teve um efeito terrível sobre meu pai, que, fiel a sua personalidade, viu a provação iminente como algo preocupante mas necessário, enquanto minha mãe e eu acreditávamos que era algo a ser evitado ou adiado a todo custo. O pobre Fouad tentou desesperadamente calar seu amigo, ou pelo menos moderar e desviar seu desejo incontido de causar impressão, mas não teve sucesso. Durante anos, depois que Fouad voltou ao Líbano, casou-se com Ellen Badr, a jovem prima de minha mãe, e tornou-se um importante professor e perito em neurologia na Universidade Americana de Beirute, a noite com Fred serviu como um exemplo proverbial do que não se deve fazer às vésperas de uma operação, um incidente que meu pai e Fouad lembravam com gargalhadas ruidosas e gracejos despreocupados.

Entretanto a operação foi um sucesso. Havia apenas um cisto e nenhum tumor no rim, mas o órgão inteiro teve de ser extraído, deixando um enorme corte que riscava lateralmente a cintura de meu pai. Durante as duas semanas que ele passou na ala Harkness, minha mãe contratou um pequeno enfermeiro inglês; eu acompanhava meu pai e ele em seus passeios de cadeira de rodas. À parte isso, eu estava reduzido a uma observação silenciosa, passando longas horas numa sala de estar adjacente enquanto minha mãe ficava sentada junto à cama de meu pai. O que havia sido brevemente para mim uma aproximação dramática de algo realmente grave foi protelado e, a exemplo da queda da Palestina, transformado nas novas circunstâncias pós-operatórias de grande atenção à saúde e ao restabelecimento de meu pai, até ser em pouco tempo absorvido pelos ritmos de nossa vida. Logo me tornei um espectador marginal do enfermeiro e de meu pai, caminhando ao lado da cadeira de rodas enquanto os dois conversavam monossilabicamente; depois, quando nos mudamos por um mês para uma suíte da luxuosa Essex House com vistas à "recuperação" de Wadie (uma nova palavra para mim: meu pai parecia pronunciá-la com considerável satisfação) e ele começou a receber visitantes da Monroe, das máquinas de escrever Royal e das canetas Sheaffer, insistindo em que eu devia estar "lá", mesmo que eu não tivesse nenhuma contribuição a dar a seus encontros, eu me pegava devaneando, distraído, com pouca coisa aproveitável ou interessante para fazer.

Um porteiro solícito nos alertou contra os passeios no Central Park, de modo que, quando eu podia escapar das exigências de meus pais, me refugiava nas ordeiras e entretanto animadas (depois de Maranacook) ruas de Nova York, entre os pedestres, as lojas que proliferavam por toda parte, as marquises dos teatros e cinemas, os cineminhas que exibiam cinejornais, o número esmagador de carros novos e ônibus, a notável agitação dos metrôs, o vapor saindo das tampas dos bueiros, os policiais eficientes e prestativos (no Cairo, eles eram rapazes de fazenda, meus pais diziam, o que explicava por que não sabiam o nome das ruas onde trabalhavam). E o tamanho espantoso de Nova York, com seus altíssimos edifícios silenciosos e anônimos, reduzia a pessoa a um átomo inconseqüente, levando-me a me perguntar o que eu era para tudo aquilo, minha existência totalmente desimportante dando-me pela primeira vez na vida uma misteriosa mas momentânea sensação de libertação.

De modo alusivo, quase imperceptível, a Palestina aparecia e desaparecia rapidamente de nossas vidas em Nova York. Ouvi pela primeira vez a respeito do apoio do presidente Truman ao sionismo naquele verão, enquanto meu pai vasculhava os jornais no início de uma manhã na Essex House. Dali em diante, o nome de Truman adquiriu uma força maligna talismânica, que sinto ainda hoje, já que eu, como todo palestino das últimas três gerações, o acuso de ter desempenhado um papel crucial na entrega da Palestina aos sionistas. Menos de uma hora depois que chegamos de volta ao Cairo, um de meus parentes refugiados mais velhos me disse, com um tom de acusação vibrando na voz: "O que vocês me dizem daquele Torman de vocês? Como podem tolerá-lo? Ele nos destruiu!" (em árabe, *tor* é a palavra para "touro", usada para qualificar depreciativamente uma pessoa tanto de teimosa como de maligna). Um de meus tios me contou que adolescentes arrecadavam dinheiro no Rockefeller Center com cartazes que diziam: "Dê um dólar e mate um árabe". Ele nunca havia estado em Nova York, mas queria que eu confirmasse a história, o que não pude fazer.

Como retornei aos Estados Unidos alguns anos depois e tenho vivido lá desde então, possuo uma impressão muito mais aguda de dissociação quanto a seu relacionamento com Israel do que meus contemporâneos palestinos, que vêem os EUA como uma potência sionista pura e simples, mas não reconhecem nenhuma contradição no fato de eles também mandarem seus filhos para faculdades americanas ou fazerem negócios com corporações do país. Até 1967 eu conseguia separar mentalmente o apoio dos EUA a Israel do fato de eu ser um americano seguindo uma carreira lá e tendo amigos e colegas judeus. O caráter remoto da Palestina onde cresci, o silêncio de minha família sobre seu significado e depois seu longo desaparecimento de nossa vida, o desconforto de minha mãe com o assunto e mais tarde sua aversão agressiva tanto à Palestina como à política, minha falta de contato com palestinos durante os onze anos de minha educação americana — tudo isso me permitiu viver o início de minha vida americana a uma grande distância da Palestina de remota lembrança, de dor não resolvida e de raiva incompreendida. Sempre antipatizei com Truman, mas isso foi contrabalançado por minha surpresa admiração pela posição resoluta de Eisenhower contra Israel em 1956. Eleanor Roosevelt me revoltava com seu ávido apoio ao Estado judeu; apesar de seu tão elogiado e propagado humanitarismo, eu não podia perdoar sua incapacidade de guardar pelo menos um pouquinho dele para nossos refugiados. O mesmo valeu depois para Martin Luther King, a quem eu tinha genuinamente admirado, mas a quem não consegui compreender (ou perdoar) pelo ardor de sua paixão pela vitória israelense na guerra de 1967.

Acho que foi como resultado daquela viagem de 1948 que uma espécie de paisagem política dos Estados Unidos se descortinou em nossas vidas no Cairo, à qual meus pais faziam referência constante. Dorothy Thompson tornou-se uma escritora importante para nós, em parte porque apareceu no Cairo para algum evento ao qual meus pais assistiram, em parte porque minha mãe era assinante do *Ladies' Home Journal* e nele lia os textos ocasionalmente pró-árabes dela. Nunca a li, mas me lembro bem do valor positivo associado a seu nome. E também ao nome de Elmer Berger e, um pouco mais tarde, de Alfred Lilienthal — ambos judeus francamente anti-sionistas. Mas tudo isso era distante e intermitente. Muito mais viva e imediata era a lembrança das lojas Davega que se espalhavam pela área entre o centro da cidade e os bairros, e nas quais se podiam comprar camisas Van Heusen e bolas de beisebol; ou dos grandes salões da Best and Co., na Quinta Avenida, onde minhas irmãs e eu havíamos nos equipado para o acampamento; ou das várias lanchonetes Schrafft's preferidas por minha mãe para o almoço ou o café da tarde.

Voltamos ao Egito no navio de classe única da American Export Line *Excalibur*, bem menor e menos equipado que o *Saturnia*. As cabinas pareciam austeras, despojadas, divididas em beliches de baixo e de cima, sem muita luz e praticamente sem lugar para sentar. Mal deixamos Nova York, no final de setembro, fomos colhidos por uma perversa tempestade tropical que confinou meu pai, com seu corte ainda mal cicatrizado, a seu beliche, e minha mãe e minhas irmãs aos delas, com gemidos e enjôos como condição comum. Fiquei virtualmente sozinho por uns três dias e meio; mais uma vez, o balanço do navio não teve nenhum efeito sobre meu estômago ou sobre minha disposição, embora o fato de estar sozinho num tempo daqueles num navio de regras mais estritas do que o *Saturnia* significasse que eu estava proibido de deixar a biblioteca ou o salão para ir ao agitado convés, e fosse obrigado a fazer minhas refeições de sanduíches e leite no bar, sozinho com um atendente de expressão triste e depressiva. Os últimos dias de nossa viagem até o porto de Alexandria foram placidamente monótonos, um período no qual os Estados Unidos pareciam afastar-se de nós como uma estação de passagem onde tínhamos parado por um tempo antes de retomar nossa jornada principal, que era no Cairo e, cada vez mais, no Líbano.

Na qualidade de país perdido, a Palestina raramente foi mencionada de novo, com exceção de uma vez, durante meu último ano na CSAC, quando, logo depois de uma animada discussão sobre Joe Louis e Jersey Joe Walcott, me dei conta subitamente do que meu amigo Albert Coronel queria dizer quando falava com desprezo sobre "seis contra um". A frase me sacudiu, na medida em que parecia contradizer o que eu implicitamente acreditava: que a Palestina nos fora tomada por europeus que, vindo com os britânicos (e também depois deles), eram incomparavelmente mais poderosos, organizados e modernos do que nós. Fiquei aturdido com o fato de que para alguém como Albert — um amigo próximo meu que, com sua irmã mais velha Colette, tinha estado comigo por um tempo na GPS e agora estava na CSAC porque seus familiares (judeus com passaporte espanhol) tinham detectado o perigo pós-1948 para as crianças num ambiente árabe hostil — a queda da Palestina pudesse parecer mais um episódio antijudeu. Lembro-me até hoje da abrupta percepção de confusão e desavença que experimentei em relação a ele, junto com o sentimento desconcertante (e contraditório) que ambos compartilhávamos a respeito de quão desleais e opressores aqueles seis eram. Eu mesmo estava sofrendo um distanciamento com relação à Palestina, o qual nunca fui capaz de compreender plenamente até bem pouco tempo atrás, quando desisti de tentar. Mesmo agora a irreconciliável dualidade que sinto em relação ao lugar, sua intrincada dilaceração, seu esgarçamento e sua perda dolorosa refletidos em tantas vidas distorcidas, incluindo a minha, e seu status como país admirável para *eles* (mas obviamente não para nós), sempre me causam dor e uma desalentadora sensação de ser solitário, desprotegido, exposto aos ataques de coisas triviais que parecem importantes e ameaçadoras, contra as quais não tenho armas.

Meu último ano na CSAC, 1948-49, como aluno da nona série, foi tristemente limitado tanto do ponto de vista acadêmico como social. Eu tinha uns quatro colegas de classe e apenas uma professora titular, Miss Breeze, uma mulher idosa dada a tremores assustadores quando se aborrecia. Ela nos ensinava biologia, matemática, inglês e história, enquanto francês e árabe eram lecionados por indefinidos professores locais e seu lugar no currículo mais parecia aula de recreação que de instrução. Não havia décima série, portanto foi decidido que no ano seguinte eu iria para uma escola na qual, como disse Miss Breeze numa carta a meus pais, eu seria "desafiado". Isso significava que teria de enfrentar um exame de admissão à Escola Inglesa de Heliópolis. As perguntas eram desinteressantes, mas mesmo assim me fizeram lembrar do quanto meu conhecimento das verdes pastagens da

Inglaterra estava abaixo do nível esperado: os anos na CSAC não foram muito úteis naquele outro ambiente. Era melhor a atmosfera arruaceira e exclusivamente masculina do Victoria College (que me aceitou sem grandes problemas) que a English Scholl, que me parecia um afetado e inóspito posto avançado. Minha condição de estrangeiro e diferente barrou-me o acesso à exclusividade privilegiada da English School, em contraste com minhas irmãs, que eram exemplos brilhantes de alunas assíduas, benquistas, com uma porção de amigos que freqüentemente apareciam em casa para reuniões vespertinas ou festas de aniversário.

Eu estava mais entediado do que nunca naquela última primavera na CSAC, que parecia cada vez menos uma instituição de verdade e mais uma escolinha de uma classe só, dirigida pela onipresente e errática Miss Breeze. Todos os alunos mais velhos — Stan Henry, Dutch von Schilling e sua irmã, Bob Simha, Margaret Osborn, Jeanne Badeau — tinham saído, assim como muitos dos professores, exceto criaturas de idade avançada e com poucas chances de arrumar emprego, tal qual Blow,* como a chamávamos.

Ao mesmo tempo, meu caráter moral e espiritual estava sendo cultivado em aulas semanais de catecismo na Catedral de Todos os Santos, em Sharia Maspero. A igreja fazia parte de um grande complexo à beira do Nilo, um pouco ao norte do quartel do exército britânico de Kasr el Nil (onde hoje é o Nile Hilton). Era uma imponente praça fechada, com entrada cerimonial para carros autorizados até a porta principal da catedral. No conjunto, o lugar transmitia aquela sensação de poder monumental e confiança absoluta que era a marca registrada da presença britânica no Egito. Em ambos os lados da catedral ficavam edifícios anexos,

---

* *Blow* (no contexto: sopro, ventania): piada com o nome da professora Breeze (brisa). (N. T.)

que abrigavam escritórios e moradias do clero residente, o que incluía um bispo, um arcediago e vários padres, todos britânicos. Tudo isso desapareceu completamente no final dos anos 80, quando uma ponte para automóveis foi construída sobre o Nilo.

Mas foi principalmente com o padre Fedden, que meus pais me diziam ser um santo homem muito invejado pelos demais, e com o bispo Allen, que estava oficialmente no comando, que aprendi a amar (e consegui manter na memória até hoje) o Livro de Orações e as partes mais animadas dos Evangelhos, em particular o de João. Fedden parecia mais acessível e humano que os outros, mas sempre senti que o fosso entre brancos e árabes nos separava no fim das contas, talvez porque ele estivesse numa posição de autoridade e porque se tratasse da língua *dele*, não da minha. Não me lembro de nada do que discutíamos nas aulas semanais de catecismo. Mas me lembro muito bem da expressão perfeitamente sincera do rosto de Fedden quando ele pronunciava "no princípio era o Verbo", por exemplo, ou quando explicava o Credo dos Apóstolos, "No terceiro dia ele se levantou de entre os mortos, subiu ao céu e sentou à direita de Deus Pai Todo-Poderoso", ou aspectos da Santíssima Trindade. Ainda tenho o Livro de Orações daquela época, embora o leia apenas como meio de lamentar o caráter rasteiro da "nova edição standard revista", ou seja lá que título tenha.

Meu colega de catecismo era um estudante universitário norte-americano oito ou nove anos mais velho que eu, um copta de óculos chamado Jimmy Beshai, cujo interesse em psicologia o tinha levado de algum modo a abraçar a Igreja anglicana. Ocasionalmente ele e Fedden entregavam-se a discussões acaloradas sobre pontos que, na opinião de Beshai, deveriam ser mais "experimentais" (palavra que eu não conhecia, mas que ele pacientemente me explicou um dia à saída da classe) e menos dependentes da fé ou da visão, enquanto Fedden sempre defendia, até ficar impaciente, o mistério, o drama, o inexplicável. Eu admirava a crença de Fedden sem aceitá-la completamente, uma vez que a coisa toda me parecia importante porque minha família se aferrava a esse ritual de confirmação, e não porque Deus tivesse me inspirado.

As raras aparições do bispo Allen eram sombrias e deprimentes. Ele aparentemente tinha sido em Oxford um dignitário ou algum tipo de figura religiosa de respeito, e com o tempo havia subido na hierarquia até se tornar o arcebispo Geoffrey Allen, líder das dioceses egípcia, sudanesa e de outra que não me lembro (etíope, talvez), homem de considerável poder e estatura administrativa. Todas as vezes que o vi, ele vestia um de seus hábitos escarlates, transmitindo uma sensação de distanciamento arrogante, junto com a sensação de poderosas conexões com a embaixada e com os negócios mais mundanos. Tinha um ar intensamente executivo, totalmente oposto ao entusiasmo de Fedden pela substância religiosa. Quando eu via os dois juntos, ficava claro que Allen considerava seu subordinado como alguém que mal merecia atenção; quando ele nos sabatinava ("Vamos dar uma olhada no significado dos sacramentos", começava dizendo), seus olhos agitavam-se de modo impaciente e curioso enquanto se ocupava com seu chá, embora fosse evidente que trazia na ponta da língua o conhecimento religioso e podia desfiar fatos e circunstâncias concretas a respeito de James I e Hooker* que as dissertações de Fedden não continham. Tudo isso tinha lugar num país cuja própria história, vertiginosamente longa, dos faraós ao rei Farouk, simplesmente nem sequer era mencionada.

Fui crismado e recebi minha Primeira Comunhão num do-

---

* James I: rei da Inglaterra entre 1603 e 1625, o primeiro da dinastia Stuart. Unificou os reinos da Inglaterra e da Escócia, proclamando-se "rei da Grã-Bretanha". Hooker: provavelmente Richard Hooker (1554-1600), o maior teólogo anglicano da era elisabetana, que antecedeu o reinado de James I. (N. T.)

mingo do início de julho de 1949, com minha madrinha, tia Nabiha, de pé a meu lado no imponente transepto da catedral. Fedden estava lá, mas relegado a um papel secundário, enquanto o bispo Allen presidia a cerimônia com opulência quase oriental — velas, orações entoadas, cruzes e várias ordens de clérigos menores —, tudo para mim e para Jimmy Beshai. Tendo sido recebido em comunhão com a companhia tanto dos santos como dos participantes comuns, tentei me sentir diferente, mas tudo que experimentei foi um sentimento de incongruência. Minha esperança de ganhar sabedoria sobre a natureza das coisas ou uma melhor apreensão do Deus anglicano revelou-se uma ilusão. O céu quente e sem nuvens do Cairo, o chapéu desproporcionalmente grande de minha tia Nabiha debruçado sobre sua cabeça e seu corpo pequenos, a fluência plácida do Nilo em sua imperturbável grandeza diante de nossos olhos quando saímos para a esplanada da catedral: tudo isso permanecia exatamente igual, assim como eu. Suponho que eu tenha vagamente procurado por algo que me elevasse acima do estranho limbo onde eu havia caído com o fim da CSAC e as aulas que só começariam em outubro no Victoria College, mas a comunhão não cumpriu esse papel.

Eu estava agora mais ainda numa órbita desconcertante entre minha mãe e meu pai (que parecia cada vez mais distante e exigente ao mesmo tempo); o Cairo naquele período estava cheio de notícias de assassinatos e desaparecimentos, e à medida que se aproximava meu décimo quinto aniversário, no ano seguinte, crescia a apreensão na voz de minha mãe quando ela me alertava para não voltar tarde para casa, não comer nada que fosse vendido nas carroças dos ambulantes, não sentar muito perto das pessoas no bonde ou no ônibus — em resumo, para que eu ficasse a maior parte do tempo em casa —, ao passo que um apetite sexual recém-despertado me levava a ter sonhos cada vez mais extravagantes com as coisas que eu queria fazer no Cairo. Uma espécie de motivo constante, mas em declínio, em nossa vida era o trabalho de tia Nabiha em prol dos palestinos. A despeito da tensão entre seus filhos e seu irmão (meu pai), ela ainda vinha almoçar em casa às sextas-feiras, e seu interesse na minha catequese prosseguia, como simbolizava o anel de ouro com a inscrição "ES" com que ela me presenteou naquele dia quente e sem nuvens depois da cerimônia e que ainda trago no dedo.

VII.

Desde 1943, o verão depois da crise nervosa de meu pai, e pelos 27 verões seguintes, passamos a maior parte dos meses de julho, agosto e setembro na aldeia libanesa montanhosa de Dhour el Shweir (que significa "nos arrabaldes de Shweir"), uma aldeia que meu pai amava e que minha mãe dizia odiar, embora a família da mãe dela, os Badr, viessem de lá. Dhour era uma estação de veraneio cujas casas e hotéis enfileiravam-se ao longo de uma estreita estrada ascendente que serpenteava pelas encostas de três pequenas montanhas na região central do Líbano. Shweir era uma pequena cidade, erguida ao longo de uma estrada íngreme que ia para a direção oposta e que começava no único espaço público significativo de Dhour, a praça principal, ou *saha*, mergulhava abruptamente para a esquerda junto à igreja ortodoxa grega e descia sinuosamente até o vale, até o coração dele, 'Ayn al Qassis, a "fonte do sacerdote". Aldeia totalmente cristã, Shweir fornecia os lojistas e os funcionários que trabalhavam em Dhour durante a estação. Quando criança, eu supunha que eles simplesmente ficavam sentados em casa durante o longo, escuro e nevoso inverno. Com exceção do extremamente idoso tio-avô de minha mãe, Faris Badr, um cavalheiro de faces rosadas e grossos bigodes que sempre usava óculos escuros e terno preto com um barrete árabe vermelho, carregava um velhíssimo guarda-chuva preto e morava ali o ano todo, os parentes libaneses de minha mãe residiam e trabalhavam em Beirute, visitando Dhour apenas no verão.

Passamos nosso primeiro verão de 1943 no único *grand* hotel de Dhour, o Kassouf, que se erguia de modo bastante arrogante e pretensioso num promontório perto do fim da estrada que saía da *saha* e percorria pouco mais de três quilômetros em direção ao leste até Bois de Boulogne, a aldeia seguinte; o Kassouf era claramente construído nos moldes de um *château*, sua larga e comprida escadaria, suas balaustradas e sua pétrea autoconfiança dominando a aldeia e o vale. Aprendi pela primeira vez sobre vinho tinto e vinagre tinto no formal restaurante do Kassouf, e nele também tive meu primeiro vislumbre de uma sala de roleta e bacará. O hotel parecia estar repleto de ricos turistas sírio-libaneses do Egito (*shawam*), pessoas da nossa classe, suponho, para quem, em comparação com o calor opressivo do verão no Cairo, os dias ensolarados e relativamente secos de Dhour, e suas frescas tardes e noites, serviam como um estimulante contraste. Essas pessoas, assim como nós, passavam boa parte do tempo caminhando pelos terraços do Kassouf, ocasionalmente se aventurando pela única estrada, sem calçadas para pedestres e com um abismo de cada lado, correndo o risco de ser atropeladas por um carro ou um ônibus. Não havia nenhuma loja entre o Kassouf e a *saha*, e o hotel situava-se longe o bastante para que uma caminhada até a cidade estivesse fora de questão; assim, ficávamos por ali mesmo com as outras crianças, suas babás e seus pais. Minha mãe estava grávida de Joyce naquele verão e parecia passar a maior parte do tempo no quarto, enquanto meu pai — a essa altura um viciado incorrigível em bridge — ficava em um salão de jogo ou outro na maior parte da manhã, da tarde e, pelo menos três vezes por semana, da noite.

Só em 1944 é que comecei, muito timidamente, a decifrar as linhas gerais dos planos de meus pais para cada verão, que principiavam depois do fim das aulas, no início da primavera. No final de maio eu podia sentir que a data de partida era iminente, sem que ninguém me dissesse. Novos shorts e sandálias teriam de ser comprados, haveria uma angustiosa, longa e enlouquecedoramente minuciosa sessão familiar de fotos com um par de idosas irmãs solteironas, ambas mudas por completo e, portanto, de comunicação restrita a grunhidos excitados e acenos agitados de cabeça, no apartamento extremamente quente delas num terceiro andar virando a esquina do Shepheard's Hotel. O dr. Haddad nos visitaria para nossa rodada de vacinas contra a febre tifóide, e um dia todos os móveis da sala de estar e dos cômodos menores seriam subitamente cobertos por lençóis cor-de-rosa, brancos ou verde-claros. Até 1948 nos reuníamos, no dia combinado, no saguão do prédio da Sharia Aziz Osman, n° 1, para que uma caravana de dois ou (quando nosso número aumentou) três carros recolhesse a nós, mais uma ou duas empregadas e a cozinheira, para a estação Bab-el-Hadid, onde embarcávamos no vagão-leito do trem com destino à cidade de Ismailia ou de al-Kantarah, no canal de Suez. Dali cruzávamos para o Sinai e iniciávamos a longa viagem noturna a Haifa, aonde chegaríamos no dia seguinte, por volta do meio-dia.

A viagem de trem era indescritivelmente romântica e prazerosa. Eu amava as paredes de madeira envernizada, a bela poltrona reclinável na qual eu podia sentar junto à janela, as lâmpadas azuis que se acendiam ao entardecer, os garçons gregos e o chefe de trem vagamente francês, que ficava sentado no final do corredor onde se localizavam nossas três ou quatro cabinas e que, depois do jantar, vinha baixar as camas de cima e preparar as de

Wadie Said, meu pai, na Força Expedicionária Americana, sob o comando do general Pershing, França, 1917.

O casamento de meus pais, Wadie e Hilda, na Igreja Batista de Nazaré, 24 de dezembro de 1932.

À direita: *Meus pais em sua lua-de-mel em Londres, janeiro de 1933.*

Abaixo: *Fachada da unidade principal da Cairo Standard Stationery Company, instalada por Wadie na rua Malika Farida. Wadie está de gravata borboleta na entrada, tendo à sua direita Anna Mandel, sua secretária, 1932.*

Acima: *Interior da Standard Stationery, com Wadie de terno branco, sentado à direita; em pé, bem atrás dele, está Lampas, o gerente de estoque.*

À direita: *Minha mãe e eu, com um ano de idade, nos jardins da Mena House.*

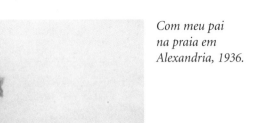

Com meu pai na praia em Alexandria, 1936.

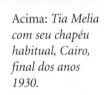

Acima: *Tia Melia com seu chapéu habitual, Cairo, final dos anos 1930.*

À esquerda: *Mostrando dotes precoces de regente no terraço do apartamento do Cairo, na rua Aziz Osman.*

À direita: *Posando numa das pirâmides durante uma ida da família a Giza, 1939. Na primeira fila, da esquerda para a direita: primos George, Robert, eu e Albert; atrás: Evelyn e Yousif.*

Abaixo: *Um passeio de carro num fim de semana aos Jardins Barrages ao norte do Cairo, em 1939, com a família de minha mãe, os Musa. Em sentido horário, a partir do canto inferior esquerdo: Rosy, Shukri Musa, Marwan no colo de Latifeh, seu marido Munir, Hilda, Albert, Robert, eu e Wadie.*

Tia Nabiha, com seus filhos Robert e Albert, Palestina, 1939.

Aos cinco anos, na piscina do Maadi Sporting Club, 1940.

Com minha irmã Rosy em trajes tradicionais palestinos, Jerusalém, 1941.

Aos sete anos, com Rosy, vestindo uniforme da Gezira Preparatory School, no terraço do apartamento do Cairo.

Um retrato de família dos Said e dos Mansour, primos em primeiro grau de meu pai, fotografados pela última vez antes que todos se dispersassem; casa dos Mansour, por volta de 1946-47.

Retrato de família em Jerusalém, por volta de 1946-47. Da esquerda para a direita: Jean, Rosy, eu aos onze anos, Joyce e Grace ainda bebê.

Boletim escolar escrito por Keith Bullen, o temível poeta e diretor da GPS.

No balanço em 'Ain al Na'as, um parque e café próximo a Dhour el Shweir, por volta de 1945-46. Da esquerda para a direita: Rosy, Jean (no balanço), Ensaf (a babá) e eu.

Do lado de fora da Catedral de St. George em Jerusalém, no casamento do primo George Said, 14 de abril de 1947. Na frente, da esquerda para a direita: Albert, eu e Robert; atrás, tio Asaad (Al), primo Yousif e Wadie. Al morreu atropelado por um caminhão duas semanas depois.

Abaixo: O casamento de Alif Musa, irmão mais velho de minha mãe, em Haifa, 1946. Minha avó materna, Munira, usando um turbante, está logo atrás de seu filho, o noivo.

Com companheiros de cabana e o monitor Jim Murray no acampamento Maranacook, no Maine, em 1948. Estou à esquerda, na fileira de trás.

Dr. Farid Haddad e Ada em seu casamento, c. 1949, Cairo. Haddad foi morto na prisão em 1959.

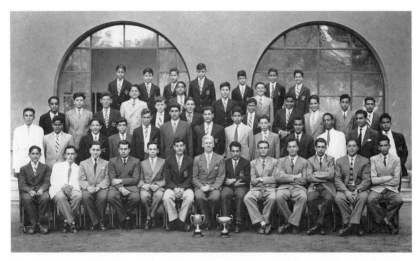

Foto da Casa Kitchener, 1950, no Victoria College, que freqüentei nas décima e décima primeira séries. Sou o sexto da segunda fila, a partir da esquerda; Keith Gatley, o professor responsável pela casa, está sentado no centro da primeira fila.

Boletim escolar de 1951 do Victoria College, atestando "excelentes conhecimentos e domínio do inglês", assinado pelo sr. Griffiths, o diretor que me baniu por duas semanas em fevereiro daquele ano.

Em frente ao Howard Johnson em Jamaica, Nova York, março de 1951.

Com meu pai na formatura em Mount Hermon, junho de 1953.

Na viagem pós-formatura na Nova Inglaterra, com meu pai e os primos Charlie (na ponta esquerda) e Abie (direita), sobrinhos de meu pai com quem me hospedei em Jackson Heights durante vários Natais.

Retrato de família no vigésimo quinto aniversário de casamento de meus pais, Cairo, dezembro de 1957. Primeira fileira: Joyce, Hilda, Wadie e Grace; atrás: eu, Rosy e Jean.

Ao piano, acompanhando Afif Bulos, num recital de canto no Paine Hall, Harvard, 1959.

Um verão durante o curso de pós-graduação em Harvard: na Acrópole, em Atenas, 1960.

Em foto de 1980, a casa de verão alugada entre 1946 e 1969 em Dhour el Schweir. O buraco de obus feito durante a Guerra Civil Libanesa atingiu o principal quarto da casa.

baixo. Eu costumava esperar com ansiedade pelo momento de ir ao magnificamente espalhafatoso vagão-restaurante, com seus talheres de prata e abajures de pérola que tilintavam quando o trem jogava para os lados, obrigando os *suffragis* de manto branco e o *maître* italiano ou armênio de smoking a fazer o mesmo. O cardápio continha sempre um primeiro prato de arroz, seguido por uma carne macia com molho e finalmente um *crème caramel* excessivamente doce, pratos banidos da mesa rigorosamente saudável de meus pais, composta de espinafre, cenouras, aipo e ervilhas e avivada de leve por um filé de frango ou uma vitela grelhada e pelas suaves massas que pareciam tão importantes àquilo que chamávamos de "regime" do meu pai. Depois de me enfiar debaixo dos lençóis limpinhos da minha cama, na parte de cima do beliche, eu acendia minha luz de leitura e tirava meu livro da curiosa prateleira de rede estendida ao longo da parede, na qual eu podia armazenar meus haveres com uma rara sensação de privacidade, a salvo de uma repentina invasão dos pais. O sono demorava a chegar e no deserto amanhecia muito cedo. A melancolia da imensidão ainda na penumbra trazia consigo uma sensação adicional de calma, e na monotonia da paisagem, e na minha completa solidão enquanto todos os outros dormiam, eu me sentia livre das pressões e da contínua angústia de não conseguir fazer nada certo.

Em Haifa éramos apanhados por dois táxis com capacidade para sete pessoas cada um, operados pela companhia de el-Alamein. Eles nos levavam até Jerusalém para passarmos uma semana ou, mais freqüentemente, percorriam a estrada noroeste até sair da Palestina via Acre e chegar a Naqura, a aldeia libanesa de fronteira, e a partir dali mais alguns quilômetros até a aldeia pesqueira de al-Sarafand. Ali parávamos num restaurante à beira-mar onde parecia sempre que passávamos horas até o peixe ser grelhado com vagar, ao gosto de meu pai, e devidamente comido; só então estávamos aptos a prosseguir rumo ao norte, ao longo de estradas desertas, até Tiro e Saida. Passando ao largo de Beirute, tomávamos a estrada Dhour-Bikfaya, que, com uma repentina elevação, levava-nos para cima de Antelias e então o azul-escuro do Mediterrâneo se descortinava para nós lá embaixo em seu cintilante mistério.

Nos primeiros dias, sempre havia uma diminuição do número de carros à medida que subíamos a estrada perigosamente sinuosa para Bikfaya, a grande cidade logo abaixo de Dhour que eu conhecia por seus famosos pêssegos e por uma fantástica loja de brinquedos pintada de vermelho e dourado, a Kaiser Amer. Só muito depois, nos anos 70, passei a ver a cidade como a morada da família Gemayel. Pierre Gemayel, impressionado com os camisas-negras alemães que vira nas Olimpíadas de 1936, fundou o partido maronita de extrema direita, as Falanges Libanesas; dois de seus filhos foram presidentes do Líbano: Bashir, cujo assassinato, em setembro de 1982, desencadeou os massacres de refugiados palestinos nos campos de Sabra e Shatila, perpetrados por seus seguidores pró-Israel, e Amin, que comandou um regime atolado na corrupção e na incompetência. Bikfaya adquiriu então uma reputação sinistra de fanatismo antipalestino, e eu a evitei, assim como a Dhour, por quase duas décadas.

Acima de Bikfaya, a estrada se tornava mais íngreme e traiçoeira, com menos carros ainda, e a visão ficava geralmente encoberta pelos grandes rolos de nevoeiro vespertino que se esparramavam em torno dos picos que galgávamos aos trancos, com os dois carros abarrotados lutando contra ladeiras abruptas. Quando por fim entrávamos em Dhour, pelo pequeno subúrbio de Douar, eu sentia a mistura de pesar e terror iminente que o lugar sempre me inspirava.

Durante nossos verões em Dhour, morávamos numa casa alugada e sem mobília, uma vez que, apesar de sua prosperidade, meu pai, conforme me disse muitas vezes, não confiava em bens imóveis e, conseqüentemente, passava sua vida fora da Palestina em residências alugadas. Era uma parte importante dos planos de meus pais para o verão que as casas fossem tão simples e despojadas de ornamentos ou luxos quanto possível. Em 1944 um caminhão de móveis de madeira estava sendo descarregado justamente quando chegamos, em junho. Em vivo contraste com o conforto e a maciez do que havíamos deixado para trás no Cairo, vi uma porção de móveis de madeira desconjuntados, cheios de lascas e mal-acabados: armários, mesas e cadeiras que meu pai havia encomendado em Beirute. Essa feia mobília espartana nos acompanhou pelas várias casas que alugamos em Dhour até 1946, quando ocupamos o segundo andar de uma grande casa no alto de um terraço imponente, que seria nosso domicílio de verão pelos 24 anos seguintes. As sete camas tinham armações idênticas de metal, pintadas de qualquer jeito com uma tinta branca que não parava de descascar, assim como formidáveis molas que pareciam saídas de uma câmara de torturas medieval. A mobília da sala de estar era composta de um par de sofás-camas que minha mãe cobriu com alguma coisa que trouxera do Cairo, além de algumas almofadas espalhadas junto à parede atrás deles. Não havia quadros em parte alguma da casa.

A idéia era que levássemos uma existência austera, rústica e minimamente confortável, despida de qualquer amenidade que meu pai considerasse demasiado urbana ou luxuosa. Só pudemos ter um rádio em casa em 1949. Lembro-me vivamente da fresca tarde de agosto de 1949 em que, trazendo o pequeno rádio para perto de mim pela primeira vez, ouvi a BBC anunciar a morte de Richard Strauss e em seguida chiar e crepitar até emudecer lentamente, e de como, de volta ao Cairo, escrevi a data junto a seu nome na minha enciclopédia musical em um volume. Só tivemos permissão para um telefone por volta de 1954 e para um carro em 1956. Com exceção de nossas empregadas Ensaf e (depois) de sua irmã Souad, nosso cozinheiro Hassan (na aldeia os nativos o chamavam pejorativamente de *al-'abd*, "escravo negro") teve de suportar cerca de cinco anos de Dhour antes de meu pai permitir que minha mãe buscasse alguma ajuda local: uma anciã encarquilhada conhecida como Um Najm, que lavava a louça e cozia os pães, e uma moça diferente a cada ano para fazer a faxina e ajudar na cozinha. A eletricidade e a água quente eram pouco confiáveis, e um banho requeria várias horas de queima de lenha no mastodôntico *qazan*, ou fornalha. Em 1952, por insistência de minha mãe, alugou-se uma espineta para que eu tocasse, mas ela foi instalada em meu quarto por receio de que causasse uma impressão demasiado civilizada à sala principal. Os livros de que dispúnhamos na casa eram trazidos em quantidades estritamente limitadas do Cairo, uma vez que peso e espaço eram considerações importantes. Em Dhour, a única livraria existente era uma filial da Stematazky instalada numa garagem não reformada e cujo pessoal se resumia a um homem de aspecto erudito e vagamente clerical, de sandálias e grandes óculos de aro preto, que mantinha uma série extensa de gibis e revistas de cinema, mais uns poucos livros baratos de mistério e assassinato pelos quais nunca cheguei a me afeiçoar. Eu vasculhava as casas dos parentes de minha mãe em busca de livros, e mais tarde pude comprá-los em Beirute. Dhour me aprofundou no mundo da palavra escrita, que se tornou para mim um precioso alívio para o vazio abissal da minha vida no Cairo, onde eu tinha tão pouco tempo para ler.

Para meu pai, a idéia era fazer de Dhour o lugar mais distante possível, em todos os sentidos, de seu mundo profissional do Cairo e de tudo aquilo que ele envolvia: carros, empregados, telefones, trajes de negócios, papéis e a metrópole. Descanso, descanso, descanso. Para ele, isso significava passar horas e horas na mesa de bridge no Hotel Salwa pela manhã e no Cirque Café à tarde, ou jogar gamão no terraço com um amigo local ou um visitante de Beirute, Jerusalém ou mesmo do Cairo. Se não fosse pela insistência de minha mãe, ele nunca trocaria a camisa esporte verde ou castanha, as folgadas calças bege, os castigados sapatos marrons, o chapéu e a bengala que compunham seu uniforme de todo dia, da manhã até a hora de ir para a cama. Não havia jornal matutino para ler, e assim ele começava o dia passeando até a cidade para visitar Nicola Touma, um doce e atraente sujeito de meia-idade de Shweir, cujo clã era o maior do local. A mercearia de Touma tinha um amplo suprimento de tudo, de frutas e verduras a papel higiênico, sabão, azeite e temperos. Misteriosamente para mim, nunca pagávamos em dinheiro, dizendo em vez disso: "Põe na conta". Quando a conta chegava às mãos de minha mãe a cada duas semanas, suscitava exclamações do tipo: "Que malandro que ele é; não me lembro de nenhuma dessas compras".

Para meu pai, normalmente um negociante muito inflexível, não importava o que Nicola registrava em sua conta; o relacionamento entre eles era calorosamente social. Sentado diante da mesa de Nicola no fundo da mercearia, com uma xícara de café turco na mão, meu pai percorria despreocupadamente com os olhos as prateleiras, encomendando cinco quilos disso ou daquilo, duas melancias, cinco potes de geléia, um quilo de figos (raramente encontráveis) e um quilo e meio de queijo, a serem entregues em domicílio por um rapaz magrinho num triciclo tão sobrecarregado que, em vez de pedalado, tinha de ser empurrado até a casa, no alto de uma íngreme ladeira. Depois de sua visita a Nicola, meu pai descia caminhando até a ABC de Edmund Halabi, três portas abaixo, e encomendava pilhas de artigos de banheiro de que nenhum de nós precisava. Em seguida era a vez do açougue, depois do vendedor de café e por fim da farmácia:

em cada um desses lugares, os pródigos pedidos de meu pai deviam corresponder a todo o montante vendido no dia. Por fim, ele se plantava junto a uma mesa de bridge até a hora de voltar caminhando lentamente para casa para almoçar. Nesse ínterim, minha mãe, deixada com os filhos, sem telefone e sem meio de transporte, teria de receber a sucessão aparentemente sem fim de entregadores, cada um deles motivando exclamações cada vez mais intensas de frustração e pesar. Grande parte das mercadorias era mandada de volta, e quando meu pai enfim aparecia para a refeição do meio-dia, era saudado por um repetitivo sermão diário proferido por minha mãe em tom de implacável queixume, ao qual apenas de vez em quando ele respondia com monossílabos, enquanto comia seu frango fibroso ou sua dura carne grelhada, aparentemente indiferente à fúria dela. Depois da sesta ele saía de novo em busca de mais bridge, dessa vez sem as ociosas paradas para compras, as quais ele retomaria na manhã seguinte de modo tão inevitável quanto o nascer do sol.

Meu pai via Dhour como uma oportunidade para fugir do árduo posto de pai, disciplinador e patrão imperioso que ele ocupava no Cairo. Em Dhour minha mãe se tornava minha companheira, algo só interrompido muito ocasionalmente, quando eu encetava efêmeras amizades de verão com meninos da minha geração hospedados nas redondezas. A ela era deixada a responsabilidade diária de administrar a casa, o que, sem o tipo de ajuda de que ela dispunha no Cairo, era uma tarefa extenuante. A ausência, no princípio, de um telefone e de um carro com chofer nos isolava e impunha a ela uma espécie de impotência que a afetava profundamente. Mas, sabendo apenas se submeter ao papel de chefe da casa que lhe fora designado, ela não sabia como protestar e pedir a meu pai que melhorasse sua situação. Minha irmã caçula, Grace, nasceu em março de 1946, quando Joyce estava com apenas dois anos e meio, de modo que ela tinha dois bebês para cuidar, além dos filhos mais velhos.

O ano de 1946 foi particularmente penoso para minha mãe. Meu pai decidiu que seu negócio exigia que ele fizesse sua primeira viagem à América desde que deixara os Estados Unidos em 1920 para voltar à Palestina. Duas semanas depois que chegamos a Dhour e nos instalamos rapidamente na casa cavernosa e inóspita, ele tomou a laboriosa rota terrestre de volta ao Egito, via Jerusalém, e embarcou para os Estados Unidos na primeira linha aérea comercial direta do Cairo a Nova York, da TWA.

Seus dois meses de ausência — durante os quais mandou cartas e (principalmente) postais ocasionais — deixaram minha mãe num estado de pânico hiperativo. O propósito principal de seu dia parecia ser o de me afastar de casa e de minhas frívolas irmãs pelo maior tempo possível. Para fazer isso, minha mãe concebeu uma série contínua de "tarefas", como nós dois as chamávamos, as quais, aos dez anos e meio de idade, eu temia. Por volta das oito e meia eu era enviado ao Nicola's, o açougue, e à padaria. Não estava acontecendo nada àquela hora; nem mesmo Abu Bahbouha, um homem rude e grisalho ao qual faltavam vários dedos, que usava um avental imundo por cima da camisa xadrez e vendia amendoins torrados numa carrocinha com uma pequena chaminé fumegante em frente à igreja, havia chegado ainda, e o velho Bou Fares, sempre usando os mais escuros dos óculos escuros e suas eternas roupas cáqui, em pé ao lado da igreja, estava apenas começando a polir e a colocar em fila as velhas bicicletas que alugava. Levaria ainda um ano para que eu tivesse permissão de alugar uma, embora meu pai, mesmo então, continuasse achando que não se tratava de uma prática "sensata". Os passageiros matinais que iam a Beirute já haviam estado na *saha* para tomar seus táxis, de modo que, à exceção do Ford 1936 de Najib Farfar, que ainda encontrava serviço como táxi local em Dhour, não havia nenhum carro nas proximidades. Apenas uns poucos lojistas, eu e nuvens de moscas e abelhas zumbidoras que iam dos damascos de uma loja à carne crua pendurada na porta de outra.

Alguns pães eram as únicas coisas que eu levava para casa cerca de uma hora depois. Assim que eu chegava, minha mãe me pedia para ir chamar o funileiro (*sankary*) para consertar um vazamento na torneira da cozinha. Então, quando os mantimentos tinham sido entregues, sempre havia dois tomates, três berinjelas, quatro limões e dez ameixas que tinham de ser devolvidos e substituídos por outros em melhor estado. "Seu pai mima tanto o homem que ele acha que pode ficar nos mandando suas piores mercadorias. Edward, diga a ele que estou muito zangada!" Essa minha terceira incursão à cidade demorava ainda mais que as outras, principalmente porque eu ficava bastante angustiado por ter de dizer algo desagradável ao benevolente Nicola, que parecia reservar toda a sua cordialidade e simpatia para meu pai, seu melhor cliente. Quando eu depositava aquela carga ofensiva em sua mesa, ele mal levantava os olhos de seus registros contábeis: "Qual o problema com esses?", perguntava-me com frieza. Eu tentava encontrar as palavras, mas só conseguia gaguejar alguma coisa incoerente que incluía a frase "minha mãe", ao que ele respondia friamente: "Deixe essas coisas aí. Depois eu dou uma olhada", querendo dizer que não estava disposto a substituí-las na hora. Eu me via diante da escolha entre voltar para casa de mãos vazias e ser mandado de volta à mercearia ou encarar por conta própria o perspicaz vendeiro, com pouca convicção em minha demanda. Eu me entregava a uma completa evasão, que até hoje me espanta por sua imprevista argúcia. "O senhor pode me ver um sanduíche de queijo com picles, por favor?", eu dizia firmemente a Nicola, que com um gesto lânguido mandava um de seus ajudantes providenciar meu pedido. "E coloque na conta", eu acrescentava com esperteza enquanto saía com o delicioso objeto na mão.

Mais tarde no mesmo dia, Nicola substituía as mercadorias contestadas, e diversas tarefas adicionais eram programadas para mim, de tal maneira que à noitinha eu estava exausto e incapaz de fazer mais do que me estirar com um romance nas mãos antes de ir dormir. O estado de fadiga em si não era tão perturbador quanto a alarmante distância que eu sentia em minha mãe. Nossa relação de intimidade tinha logo sido associada a outra cuja essência, penso hoje, foi expressa numa cena que recordo com infeliz nitidez. Numa manhã quente de um fim de semana, ela me havia mandado levar ao Hotel Kassouf um ferro elétrico embrulhado em papel pardo a um amigo vindo do Cairo, Eugenie Farajallah. Voltei para casa depois de uma hora e meia, morto de cansaço e de sede devido à longa caminhada por uma paisagem sem nenhum encanto. Não havia nenhum caminho alternativo a considerar, nenhum trecho de sombra, nenhuma fonte, nenhum outro pedestre, nenhum café ou restaurante ao longo da estrada estreita que levava para o leste, toda ela íngreme e desolada. Lembro-me também de que meu pai tinha comprado para mim — e insistia que eu usasse — um pesado capacete de cortiça cáqui; um vendedor da Avierino's, loja de artigos masculinos no distrito de Esbekiah, no Cairo, o recomendara para mim enquanto meu pai comprava para si próprio um lindo panamá. O revestimento interno do capacete ficava desagradavelmente empapado de suor quando eu colocava aquela coisa ridícula na cabeça, mas como era incômodo demais para ser carregado na mão, estava fadado a permanecer na minha cabeça enquanto eu caminhava penosamente. Quando eu galgava com esforço a longa e empoeirada escadaria que ligava a única estrada de Dhour à nossa casa, vi minha mãe em pé na sacada, num vestido doméstico cinzento e informe, sem maquiagem, com os cabelos presos na touca em forma de turbante que ela usava na época, acenando para mim com o que eu esperava fosse uma saudação pelo meu retorno, mas que na verdade era um gesto para atrair minha atenção, para me interceptar antes de eu começar a escalar decididamente o último lance de escada até o terraço. Na mão direita ela segurava um fio elétrico preto. "Querido", ela disse em inglês, o que nem sempre era um bom sinal, "esqueci de lhe dar o fio do ferro elétrico. O que Eugenie deve estar pensando? Por favor, volte lá agora mesmo e leve isto ao Kassouf." Uma terrível sensação de fadiga e desânimo tomou conta de mim.

Aquilo que havia sido uma estimulante intimidade com minha mãe, durante nossas leituras de Shakespeare, por exemplo, parecia subitamente transformar-se em outra coisa, embora aqui e ali, nos meses em Dhour, ela me desse um sinal de que algo de nossa antiga vida permanecia. Além de um esfrangalhado hinário árabe, a casa de Dhour continha uma coisa chamada *Um cancioneiro familiar*, uma coletânea predominantemente inglesa que devemos ter trazido conosco de Jerusalém ou do Cairo. Uma vez que sabia ler música o bastante para cantar algumas das canções, eu freqüentemente cantarolava ou cantava "The Minstrel Boy" ou "John Peel" para mim mesmo; ouvindo-me de seu quarto, minha mãe soltava uma frase de elogio amável, que rapidamente elevava um dia enfadonho ou meramente desinteressante a uma felicidade momentânea. Meu quarto, o único que ficava no mesmo lado que a cozinha em relação à imensa e alta sala de estar e à sala de jantar contígua, exacerbava minha sensação de isolamento improdutivo e sempre ficou para mim como um símbolo da aura negativa essencial de Dhour, a despeito dos encantos do pequeno jardim do andar de baixo, como uma mesa de pingue-pongue, um jogo de croqué e um balanço rangente que meu pai aceitou relutantemente como parte de nossa vida campestre.

Ao olhar para aqueles anos, posso ver a verdadeira angústia

instilada em mim pelo retraimento de minha mãe, ao mesmo tempo que a necessidade de me reaproximar dela era mantida viva, paradoxalmente, pelos obstáculos que colocava diante de mim. Ela havia se tornado um capataz cujas determinações eu tinha de cumprir. Entretanto, o vazio no qual eu caía durante e depois de minhas tarefas, quando ela me dava pouco carinho e agradecimento, me deixava desconcertado. A inteligência de nosso relacionamento estava temporariamente ausente, substituída em Dhour pela série de ocupações programadas para mim de modo a me afastar do caminho de todo mundo. Anos depois ela contaria histórias sobre minha capacidade de causar problemas quando menino e sobre como ela concebera para mim tarefas estúpidas, só ocasionalmente úteis.

Aquilo devia fazer parte também do plano de meus pais para me afastar da suposta (porque nunca vista ou experimentada de verdade) vida regalada do Cairo durante o verão e me depositar num lugar onde não havia, e não podia jamais haver, nenhuma tentação. As únicas garotas daqueles primeiros anos em Dhour eram uma ou duas amigas de minhas irmãs, nenhuma das quais tomava conhecimento de mim. Por volta do final de julho de 1946, o irmão mais novo de minha mãe apareceu, vindo da Palestina, e, sendo de disposição mais aventureira que a irmã, ofereceu-se para nos levar uma noite para ver um *numéro*,* como os espetáculos de cabaré eram chamados naqueles dias, no Café Nasr, um dos dois únicos locais de lazer — o outro era o Café Hawie —, que ficavam um em frente ao outro, a uns cem metros depois da *saha*; ambos eram empreendimentos familiares, o Nasr dirigido por Elias Nasr e sua irmã, uma atraente solteirona de meia-idade com uma enorme perna flebítica, e o Hawie pelos ir-

---

* Em francês no original. (N. T.)

mãos Iskandar e Nicola Hawie. Os dois estabelecimentos pareciam engajados num combate comercial mortal.

O Nasr havia aumentado seu cacife trazendo o que era anunciado como artistas "internacionais" de variedades, em sua maioria acrobatas e dançarinos cujo principal atrativo, percebo agora, era o fato de as mulheres vestirem trajes sumários. Naquela noite nos apinhamos em torno de uma pequena mesa perto da pista de dança, e o número principal era um casal de acrobatas, George e Adele, cujo sobrenome parecia húngaro. Ele era um homem baixo e musculoso, na faixa dos quarenta anos, e ela uma loura só um pouco mais jovem, vestindo um biquíni que me fez lembrar de Kalita, sobretudo porque ela dobrava o corpo de maneira similarmente não natural. Anunciado como a *soirée* das nove horas, o show só começou um pouco depois das onze, com uma porção de alarmes falsos e momentos de fingida urgência encenada por garçons que cumpriam obviamente ordens de incitar os fregueses a comprar mais comida e bebida "antes que o número comece". Uma espera cansativa para todos nós, até que um rufar de tambores introduziu os dois astros, paramentados com longas capas prateadas e exageradamente largos sorrisos cheios de dentes de ouro. Lembro de ter ficado desapontado com o pouco que eles tentaram além de umas mínimas poses francamente nada arriscadas — ele a levanta acima da cabeça, ela se curva para trás, ele a balança sob os braços — até o ato final, que o maestro armênio da banda nos advertiu que era muito perigoso e exigia silêncio absoluto. Trouxeram ao palco um pequeno mastro, no qual George hasteou Adele; à medida que ele girava lentamente o mastro à sua volta, Adele mantinha-se segura na ponta, como uma bandeira, e seu corpo girava cada vez mais paralelo ao chão, até formar um ângulo de noventa graus com o mastro — tudo isso que estava tendo lugar diante de nossos olhos era conduzido, segundo me lembro, pela supérflua narração do maestro armênio. Caminhamos de volta para casa por volta da meia-noite cheios de admiração pela proeza final da intrépida dupla, embora eu me lembre que minha mãe manteve o tempo todo um silêncio reprovador. A carne nua sempre a fez franzir o cenho e estalar a língua exasperadamente em sinal de indisfarçável desgosto.

Agora me dou conta de que um episódio de natureza tão trivial como a batalha de *numéros* entre Hawie e Nasr, que competiam entre si em entretenimentos semanais, parecia muito mais interessante do que era por causa da total falta de acontecimentos de nossos verões em Dhour durante os primeiros anos. Lembro-me da indiferença que eu sentia quando minha mãe recebia convidados para o café-da-manhã ou o chá da tarde, durante os quais eu era chamado em meu quarto para um mecânico aperto de mãos e em seguida mandado de volta para lá ou para alguma tarefa. Havia um formalismo ritualizado nessas visitas. Normalmente um mensageiro era enviado um dia antes para anunciar uma dessas ocasiões, embora elas também pudessem ocorrer sem aviso. A idéia era cada uma das famílias estar habilitada a receber uma visita social dessas por verão de uma família com a qual tivesse alguma relação — o dentista, o primo de um primo, celebridades locais, o sacerdote protestante, assim por diante. O horário matinal era por volta das onze, quando eles — ninguém nunca vinha sozinho — subiam em grupo o caminho rochoso, depois o lance único da escada de pedra, numa fila indiana liderada pelo homem ou pelos homens, seguidos em silêncio pelas mulheres. Logo era servido o café, em seguida chocolate ou, depois que minha mãe aprendeu a receita com Marie Nassar, um pedaço de doce sírio encaixado em dois biscoitos comuns. Este era considerado uma delícia especial. Um pouco mais tarde vinham copos de suco de tamarindo ou xarope de amora diluído em água e uma carteira de cigarros. Uma hora depois, os convidados levantavam-se para ir embora, embora fosse considerado educado dizer "Já vão? Ainda é cedo", o que minha mãe sempre fazia. Os visitantes da tarde chegavam às quatro e meia e eram servidos de chá; nessas ocasiões os homens eram trabalhadores que haviam voltado de Beirute ao fim de um dia de serviço.

Havia algo de desnecessariamente rígido nessas visitas, não apenas porque ficava subentendido que minha mãe deveria estar em casa para receber visitas todo santo dia, mas também porque ela própria devia fazer visitas semelhantes. Tinha-se a impressão de que um registro cuidadoso era mantido em algum lugar, mostrando que a sra. Haddad *não* tinha sido visitada, ao passo que havíamos recebido a visita *dela*. Com todo seu alvoroço, nossa vida no Cairo era bem mais privada naqueles anos, embora eu percebesse que se agitava em minha mãe o sentimento de obrigação social com respeito a uma ou duas famílias, como os Dirliks e os Gindys. Em Dhour, entretanto, minha mãe parecia obcecada com o que era ou não era feito, com o que "as pessoas" diziam ou deixavam de dizer, com a aparência das coisas. À medida que ela envelhecia, questões como essas adquiriam importância, tornando-lhe menos possível fazer o que queria e impondo-lhe a adaptação a um padrão externo, o qual, no caso de Dhour, ela detestava expressamente, mas mesmo assim seguia com obstinação.

Naquele verão ela se sentiu especialmente aprisionada, uma vez que, quando meu pai voltou de sua longa viagem, foi só para jogar bridge. A aversão de minha mãe pelos parceiros diurnos de bridge de meu pai — que nunca apareciam em nossa casa e que incluíam motoristas de táxis, tintureiros e assemelhados dos vários cafés da cidade — impeliu-o a encontrar homens respeitáveis para as noites de bridge em casa. Desse grupo, Emile Nassar e seu primo Faiz eram participantes assíduos, aos quais se somavam novos amigos, como Anis Nassif e Salim Kurban, um primo de Beirute de tia Frida. Ocasionalmente, o austero Anis Makdisi, professor de árabe da Universidade Americana de Beirute, juntava-se ao grupo; sua casa ficava pouco acima da nossa na colina, e foi lá que conheci Samir, seu filho mais novo, contemporâneo de Alfred Nassar, que mais tarde se casaria com minha irmã Jean. Minha mãe empreendeu esforços esporádicos para participar do grupo, aprendendo canastra e até um jogo de cartas chamado *concain*, mas só depois que meu pai morreu é que ela se tornou uma séria, ainda que não muito forte, jogadora de bridge.

O dia da chegada de meu pai dos Estados Unidos, no final de agosto de 1946, foi desagradável pela mais trivial das razões. Ele havia escrito a minha mãe pedindo-lhe que lhe enviasse nossas medidas em polegadas para que ele pudesse nos comprar roupas na Best's; no devido tempo, dois baús gigantescos foram despachados para o Cairo, enquanto ele seguia por via terrestre de lá para Beirute. Minha mãe e eu fomos encontrá-lo no início da tarde no terminal Alamein, no centro de Beirute, e em seguida fomos todos de carro para Dhour. Suas primeiras palavras para mim, depois de me abraçar, foram: "Você ficou mesmo muito gordo, não ficou?". Quando expressei minha surpresa, ele acrescentou: "Sua cintura tem trinta e quatro polegadas. O pessoal da Best's ficou muito espantado". A fita usada por minha mãe era uma fita métrica, e a conversão para polegadas tinha sido improvisada, para dizer o mínimo. Quando, dois meses depois, os baús foram abertos no Cairo, lembro-me de não menos de seis calças curtas marrons de lã — inaproveitáveis no calor do Cairo — que minha mãe teve de jogar fora porque eram grandes demais para mim; no fim, a maior parte do que ele havia comprado para nós, evidentemente do mesmo modo que encomendava mantimentos e mercadorias ao Nicola, sem prestar a menor atenção na quantidade ou na qualidade, teve de ser descartada. "Essa é uma das coisas que eu comprei para você na Best's?", ele me perguntava de vez em quando durante o ano que se seguiu, e eu fazia que sim com a cabeça, embora evidentemente eu nunca tenha vestido o que ele me trouxe.

"Vá brincar no bosque", lembro-me de meus pais dizerem, como se os pinheiros rugosos e os arbustos cheios de espinhos fossem um playground natural repleto de diversões deliciosas e até instrutivas. A paisagem me parecia uma terra inóspita e desolada, fervilhando de mosquitos gigantes e abelhas ameaçadoras. O fato natural e esmagador de Dhour e da área verde a seu redor era a total ausência de água: a secura desprovida de um lago, de um córrego ou mesmo de uma piscina que a aliviasse fazia com que o lugar exalasse uma pungente sensação de desconforto que o ar ocasionalmente fresco de montanha e a ausência de poluição urbana não eram suficientes para compensar.

Havia apenas uma pausa na secura do verão. Um longo e bem-aventurado dia, durante o qual escapávamos para Beirute e para o mar em nossa excursão anual de final de julho, que sempre começava com uma corrida de táxi de uma hora a Saint-Simon e Saint-Michel, duas praias arenosas vizinhas, ao sul da cidade, onde nadávamos a manhã toda num mar de muitas ondas, mas raso, e vez por outra tínhamos permissão para alugar uma *périssoire* — uma espécie de prancha de surfe alongada, com um casco de barco e um remo de caiaque —, que sempre virava na água agitada e encrespada. Eu nunca me cansava do Mediterrâneo, cuja mera abundância e fresca efervescência teriam de durar na minha lembrança pelo resto do ano. Nenhum de meus pais nadava, mas eles pareciam satisfeitos de passar o dia sob o toldo de palha do quiosque da praia, onde comíamos nosso almoço. Ocasionalmente os Dirlik, nossos amigos do Cairo, eram convidados por telegrama a vir de Bharudoun, sua cidade de veraneio, para juntar-se a nós, de modo que pelo menos meus pais tivessem companhia até o início da tarde. Durante um almoço em

Saint-Simon, meu pai ergueu-se subitamente da cadeira fazendo menção de atacar um jovem sentado a uma mesa vizinha. "Não, Wadie, por favor", gemeu minha mãe enquanto se agarrava aos poderosos braços do marido em mangas de camisa, impedindo-o de avançar sobre o homem que o havia provocado. "Vou arrancar seus olhos", meu pai gritou para o homem ao sentar. Então, voltando-se para mim, acrescentou: "Não vou deixar ninguém olhar para sua irmã daquele jeito". Achando que isso era ilógico, observei que "não há nada de mais em olhar", ao que Loris Dirlik prudentemente replicou: "Há maneiras e maneiras de olhar", uma vez que era claro para todo mundo, menos para mim, que a pessoa em questão havia ultrapassado um limite imaginário.

Minha irmã Jean, a fonte desse tumulto, parecia alheia, mas eu certamente senti na hora que não poderia competir com a possessividade de meu pai: eu era demasiado reticente para começar uma briga, demasiado mal equipado em vocabulário e sentimentos de honra ultrajada para empreender uma ação desse tipo e, por fim, demasiado indiferente ao mero fato de alguém olhar para minha irmã. O incidente durou pouco, mas me lembro de haver pensado na época que ele me rendeu um conhecimento mais profundo da poderosa virilidade de meu pai, diante da qual me recolhi, consternado. E se o olho dele se voltasse para mim, quem sabe o que poderia encontrar em meus sentimentos por minha mãe ou em minha lascívia secreta por uma ou outra mulher da família. Sem o isolamento da escola e da rotina diária do Cairo, não havia onde eu pudesse esconder minha vulnerabilidade desse homem que era capaz de explodir com uma força vulcânica tão assustadora.

Por volta das três e meia tínhamos de tomar banho, trocar de roupa e tomar o caminho de Ras Beirute, em visita a um primo Badr para um chá com bolinhos; então fazíamos nossa última parada na Patisserie Suisse, um pequeno café e confeitaria em

Bab Edriss, no coração da cidade, onde podíamos nos refestelar em *chocolat mou* e em taças generosas de sorvete e creme de nata batido. Queimados de sol, superalimentados pelo almoço, pelo chá e pelos doces da tarde, exaustos pelo raro dia em que podíamos sair das fronteiras de Dhour e ficar expostos ao glamour do azul salgado e vibrante do Mediterrâneo, fazíamos nossa melancólica viagem de volta para a aldeia onde passaríamos ainda várias semanas de vazio ininterrupto. Em ocasiões muito raras, talvez uma ou duas vezes a cada verão, meu pai ia a Beirute trocar dinheiro (Dhour era tão desprovida desse serviço como de outras facilidades modernas; não havia nem mesmo um banco no vilarejo) e me levava junto numa excursão inteiramente restrita ao espalhafatoso, abrasador, malcheiroso e barulhento centro da cidade, tão distante das praias quanto possível. Nosso destino era o Banque de Syrie et du Liban e um estranho jovem careca e com aspecto de eunuco, cuja aguda voz feminina desmentia as grossas calças cinza e a camisa branca que ele vestia com estudada indiferença. Eram os tempos das gigantescas cartas de crédito, da qual esse funcionário recortava com a tesoura vários pedaços, fazia meia dúzia de excursões a mesas diversas em busca de assinaturas e finalmente voltava com um espesso chumaço de libras libanesas, que ele primeiro contava com seu polegar coberto por um dedal de borracha e depois passava solenemente por baixo da grade do guichê a meu pai, que recontava o maço todo para conferir a soma exata.

Depois de uma hora e meia no banco, nós dois saíamos para comprar as mercadorias que não encontrávamos em Dhour — cestas de vime, pratos e xícaras, lençóis e toalhas, sacos de vinte quilos de açúcar e de arroz — e para carregá-las contratávamos um dos numerosos carregadores descalços, vestidos de *sharwal*, que vagavam junto à linha principal de bondes. Normalmente uns 120 quilos dessas compras eram colocados com cuidado na longa cesta do carregador, que ele amarrava às costas protegidas por uma almofada, com um dos laços preso à testa; eu temia que ele desatasse com o peso. Em geral parávamos no Café Automatique, com sua clientela ruidosa e aparentemente composta só de homens, seu piso de cerâmica de um alegre colorido, fervilhando de funcionários, lojistas, bancários e assemelhados, para que eu tomasse um rápido sorvete de casquinha e meu pai uma xícara de café, antes de seguirmos caminho, com o carregador descalço andando penosamente a nosso lado, até o ponto de táxis para Dhour el Shweir no fundo da Place des Canons, onde iniciávamos nossa viagem de volta às montanhas. Dessas ocasiões, trago na lembrança o calor desconfortável e grudento do dia, a falta de ar e o sufocante enfado pontuado pelos pequenos prazeres das muitas horas ao lado de meu pai, sem nada a fazer senão "estar ali" e com uma escassa conversa para aliviar o silêncio entre nós.

Em nossa casa no alto do terraço, passamos a ter vizinhos, a família Nassar, que vivia no andar térreo. Os Nassar eram tudo o que não éramos. O patriarca era Emile Nassar, também conhecido a suas costas como lorde Gresham porque, como representante local da Companhia de Seguros Gresham, com sede em Londres, ele falava sem parar da empresa em que trabalhava, sempre tentando convencer seus parceiros de bridge, ou um companheiro de táxi, ou uma visita, a comprar uma apólice da Gresham. Ele saía para seu escritório em Beirute ao romper da aurora e voltava para casa no meio da tarde para um almoço tardio, uma sesta e em seguida o bridge; diferentemente de meu pai, ele sempre vestia terno e mobiliava sua casa como uma réplica de sua residência habitual na metrópole. Os Nassar tinham móveis de verdade, um telefone, um toca-discos e um rádio (mencionados como um *pickup*), cortinas nas janelas, tapetes no chão e uma mesa de jantar extremamente ornamentada coberta com comida verdadeira preparada duas vezes por dia, em contraste com nossa solitária refeição noturna, nossa "ceia protestante", que era sempre fria e de certo modo medicinal — queijos, azeitonas, chá, algumas frutas e vegetais crus, e as tortas secas chamadas *irsalleh* —, o que combinava bem com o resto da nossa vida puritana de verão instituída por meu pai. A vida dos Nassar era mais interessante e avançada.

Os três rapazes Nassar, Raja, Alfred e Munir, eram cerca de dez, seis e três anos mais velhos que eu, respectivamente. Sua mãe "verdadeira" tinha morrido bastante jovem e seu pai tinha casado de novo com uma jovial francófona, Marie, cujo relacionamento com os rapazes nunca consegui penetrar. Essa foi a primeira família rompida, ou pelo menos dividida, com a qual tive contato. Nunca havia me ocorrido que uma família pudesse ser diferente da nossa em termos de estrutura básica, e o divórcio para mim (bem como para minhas duas irmãs mais velhas) era algo associado a glamour e crime (a "mulher divorciada" que podíamos ver em nossa rua no Cairo era o exemplo perfeito, com seu cigarro e seu cabelo vermelho). Raja e Alfred referiam-se a Marie como Tante,* mas para Munir, que era um garotinho quando seu pai se casou de novo, ela era Mama. A eles somava-se a jovem Wadad, filha de Marie com Emile, que agia e era tratada por Munir como uma irmã mais nova, mas pelos dois rapazes mais velhos como uma sobrinha.

Por mais que eu gostasse da família e me sentisse atraído por eles, nunca me senti confortável com os Nassar, em parte porque eram tão diferentes, mas também por causa da aborrecida insistência de meus pais para que eu não passasse muito tempo em sua casa, por medo, segundo minha mãe, de que eu me tornasse uma presença indesejável lá. Assim, eu sempre me sentia um in-

---

* Tia, em francês. (N. T.)

vasor, embora nunca tenham dado nenhum indício de que eu fosse um aborrecimento; só mais tarde reconheci que tais recomendações temerosas de meus pais tinham o objetivo de manter-nos psicologicamente encerrados dentro de nosso apertado círculo familiar. A excitação que eu sentia quando Marie Nassar ou Munir me convidavam para um jantar delicioso com eles era sempre acompanhada por uma sensação de incômodo e um sentimento de que eu não devia de modo algum estar lá. Um jantar podia incluir uma grande quantidade de saladas, sobras de pratos como quibe ou cozido de feijão branco, montanhas de arroz, pródigas sobremesas, e eu engolia tudo isso com ávido prazer. Minha mãe fazia rotineiramente uma cara feia quando eu subia as escadas voltando dos Nassar para nossa casa depois de uma ocasião dessas. "Não é bom comer essa comida pesada à noite", ela dizia, "você vai dormir mal." E claro que era isso o que acontecia.

Para minha decepção, durante os anos 40 e início dos 50 Munir e seus irmãos raramente estavam lá durante a semana, seja porque tinham empregos, seja porque, no caso de Munir, desfrutava a liberdade de Beirute e da casa da família na ausência dos pais. Entretanto, eles me davam acesso generoso a seus livros. Durante meus anos de colégio, fiquei mais amigo de Munir Nassar, cujo sentimento ostensivamente positivo com relação a sua escola em Beirute era uma emoção que eu nunca tinha podido sentir na qualidade de forasteiro em minha escola. Os assuntos elevados propostos por Munir em nossas graves conversas — o significado da vida, da arte, da música, por exemplo — me alimentavam intelectualmente, mas nos mantinham afastados de qualquer intimidade mais verdadeira. Isso convinha a nós dois, acho. O que conversávamos era conscientemente deliberado e sério, mas pelo menos, já que ele e seu amigo mais próximo, Nicola Saab, eram esforçados estudantes de medicina, nossas discussões tinham a virtude de me chamar a atenção para coisas que de outro modo a vida em Dhour parecia concebida para suprimir. Filosofia era nosso assunto principal, a respeito do qual eu nada sabia, mas Munir havia sido influenciado por dois norte-americanos, Dick Yorkey e Richard Scott, ambos produtos não da piedade missionária, mas das artes liberais seculares, e isso abriu novas portas intelectuais para mim, às quais primeiro reagi defensivamente, depois atravessei com surpreendente entusiasmo. Aprendi pela primeira vez alguma coisa sobre Kant, Hegel e Platão durante aquelas discussões e, a exemplo do que ocorreu quando ouvi Furtwängler e corri atrás de suas gravações em busca de confirmação, comecei por tomar emprestado o livro de Munir de extratos dos grandes filósofos do Ocidente.

Tais interrupções modestas, até imperceptíveis, do aborrecimento e da monotonia compulsória de nosso "relaxamento" em Dhour me muniu de uma sensação gradualmente emergente de complexidade, complexidade como um fim em si, não resolvida, não reconciliada, talvez mesmo não assimilada. Um dos temas de minha vida, tal como concebida por meus pais, era de que tudo deveria ser encaixado nos moldes predeterminados fornecidos por meu pai e concretizados em seus lemas favoritos: "Jogue críquete"; "Não empreste nem peça emprestado"; "Cuide de sua mãe"; "Proteja suas irmãs"; "Faça o melhor possível". Tudo isso era o que "Edward" supostamente devia ser, embora minha mãe deixasse escapar alguns incentivos à travessia dessas fronteiras, às quais ela própria, de maneira tipicamente contraditória, nunca renunciou explicitamente. As prescrições de meu pai podiam não fazer o estilo dela, mas com freqüência ela as endossava com frases como "Seu pai e eu achamos...". Entretanto sobrevivia um acordo tácito entre nós que me encorajava em música, literatura, arte e experiência, apesar das tolas tarefas e dos clichês reducionistas. Lembro-me de ter conversado com ela sobre *O idiota* quando eu tinha quinze anos, depois de ter ouvido Munir e seus amigos falarem do livro: ela o lera e ficara encantada com a bondade absoluta de Myshkin, e incentivou-me a ler *Crime e castigo*, o que fiz em seguida — num volume que também peguei emprestado de Munir.

A sensação de uma complexidade que estava além das desalentadoras limitações de Dhour continuou crescendo em mim depois da minha partida para os Estados Unidos em 1951; mas as sementes haviam sido plantadas, paradoxalmente, na época da minha maior privação, enquanto eu vagava pelas ruas desoladas da estação de veraneio, tendo apenas o calor e uma insatisfação generalizada a me preocupar na superfície. Aos poucos, encontrei maneiras de tomar emprestados livros de vários conhecidos, e no meio da minha adolescência me percebia fazendo conexões entre livros e idéias disparatados com considerável desenvoltura, refletindo, por exemplo, sobre o papel da metrópole em Dostoiévski e Balzac, estabelecendo analogias entre personagens diversos (agiotas, criminosos, estudantes) que encontrava nos livros de que gostava e comparando-os com indivíduos que eu conhecera em Dhour ou no Cairo. Meu maior dom era a memória, que me permitia recordar visualmente passagens inteiras dos livros, vê-las de novo na página e então manipular cenas e personagens, dando-lhes uma vida imaginária fora das páginas do livro. Eu tinha momentos de exultante recordação, que me habilitavam a examinar um mar de detalhes, identificando padrões, frases, agrupamentos de palavras, que eu imaginava se desdobrando e se entrelaçando sem parar. Eu não sabia, na adolescência, o que a tapeçaria completa era ou significava; percebia apenas que estava lá e podia sentir seu complexo funcionamento, detectando vivamente relações entre, digamos, o coronel Faiz Nassar e seu sobrinho Hani, a família Badr e certo tipo de mobília, eu e minhas irmãs e nossas escolas, professores, amigos, inimigos, roupas, lápis, canetas, papéis e livros.

O que eu tecia e voltava a tecer em minha cabeça tinha lugar entre a superfície trivial da realidade e um nível mais profundo de percepção de uma outra vida composta de partes maravilhosas e inter-relacionadas — partes de idéias, passagens literárias e musicais, memória pessoal, observação cotidiana —, nutridas não pelo "Edward" que minha família, os professores e mentores contribuíam para construir, mas por meu eu interior, íntimo e muito menos submisso, um eu que podia ler, pensar e mesmo escrever de modo independente de "Edward". Por "complexidade" quero dizer uma espécie de reflexão e auto-reflexão que tinha uma coerência própria, apesar de minha inabilidade, durante alguns anos, para articular esse processo. Era algo privado e separado, que me dava forças quando "Edward" parecia fraquejar. Minha mãe freqüentemente falava sobre a "frieza" dos Badr, uma espécie de reserva e distância irradiada por alguns de seus primos, tios e tias. Havia muita conversa sobre traços herdados ("Você tem a corcunda dos Badr", ela dizia, ou "Como meus irmãos, você não é um bom negociante, não leva jeito para isso"). Eu relacionava esse meu senso de distância, de separação, com a necessidade de erigir um meio de defesa daquele eu que não era Edward. Durante a maior parte da minha vida eu, de modo ambivalente, ao mesmo tempo alimentei e menosprezei esse cerne de gelado distanciamento que sempre pareceu impermeável às aflições da perda, da tristeza, da instabilidade ou do fracasso que experimentei.

Certo verão entraram na minha existência em Dhour dois novos amigos que combinavam com a crescente, mas não reconhecida, sofisticação da minha vida interior. John Racy, o filho mais velho da colega de classe de minha mãe, era, como eu, invulgarmente fluente em inglês, gostava de música e era bem-dotado para os jogos e as artes manuais. A família Racy estava passando o verão de 1947 numa casa perto do Medawar Hotel, à esquerda da praça principal, a pelo menos um quilômetro e meio de nossa casa. Impressionei-me com as frases intencional e meticulosamente lapidadas do inglês de John (ele devia ser uns quatro ou cinco anos mais velho que eu) e com sua extraordinária presença de espírito. Ele costumava conversar comigo sobre livros, música — apresentou-me a Sonata para piano em mi bemol "La Chasse", de Beethoven, tocada por Claudio Arrau — e sobre as sutilezas do xadrez, um jogo que eu não dominava e do qual nem gostava muito, a não ser quando Johnny falava a respeito dele e de "A partida de xadrez", de Stefan Zweig. Não me lembro de alguma vez ter dito mais do que sim ou não ou de terlhe feito perguntas para que falasse mais, quando o escutava, em transe. Anos mais tarde sua mãe, Soumaya, me faria lembrar que, depois que eles deixaram de ir a Dhour — ele se tornara um psiquiatra, casara-se com uma enfermeira americana, vivera primeiro em Rochester (onde o visitei no Strong Memorial Hospital em 1956), em seguida no Arizona, após o que nunca mais o vi —, em 1949 ou 1950 perguntei a ela, em tom queixoso: "Mas onde está Johnny? Sinto falta dele". Talvez não fosse uma verdadeira amizade, por ser tão unilateral, mas ele abriu para mim um rico mundo que não podia ser encontrado em nenhum outro lugar em Dhour.

Meu outro amigo, também de nossos primeiros dias em Dhour, era Ramzy Zeine, cujo pai, Zeine Zeine, professor de história na Universidade Americana de Beirute, era um Bahai* que não víamos tanto em Dhour, e sim em suas duas visitas anuais ao Cairo. Talentoso contador de histórias, o professor Zeine me acompanhou em minha primeira visita a um museu, o Museu de

---

* Seguidor da religião homônima criada em 1863 no Irã por Husain Ali (chamado de Bahaullah), que pregava a unidade de todas as raças e a igualdade entre homens e mulheres. (N. T.)

Cera do Cairo, onde, nas salas lugubremente silenciosas emolduradas por cenas da história moderna do Egito esculpidas em cera, Zeine falou de maneira pungente sobre Muhammad Ali, Bonaparte, Ismail Pasha, a rebelião Orabi e o incidente Denshawi. Vi-o poucas vezes depois dos dezesseis anos de idade, mas sei que durante a Guerra Civil Libanesa de 1975-90 ele assumiu uma posição francamente antimuçulmana e antipalestina, e a partir da década de 80 recusou-se a sair de casa até sua morte solitária, aos noventa anos.

Assim como eu, Ramzy era uma criança solitária, mas sua família havia construído para ele um pequeno e rústico bangalô de madeira verde num vinhedo a algumas dezenas de metros de nossa pesada casa de pedra. Eu nunca tinha visto um lugar como aquele, mas com seus coelhos de estimação, seu infalível estilingue, que ele próprio havia feito de um galho de carvalho encontrado junto à sua porta, Ramzy me encantava como alguém que eu teria gostado de ser, um filho da natureza, feliz e à vontade no árido ambiente de Dhour. Ele proporcionava uma rara dimensão contemplativa à inospitalidade do lugar. Assim como a de Johnny, a presença de Ramzy em Dhour foi extremamente breve e, à medida que os verões passavam e eu olhava nostalgicamente para trás, preciosa. Não mantive um relacionamento nem com Johnny nem com Ramzy depois do final da minha infância, e ambos desapareceram da minha vida dali para a frente.

Como que para compensar sua ausência, meu pai, quando voltou dos Estados Unidos no meio do verão de 1946, organizou uma série de viagens familiares pelo Líbano afora. Ele havia travado conhecimento com Jamil Yared, que tinha um táxi cor-de-rosa de sete lugares; e nesse longuíssimo e vistoso automóvel fomos às cataratas de Hamana, aos cumes de Suneen, à decepcionante floresta de cedros do norte, a Ein Zhalta, a Kasrwan, à caverna de Qadisha, a Beiteddine. Certamente essas excursões ofereciam a oportunidade bem-vinda de sair de Dhour por um dia, mas passar de três a seis horas na estrada, chegar ao local em questão, almoçar num restaurante escolhido por Yared e depois voltar para Dhour era algo que dificilmente poderia ser chamado de um verdadeiro piquenique. Minha irmã de seis anos, Jean, revelou-se muito propensa a ficar enjoada nas viagens de carro, de modo que seu desconforto conseguia monopolizar, e de certa maneira estragar, o passeio de todos nós, com exceção de meu pai, que mantinha sua serena indiferença. A comida era quase sempre a mesma, com variações locais que propiciavam um agradável alívio: em Ein Zhalta, a água da fonte era tão gelada que rachava uma melancia. Em Bsherye, onde fizemos um desvio para uma excursão de quinze minutos à casa de Khalil Gibran "tal como ele a deixou", com a cama desarrumada e os cestos ainda cheios de lixo, o restaurante local era especializado em frango grelhado. O que para mim era certo durante nossas viagens era que ninguém consultava mapa algum, e de fato parecia não haver mapas disponíveis; na maior parte do tempo, Jamil deixava-se conduzir por seu faro, o que freqüentemente ocasionava numerosas paradas para pedir informações. O Líbano daquela época não tinha placas, sinalização rodoviária ou serviços de informação turística; chegar a Raifoon era como entrar de repente num novo país onde as pessoas ficavam nos encarando e tentando decifrar a quixotesca mistura de dialetos egípcios e palestinos de meu pai, enquanto minha mãe, no banco de trás, zombava docemente de sua inabilidade lingüística: "Por que é que ele acha que essas pessoas entendem palavras como *halqait* ["agora" em palestino] ou *badri* ["cedo" em egípcio]?". Ao desembarcarmos do longo carro cor-de-rosa, devíamos parecer uma família de insólitos e amarrotados forasteiros vindos do outro lado do oceano, a julgar pelas reações exageradamente precavidas e reservadas com que éramos recebidos. Foi dessas excursões que adquiri, e mais tarde cultivei, o hábito de sempre me vestir de modo diferente dos nativos, de quaisquer nativos.

Ainda me surpreendo não apenas com a freqüência e assiduidade dessas viagens, mas com quão pouco aprendemos a respeito do Líbano ou dos locais que visitamos. Dependíamos em grande parte de nosso motorista, cujo conhecimento, até onde me lembro, era esparso e essencialmente folclórico e gastronômico: "As uvas aqui são excepcionalmente boas" ou "Vocês não podem deixar de experimentar as nozes deste lugar". Parecia haver pouca coisa de história a nos ser comunicada, e ficávamos satisfeitos com "fatos" geográficos, como Ein Zhalta não se localizar a uma altitude tão elevada quanto Dhour. Muito ocasionalmente, eu deduzia de alguma coisa que se passava entre meus pais e um garçom ou *maître d'hôtel* que determinada aldeia era maronita ou ortodoxa ou drusa; mas o inflamado sentimento sectário em torno do Líbano, do qual eu só iria ter consciência em meados dos anos 50, continuava submerso.

O status particular associado aos parentes protestantes de minha mãe, os Badr, chegou a parecer algo bem nítido, mas as estranhas conversões posteriores ao catolicismo romano só se tornaram plenamente evidentes no curso da última parte dos anos 50 até os 70. Originários de Khinshara, uma cidade média do Nordeste, os Badr haviam migrado para Shweir havia cerca de duzentos anos; meu bisavô Yusef Badr foi ministro protestante evangélico, primeiro em Marjeyoun, no Sul (hoje sob ocupação israelense), depois em Beirute. Nas memórias do missionário americano Henry Jessup, *Cinqüenta e três anos na Síria*, ele é descrito como o primeiro ministro protestante "nativo" do Líbano, por volta de 1880. Com seus pares protestantes na Palestina, os Badr deram prosseguimento a sua filiação à missão protestante americana no Líbano, mas também adquiriram um sentimento combativo, e mesmo beligerante, do que significava ser cristão numa parte muçulmana do mundo. Os primos em primeiro grau e tios de minha mãe foram educados na Universidade Americana (anteriormente Syrian Protestant College), e todos haviam sido, ou ainda eram, ardentemente religiosos, tendo aprofundado suas filiações em viagens freqüentes aos Estados Unidos e nos estudos de especialização realizados lá, nos quais adquiriram também, conforme percebi mais tarde, uma identificação demasiado estreita com visões americanas a respeito do Islã como uma religião depravada e incorrigível.

Mas os primeiros sinais dessa hostilidade com relação ao Islã eu já captava aqui e ali por trás da atmosfera alegre das reuniões familiares em Dhour. Eles pareciam emergir como expressões de entusiasmo incondicional pelo cristianismo, incomum até mesmo no interior das fronteiras devotas de Jerusalém. Enquanto "Edward Said", eu me vi computado como um cristão no Líbano, embora ainda hoje, depois de anos de mortal conflito civil lá, eu deva confessar que não sou capaz de sentir identificação alguma com o cristianismo como algo ameaçado pelo Islã. Mas quando Eva e Lily, primas em primeiro grau de minha mãe, e além disso suas amigas íntimas e ex-colegas de escola, manifestavam-se levemente céticas a respeito dos árabes coletivamente e do arabismo como crença, eu me sentia perplexo, porque a linguagem delas, sua cultura, sua educação, seu amor pela música, sua proximidade com a tradição familiar, seu modo de fazer as coisas, tudo me parecia muito mais inequivocamente árabe que nós próprios. Mais tarde, achei paradoxal e difícil de aceitar essa ideologia agressivamente cristã, de tão pouco que eu ou qualquer pessoa de minha família próxima nutríamos qualquer sentimento de hostilidade *religiosa* aos muçulmanos.

Entretanto, nos anos 40 e início dos 50 havia uma agradável camaradagem em nossas relações com os parentes libaneses de minha mãe. Tio Habib, irmão de Teta Munira e de tia Melia, era um cavalheiro de modos delicados, sempre discretamente irônico, que havia passado vários anos com a mulher e filhos trabalhando como membro da burocracia civil britânica no Sudão; sua mulher, Hannah, altamente capaz e ativa, a exemplo do marido era muito estimada e admirada. O filho único do casal, Fouad, primo em primeiro grau de minha mãe, era o favorito de nossa família. Fouad era velho demais para ser meu amigo, mas mesmo assim tínhamos um relacionamento estreito: formamos uma dupla em 1950, e sempre fiquei impressionado com seus modos arrojados, sua cortesia com as mulheres, sua natureza amistosa e seu humor oblíquo e autodepreciativo. As outras três Badr da geração de minha mãe, nós as víamos de modo irregular, como freqüentadoras do verão em Dhour: Lily e seu marido, Albert (também primo de minha mãe); Ellen, a mais nova, e seu marido, Fouad Sabra, irmão de Wadad e nosso amigo da época do Hospital Presbiteriano de Columbia; por fim, Eva, a mais velha, e seu marido, o filósofo e diplomata Charles Malik, que iria desempenhar papel importante em minha vida e no desenvolvimento de minhas idéias em Dhour.

A leve e amistosa ligação que desfrutávamos com os Badr no Líbano logo seria corroída pelas doenças, mortes, viagens, desavenças e longas separações, mas enquanto durou, nos anos 40 e 50, ela aliviou a austeridade e a desolação geral de nossa vida cotidiana em Dhour. Uma visita ocasional a meu idoso tio-avô Habib significava um chocolate e um copo de limonada, mais um relato interessante sobre a vida em Cartum logo depois da Primeira Guerra Mundial. E quando algum deles vinha almoçar ou jantar conosco, a mesa ficava repleta de deliciosas comidas de adultos, e uma espécie de abundância festiva e de sentimento de suspensão de barreiras dava vitalidade à atmosfera inerte do verão. Em 1947, quando minha mãe, depois de passar por uma biópsia para averiguar a possível presença de câncer no seio, descobriu que não tinha a doença, a boa notícia foi celebrada com um pródigo almoço promovido por meu pai em 'Ain al Na'as, uma fonte famosa, com um restaurante excelente, situada nas proximidades de Bikfaya. Todos os Badr, jovens e velhos, foram convidados. Foi talvez a última ocasião familiar harmoniosa desse tipo antes de 1948 e das várias explosões libanesas subseqüentes. Todo mundo bebeu *arak*, alguns poucos fumaram *argeelas* (narguilés), e meu pai conseguiu armar uma mesa de bridge num canto. Para nós as brincadeiras no jardim de Na'as foram particularmente excitantes, com correntes de pendurar mais compridas, assentos mais fundos para sentar, alturas mais elevadas para conquistar do que qualquer coisa que tínhamos em Dhour.

Naquele mesmo ano, acredito, meu pai decidiu começar a caçar passarinhos, porque alguém à mesa de bridge havia dito que isso teria um efeito salutar sobre ele. Uma noite, ele voltou do bridge para casa trazendo numa das mãos uma pequena espingarda preta francesa e, na outra, uma caixa de cartuchos e um cinturão. "Disseram que seria relaxante", lembro-me de ouvi-lo dizer com entusiasmo considerável. Bem cedo na manhã seguinte, logo depois de nosso desjejum, ele pendurou a espingarda de nove milímetros no ombro, colocou o cinto com os cartuchos e marchou para fora de casa: rumou para um pomar de figueiras a uns cem metros de onde morávamos, à procura de um pássaro particularmente grande e carnudo que freqüentava aquelas paragens e que supostamente era um prato maravilhoso. Voltou de mãos vazias depois de uma hora ou duas, trocou suas roupas por outras igualmente surradas e partiu para a *saha* para retomar sua rotina: "Um dos jardineiros me disse que eu tinha de fazer duas coisas. A primeira era chegar por volta das seis; a outra era não ficar andando em busca dos pássaros, mas sentar em silêncio sob uma árvore e esperar". Ele partiu cedinho na manhã seguinte com uma das almofadas cor de laranja que minha mãe colocara na sala de estar e um livro, já que não havia por que ficar desconfortável ou sem fazer nada durante a vigília. Agiu assim, acho, por cerca de uma semana, sempre voltando sem pássaros, tendo disparado a espingarda muito raramente; nos primeiros dois ou três dias, gastava alguns minutos limpando o cano da arma com uma longa escova de cerdas verdes embebida em gasolina, mas parou de fazer isso quando se deu conta de que disparos tão raros não exigiam tais cuidados. Dez dias depois, ele finalmente chegou em casa trazendo uns seis passarinhos gordinhos e foi sumariamente interceptado por minha mãe, cuja indisfarçável repugnância parecia impeli-la a levar aqueles cadáveres para a cozinha com uma rapidez maior que a habitual. Comemos os pássaros no almoço — criaturas pequeninas e resistentes que tinham o tamanho de uma rã. Minhas irmãs, minha mãe e eu cercamos então meu pai como se ele fosse um herói, de tão orgulhosos que estávamos por aquele espantoso, se bem que muito súbito, sucesso. Quando o pressionamos em busca de detalhes sobre onde e quando havia realizado a assombrosa façanha, ele pareceu atordoado pela insistência de nosso interrogatório e finalmente livrou-se de nós desaparecendo em seu quarto. Mais tarde confessou a minha mãe que tinha comprado os pássaros de um jovem caçador mais interessado em algum dinheiro vivo do que em meia dúzia de passarinhos mortos.

O episódio encerrou definitivamente a breve carreira de caçador de meu pai, e a arma foi passada para mim. Durante o primeiro ano em que me aventurei pelos bosques atrás de casa, meu principal problema era não conseguir fechar um olho só; minha avó improvisou com um lenço uma venda que eu deslizava sobre o olho esquerdo quando me preparava para atirar; era uma operação tão atrapalhada que invariavelmente o pássaro já tinha voado quando eu ficava em condições de colocá-lo em minha mira. Lembro-me de haver levado horas praticando inicialmente o ajuste do meu tapa-olho, depois a elevação da bochecha esquerda para fechar o olho. Permaneci no mesmo nível rudimentar nos quatro ou cinco anos que dediquei à atividade com o apoio relutante de minha mãe (ela via aquilo como uma extensão das tarefas que inventava para ocupar meu tempo) e um gesto ocasional de aprovação de meu pai. Eu não me via como um hábil caçador, ainda que voltar para casa com um par de animais abatidos fosse um sinal de que eu havia me saído melhor que meu pai. Acabei conhecendo bem as várias áreas de bosques que ficavam perto da casa, mas de modo geral considerei a experiência desinteressante e tediosa. Uma vez consegui convencer minha irmã Jean a me acompanhar; ela pareceu gostar mais da incursão do que eu.

A primeira oportunidade para instrução intelectual durante o verão veio em 1949, quando me mandaram fazer uma espécie de curso particular de recuperação em geometria como preparação para entrar no Victoria College no outono. Um dos companheiros de bridge de meu pai foi considerado adequado para o trabalho, e três manhãs por semana, às nove, eu caminhava até sua casa, na metade do caminho para 'Ayn al-Qassis, para uma aula particular de duas horas. O sr. Aziz Nasr era um homem razoavelmente afável, um engenheiro aposentado que havia trabalhado durante muito tempo no Iraque antes de voltar para sua aldeia natal; era, acredito, primo do proprietário do café, o que lhe conferia credenciais atraentes aos meus olhos. Seus gestos pequenos e precisos me fascinavam menos pela solidez da lógica geométrica que ilustravam do que pela incrível limpidez dos diagramas e esboços que ele produzia durante as aulas. Meu pai havia obtido um exemplar do texto de geometria escolar oficial de Oxford e Cambridge — um livro grosso e cinzento de terrível seriedade, sem o alívio das agradáveis ilustrações a que eu me acostumara nos manuais da CSAC —, e o sr. Nasr passou a me guiar através de suas páginas ameaçadoras, uma após a outra. Ele tinha a inexplicável propensão, durante os testes quinzenais que preparava, de não me prescrever os problemas e perguntas apresentados pelos autores, e sim os chamados "extras", aqueles problemas excepcionalmente difíceis que me julgava capaz de resolver. Mas eu só os resolvia muito raramente. A maior parte das vezes me atrapalhava todo, esperando em silêncio enquanto ele passava os olhos pelos meus esforços inadequados, até que, num gesto súbito de impaciência, ele arrancava a página infame do meu caderno de exercícios e resolvia o problema numa folha em branco, de um modo que eu julgava elegante. Depois de dez semanas ele escreveu um relatório sobre meu progresso irregular, no qual sublinhava minha inteligência, mas também minha falta de concentração, minha relutância em tentar fazer o melhor etc. Esse relatório (que, de maneira injusta, não fazia nenhuma menção aos "extras") me rendeu o já familiar comentário crítico de meu pai: "Você nunca dá o melhor de si, Edward". Minha mãe assumiu uma visão mais dramática e, devo dizer, apocalíptica das minhas chances de sucesso na nova e supostamente mais séria e exigente escola em que eu estava prestes a ingressar. "O que vai ser de você, Edward? Vai sempre fracassar e fazer feio? Lembre-se de Miss Clark: ela compreendia você tão bem. Quando é que você vai se emendar?"

Durante aqueles verões em Dhour, confesso que me comportei um pouco de modo detestável, em grande parte como resultado de períodos de solidão forçada em meu triste quartinho, depois de ter ouvido: "Tire suas roupas e vá já para a cama, e nada de leituras". Lembro-me com clareza de, durante as horas passadas na cama, certa vez ter coberto a parede de cuspe, bombardeando a superfície branca tentadoramente vazia a meu lado com mísseis bem direcionados. Claro que isso só enfureceu minha mãe ainda mais. Não havia muitos momentos de ternura durante o longo verão. Minha relação com minhas duas irmãs mais velhas, Jean e Rosy, era como sempre espinhosa, antagônica, e eu sentia que estávamos perdendo lentamente o hábito da intimidade e mesmo da convivência.

Até o dia de sua morte, minha mãe foi uma bilateralista, isto é, ela nos encorajava a lidar uns com os outros por intermédio dela. Eu não tinha consciência nem de estar nem de tentar entrar em sua órbita, mas percebia que só um de nós poderia ser favorecido de cada vez. "Por que você não consegue ser mais prestativo, como Rosy", ela podia dizer; ou, inversamente, "Nenhuma de suas irmãs tem o seu talento musical". Jean tinha um humor melhor que o de Rosy; Rosy era mais forte que Jean; Edward não sabia se comportar perto de nós. Vivíamos no ambiente dos mitos de minha mãe, desempenhando os papéis designados para nós. Até hoje não sei bem quantos dos sentimentos sinceros, freqüentemente dolorosos, que lhe confidenciei ela guardou de fato, e quantos ela passou para meu pai ou minhas irmãs. Eu precisava me abrir para ela, mas sabia que isso me faria vulnerável a suas manipulações mais tarde. Continuei tentando me manter próximo dela e atrair seu afeto para mim. Ela nunca me deixava em paz em Dhour, e finalmente, acho, acabei absorvendo suas aflições, sua incansável preocupação com detalhes, sua crônica inabilidade para ficar calma, seu jeito de se interromper constantemente, impedindo um fluxo contínuo de atenção ou concentração no que quer que fosse. Minha mãe possuía uma poderosa e sensível inteligência, que sempre me atraiu, mas tendia a escondê-la para parecer um desamparado e maltratado apêndice da força de meu pai. Lembro-me de que a admirava por seus vacilantes e truncados esforços para completar sua educação em francês e humanidades, bem como em taquigrafia, mas a despeito de seus anos de oposição resignada à queda de meu pai pelo baralho, o bridge foi a única coisa que ela estudou com afinco, tornando-se depois da morte dele uma respeitável jogadora também.

Em seus piores momentos, eu descreveria essa situação como a síndrome de Dhour, formada porque minha mãe se sentia injustamente abandonada a sua própria sorte, uma pessoa incompleta que tinha de tentar freneticamente, mas também sem sucesso, lidar com tudo o que via diante de si, como o artista de circo que tem de impedir vários pratos giratórios de cair de uma infinidade de hastes. Mas nunca duvidei de que ela de fato me compreendesse, a despeito de sua ilimitada capacidade para nos manipular o tempo todo. Instintivamente me vi atraído para pessoas de nossas relações sobre as quais ela sabia relativamente pouco; encontrar outras vidas, outras narrativas, tornou-se minha maneira de buscar, de forma inconsciente, alternativas para a dominação de minha mãe. Assim, o dr. Faiz Nassar e sua segunda esposa, Fina, uma mulher faceira e despreocupada que eu achava extremamente cativante, tornaram-se logo uma das minhas fontes favoritas de sabedoria exótica, bem distante dos horizontes insípidos de Dhour. Tínhamos originalmente conhecido Fina e seus dois filhos no Cairo, no início dos anos 40; ela era casada na época com um egípcio, que depois morreu. Na qualidade de viúva Shami no Cairo, ela então conheceu e se casou com Faiz, que mais tarde a trouxe com seus dois filhos para Beirute. Ele nos foi apresentado por Emile Nassar, seu primo e nosso vizinho do andar de baixo; formei um vínculo com Faiz quando ele começou a aparecer regularmente para jogar bridge e gamão com meu pai.

Como a maioria dos Nassar, cujo vasto número, àquela altura, parecia a meu olhar protestante puritano uma grande rede de coloridos e levemente *louches** membros de uma tribo que

---

* *Louches*, em francês no original, com o sentido, aqui, de suspeitos, duvidosos. (N. T.)

consistia de divorciados e meio-irmãos, Faiz era um homem pequeno mas bastante imponente, com um bigode espesso e bem cortado, que se movia e falava com impressionante gravidade e lentidão. Nós o conhecemos, inicialmente, como "dr. Faiz", mas logo que ele e meu pai se tornaram parceiros constantes veio à tona que ele havia sido um coronel do exército egípcio no Sudão; desde então meu pai começou, de modo um tanto jovial, a chamá-lo de "o Coronel" e em pouco tempo todo mundo passou a chamá-lo assim também. Apesar de seu ar sério, ele nunca me tratou com superioridade e era, entre os homens mais velhos que conheci em Dhour, o único que eu considerava realmente meu amigo. Seus silêncios pensativos e sua reserva me fascinavam. E o Coronel com freqüência ficava feliz em retardar um jogo noturno de bridge em casa para contar algumas histórias de caçadas descritas num inglês majestoso salpicado de palavras coloniais e frases como "meus carregadores nativos" e "a velha alimária", que desprendiam o aroma de uma África mitológica vislumbrada por mim nos livros e filmes de Tarzã que sempre apreciei. Acho que quando fiquei mais velho especulei que algumas de suas histórias sobre "os grandes gatos", por exemplo, tinham sido inventadas para o meu deleite, em vez de extraídas de suas experiências concretas. Mas a solenidade nunca variava, a exemplo de suas longas e nobres pausas. Durante meus anos de juventude eu tinha a impressão de que ele contava as histórias com tantos lapsos e tamanha cautela com o objetivo de instaurar a tensão de uma verdadeira perseguição na floresta, mas quando nós dois ficamos mais velhos, me dei conta tristemente de que sua memória e seu raciocínio vinham pouco a pouco se deteriorando.

Mais tarde, um de seus parentes me contou — talvez tendo apenas malícia na cabeça — que ele tinha mantido como sua uma negra sudanesa, e também que, como militar, ele fora um rígido disciplinador. A severidade sem dúvida fazia parte de seu caráter, mas para mim ela contribuía para o seu altivo mistério, algo muito raro numa sociedade falastrona como a nossa.

A amizade do Coronel era uma espécie de antídoto à atmosfera criada por minha mãe. Havia ordem, sabedoria e deleite no que ele oferecia. Contudo, conforme passavam os anos, nosso lar parecia se tornar mais agitado e populoso, em parte, acredito, porque mais parentes de minha mãe adquiriram o hábito de alugar casas em Dhour para toda a estação. À medida que o próprio Coronel envelhecia, podia ser visto caminhando muito lentamente pelas margens estreitas e sem pavimentação das ruas de Dhour. Seu barrete árabe vermelho, na época uma anomalia completa, nunca foi abandonado, assim como a pequena roseta verde colocada discretamente na lapela.

O Coronel parecia desaparecer lentamente de nossa vida, dando lugar, junto a mim, não a alguém como ele, mas a homens mais jovens, mais próximos de minha idade, dos quais me vi em companhia enquanto a própria Dhour crescia e se tornava mais cosmopolita. No início da minha adolescência, o velho Cinema Florida, vizinho ao Café Cirque, cujo único projetor requeria uma pausa a cada vinte minutos para a troca de rolos e cujos filmes eram cheios de riscos, chiados e fotogramas velados, foi substituído pelo mais vistoso e confortável City Cinema, capaz de projetar um filme relativamente novo sem interrupções. Três de nós podiam ir ao cinema e encontrar um grupo de primos, ou alguém visto aquele dia na quadra de tênis, ou talvez um dos rapazes Nassar em companhia de um amigo de Beirute. A cidade começou a mudar quando um ou dois salões de bilhar, uma nova quadra de tênis, algumas lojas restauradas vendendo artigos esportivos e camisas em vez de fogos de artifício e novelos de lã, assim como mais moradores providos de automóveis, surgiram para iluminar sua melancolia habitual.

Mas junto com cada alargamento de horizontes vinha a torturante lembrança da minha condição de forasteiro, de alguém que não estava em casa em Dhour, aliás nem no Líbano. Assim, numa tarde singularmente radiante Munir Nassar me convidou para ir à sua casa conhecer um colega de escola seu de Beirute, Nicola Saab, o rapaz mais brilhante da classe. (Dez anos depois, no limiar de uma luminosa carreira médica, ele cometeu suicídio.) Por trás deles havia vários anos de estreita amizade e uma espécie de língua comum cheia de frases deliberadamente rebuscadas e enigmáticas que excluía intrusos como eu. Lembro-me de que na segunda vez que me encontrei com os dois tivemos uma discussão acalorada sobre os méritos relativos de Brahms, a quem valorizavam enormemente, e Mozart, a quem eu preferia. Eu tinha acabado de descobrir a sinfonia *Linz* de Mozart e julgava que sua clareza de linhas e sua límpida elegância eram o máximo em termos de expressão musical. Manifestei minha opinião da melhor maneira que consegui, mas fui rechaçado pelos dois rapazes mais velhos, que menosprezaram Mozart tachando-o de "leve" e carente de reflexão. A palavra que lembro distintamente ter sido usada para dignificar Brahms foi "profundo", que eu não compreendia plenamente e nunca havia usado. Profunda, densa, obscura, perturbadora, excitante, significativa: foi assim que a *Primeira sinfonia* de Brahms foi descrita, e quando o disco foi tocado no *pickup* de Nassar, houve um bocado de acenos afirmativos, trocas de olhares, apertos de mão excitados. Eu não tinha resposta nenhuma para essas coisas. Brahms era a escolha aprovada pelos parceiros; Mozart e eu éramos os forasteiros levemente desprezados e desprovidos da necessária seriedade. No final, como que para compensar a polifonia concertada, para não dizer orquestrada, dos dois, Saab voltou-se para mim em atitude conciliatória, dizendo: "Mas, você sabe, Mozart é de fato impecável". Outra palavra incomum, cujo significado eu não entendia totalmente, "impecável" piorou as coisas para mim, como se ser impecável significasse o último recurso da superficialidade.

Quando eu estava perto de fazer quinze anos, tive permissão de ir a Beirute com Munir Nassar. Ele me levou à austera e cimentada praia da universidade, onde nossos pés queimavam só de tentar chegar à água, e me apresentou a seus colegas de classe, que me cumprimentaram com cordialidade, mas em seguida trocaram brincadeiras e piadas joviais num dialeto árabe que era claramente a sua língua, mas não a minha. Foi um dos primeiros momentos em que vivenciei a língua como uma barreira, embora eu compreendesse o que estava sendo dito. O sotaque deles era libanês, o meu era egípcio revestido por um tênue vestígio de palestino; a Beirute deles era a minha só porque acontecia de eu estar com Munir. Eu me retraía enquanto falavam animadamente uns com os outros. Quando fomos a uma matinê no Cinema Capitol, no centro de Beirute, a fresca penumbra da sala me proporcionou uma maior invisibilidade, e me perguntei se algum dia eu estaria no mesmo plano que os dois jovens sentados a meu lado. Mais tarde falei com minha mãe sobre a sensação de isolamento que experimentei enquanto ouvia os dois conversarem animadamente. "Você perguntou a eles sobre o que estavam falando e por que não o incluíam na conversa?", ela me questionou, fazendo com que eu me sentisse ao mesmo tempo pior, por causa da minha timidez, e melhor, pelo fato de ela ter acorrido prontamente em meu auxílio. Claro que eu não havia perguntado, e não conseguia nem me imaginar fazendo aquele tipo de pergunta.

Em meados da década de 50, quando finalmente tínhamos um carro e um telefone em Dhour, eu cursava faculdade em Princeton, e de repente a sensação de aprisionamento e tédio associada por tanto tempo a nossos verões ali simplesmente desapareceu. A vida em Dhour não se restringia mais à *saha* e suas proximidades, mas estendia-se até a cidade de Brumana, dez quilômetros ao sul, e a Mrouj, alguns quilômetros depois do Hotel Kassouf.

O centro social de nossa nova atividade era a quadra de tênis. Primeiro houve a quadra de Halaby, aberta a qualquer pessoa que se dispusesse a pagar a pequena soma cobrada; a quadra era mantida precariamente, mas foi lá que conheci Sami Sawaya (um parente distante de nosso vendeiro) e Shawqi Dammous, um quarentão robusto que era também professor de esportes do International College, a escola preparatória para a Universidade Americana.

Sami era um jovem alto e magro cerca de cinco anos mais velho que eu. Como aparentemente passava todo o tempo na quadra de Halaby e era naturalmente sociável e cordial, ele conseguia que eu jogasse um ou dois sets com outras pessoas. Sami me introduziu na ruidosa atmosfera do lugar, muito distante da tediosa solidão a que eu estava acostumado. O que me ficou na lembrança foi a turbulência das manhãs passadas na Halaby: havia numerosas batalhas verbais, sempre mediadas pelo incansável e intransigente Shawqi, cuja cabeça de dimensões majestosas cobria-se de suor à medida que arbitrava ruidosamente a disputa entre diferentes adversários na quadra; havia duelos de fundo de quadra às vezes empolgantes e sempre difíceis entre mim e o imperturbável Sami, e de quando em quando uma partida de duplas com garotas que eu conhecera ali; e havia ocasiões de gala, quando Dhour, em geral representada por meu primo Fouad Badr, um garboso astro das platéias, enfrentava uma equipe da IPC (Iraqi Petroleum Company) de Trípoli, ou uma equipe de Brumana, em várias partidas simples e uma ou duas de duplas.

O tênis afinal me propiciou uma vida independente de meus pais em Dhour, fora do alcance do olhar controlador de minha mãe. Houve enorme progresso em nossa vida social em 1954, quando uma grande família muçulmana, os Tabbarah, comprou uma bela casa e construiu junto a ela uma quadra de tênis, que eles transformaram em seguida num clube onde a figura preponderante foi, mais uma vez, Shawqi Dammous. Como o clube ficava quase um quilômetro depois do Kassouf, um carro era indispensável, embora algum táxi (chamado de *service*) ou ônibus que estivesse passando perto de casa pudesse muitas vezes ser convencido a nos deixar lá para uma tarde de tênis, pingue-pongue e convívio social.

Logo depois que o Tabbarah Club passou a existir, conheci Eva e Nelly, as irmãs Emad, filhas mais jovens de Naief Pasha Emad, um homem oriundo de Ein al-Safsaf (uma cidade-satélite de Shweir), mas agora um notoriamente próspero fabricante de sabão que morava na cidade industrial de Tanta, no Norte do Cairo, e ali possuía fábricas. Os Emad viviam do outro lado da estrada, em frente ao Tabbarah Club, num imenso palacete com vistosas venezianas verdes, cercado por um grande muro de pedra. Nunca entrei na casa nem conheci Emad Pasha, apesar de meu relacionamento próximo com alguns de seus filhos. Eva era um pouco mais velha que Nelly e quase sete anos mais velha que eu. Solteira, rica, socialmente isolada do meio à sua volta, Eva foi a primeira mulher de quem me aproximei de verdade, apesar de por dois verões nunca termos ficado sozinhos, mas sempre em companhia do grupo costumeiro que aparecia de manhã para jogar tênis, voltava para casa para almoçar e reaparecia à tarde para mais tênis, ruidosos jogos de cartas e pingue-pongue.

VIII.

Eu não tinha como saber, mas quando entrei no Victoria College, no outono de 1949, com quase catorze anos, estava também me avizinhando dos dois últimos anos de minha vida no Cairo. Pela primeira vez me tornei exclusivamente "Said", com o prenome sendo ignorado ou abreviado para "E"; e como simples "Said" entrei num mundo híbrido feito de uma miscelânea de sobrenomes — Zaki, Salama, Mutevellian, Shalom — de variadas procedências, todos precedidos de iniciais pendentes, para não dizer irrelevantes: Salama, C, e Salama, A, por exemplo, ou Zaki, cujas duas iniciais dos primeiros nomes renderam-lhe apelidos zombeteiros e cacofônicos, "Zaki A. A." ou "Zaki Ack Ack".

Antes do início das aulas eu disse a minha mãe que estava interessado em me tornar médico, ao que ela respondeu que meu pai e ela ficariam felizes em comprar para mim a minha primeira clínica. Tanto ela como eu entendemos que o presente seria no Cairo, embora ambos também soubéssemos que o Cairo não poderia, a longo prazo, ser nosso lar para "o futuro", tal como o imaginávamos. Relatos de misteriosos assassinatos e seqüestros, na

265

maioria de homens conhecidos e proeminentes que tinham esposas bonitas, davam testemunho da influência de um rei corpulento e libidinoso cujas desordens noturnas e longos passeios pela Europa haviam desconjuntado o país tanto quanto os escândalos da guerra palestina de 1948, na qual armas defeituosas, generais incompetentes e um inimigo formidável haviam não apenas desbaratado o exército egípcio, como também reduzido o vacilante e ainda não completamente independente Estado egípcio a uma situação nova e degradada. A súbita proeminência da Irmandade Muçulmana* trouxe mais incerteza e angústia para aqueles entre nós, árabes, que não eram nem egípcios nem muçulmanos. Uma constante guerra de guerrilhas na zona do canal de Suez, da qual as forças britânicas haviam se retirado, elevou à categoria de heróis os guerrilheiros ou *fedayin* (um epíteto islâmico que denota "sacrifício guerreiro") e também tornou mais tensas do que nunca nossas relações de trabalho com médicos, enfermeiras, professores e burocratas ingleses.

Senti isso no momento em que coloquei os pés no Victoria College, mais tarde descrito para mim pelo sr. Hill, o professor de geografia, como uma escola concebida para ser a Eton do Oriente Médio. Com exceção dos professores de árabe e francês, a faculdade era inteiramente inglesa, embora, ao contrário do que ocorria na GPS, não houvesse sequer um aluno inglês matriculado. Meu pai me levou de carro até a escola — situada temporariamente na antiga Escola Italiana de Shubra, uma das áreas pobres mais densamente povoadas do Cairo, não muito distante da clínica do dr. Haddad — e no primeiro dia me deixou diante da entrada com seu habitual e animado "Boa sorte, filho", antes

---

* Também chamada Sociedade dos Irmãos Muçulmanos, organização fundada no Egito em 1928 por Hasan al-Banna, que pregava o retorno da ortodoxia e a substituição do governo secular por um rígido Estado teocrático. (N. T.)

de ir embora com o motorista. Pela segunda vez na vida (a primeira foi na GPS) eu estava vestido com um paletó escolar, calça cinza, gravata listrada de azul e prata e boina: um uniforme (comprado na Avierino's) que me proclamava um aluno do VC, engendrando em mim um sentimento de miserável solidão e profunda incerteza enquanto abria caminho pelos alvoroçados corredores uns cinco minutos antes de o sino da escola tocar, às oito e meia. A sala para dentro da qual olhei timidamente à procura de orientação para chegar à classe do Intermediário Cinco era a do diretor, onde um prestativo empregado (*farrash*) me indicou que seguisse para o final do corredor até chegar a um pátio apinhado, no fim do qual ficava um pequeno prédio com duas salas. "É ali", disse ele. "Intermediário Cinco Um é na sala da esquerda." Enquanto seguia hesitante o meu caminho, passando por um jogo de futebol, diversas lutas-livres, uma intensa partida de bolinhas de gude e uma pequena multidão de rapazes mais velhos que riam às gargalhadas, me senti assaltado e deslocado pela estranheza desinibida do lugar, no qual só eu parecia ser novo e diferente.

Quando encontrei a sala de aula certa, havia um garoto bastante pequeno escrevendo diligentemente em sua carteira, com um grande livro de referência ao lado; dois outros estavam sentados lado a lado, lendo em silêncio; e outros três comparavam suas tarefas. Timidamente perguntei ao assíduo escrevinhador (que se apresentou pelo sobrenome, "Shukry") em que ele estava trabalhando. "Linhas de reserva", respondeu de forma lacônica. Quando lhe perguntei o que significava aquilo, explicou que um castigo-padrão era ter de copiar quinhentas ou mil linhas de um livro particularmente tedioso, tal como a lista telefônica, um dicionário ou enciclopédia; deixar algumas já prontas e mantê-las estocadas aliviaria o sacrifício depois. Percebi de imediato que aquela escola era o lugar mais sério que eu tinha freqüentado, com pressão maior, professores mais duros, alunos mais competitivos e espertos e uma atmosfera fervilhante de desafios, castigos, intimidações e perigos. Acima de tudo, sentia que nada em minha casa ou em minha família havia me preparado para aquilo: eu tinha de fato que me virar sozinho, uma condição desconhecida, estranha, e me sentia prestes a ser engolido pelos minuciosos labores de um lugar ameaçadoramente grande, dez vezes maior que qualquer escola em que eu havia estado antes.

Cada classe do segundo grau era dividida em seções Um e Dois, a primeira para os tipos relativamente brilhantes e esforçados, a segunda para rapazes mais lentos e menos bem-sucedidos, em geral vistos como fracassos darwinianos que mereciam seu destino inferior. As divisões de classe reservavam aos rapazes da Sexta Inferior o preparo para a obtenção do Certificado Escolar de Oxford e Cambridge (diploma colegial), enquanto os jovens especiais da Sexta Superior prosseguiam em direção à universidade. A meus olhos, esses jovens pareciam todos atletas perfeitos, gênios, aos quais rotineiramente chamávamos de "capitães", um título a que as divisas de prata em seus paletós e boinas conferiam uma credibilidade extra. Os dois rapazes principais, capitães Didi Bassano e Michel Shalhoub, eram no princípio figuras bastante remotas, mas com o tempo Shalhoub em particular tornou-se uma presença desagradavelmente familiar, notória por seu brilhantismo estiloso, mas também por sua estilosa conduta coercitiva com os garotos mais novos.

Para impor coerência aos cerca de mil alunos do VC, as autoridades nos tinham dividido em "casas", algo que, além do mais, inculcava e tornava natural a ideologia do império. Eu era membro da Casa Kitchener; outras casas eram Cromer, Frobisher e Drake. O VC do Cairo era, de modo geral, uma escola menos fina que sua ancestral de Alexandria, que existia havia três décadas e contava com uma relação muito mais imponente de alunos (entre eles o rei Hussein da Jordânia) e professores, além de um conjunto muito bonito de edifícios e campos de esportes na grande capital de veraneio do Mediterrâneo. Nosso campus em Shubra era provisório, alugado inicialmente durante os anos da guerra para acomodar o número excessivo de alunos de Alexandria, que era predominantemente um internato. A maioria dos rapazes era de alunos não internos do Cairo, de uma classe menos elevada e, segundo eu supunha, menos capacitados que os de Alexandria. As salas de aula e o salão de reuniões eram sombrios e apertados. Uma nuvem permanente de poeira parecia pairar sobre o lugar, embora quatro quadras de tênis e vários campos de futebol constituíssem instalações externas de uma prodigalidade que eu nunca havia encontrado antes.

Enquanto eu ficava por ali esperando que começasse a aula naquele primeiro dia, as carteiras foram gradualmente sendo ocupadas por rapazes conversadores, cada um deles carregando uma imensa pasta cheia de livros, lápis e cadernos. Na condição de único aluno novo, presumi que eu seria um forasteiro durante meses, tão densa era a teia de associações e hábitos que conectava meus 25 colegas de classe; porém, no final daquele primeiro dia já me sentia bastante à vontade. O sr. Keith Gatley, nosso professor de turma, era grisalho e corpulento, com uma enorme cicatriz cruzando seu rosto em diagonal. Como os outros britânicos da escola, Gatley era um oriundo de Oxford que ou ficara retido no Egito pela guerra ou fora para lá depois dela devido à ausência de emprego decente em seu país. A maior parte do corpo docente era composta de solteiros, e corria entre os alunos o boato de que eram todos pederastas depravados que satisfaziam seus apetites ilícitos recorrendo ao vasto corpo de funcionários e talvez até aos garotos mais novos da escola. Gatley era chamado pelas costas de *"al-Khawal"*, ou "bicha", e sua horrível cicatriz (dizia-se) era o resultado de uma briga com um cafetão a quem (de acordo com o mesmo relato obsceno) Gatley havia tentado tapear. Obviamente não havia como saber se isso tudo tinha um fundo de verdade.

Descobri a maior parte desses "bastidores" durante a primeira aula de inglês, que foi dedicada a *Noite de reis*, uma peça altamente inadequada a rudes adolescentes para quem "a música do amor" só evocava o som ritmado de uma mão masturbadora. Gatley pediu que lêssemos em voz alta e explicássemos várias falas da primeira cena, mas tudo o que conseguiu foram ruidosas risadas, balbucios incompreensíveis e medonhas obscenidades em árabe, apresentadas como equivalentes "clássicos" do que o duque de Ilíria estava dizendo. Todas as "quedas mortais", "esvaecimentos" e "entradas" eram explicados com mal disfarçada malícia, enquanto Gatley, cujo olhar míope protegia-o da maioria dos gestos da classe, movia a cabeça em letárgica aprovação e vaga concordância com o que acreditava estar ouvindo.

Em questão de horas, anos de educação solene e sóbria desmoronaram diante de mim à medida que eu andava sem cessar para lá e para cá entre os rapazes, unidos numa solidariedade de grupo como *wogs** em confronto com nossos professores cômicos e/ou defeituosos em graus variados, vistos como cruéis, impessoais e autoritários ingleses. Acreditava-se que, em sua maioria, os mestres eram vítimas de guerra que, em nossa visão totalmente antipática deles, mereciam seus tremores, sua manqueira e suas contrações espasmódicas. Perto do final da aula, Gatley subitamente ficou em pé, com a grande barriga estufando a camisa justa e as bojudas calças tingidas, e, despertando de seu torpor, cambaleou em direção a dois alunos conversadores cuja

---

* Termo britânico, de conotação geralmente pejorativa, usado para designar estrangeiros "não brancos", especialmente os nativos do Oriente Médio e do Sudeste Asiático. (N. T.)

despreocupação impediu de ver o desastre que se aproximava. Eu nunca tinha visto nada parecido antes: um homem corpulento e de amplos braços atacando dois garotos minúsculos, ele assestando um ou outro golpe enquanto tentava não cair, eles dançando agilmente para fora de seu alcance e gritando "Não senhor, o senhor não me pega" com a voz mais aguda, enquanto a classe se reunia em torno da zona de conflito, tentando desviar os golpes dele da dupla zombeteira.

A aula de Gatley foi imediatamente seguida por uma hora de matemática impingida a nós por um certo Marcus Hinds, tão tenso e nervoso quanto Gatley era pesado e fleumático. O sr. Hinds considerava-se uma pessoa muito espirituosa, e sua evidente agudeza mental era sustentada por uma língua cáustica que não tolerava a preguiça ou o raciocínio malfeito. Pelo menos a álgebra e a geometria tinham em si uma precisão que faltava às divagações sentimentais de Gatley sobre o que para nós era poesia "estrangeira", de modo que a classe se concentrou no trabalho sério em questão de minutos. Entretanto, o silêncio de Hinds acabou se revelando literalmente mais punitivo que a letargia de Gatley. Equipado com um apagador especial extremamente grande, que num dos lados era revestido por uma placa de madeira de quase três centímetros de espessura, Hinds podia precipitar-se sobre um aluno transgressor que estivesse cochichando com um vizinho ou — delito igualmente sério — fosse incapaz de compreender determinada fórmula algébrica, e começar a golpear-lhe a cabeça, os ombros e as mãos com sua contundente arma. Minha desgraça na primeira aula que tive com Hinds foi perguntar a meu vizinho George Kardouche qual dos três livros que trazíamos deveríamos usar: na mesma hora Hinds lançou seu apagador como um míssil contra mim, um método mais eficiente do que se esgueirar até a fileira de trás e desferir em mim seus golpes. Meu delito era relativamente pequeno e eu um novato na escola, daí a punição telegráfica, que por pouco não acertou meu olho esquerdo, mas que me deixou um feio vergão roxo no rosto. Uma vez que ninguém havia reagido às agressões de Hinds, sufoquei a resposta e simplesmente esfreguei minha bochecha machucada. Assim eram traçadas as fronteiras entre nós e eles.

Pela primeira vez na vida, eu era parte de um grupo insubordinado de estudantes na medida em que eu não era nem inglês nem egípcio, mas certamente era árabe. Entre nós e eles, alunos e professores, existia um abismo intransponível. Pelo corpo docente importado da Inglaterra éramos vistos ou como uma tarefa desagradável ou como um grupo de delinqüentes a ser punidos a cada novo dia.

Um pequeno panfleto intitulado *O manual da escola* nos transformava sumariamente em "nativos". A Regra 1 estabelecia categoricamente: "O inglês é a língua da escola. Quem for pego falando outras línguas será punido com rigor". Assim, o árabe tornou-se nosso abrigo, um discurso criminalizado no qual nos refugiávamos do mundo de professores, inspetores cúmplices e rapazes mais velhos, anglicizados, que nos dominavam para impor a hierarquia e suas regras. Por causa da Regra 1 falávamos mais árabe, e não menos, numa atitude de desafio contra o que parecia então, e hoje parece ainda mais, um símbolo arbitrário e ridiculamente gratuito do poder deles. O que eu havia anteriormente escondido na CSAC tornava-se um orgulhoso gesto de insurreição, o poder de falar árabe e não ser apanhado ou, mais arriscadamente, o uso de palavras árabes em classe como modo de responder uma questão acadêmica e atacar o professor ao mesmo tempo. Alguns mestres eram particularmente vulneráveis a essa técnica, em especial um certo sr. Maundrell, o desafortunado e amarrotado professor de história que talvez fosse vítima de um trauma de guerra. Um tremor animava sua letargia gnômica enquanto ele murmurava fatos sobre os reis Tudor e os costumes elisabetanos diante de um grupo empedernido e pouco receptivo. Em resposta a uma de suas perguntas, um aluno começava pronunciando suavemente uma imprecação em árabe ("*koss omak*, senhor"), imediatamente seguida de uma tradução "livre" ("em outras palavras, senhor") que não tinha nada a ver com a frase obscena ("a b...ta da sua mãe"). Enquanto a classe rugia de prazer, o sr. Maundrell recuava trêmulo de medo e espanto. Também brincávamos de *akher kilma* com ele, repetindo em uníssono a última palavra de cada uma de suas frases. "O reinado de Elizabeth foi notável nas áreas da cultura e da exploração", uma de suas frases tipicamente insípidas, suscitava um retumbante coro da palavra "exploração", que Maundrell ignorava durante umas seis frases antes de explodir num acesso de trêmula e espasmódica raiva, que por sua vez nos causava gritos de alegria. Antes da metade da aula ele desistia de tentar se comunicar, afundado de mau humor em sua cadeira, resmungando sobre o regicídio e a revolução de Cromwell.

Desse modo, os professores eram julgados por sua fraqueza (Maundrell e o sr. Hill, mestre de geografia) ou força (Hinds e, ocasionalmente, Gatley), nunca por seu desempenho acadêmico. Uma pequena equipe local cuidava das aulas de árabe, divididas em turmas avançadas, intermediárias e iniciantes, mas até onde me lembro todos esses professores, menos um, eram desprezados pelos alunos, tanto, acredito, pelo fato de serem claramente cidadãos de segunda classe no interior da escola, como também porque muito poucos de nós consideravam o estudo da poesia árabe, exemplificada em terríveis louvores patrióticos ao rei Farouk, algo mais do que conversa fiada. Meu professor na classe intermediária era um cavalheiro copta conhecido por nós como Tewfik Effendi; seu correspondente na turma avançada era Dab' Effendi, o único professor que, por seu profundo comprometimento com a santidade da língua, conquistou o respeito, se não o amor, de seus alunos. Tewfik Effendi era um cavalheiro bajulador muito necessitado de dinheiro extra; logo no começo ele deu um jeito de decretar que eu deveria me candidatar a "aulas particulares" e teve êxito em conquistar a simpatia de minha mãe, e assim passou a visitar nossa casa duas vezes por semana na condição de meu professor particular. Depois de meia dúzia de tentativas vãs de me conduzir pelas complexidades da gramática — o que resultou em mais de vinte anos de afastamento da literatura árabe antes que eu pudesse retornar a ela com algum prazer e entusiasmo —, Tewfik Effendi e eu passávamos nossas horas de confinamento conversando sobre os livros, mas nunca os estudando de verdade. A idéia dele era apanhar seu dinheiro e sua xícara de café com biscoitos servidos solenemente por Ahmed, nosso principal empregado, e depois partir para outra aula particular, sem dúvida tão infrutífera quanto aquela. Ahmed e eu habitualmente fazíamos troça das recusas rituais de Tewfik quando o café e os biscoitos eram servidos — "Não, obrigado, já tomei meu café da tarde com meus amigos no Groppi's", o elegante café do centro da cidade do qual ele tentava em vão se passar por freqüentador — e de sua subseqüente aceitação ritual das coisas que lhe eram oferecidas, as quais abocanhava e engolia com verdadeiro gosto.

Havia uma grande distorção subjacente à vida no Victoria College, da qual não me dava conta na época. Os alunos eram vistos como membros pagantes de uma suposta elite colonial que estava sendo educada nos moldes de um imperialismo britânico que já havia expirado, embora não percebêssemos isso plenamente. Aprendíamos sobre a vida e as letras inglesas, a monarquia e o Parlamento, a Índia e a África, hábitos e idiomas que nunca poderíamos adotar no Egito ou, aliás, em parte alguma. Ser e falar árabe eram atividades delituosas no VC, e conseqüentemente nunca recebíamos instrução adequada sobre nossa própria língua, história, cultura e geografia. Éramos examinados como se fôssemos rapazes ingleses, rastejando em busca de uma meta mal definida e sempre inalcançável, aula após aula, ano após ano, com nossos pais dando duro por nós. No fundo eu sabia que o Victoria College havia rompido irreversivelmente meus laços com minha antiga vida e que o cenário imaginado por meus pais, a pretensão de sermos americanos, estava terminando, e que todos nos sentíamos seres inferiores em confronto com uma combalida potência colonial que era perigosa e capaz de nos causar mal, ainda que parecêssemos obrigados a estudar sua língua e sua cultura como as que dominavam o Egito.

A encarnação da autoridade colonial em declínio era o diretor, sr. J. G. E. Price, cuja floresta de iniciais simbolizava uma afetação de pedigree e auto-importância que desde então sempre associei aos britânicos. Não sei de onde ele e meu pai se conheciam um pouco, mas talvez sua cordialidade inicial no trato comigo tivesse alguma coisa a ver com essa ligação. Homem baixo e compacto com um espesso bigode negro e um andar mecânico quando levava seu terrier preto para passear em torno dos campos esportivos, Price era uma figura remota, em parte porque muito da autoridade era delegada aos professores, inspetores e chefes de casa, e em parte porque parecia cada vez mais fraco e com a saúde debilitada, até que, depois de permanecer escondido em seu estúdio por várias semanas, finalmente renunciou ao cargo.

Ao fim do meu primeiro mês na escola, eu havia sido promovido a uma espécie de eminência negativa, como um encrenqueiro e agitador, que conversava na aula e vivia com outros líderes da rebelião e do desrespeito, sempre pronto para uma resposta irônica ou evasiva, uma atitude que eu considerava uma forma de resistência aos britânicos. Paradoxalmente, porém, eu também me dilacerava com todos os tipos de angústia diante do insucesso, estava inseguro em meu corpo subitamente masculino demais, reprimido sexualmente e, acima de tudo, sob um constante temor do fracasso ou do desmascaramento. A atividade na escola era tremenda, com aulas das oito e meia às cinco e meia ou seis, interrompidas apenas pelo intervalo do almoço e pelos esportes. A isso se seguia uma longa noite de lições de casa, reguladas por uma agenda pequena e grossa, devidamente comprada na livraria da escola como local de registro dos compromissos de cada dia. O currículo, composto de nove disciplinas — inglês, francês, árabe, matemática, história, geografia, física, química e biologia —, era altamente intensivo. Logo fiquei em estado de angústia, sentindo-me totalmente despreparado para cumprir todos os prazos e as exigências das provas.

Um dia, no início do ano letivo, fui pego jogando pedras durante o intervalo do almoço e imediatamente levado por um inspetor de mãos grudentas à sala de Price para receber punição. O secretário de Price, um robusto nativo que conhecíamos apenas como sr. Lagnado, estava sentado atrás de uma das escrivaninhas datilografando diligentemente. O inspetor sussurrou-lhe alguma coisa, e eu rapidamente me vi com ele diante da escrivaninha descomunal e vazia de Price, na sala contígua. "O que foi, Lagnado?", perguntou o diretor adoentado, de mau humor. "O que esse rapaz está fazendo aqui?" Fiquei parado no lugar enquanto Lagnado dava a volta na escrivaninha e, a exemplo do que o inspetor fizera com ele, dizia algo confidencial junto ao ouvido do diretor. "Não podemos tolerar isso", disse Price com firmeza. "Venha até a janela, rapaz", disse friamente para mim. "Curve-se. Assim. Tudo bem, Lagnado." Com o canto do olho vi Price dar a seu funcionário uma longa vara de bambu e, com Price me segurando pelo pescoço, vi Lagnado erguer o açoite ameaçador e habilmente desferir seis belos golpes no meu traseiro.

Debilitado demais fisicamente para fazer ele próprio as honras, Price delegava a tarefa a um nativo, que por sua vez fazia o que lhe mandavam com neutra eficiência, com o calado diretor em pé ao lado, balançando a cabeça afirmativamente a cada golpe. "Isso é tudo, Said", ouvi de Price. "Saia e não volte a se comportar mal" foram suas palavras de despedida, e ao deixar sua salinha particular passei por Lagnado, que havia deslizado para fora antes de mim e estava de volta a sua escrivaninha, datilografando de novo como se nada tivesse acontecido. A dor era terrível. Lagnado era um sujeito forte, e — talvez para agradar o chefe, talvez para humilhar um "árabe" (uma vez ouvi-o dizer a um garoto armênio que estava afundando seu pão no molho: "*Ne mange pas comme les arabes*"), sendo ele próprio um judeu oriental europeizado — a surra tinha sido verdadeiramente dura. Mas eu vivi a coisa como algo que se deveria esperar numa situação de guerra. Uma fúria impiedosa tomou conta de mim enquanto eu jurava tornar a vida "deles" um inferno, sem ser apanhado, sem me permitir nunca mais me aproximar de nenhum deles, tomando deles à minha própria maneira o que tinham a oferecer.

Embora eu agora tivesse virtualmente todos os alunos da escola como cúmplices e aliados, as regras e normas de meus pais ainda exerciam seu poder. Em parte por causa da experiência, considerada salutar, das aulas particulares de geometria que eu havia tido com Aziz Nasr no verão anterior em Dhour el Shweir, meus pais decidiram que uma maneira de me ajustar melhor à rígida rotina acadêmica do Victoria College era aumentar o número e a variedade de aulas particulares ("lições suplementares", costumávamos chamá-las). Embora eu tivesse uma cabeça decente para matemática e ciência, tive aulas particulares tanto de matemática como de física, em parte porque meu talento aritmético estava muito abaixo do de meu pai e do de minha irmã mais velha. Huda Said, a assombrosamente linda esposa de meu primo mais velho George Said, ofereceu-se para me ensinar matemática; para as aulas de física, meu pai coagiu um jovem e brilhante refugiado palestino que estudava na Universidade Americana do Cairo, Fouad Etayim. Huda e eu nos demos maravilhosamente bem, conversando principalmente sobre música, fazendo muito pouco no que diz respeito à álgebra, que eu aprendia com bastante rapidez. Fouad fazia especialização em jornalismo, era companheiro de armas de meu primo Robert (também da Universidade Americana) e parecia estar aprendendo a matéria mais ou menos junto comigo. Lembro-me de muitas horas insípidas de discussão a respeito dos usos das Unidades Térmicas Britânicas nos cálculos de calor, mas para mim o interesse das horas passadas com Fouad estava em debater com ele o estado deplorável do jornalismo árabe, ouvindo-o destruir com cáustica sagacidade a retórica vazia e a ideologia falida de articulistas dos jornais *Ahram* e *Akhbar*.

Foi para tia Melia que acabei confidenciando minha crescente maré de aflições, meu sentimento de desorientação e confusão diante da escola, da língua opressiva e de outras exigências, da atmosfera punitiva, dos papéis contraditórios das aulas particulares, esportes e lições de piano que me mantinham infrutífera e aridamente ocupado da manhã até a noite, sete dias por semana, em dramático contraste com os prazeres ilícitos da delinqüência. Tudo isso era demais para mim, mas tia Melia mostrou-se maravilhosamente à altura da situação. "Se pensa em tudo o que tem de fazer como se fossem coisas presentes à sua frente, que devem ser feitas todas ao mesmo tempo, acaba se estropiando. O tempo obriga a gente a fazê-las em seqüência, uma de cada vez, e isso", prosseguiu com a segurança de alguém que havia vencido por conta própria uma batalha igual, "dissolve o peso quase inteiramente. Você é muito esperto e vai conseguir." Suas palavras calmas, quase sem emoção, mas de algum modo carinhosas, permaneceram desde então em mim, surpreendentemente úteis em épocas de crise súbita e desastre iminente, ainda que imaginário, quando os prazos finais de todos os tipos assomam diante de mim. Sua calma e sua autoridade tiveram um efeito positivo, mas infelizmente aquela foi a última vez que ela e eu conversamos em particular: sua aposentadoria do American College era iminente, e depois que ela partiu em definitivo para o Líbano nunca mais foi a mesma pessoa.

Foi quase sem surpresa que percebi que tia Melia estava certa. Em questão de dois meses eu ansiava pela hora de ir à escola não apenas como uma fuga para uma realidade mais manejável e menos opressivamente exigente que o excêntrico faz-de-conta doméstico (depois que fui apanhado como adepto ilícito da automanipulação, o olhar de meus pais tornou-se ainda mais desconfiado, e meu comportamento e meu tempo ficaram sujeitos a mais controles e tarefas). O Intermediário Cinco Um era, de longe, a mais complexa situação social e, claro, acadêmica que eu já havia enfrentado, e em muitos aspectos eu apreciava bastante seus desafios. O aspecto acadêmico era de menor interesse: não havia nenhum professor de destaque ou de talento evidente, embora um deles, o sr. Whitman, um velho rabugento que lecionava no Inferior Cinco Um, parecesse singularmente interessado em música clássica e tenha me convencido (e eu, por minha vez, a meus pais) a emprestar-lhe nossa gravação da *Dança dos sete véus* de Strauss para o clube de música clássica, do qual eu era um membro muito eventual. À parte isso, eu vivia num estado de consciência alerta, em que meus antigos temores e angústias se dissipavam como uma neblina de início de manhã, deixando ver uma paisagem que requeria a mais extrema atenção aos detalhes sociais e, numa forma primitiva, políticos.

Minha própria classe era dividida em várias panelinhas e subgrupos. Um líder era George Kardouche, um sujeito pequeno e rijo com formidáveis dotes atléticos e língua afiada. Era estimado por todo mundo e, embora ele, Mostapha Hamdollah, Nabil Abdel Malik e eu pertencêssemos ao mesmo grupo, Kardouche transitava para dentro e para fora de várias panelinhas menores em virtude de sua vivacidade e de seu jeito desenvolto e maduro de lidar com estudantes mais velhos. Ele e eu sentávamos lado a lado na última fileira, com Hamdollah e um ou dois outros bem na nossa frente. Uma linha imaginária foi cruzada no início de dezembro, quando, durante uma das aulas insuportavelmente monótonas do sr. Gatley, Kardouche pôs fogo acidentalmente numa pequena pilha de papéis úmidos no compartimento do lado esquerdo de sua carteira enquanto apagava um cigarro. Num instante, nuvens crescentes de uma feia fumaça cinza envolveram a ele e a mim, enquanto ele tentava, primeiro com as mãos, depois com a mochila, debelar as chamas. Lendo de modo sonolento na frente da classe, o túrgido Gatley pareceu de repente farejar alguma coisa desagradável e, fora de seu costume, ergueu os olhos do livro, o que o fez ver o espantoso espetáculo de uma carteira fumegante. "Kardouche", trovejou Gatley em sua voz mais ameaçadora, "que fumaça é essa? Pare com isso já, rapaz!" Com grande presença de espírito, o transgressor pego de calças curtas, abanando a fumaça com os braços e ao mesmo tempo tossindo, engasgando, sufocando e protegendo os olhos, respondeu: "Fumaça, senhor? Que fumaça?". Ao que a classe inteira ecoou em coro: "Que fumaça? Que fumaça? Não estamos vendo nenhuma fumaça!". Assustado e perplexo, Gatley desistiu de levar a questão adiante e voltou a ler em voz alta com alguns dos alunos bem-comportados das primeiras fileiras. Uma vez que Kardouche e eu sentávamos perto da porta, conseguimos apagar o fogo, depois de fazer um enorme tumulto (carteiras arrastadas, gritos agudos de coordenação, tudo isso deliberadamente ignorado por Gatley) e trazer areia de fora da sala.

A classe continha também um grupo de rapazes francófonos, muitos dos quais eram judeus e estavam entre os mais inteligentes alunos da classe: André Shalom, André Salama, Roger Sciutto, Joseph Mani, com quem eu compartilhava um grande interesse por Walter Scott, e Claude Salama, que morava no edifício Immobilia, no coração da elegante área central do Cairo. Havia ainda um grupo de egípcios que falavam árabe e eram em sua maioria não ocidentalizados: Malawani, A. A. Zaki, Nabil Ayad, Shukry, Usama Abdul Haq e uns poucos outros. O que me intrigava — e ainda me fascina — nesses agrupamentos sociais é que nenhum deles era exclusivo, ou impermeável, o que produzia um labirinto móvel de personalidades, modos de falar, retrospectos, religiões e nacionalidades.

Por um tempo, um rapaz indiano, Vashi Pohomool, cuja família possuía uma grande joalheria no Shepheard's Hotel ou perto dele, esteve entre nós. Depois, ao longo do ano, foram incorporados em nossa classe: Gilbert Khoury, um jovem libanês; o meio-americano Ali Halim, cujo pai tinha origem albanesa e era primo do rei Farouk; Bulent Mardin, um garoto turco de Maadi; Arthur Davidson, que tinha pai canadense e mãe egípcia; e Samir Yousef, filho de pai copta e mãe holandesa. Eles formavam uma classe cheia de matizes e fascinante ao extremo, quase totalmente alheia ao lado inglês acadêmico das coisas, embora fosse esse o motivo principal que nos levara até lá.

Havia times de futebol das casas, mas eu era um membro apagado do nosso; tinha mais sucesso no chamado "atletismo" — de pista ou de campo. Nessa área, sob o olhar impiedoso do sr. Hinds, tornei-me um decente, ainda que não brilhante, corredor dos cem e dos duzentos metros. Lembro-me de ter pedido avidamente sua opinião sobre minhas possibilidades de me sair bem nos jogos estudantis que se aproximavam. "Ficarei surpreso se você vencer nos duzentos metros, mas *não* se vencer nos cem", disse ele. Claro que não ganhei em nenhum dos dois. Meu momento mais triste ocorreu durante a corrida dos cem metros, quando, um instante depois de eu ter deixado a linha de largada com meus belos sapatos pretos de corrida e meu novo calção branco e demasiado largo — que minha mãe insistia ser do tamanho certo —, senti que ele começava a cair. Puxando-o para cima freneticamente, enquanto minhas pernas se esforçavam valentemente, mas sem resultado, ouvi Hinds gritar: "Não se preocupe com o calção, Said, concentre-se em correr". Correr, eu corri por mais um passo ou dois, depois me estatelei de cara no chão, com o calção infame enrolado nos tornozelos, sob o grasnado de júbilo dos rapazes da Cromer debochando rudemente de mim.

Esse foi o fim da minha carreira de corredor, embora eu persistisse no tênis e, fora da escola, nadasse e cavalgasse. Mesmo sem ser um vencedor ou um astro, sentia que estava no limiar de um salto de qualidade, em particular no tênis, mas me via sempre retido pelas dúvidas e incertezas sobre meu corpo infundidas em mim por meu pai. Será, eu muitas vezes me perguntava depois de uma exasperante derrota no tênis, que a automanipulação estava de fato minando minha saúde e, conseqüentemente, meu desempenho? Somada a isso havia a percepção de mim mesmo como alguém incomum, devido a minha formação complicada, meu tamanho e minha força grandes demais (em comparação com meus colegas de classe), minhas secretas inclinações musicais e literárias.

Um exemplo peculiar do meu insólito status acadêmico durante aquele ano no campus de Shubra ocorreu numa aula de física na primavera de 1950. Uma vez que a velha escola italiana não dispunha de laboratórios para a prática de ciências, nossa classe ia de ônibus, duas vezes por semana, ao Coptic College em Fagallah, uma maltratada área de classe média baixa da metrópole, próxima à estação Bab-el-Hadid. Ali tínhamos primeiramente uma hora de aula de química ministrada por (de acordo com minha lembrança) um homem meio retardado de meia-idade, cujo nome esqueci. Ele mal sabia falar inglês e demonstrava muitas de suas teses mais importantes batendo em si mesmo com uma longa escova de limpar provetas. Azmi Effendi, nosso professor de física, era, no geral, suave e frio como gelo, e nos conduzia calma e sistematicamente pela mecânica, pela ótica, pela gravidade e coisas do gênero, a maioria das quais eu me via absorvendo com facilidade. O caráter de nossa classe não permitia uma submissão manifesta à vontade do professor — Azmi era considerado algo como um inglês disfarçado de nativo —, portanto eu deliberadamente ficava calado toda vez que havia uma questão a ser discutida ou respondida. No dia em que divulgou o resultado das nossas provas de metade do curso, antes de entregar de volta os livros de testes, cuidadosamente empilhados sob uma de suas mãos, Azmi lançou um severo ataque ao desempenho deplorável da classe, à sua incompetência generalizada, à sua infame negligência. "Só um aluno tem alguma idéia dos princípios da física, e produziu uma prova perfeita. Um desempenho brilhante. Said", disse, depois de uma breve pausa, "venha até aqui." Lembro-me de ter sido cutucado pelo garoto que sentava a meu lado, no alto da platéia do anfiteatro. "É você", disse ele; no instante seguinte, me vi descendo os degraus aos tropeções, subindo no palco até Azmi, recebendo minha prova "brilhante" e por fim cambaleando de volta ao meu lugar.

Todo o episódio não parece ter causado impressão alguma em meus colegas de classe, nem, para falar a verdade, em mim, de tão acostumados que estávamos ao meu status como membro do time dos bagunceiros. Tenho certeza de que minha nota final de física naquela série foi um respeitável mas pouco reluzente B, e continuei a navegar à deriva, distante de qualquer posição de destaque intelectual. Quaisquer que fossem minhas habilidades intelectuais ou meus conhecimentos, eles eram soterrados pela complicada tarefa de me manter fora do alcance das garras dos mestres, inspetores e valentões, evitar o colapso e administrar meu tempo em meio à mortífera agenda suplementar em casa e um dia extremamente longo na escola. Gostei bastante de uma montagem escolar de *She Stoops to Conquer*,* na qual Michel Shalhoub (que se tornou depois Omar Sharif) interpretava a sra. Hardcastle e Gilbert de Botton (mais tarde um conhecido financista internacional) encarnava Kate. Por intermédio de Samir Yousef e de Arthur Davidson, tomei contato, respectivamente, com a cultura popular egípcia e com a pornografia. Mas, apesar do hábito da calejada resistência a qualquer coisa cultural ou educativa, continuei sendo um adolescente bastante tímido e sexualmente despossuído.

Arthur Davidson geralmente compartilhava conosco seus livros pornográficos, impressos num papel execrável, de aspecto lascivo, escritos numa linguagem desprovida de estilo que revelava pressa e quase total ausência de técnica, mas que era repleta de descrições extremamente vívidas e fantásticas. Mais tarde alguém nos passou furtivamente fotografias vulgares e mal impressas de homens e mulheres copulando: elas cheiravam a sexo ilícito e obsceno, mas, como não havia garotas em nossos horizontes, embalávamos aqueles escritos e imagens lamentavelmente inadequados e sádicos naquilo que julgávamos ser a linguagem dos sedutores de mulheres. Expressões como "quero carne branca" ou "ela está molhada de desejo" arrancavam gargalhadas e gracejos que depois deixavam, pelo menos em mim, um sentimento de súbito descontentamento e mortificante frustra-

---

* "Ela se humilha para vencer", comédia do médico e escritor britânico Oliver Goldsmith (1730-74), publicada e encenada pela primeira vez em Londres em 1773. (N. T.)

ção. Com o tempo, vi que era possível escrever minha própria literatura pornográfica; tendo a mim mesmo como narrador onisciente e onipotente, eu povoava meus episódios com várias mulheres mais velhas, na maioria amigas da família ou mesmo parentes. Como que reforçando minha desacreditada e desvalorizada vida doméstica como alguém sexualmente doente — ou assim me parecia —, eu escondia meus escritos em lugares como a pilha de lenha de uma das varandas ou em uma jaqueta ainda não usada, com uma confusa consciência de que poderia estar me comprometendo ainda mais do que antes. A tendência de minha mãe de ficar bisbilhotando tudo — "Vi esta carta por engano" ou "Enquanto limpava seu quarto, Ahmed descobriu este papel" eram ocorrências semanais — estranhamente não me dissuadiu de esconder as páginas comprometedoras em diferentes lugares; algumas eu esquecia por completo ou, impotente para fazer qualquer coisa a respeito, entrava subitamente em pânico quando me lembrava delas durante a aula na escola. Suponho que eu desejasse ser apanhado e confrontado com meus pecados, com o objetivo de ter aventuras reais no mundo real sem as tipóias parentais que tornavam extremamente difícil qualquer movimento nessa frente. Contudo, a confrontação nunca aconteceu, embora eu me lembre vagamente de que em diversas ocasiões meus pais deram a entender, ou pareceram dar a entender, que tinham me descoberto, ou seja, que tinham lido a prosa incriminadora. E aquilo fazia com que me sentisse pior, mais irascível, mais acossado.

Não havia muita saída para meus apetites reprimidos a não ser o cinema e os números de cabaré e de teatro de variedades. Foi numa abafada noite de primavera de 1950 que Samir Yousef nos arranjou não sei como uma mesa ao ar livre no Cassino Badia, que ficava num pequeno quebra-mar logo abaixo do que é hoje o Giza Sheraton Hotel. E pela primeira vez na vida vibrei com a cena mais inequivocamente erótica que jamais tinha visto: Tahia Carioca, a maior dançarina da época, se apresentando com um cantor sentado, Abdel Aziz Mahmoud, em torno do qual ela revoluteava, ondeava, girava com um equilíbrio perfeito e controlado; seus quadris, pernas e seios eram mais eloqüentes e sensualmente paradisíacos que qualquer coisa que eu tivesse sonhado ou imaginado em minha crua prosa auto-erótica. Eu podia ver no rosto de Tahia um sorriso de irredutível prazer, sua boca ligeiramente aberta numa expressão de alegria extática, temperada pela ironia e por uma reserva quase pudica. Ficamos totalmente paralisados por essa fascinante contradição, com as pernas moles e trêmulas de paixão, as mãos tensas agarradas nas cadeiras. Ela dançou por uns 45 minutos, numa longa e ininterrupta composição de volteios e passos em geral lentos, sob a música que subia e descia de modo homofônico e ganhava sentido não pelas letras repetitivas e banais enunciadas pelo cantor, mas pela performance luminosa e incrivelmente sensual da dançarina.

Uma experiência similar, ainda que menos intensa, de sexo vicário podia ser encontrada nos musicais estrelados, de preferência, por Cyd Charisse, um pouco menos nos de Vera Ellen e menos ainda nos de Ann Miller — dançarinas de Hollywood que provinham de um mundo de fantasia que não tinha equivalente no prosaico Cairo. Muitos anos mais tarde, Cyd Charisse disse numa entrevista a *The New York Times* que musicais como *Meias de seda* usavam a dança como forma de introduzir o sexo, que estava proibido pelos censores da época; foi exatamente a isso que respondi com a violenta paixão de um adolescente protegido e confuso. Meus amigos de escola e eu passávamos horas secretas no cinema vendo Rita Hayworth, Jane Russell e mesmo a hoje pouco valorizada Betty Grable — ansiando por ver o umbigo de uma mulher, sem nenhum sucesso porém, pois tais visões inflamáveis estavam proibidas pelo Código Hays.

Nenhum ator teve em nossas vidas imaginárias o mesmo destaque que os astros masculinos do tênis. Jogadores estrangeiros apareciam no Cairo duas vezes por ano — Jaroslav Drobny, Eric Sturgess, Budge Patty, o incomparável barão Gottfried von Cramm, Adrian Quist — e logo se tornavam os heróis de nossa classe. Imaginávamos suas vidas de riqueza, diversões e viagens luxuriantes. Nicola Pietrangeli, Hoad e Rosewell, além de Tony Mottram, representavam um mundo de elegância muito distante da nossa realidade cotidiana.

Em casa, a vida era um pouquinho menos monástica e claustrofóbica agora que nós cinco tínhamos saído da infância e a vida social de meus pais se expandira consideravelmente. Um novo círculo de amigos se formou em torno de nós e permaneceu por perto até o início dos anos 60, quando a idade, a política e as turbulências econômicas dispersaram o grupo para sempre.

Os mais próximos de nós eram os Dirlik, a quem costumávamos ver no Líbano, mas que agora haviam se tornado íntimos de meus pais: Renée, a mãe, uma mulher inteligente e espirituosa que era a amiga mais íntima de minha mãe, e seu marido Loris, farmacêutico formado que era um excelente cavaleiro e cozinheiro, além de uma companhia encantadora. Seus dois filhos mais velhos, André, mais ou menos da minha idade, e Claude, sua irmã um pouco mais nova, nós víamos menos, porque estavam em escolas francesas e tinham seu próprio círculo de amigos. Ainda me lembro dos Dirlik com extraordinário prazer, e das visitas que nos faziam como sendo uma festa, em total contraste tanto com a sisuda austeridade palestina que pesava em torno de nós como com os silenciosos parceiros de bridge (como os srs. Farajallah, Souky e Sabry, entre outros) com quem meu pai convivia em longas rodadas de um jogo que me parecia cada vez mais maluco. Renée Dirlik, ex-aluna de tia Melia, era filha de pai libanês-egípcio e de mãe armênia; Loris era armênio e turco.

Ambos eram cosmopolitas — fluentes em francês e inglês, um pouco menos em árabe —, e os jantares na casa deles ou na nossa, as idas à ópera, as noites ocasionais nos restaurantes Kursaal ou Estoril, as excursões a Alexandria permanecem entre as lembranças agradáveis da minha juventude.

Mas, assim como nós, estavam condenados à extinção no ambiente mundano do Cairo que já estava começando a ser minado. Éramos todos *shawam*, anfíbias criaturas levantinas cuja desorientação essencial estava momentaneamente suspensa por uma espécie de esquecimento, uma espécie de devaneio, que incluía jantares festivos de cardápio sofisticado, idas a restaurantes da moda, ópera, balé e concertos. No final dos anos 40 já não éramos apenas *shawam*, mas *khawagat*, o título respeitoso reservado a estrangeiros que, do modo como era usado pelos egípcios muçulmanos, carregava sempre um matiz de hostilidade. Apesar do fato de eu falar como um egípcio nativo (e me achar parecido com um), alguma coisa parecia me denunciar. Eu me aborrecia com a idéia de ser estrangeiro de algum modo, embora no fundo soubesse que para eles era isso o que eu era, mesmo sendo um árabe. Os Dirlik eram ainda menos integrados à sociedade do Cairo, especialmente Loris e as crianças, que eram européias no comportamento e na linguagem, embora não parecessem sentir nenhum problema em decorrência disso. Eu de fato invejava em André seu mundanismo e *savoir-faire* — muito *débrouillard* (desenvolto), minha mãe costumava dizer, para me encorajar a ser mais empreendedor na vida, mas isso me fazia sentir menos ainda —, o que o levou a longas viagens de carona através da Europa e da Ásia com muito pouco dinheiro no bolso, mas sempre com algumas sobras quando voltava. Ele me parecia aceitar a designação de *khawaga*, enquanto eu me irritava com ela, em parte porque meu crescente sentimento de identidade palestina (graças a tia Nabiha) recusava o rótulo depreciativo, e em parte porque quem o recusava era minha emergente consciência de mim mesmo como algo muito mais complexo e autêntico que um simulacro colonial.

Outros amigos em nosso círculo incluíam Kamal e Elsie Mirshak, ele um *shami* egípcio de segunda geração, ela de origem palestina, ambos mais jovens que meu pai (assim como todo o círculo deles), ambos mais modernos, mais "por dentro" no que se referia a freqüentar clubes noturnos e restaurantes. Apesar da disparidade de nossas idades, Kamal e eu éramos bastante íntimos, particularmente porque ele compreendia minha carência sexual, e quando eu tinha dezessete ou dezoito anos — eu já tinha partido para os Estados Unidos, mas voltava regularmente no verão e às vezes nas férias de Natal —, começou a me incentivar a pensar em ter casos com mulheres casadas, uma idéia que me inflamou enormemente, mas que, por falta de confiança e de candidatas, não chegou sequer a ser tentada. Havia também George e Emma (prima de Kamal) Fahoum. Ele era um homem notavelmente atlético, moreno, de lábios finos e considerável elegância, um negociante tremendamente bem-sucedido em sociedade com o pai de Emma, Elias Mirshak, um proprietário de terras invulgarmente próspero que, junto com George, havia entrado no ramo da importação e venda de maquinaria pesada, predominantemente agrícola. Durante seus dias de faculdade, na Beirute dos anos 30, George havia sido um astro do atletismo, conquistando recordes que se mantiveram até a década de 60 nas corridas de curta e média distância e no salto em distância. Era um ávido jogador de tênis, cuja destreza e arrogante autoconfiança levaram meu pai a desafiá-lo — em meu nome — para numerosas partidas. Para minha grande humilhação, George me venceu com facilidade todas as vezes que jogamos, sempre depois de eu ter treinado durante um ano no colégio ou na faculdade nos Estados Unidos, período durante o qual eu me dizia que havia progredido o suficiente para derrotá-lo. Eu ficava ressentido com meu pai por fazer isso comigo, mas também ansiava pelo desafio e, claro, sentia vergonha de mim mesmo depois de cada partida, que era realizada sempre na quadra privativa de Fahoum no Clube Nacional, onde ao longo de nosso encontro de 45 minutos ele conversava despreocupadamente com os pegadores de bola e treinadores que sempre se juntavam em torno da quadra para vê-lo vencer.

Emma era e continua sendo uma mulher simpática e sociável que, apesar de sua riqueza, não se dava ares de falsa sofisticação. Suas irmãs, Reine, Yvette e Odette, eram casadas com *shawam* de um tipo bem mais mundano e, como Emma e George, produziram grande número de filhas, de algumas das quais, como Amira e Linda, eu me tornei amigo de um jeito casto, mas algo galanteador: ambas se casaram cedo, o que na época me deixou com uma acentuada sensação de paixão não realizada.

Uma adesão mais recente ao grupo foram os Ghorra, François e Madeleine, que tinham dificuldade com qualquer coisa que não fosse o francês (todos os outros haviam sido educados em escolas britânicas e americanas); Madeleine era muito religiosa. Devo dizer que eu achava os Ghorra estranhamente fascinantes porque pertenciam a um mundo ao qual eu não tinha acesso — no caso de Madeleine, o da alta burguesia sírio-libanesa —, mas do qual tinha breves vislumbres quando íamos visitá-los. Lembro-me de ter conhecido lá os Zogheib e os Chedid, detentores de títulos papais que, cerca de uma década depois, em plenos anos Nasser, me pareceram grotescamente inadequados a seus titulares, que os passavam de geração a geração. Durante aqueles primeiros dias, contudo, pessoas assim representavam uma espécie de romance proustiano para mim, especialmente porque nenhum deles sequer simulava ter algo a ver com o Egito ou com as coisas egípcias. Eu mesmo nunca havia estado em Paris, mas os Ghorra e seus amigos deram-me a graça de estar lá vicariamente, embora falassem francês com o forte sotaque do Levante, com seus "r" enrolados, suas construções estranhas à língua, e entremeado de palavras e expressões árabes como *ya'ni* ou *yala*.

Fora da escola nossa vida era de um luxo e uma excentricidade excessivos e inconvenientes. Todas as famílias próximas de nós tinham suas próprias equipes de motoristas, jardineiros, empregadas domésticas, lavadeiras e um tintureiro, alguns dos quais eram conhecidos de todos. "Nosso" Ahmed, o Hassan dos Dirlik, o Mohammed dos Fahoum, todos eram quase talismânicos; apareciam em nossa conversa como artigos de nossa dieta cotidiana, como o jardim ou a casa, dando a impressão de ser propriedade nossa, como os velhos servos da família nos livros de Tolstoi. Fomos educados a não ter uma relação demasiado íntima com os criados, o que significava não conversar nem brincar com eles, mas para mim era irresistível a vontade de quebrar essa regra. Lembro-me de brincar de luta com Ahmed, de conversar sobre o profundo sentido da vida e da religião com Hassan, de trocar idéias sobre carros e motoristas com Aziz, para desagrado de meus pais. Sentia-me parecido com os criados na energia controlada que não tinha licença para vir à tona durante as muitas horas de serviço, mas falar com eles me dava uma sensação — ilusória, evidentemente — de liberdade e relaxamento que me deixava feliz pelo tempo passado em tais encontros.

Nossa família comprava comida no Groppi's, falando num francês de quebrar as mandíbulas com os empregados inequivocamente gregos ou egípcios que trabalhavam na elegante sala de chá e *delicatessen*, quando era perfeitamente claro que todos teríamos nos saído melhor em árabe. Eu tinha orgulho de minha mãe por conversar em árabe, uma vez que só ela, em todo o grupo social a que pertencíamos, conhecia bem a língua, era letrada nela e parecia não ver nenhuma inferioridade social em usá-la, embora a atmosfera predominante fosse tal que usar o francês conferia ao falante um status mais elevado (talvez mesmo insuperável). Eu havia aprendido um pouco de francês falado na GPS e no Victoria College, e também no clube, claro, mas nunca me senti confiante o suficiente para usá-lo como língua cotidiana, ainda que o compreendesse perfeitamente. Portanto, embora o inglês tivesse se tornado minha língua principal, e as aulas de francês no VC não fossem muito mais edificantes que as de árabe, via-me na situação singular de não dispor de condição natural ou nacional para utilizá-lo. As três línguas tornaram-se um assunto bastante sensível para mim por volta dos catorze anos. O árabe era proibido e *wog*; o francês era sempre "deles", não meu; o inglês era autorizado, mas inaceitável, por ser a língua dos odiados britânicos.

Desde então tenho enorme fascínio pelo puro mecanismo das línguas, já que automaticamente transito em minha mente entre três possibilidades. Enquanto falo inglês, ouço e freqüentemente articulo o equivalente em árabe ou francês, e enquanto falo árabe, busco os análogos francês e inglês, amarrando-os às minhas palavras como se fossem malas num bagageiro superlotado, presentes mas de algum modo inertes e incômodos. Só agora que passei dos sessenta posso me sentir mais confortável, não traduzindo, mas falando ou escrevendo diretamente nessas línguas, quase (mas nunca totalmente) com a fluência de um nativo. Só agora posso superar minha alienação com relação ao árabe, causada pela educação e pelo exílio, e ter prazer com isso.

Tanto o Victoria College como o Tewfiqya Club, do qual meu pai ficou sócio em 1949, expandiram minhas oportunidades de usar o francês. O quadro de associados do Tewfiqya era extraordinariamente variado, uma desconcertante mistura de sócios gregos, franceses, italianos, muçulmanos, armênios, libaneses, circassianos e judeus, em contraste com o caráter inglês do Gezira

Club, reunidos num lugar relativamente pequeno em Embaba, uma zona industrial de trabalhadores na parte leste da metrópole, do outro lado do rio a partir de Zamalek. Nada de pólo, corridas de cavalo, futebol, críquete, boliche de grama ou squash, como no Gezira, mas umas vinte quadras de tênis, uma piscina de tamanho decente e, claro, bridge. Vários de meus amigos do VC — Claude e André Salama, os Setton, Mohammed Azab, Albert Coronel, Staffy Salem — eram sócios lá, e já que o árabe só era falado pelos atormentados e superexplorados funcionários, lembro-me de um tagarelar interminável de discussões e clichês em francês, que me forneceu durante anos um arsenal rudimentar de frases feitas para todas as ocasiões, salutares ou obscenas, às vezes misturadas com fragmentos de árabe e inglês. *Figure-toi. Fermé ta gueule. Je rentre en ville. Va te faire pendre. Crétin. Je suis esquinté. Je crève.* Mas eu também tinha a sensação de que, sob a superfície de bonomia e diversão turbulenta em que homens e mulheres de shorts curtos e sumários trajes de banho se misturavam, havia uma corrente subterrânea de inquietação estrangeira diante do que o Egito estava se tornando — um local não mais hospitaleiro para os estrangeiros, e particularmente para os enclaves privilegiados como Tewfiqya, onde podia ter lugar de modo relativamente livre de interferência externa uma extrovertida vida não árabe e não muçulmana que não era totalmente européia por estar atada ao luxo, ao obséquio e à sensualidade orientais. A única fala árabe que eu ouvia ali vinha em forma de ordens vociferadas para os *suffragis* núbios, transpirando em seus pesados *galabiyas** brancos, trazendo jarros de *shandy*** e pedidos de *riz financière* (implorei a minha mãe que nos deixasse co-

---

* *Galabiya* ou *djellabah*: bata ou manto folgado usado por homens no Norte da África. (N. T.)
** Bebida feita da mistura de cerveja com refrigerante gasoso ou limonada. (N. T.)

mer isso em casa, mas ela negou) a nadadores maravilhosamente bronzeados como Coco Hakim e seus amigos, que dançavam e jogavam pingue-pongue perto da concorrida *piscine*, como até eu passei a chamá-la.

Desassossego: temporário, de vida curta, impermanente e de algum modo hostil ao Egito, um lugar que outrora havia sido o hospitaleiro, aberto, exuberante e voluptuoso paraíso dos estrangeiros, que se esbaldavam em seu clima, em seus confortos sem paralelo e, acima de tudo, na subserviência de seus nativos. Em meados dos anos 50, enquanto eu estava em Princeton, o *Times* noticiou a conspiração israelense para explodir cinemas e bibliotecas do Cairo que tinham conexões americanas, como o Metro e o centro Usia, onde trabalhava nossa amiga Leila Abu Fadil (filha de Halim, velho parceiro de tênis de meu pai), como parte de um plano concebido para azedar as relações entre o novo governo de Nasser e os americanos. Foi o Caso Lavon, levado a cabo por membros da comunidade judaica local, alguns dos quais eu lembrava de ter visto à beira da piscina no Tewfiqya. Talvez isso tenha influenciado minhas lembranças do período, mas estou seguro de que a sensação de presságio que eu tinha então era real, de que o começo do fim da nossa comunidade de *shawam*, judeus, armênios e outros pairava no ar pesado, mas de algum modo agradável, do Tewfiqya. Aos poucos, membros dessa comunidade começaram a desaparecer — alguns indo para Israel, outros para a Europa, e um pequeno número para os Estados Unidos. A lamentável dispersão, ou antes desmembramento, das comunidades levantinas do Cairo começou quando alguns partiram pressentindo o que estava para acontecer; mais tarde, outros foram obrigados a partir sem um tostão por causa das guerras de Suez e de 1967.

O Victoria College e nosso círculo de amigos da família eram totalmente apolíticos. O vocabulário do nacionalismo árabe, do nasserismo e do marxismo viria cinco ou seis anos mais tarde, enquanto ainda vivíamos mergulhados nas ilusões do hedonismo, da educação britânica e da cultura exuberante. O Cairo era mais cosmopolita do que nunca. No camarote de meus pais na ópera vimos a temporada de ópera italiana, o Ballet des Champs-Elysées, a Comédie Française; no Rivoli, Krauss e Furtwängler; no Ewart Hall, Kempff e Cortot. Na escola, vivíamos uma vida paralela ao artificial currículo britânico por meio de uma troca regular de novelas de Tarzan, Conan Doyle e Dumas. Ao mesmo tempo em que Gatley nos conduzia solenemente através de *Micah Clarke*, meu amigo Hamdollah e eu nos refestelávamos nas histórias de Holmes, nos revezando nos papéis de Microft, Lestrade e Moriarty. Mais tarde descobrimos Wodehouse e Jeeves, mas foi o vocabulário das histórias de Tarzan que abriu um rico universo para nós. "Sua pele é tão lisa como a de Histah, a cobra", um de nós dizia, ao que o outro respondia: "Melhor isso que ter o corpo de Tantor". Com Arthur Davidson eu tinha muitas discussões longas e eruditas sobre o mundo do Capitão Marvel. Será que Mary Marvel seria sexy na vida real? Não, ele dizia com convicção, sua xoxota com certeza era feita de ferro (*kussaha hadid*); a Mulher Maravilha seria muito mais apetitosa. Falávamos muito mais sobre os Marvel, sua variada prole e agregados, do que sobre nossas próprias famílias, das quais agora nos considerávamos felizes de escapar, lamentando que não fossem mais parecidas com as das histórias em quadrinhos. Gibis britânicos como *Boys Own*, *Billy Bunter*, *George Formby* e *Sexton Blake* nos davam grande prazer. Entre a escola caótica e sádica de Bunter e os inflexíveis e destemidos *cobbers** australianos que povoavam

---

* Amigo, camarada, na gíria australiana, especialmente no trato entre homens. (N. T.)

Boys Own, eu imaginava um reino idílico muito distante do Victoria College.

Repetidas vezes me defrontava com o aguerrido autoritarismo da escola encarnado no líder juvenil Shalhoub. Quando nossa classe foi obrigada a assistir a um jogo de futebol da escola, mas tivemos permissão para usar nossas próprias roupas, nossa aparência suja e desleixada despertou o escárnio dos rapazes da Sexta Superior, ainda vestidos garbosamente em seus vistosos uniformes oficiais da escola. Shalhoub caminhava junto à linha do campo, como uma espécie de monarca inspecionando uma guarda de honra lamentavelmente andrajosa, com seu rosto mal escondendo o fastio e a indiferença que seu andar desdenhoso irradiava. Com um enorme cravo branco na lapela, elegantes sapatos pretos lustrosos e gravata de listras brilhantes, ele era a própria imagem do arrogante líder juvenil. Então Hamdollah cacarejou bem alto: "Puxa, que bela figura você faz, capitão Shalhoub", diante do que o ultrajado Shalhoub se deteve e acenou para que Hamdollah e eu saíssemos do campo e o acompanhássemos. Um ato de lesa-majestade havia sido cometido.

Ele nos fez marchar até sua sala, perto da piscina aquecida coberta, e depois de me dar dois tapas começou a torcer o braço do pobre Hamdollah por trás das costas. À medida que a pressão e a dor aumentavam, o estudante bem mais jovem gemia queixosamente, com o braço prestes a quebrar. "Por que você está fazendo isso, capitão?", ao que Shalhoub respondeu em seu inglês impecável e fluente: "Porque, para falar a verdade, gosto disso". O braço de Hamdollah não quebrou, e Shalhoub ficou entediado com seu cansativo passatempo. "De volta ao jogo de futebol", comandou, "e que eu não ouça mais nenhuma palavra de vocês."

Não me lembro de tê-lo visto outra vez desde então, a não ser a certa distância, durante o último dia de aula, quando, com um pequeno grupo de importantes funcionários britânicos, incluindo Roy Chapman-Andrews, uma figura eminente do Ministério do Exterior, cuja função evidentemente alta (assim como a tremenda deferência que lhe era conferida) nunca compreendi de fato, celebramos o fim do ano letivo. Em situações desse tipo, sempre se supunha que os nativos perceberiam claramente que um personagem bastante elevado os estava agraciando com sua presença, embora sua exata função não fosse divulgada, ou fosse considerada irrelevante para os referidos nativos. Shalhoub estava no palco para dizer algumas melífluas e, a meu ver, bajuladoras palavras de "aprovação" pela nossa boa sorte coletiva de ter recebido uma educação inglesa tão maravilhosa e pela presença de Chapman-Andrews; houve uma onda de hip-hip-hurras, puxada por Shalhoub, claro (com Bassano, seu contemporâneo, decorosamente em pé a seu lado no palco), e em seguida todos saímos da sala arrastando os pés. Só voltei a ter notícia de Shalhoub uma década depois, quando ele se tornou Omar Sharif, marido de Faten Hamama e astro do cinema cuja estréia americana, em 1962, foi em *Lawrence da Arábia*, de David Lean.

Meus pais pareciam estar sempre inquietos, para não dizer cheios de pressentimentos, em vista da minha despreocupação na escola, da minha inabilidade para "ir bem" por muito tempo, da minha atitude descuidada e intuitiva diante de exames e provas. Era engraçado, pensei comigo uma vez quando cabulava aula no início da primavera de 1950, que eu em outros tempos ficasse tão angustiado com relação ao futuro a ponto de passar noites em claro.

Comecei nessa época a ter uma percepção de que meus sentimentos em relação às famílias — a minha e as outras — eram diferentes do que se esperava. Exceto pela minha dependência geral de meus pais e do meu duradouro, frustrado e até exacerbado amor e solicitude por minha mãe, flagrei-me sentindo pouco do amor e da lealdade orgânicos e permanentes por minhas irmãs e pelos demais membros da família ampliada — venerada por meu pai como "a família da gente", e também por minhas irmãs, segundo diziam — que eu via nos outros. Havia outra instância do distanciamento e da insatisfação que eu detectava em mim mesmo e que nunca fui capaz de mudar ou humanizar. A despeito do que eles diziam e faziam a meu pai, eu ainda gostava dos meus primos simplesmente porque gostava, não porque fossem bem-vistos ou, quando brigaram com ele, malvistos, tampouco porque a "família" ditasse algum conjunto particular de sentimentos. O mesmo valia para minha atitude em relação a tia Nabiha, que durante algum tempo enfureceu minha mãe por sua deslealdade com seu irmão Wadie.

Eu parecia, portanto, encontrar cada vez menos amparo no grupo familiar; eu supunha que tivesse contado com esse amparo antes, mas que o perdera de alguma maneira e nunca o reconquistara, exceto na dialética atormentada mas nutritivamente hipnótica que eu mantinha com minha mãe e que nós dois alimentamos e deixamos irresoluta pelo mais longo dos tempos. Foi quando eu estava no VC que comecei a notar a quase absoluta separação que existia entre minha vida aparente na escola e a complicada mas predominantemente inarticulada vida interior que eu acalentava e vivia por meio das emoções e sensações que extraía da música, dos livros e das lembranças mescladas com fantasias. Era como se a integração e a liberdade que eu precisava promover entre os meus eus tivessem de ser indefinidamente adiadas, embora eu subliminarmente mantivesse a crença de que um dia elas de algum modo se integrariam. Com George, Mostapha, Samir, Andy, Billy, Arthur e Claude eu formava uma espécie de bando de desertores maltrapilhos, atormentando os mestres e escarnecendo do currículo. Nós nos juntávamos apenas na escola, uma vez que morávamos longe uns dos outros, embora ocasionalmente nos encontrássemos no cinema ou no Tewfiqya

Club. Éramos uma geração nova demais para a vida nos cafés, e o haxixe era um prazer muito infreqüente e difícil de obter, de modo que tínhamos de nos contentar com o humor grosseiro das *tahshish*, piadas geralmente obscenas que supostamente circulavam entre os semicomatosos usuários da erva e que expressavam, quase todas, uma aceitação passiva da própria impotência e estupidez.

Então nos juntávamos na escola — entre as aulas, perto da cantina, no refeitório, à beira da quadra de esportes. A escola não propiciava nenhuma moldura moral ou intelectual — ou pelo menos nenhuma que fosse visível — para que pudéssemos avaliar nosso desenvolvimento. Sempre tive a sensação de que havíamos todos sido julgados antes mesmo de ter entrado ali, julgados material humano deficiente ou, de algum modo essencial, degradado, não-ingleses, não-cavalheiros de verdade, não-ensináveis de fato. Para mim, isso era estranhamente um alívio, pois finalmente eu podia ser como era sem tentar melhorar ou me esforçar mais. O esforço não fazia sentido. O resultado disso era uma vida curiosamente sem peso, sem nenhum princípio moral ou inconsciente espreitando sob a superfície. Durante meus anos lá não me lembro de nenhuma conversa sequer com algum professor ou aluno mais velho. Minha vida pessoal estava abolida, exceto na condição de rapaz da Quinta Intermediária, e depois da Quinta Superior. O resto era pano de fundo.

Os Dirlik estavam freqüentemente em nossa casa, e eu não via razão para não me sentir tão relaxado quanto eles no que se refere a jantar ou tomar chá "fora". Os Dirlik exalavam diversão e prazer, coisas raras na minha vida familiar, que permanecia rígida e explicitamente formal. André já era um aventureiro, com as pernas cheias de cicatrizes obtidas nos recifes de coral do Mar Vermelho; Loris estava sempre bem-vestido e elegante (todos comentávamos a maneira precisa, até cirúrgica, como ele conseguia desossar um frango inteiro com garfo e faca); e Renée estava sempre pronta a fazer uma piada ou a sugerir um piquenique ou um cinema ao ar livre. É verdade que o exuberante estilo de vida do casal era comprometido por rumores de que a farmácia elegantemente localizada na rua Kasr el Nil, legada a Loris e a seu irmão pelo pai deles, estava perdendo dinheiro por falta de atenção, mas isso nunca obscureceu o tempo que passamos juntos até o final dos anos 50, quando Loris acabou indo trabalhar para as Nações Unidas no Congo, depois que a farmácia foi à falência. Ele morreu lá, subitamente e sozinho, no verão de 1962, para grande tristeza de todo mundo.

No final da primavera o tão aguardado prédio novo da escola ficou pronto. De onde veio o dinheiro não sei até hoje, mas, para os padrões deteriorados, acanhados e precários de Shubra, o novo campus se revelou opulento, soberbamente assentado na extremidade deserta de Maadi, ainda um subúrbio reservado aos ricos, em sua maioria estrangeiros, região que eu conhecia por causa do clube localizado lá e também pela CSAC, que ficava perto do plácido centro de Maadi e de sua estação de trens. De repente me dei conta de que estávamos no fim de toda uma era (não que eu soubesse exatamente o que isso significava), quando acontecimentos súbitos e surpreendentes poderiam ocorrer e de fato ocorreram, e quando novos requisitos eram esperados de todos nós. Não me lembro de haver pensado em mim em termos muito individuais — ainda me impressiona o fato de que nossos laços como classe escolar, Intermediário Cinco Um, não eram nem um pouco baseados em critérios de família ou classe social, que, segundo me lembro, não valiam nada —, mas diante de um conjunto, ainda que estreitamente definido, de objetos, frases, e mesmo palavras, que circulavam como que (para mim, pelo menos) numa órbita confortavelmente segura. Havia, para começar, o código das roupas — boinas, gravatas, paletós — que caiu lentamente em desuso em Shubra. Em seguida as indefectíveis "agendas de compromissos" de capa cor-de-rosa, os estojos de lápis de couro ou madeira, os vários tipos de canetas-tinteiro (nada de esferográficas na época), incluindo uma imitação barata de Parker muito usada e vendida nas ruas por ruidosos ambulantes (tinha um "P.Arker" gravado na tampa; os produtos japoneses daqueles dias eram o máximo em termos de marcas paródicas e risíveis), cadernos escolares azuis do VC. Além disso, pelo menos uma dúzia de manuais em inglês sobre assuntos como física, história e matemática — livros que eram tão descoloridos e impessoais quanto seus equivalentes americanos da CSAC haviam sido tagarelas e narrativos (por exemplo, "Morton dá a Shelley $ 12,23 trocados, como sua parcela para o piquenique da classe, de dezoito alunos. E se imaginássemos que a classe era de quinze alunos, e que cada um tinha de contribuir com uma quantia equivalente...?"), mais dois ou três livros de literatura, uma peça de Shakespeare a ser estudada naquele ano, um romance inglês do século XX, como o subliterário *The Commodore*, de C. S. Forester, mais um texto em prosa "clássico" de não-ficção (ensaios de Macaulay) e uma seleção do que parecia ser uma monótona poesia acadêmica (poemas de Gray e Cowper). Grande parte disso, se não tudo, era acomodada numa mochila-padrão de couro marrom com duas fivelas e com o sobrenome (sem o prenome) cuidadosamente escrito à mão com maiúsculas negras ou azuis na parte interna da aba principal.

Mais empolgante era uma ampla série de objetos de troca e de jogo: bolas de gude, incluindo as muito cobiçadas imitações de ágata, canivetes (valorizados mas proibidos), raquetes de pingue-pongue, pulseiras de relógio, Brinquedos Dinky (ainda tenho o sedã Humber vermelho que ganhei com uma sorte absurda numa aposta sobre o sentido da expressão "Hora Universal de Greenwich", freqüentemente ouvida na BBC e pouco compreendida naqueles dias), pentes de bolso, pequenos frascos de colônia Chabrawichi de produção local, correntes de elásticos ou de chaves, novos lápis com tampinhas brilhantes sobre a ponta, apontadores e borrachas (*rubber*, a palavra inglesa para a americana *eraser*, que meu pai me aconselhava incansavelmente a usar), estilingues, bombinhas revestidas de arame e papel (também valorizadas e proibidas), vários livros pornográficos, impressos precariamente no papel mais vagabundo e repugnante, escritos num subinglês tão cru e vulgar que refreava a excitação, embora a fingíssemos em voz alta e de modo obsceno, e fotografias granuladas e fora de foco de homens e mulheres copulando, com sorrisos envergonhadamente maliciosos estampados no rosto. "Você conseguiu que uns criados fizessem essas fotos para você, Davidson?", lembro-me de um de nós ter perguntado ao ousado rapaz que, fiquei sabendo depois, as tinha comprado do empregado de um estacionamento.

Nosso mundo intelectual coletivo não era particularmente competitivo, apesar da incessante ênfase oficial nas séries, em passar ou repetir de ano. Meu próprio desempenho não era nem um pouco memorável — instável, errático, às vezes excelente, normalmente passável ou pouco mais que isso. Anos depois, quando me tornei conhecido como crítico literário, um colega de classe disse a outro, que me retransmitiu o comentário: "Esse é aquele mesmo Said? Ele era como todos nós; é espantoso que tenha virado o que é". Ainda me surpreende que o verdadeiro mundo mental, ou intelectual, em que vivíamos tivesse tão pouco a ver com o intelecto em qualquer sentido sério ou acadêmico. Assim como os objetos que carregávamos conosco e trocávamos uns com os outros, nossa linguagem e nosso pensamento coletivos eram dominados por um pequeno punhado de sistemas perceptivelmente banais derivados de gibis, filmes, histórias serializadas, publicidade e sabedoria popular que estavam essencialmente no nível da rua, sem nenhuma influência do lar, da religião ou da educação. O último traço edificante de sensibilidade e relativamente "alta" cultura em nós veio, lembro muito bem, de dois filmes religiosos sobre santas francesas, Bernadette de Lourdes e Joana d'Arc, em outras palavras Jennifer Jones e uma Ingrid Bergman de cabelo raspado. Vi o filme sobre Bernadette por algum motivo durante sua segunda ou terceira temporada em cartaz no Diana Cinema, cujos proprietários na época eram uma família grega, os Raissy. Sua localização na ponta menos elegante da rua Emad el Din e suas instalações generalizadamente medíocres faziam com que não fosse páreo para a excitação do Metro Cinema ou do Rivoli Cinema, o único do Oriente Médio que ostentava um órgão fulgurantemente iluminado. A maior distinção do Diana era o fato de ser tanto um teatro banal onde Om Kulthum apresentava suas performances intermináveis como também um local onde podiam ocorrer eventos beneficentes (minha tia Nabiha, em suas incansáveis tentativas de arrecadar fundos para os refugiados palestinos, uma vez o utilizou para uma sessão de caridade de *A mascote do regimento*, o primeiro e único filme de Shirley Temple que vi na vida e a quem desde então sempre detestei por seu racismo e por sua boa disposição untuosa, cordial e falsamente ingênua), além da exibição de filmes americanos não especialmente glamourosos. Entre eles estavam Joan e Bernadette *à l'americaine*, que me imbuíram de um considerável mas vago entusiasmo por algo inapreensível e me lançaram com avidez às fontes literárias e históricas, em sua maioria encontradas nas estantes ecumênicas de meus pais. Li *A canção de Bernadette*, de Franz Werfel, e também seu *Os quarenta dias de Musa Dagh*, seguidos de gente como Chesterton (ou seria Hilaire Belloc?) e Harold Lamb falando sobre a Donzela de Orleans.

No outono de 1950, o ônibus veio nos pegar mais cedo do

que de costume, pois Maadi, que ficava no centro do Cairo, era duas vezes mais longe que Shubra. Nossa primeira visão à distância da nova escola, ainda em processo de construção, encheu-nos de considerável esperança. Três grandes prédios estavam acabados e prontos para nos receber naquele outubro. Eram estruturas retangulares modernistas, todas sobre pilotis, e, no caso do prédio da nossa classe, com duas fileiras de janelas, uma acima da outra. No meio do caminho havia um salão de refeições e um ginásio, fazendo esquina com um edifício para alojamento de internos, uma enfermaria e as salas dos professores; junto ao prédio das salas de aula havia um anexo em forma de quadrado que abrigava a administração. O terreno era vasto, com vários campos de esportes e atletismo, quadras de tênis e, já que a escola ficava no limiar do deserto, um bem aparelhado estábulo, com cavalariços e uma pista de equitação. Tudo somado, era de longe a mais bela escola em que eu ou, segundo me parecia, qualquer outra pessoa tinha estado até então. Desembarcamos do ônibus sentindo que estávamos diante de um novo começo.

Não precisamos de mais do que cinco minutos para nos dar conta de que a nova escola poderia não ser um progresso no fim das contas. O sr. Griffiths, careca, de olhos redondos e gravata-borboleta, era agora ao mesmo tempo nosso professor de "matemática suplementar" em trigonometria, cálculo e geometria espacial, e também diretor interino. Ele estava destinado a ser minha *bête noire*, cuja obstinada reprovação ficou marcada em mim até muito tempo depois que deixei o VC.

O novo lugar, além de ser imponente, parecia declarar de modo afetado e desdenhoso sua condição de instituição britânica, e isso aumentava nossa sensação de alienação coletiva e hostilidade. Houve outras mudanças. Sem a força catalisadora de

George Kardouche, que havia desaparecido na English School de Heliópolis, tendíamos a nos dissolver em panelinhas rivais.

Nosso novo professor de inglês e redação, o sr. Lowe, era tempestuoso, inapto e incompetente. As novas salas de aula tinham uma pequena despensa atrás do quadro-negro, onde ele guardava seu giz, seus livros didáticos e outros equipamentos. A porta, à esquerda do quadro-negro, tinha um cadeado, e logo abaixo do quadro-negro uma pequena janela de correr dava para a sala de aula. Foi minha idéia prendê-lo lá dentro, escrever no quadro-negro acima da janelinha "Dê uma olhada — 5 piastras", e deixar os alunos se revezarem na observação do nosso infeliz inglês no cativeiro, "em seu estado natural", conforme eu berrava anunciando a atração. Um inspetor de alunos, atraído pelos gritos de Lowe e pela algazarra que fazíamos, logo pôs um fim à travessura. Fui devidamente denunciado a Griffiths, que me fuzilou na aula de matemática com um olhar ostensivamente desagradável. "Um bocado de desordem aqui ontem", disse ele, olhando para mim, mas dirigindo-se à classe como um todo. Semanas depois, Griffiths diria a meus pais com certo pesar, para não dizer amargura, que minha inteligência sempre o impedia de me expulsar. Irônico que um professor sentisse que um aluno brilhante era um empecilho a sua autoridade.

O caráter compacto das instalações de Shubra, que nos mantinha em contato com outras classes, fora substituído pela vastidão do nosso novo campus. Os professores passaram a patrulhar os corredores, algo impossível de ser feito em Shubra, com sua desordem descentralizada, e gradualmente foi me parecendo que o novo campus tinha sido concebido mais para a vigilância e o controle do que para propósitos educacionais. Não precisei de mais do que um mês na nova escola para me sentir num desassossego constante: os rapazes mais velhos nos interpelavam no corredor, atacando, insultando, empurrando. Um deles, um imenso bloco de carne que pesava pelo menos cem quilos, Billy Fawzi, tomou uma grande e irracional antipatia por mim, e eu passava a maior parte do meu tempo fugindo dele. Mas não havia como evitá-lo completamente, já que ele conseguia bloquear um corredor inteiro com seu imenso volume. Uma vez ele segurou meu pescoço numa de suas manoplas e disse em árabe "Said, estou de olho em você. Tome cuidado. Não tente ser espertinho comigo. E [em inglês] não seja descarado". Esperteza e descaramento estavam entre os pecados mais mortais de que nos acusavam não apenas os professores, mas também os rapazes mais velhos (e maiores).

O capitão Billy era apenas o pior dos rapazes mais velhos que me ameaçavam e atormentavam; a maioria dos outros nem tinha nome para mim, mas eram forças temidas, volumosas, com a pele coberta de manchas e falando sempre em árabe. Por alguma razão fui escolhido por esse grupo, que havia substituído o agora ausente Shalhoub no papel de disciplinadores não oficiais, com a óbvia complacência dos professores. Eu tinha a fama de ser alguém perspicaz, geralmente encrencado, e um aluno decente, de modo que durante os exames escolares eu costumava me ver rodeado por algumas daquelas criaturas "brobdingnagianas",* que me passavam suas provas de inglês para que eu as fizesse por elas, ao mesmo tempo que tentava freneticamente fazer as minhas próprias. O incentivo era "Said, seja um sujeito decente"; a ameaça muito mais efetiva era "Faça isso, senão vou foder a sua mãe". Portanto eu sempre fazia os exames deles. Covardia e submissão eram um modo de vida nesse caso.

---

* Adjetivo derivado de Brobdingnag, região onde, no livro *Viagens de Gulliver* (1726), de Jonathan Swift, tudo tem dimensões enormes. Por conseguinte, é aqui sinônimo de "gigantescas". (N. T.)

No Natal daquele ano decidiu-se que minha mãe e eu tomaríamos juntos o trem rumo ao Alto Egito para um passeio de alguns dias no vale dos Reis, Karnak, e outras paisagens, cujo silêncio e cuja vacuidade circunspecta me afastaram para sempre do Egito Antigo. Nossos quatro ou cinco dias foram idílicos, uma espécie de lânguida pausa no tumulto da escola e da grande metrópole, e acabaria sendo a última vez que passei um período extenso de tempo sozinho com minha mãe. Líamos um para o outro, suspensos sem tensão ou discussões nas longas tardes e noites de inverno nos salões do Cataract Hotel, livres de prazos a cumprir ou tarefas a realizar. Ela agora estava começando a ter mais consciência de seus talentos para a vida social, e as repousantes, estimulantes e descomplicadas horas que desfrutei com ela eram com muita freqüência profanadas por seu impulso para ser gregária, ou pelo menos para passar algum tempo com conhecidos americanos hospedados no mesmo hotel. Lembro-me de minha irritação e ciúme, mas também valorizo a distração daqueles dias como algo que me forneceu uma lembrança perpétua — nunca igualada ou substituída — de sublime desembaraço diante dos imperativos da vida cotidiana no VC, que logo me esgotariam e me afastariam de casa literalmente para sempre.

Luxor e Aswan: a breve pausa antes de uma terrível tempestade. Numa tarde de terça-feira no início de fevereiro, o sr. Lowe pediu-nos que tirássemos da mochila nossos Shakespeare. Levantamos um coro de "Preferimos Scott". Ele decidiu aferrar-se a Shakespeare e, numa tentativa insolitamente agressiva de atingir seu objetivo, avançou sobre a primeira fileira de carteiras, distribuindo golpes contra seus renitentes subordinados, impondo de maneira petulante uma vontade inteiramente desvinculada de seu suposto objeto, que era fazer-nos ler os sonetos de Shakespeare. Cercado por todos os lados por uma classe excitada, insurrecta, Lowe parecia Sansão no templo filisteu, distribuindo golpes ao acaso, sem conseguir ver quem ele estava atingindo, como estava avançando (se é que estava). De repente, cambaleou para a frente, cingindo o garoto mais perto de si com seus braços enormes. Subitamente me vi aprisionado naquele abraço suado, com regatos de transpiração descendo por seu rosto avermelhado, e seu corpo grande e obeso me forçando para baixo de tal modo que ele se deitou por cima de mim. "Agora peguei você, Said", disse, lançando perdigotos, "e vou lhe ensinar uma lição." Tentou endireitar os braços para me bater, mas foi rapidamente contido por três ou quatro estudantes que se agarraram a ele vociferando freneticamente pragas em árabe. "Parem com isso", gritou, "parem com isso e me soltem agora mesmo." Meus salvadores recuaram, assustados por essa assombrosa afirmação de sua autoridade arranhada. Quando eu me arrastava para escapar, ele me segurou de novo, conduziu-me com firmeza até a porta e me jogou para fora da sala, batendo a porta em seguida.

Vislumbrei Griffiths me encarando da porta de sua sala, a trinta metros dali, mas ele não disse nem fez nada, exceto me observar sem expressão. No início do intervalo em nossa aula de matemática, na manhã seguinte, Griffiths disse-nos para continuar sentados. "Agora, Said", disse casualmente para mim, na segunda fileira, "ouvi dizer que você se comportou mal ontem à tarde. É verdade, não é?" Tendo me visto fora da classe, ele sabia que era verdade. Eu não disse nada. "POR QUE VOCÊ NÃO RESPONDE, GAROTO?", ele gritou de repente para mim, perdendo pela primeira vez o autocontrole em nossa presença. "Sim, senhor", respondi, sem me comprometer. "Bem, não podemos tolerar algo assim aqui. Não podemos." Novamente, sem me comprometer: "Não, senhor". Ao que, de maneira muito natural, ele disse: "É melhor você sair, então". Não sabendo muito bem o que ele tinha em mente, perguntei: "Sair, senhor? Agora, senhor?". "Simplesmente saia, Said, não me importa para onde você vai. Apenas saia. Agora."

Comecei vagarosamente, com a precisão da surpresa chocante e da trêmula incerteza, a arrumar minha surrada mochila, enquanto todos permaneciam sentados num silêncio frígido e imóvel. Olhei para o lado em direção a meu amigo Hamdollah, que baixou os olhos, constrangido. Isolado, transformado em alvo, trespassado, eu tinha subitamente saído de cada um dos círculos que eu alguma vez habitara. Não mais bem-vindo na escola, com medo de ir para casa, sem dinheiro no bolso nem perspectivas para o futuro imediato, a não ser uma passagem de trem, consegui de alguma maneira caminhar para fora da sala me sentindo estranhamente invisível, enquanto Griffiths permanecia sentado impassível diante de sua mesa, esperando que eu desaparecesse. Não me recordo de muita coisa de minha caminhada de três quilômetros até a estação ferroviária, exceto pela travessia dos canais com extrema lentidão, jogando à toa uma pedra ou duas em sua escura superfície cor de alga, depois avançando até o canal seguinte para fazer a mesma coisa de novo. Demorei até uma e meia da tarde para chegar em casa, vadiando por Bab el Louk, circundando Midan Ismailiya, atravessando a ponte de Kasr el Nil, passando pelos Jardins Mouriscos, pela pista de corridas do Gezira Club e pelo pequeno Jardim dos Peixes, uma caminhada de cinco quilômetros desde a estação de trem, durante a qual me vi deliberadamente deixando de pensar no que estava prestes a acontecer. Experimentei uma sensação de desligamento, literalmente utópica, de não estar ali, de haver desencarnado, de estar liberado de todos os meus estorvos, obrigações, restrições. Nunca havia me sentido tão perigosamente livre e sem direção como naquele momento; depois de anos de agendas, tarefas, trabalhos, compromissos, eu estava simplesmente caminhando para casa, sem nenhum propósito a não ser o de que em algum ponto eu sabia que teria de chegar lá.

Como não me tinha sido confiado meu próprio molho de chaves, tive de tocar a campainha. De modo não habitual, já que a tarefa era reservada aos empregados, minha mãe abriu a porta. "Edward", disse ela num tom de surpresa que logo deu lugar ao sobressalto. "O que você está fazendo aqui? Alguma coisa errada? Você está doente?" Desorientado e incapaz de falar, fui conduzido por ela até meu pai, cujo rosto circunspecto irradiava preocupação e raiva. Sem que eu tivesse dito uma palavra, ele me levou ao quarto deles para uma surra preliminar com seu chicote de montaria.

Não trocamos nem uma palavra. Fui para meu quarto e explodi em lágrimas, minha dor física composta de uma sensação de desolação fundamental e abandono. Durante duas semanas permaneci em casa como uma sombra abandonada, sem acesso a livros, música, amigos e qualquer tipo de prazer por determinação de dois pais perplexos e injuriados que se contentavam em esperar até que Griffiths fizesse o obséquio de recebê-los. Quando eles voltaram da reunião, foi minha mãe quem fez todo o discurso, a maior parte dele endossando a pobre avaliação que Griffiths fazia de mim como um "inútil", embora ele aparentemente tenha acrescentado nova queixa, a de que eu era "demasiado inteligente" para ser expulso em definitivo, por mais que ele desejasse isso. Minha mãe deu a impressão, como Griffiths, de ver minha inteligência, que estava se tornando em pouco tempo minha única certeza sobre mim mesmo, com ressentimento, como sinal de meu caráter incorrigível e de uma natureza maligna ou pelo menos incapaz de ser cultivada. Aos olhos dela, minha inteligência dificultava que eu fosse um bom aluno, mas tinha sido suficiente daquela vez para garantir que minha expulsão fosse, a contragosto, suspensa. Eu podia voltar, disse Griffiths, mas não seria tolerada mais nenhuma espécie de mau comportamento.

Griffiths havia deixado claro também que meu futuro como estudante bolsista dentro do sistema inglês era incerto; ele teria de me dar uma carta de recomendação pouco convincente se eu resolvesse permanecer até obter meu GCE (*General Certificate of Education*, o diploma do curso secundário concedido a todos os formados nas escolas britânicas) e em seguida tentar uma vaga em Oxford ou Cambridge (a universidade dele). Meu pai sem dúvida estava planejando minha partida para os Estados Unidos, embora eu tenha retornado para o VC ignorando esse fato. A versão oficial que me contaram era a de que eu teria de deixar o Egito porque uma obscura lei de imigração norte-americana determinava que, embora eu tivesse herdado a cidadania de meu pai, para me tornar um cidadão americano eu deveria necessariamente passar pelo menos cinco anos nos Estados Unidos antes de completar 21 anos, por não ter nascido lá. Já que em novembro de 1951 eu faria dezesseis, a mudança era imperativa.

Suponho que ele julgasse que, me mandando para instituições exigentes e exclusivamente masculinas como Mount Hermon e depois Princeton, estava me protegendo não apenas da automanipulação, mas também da crescente e superabundante exuberância emocional representada por minha mãe, com as incertezas e os confortos paralisantes que isso implicava.

Justamente enquanto eu estava sendo preparado para me adaptar aos planos de meu pai de me mandar para os Estados Unidos na primavera de 1951, recebemos subitamente um cartão-postal de seu irmão mais novo desaparecido havia muito tempo, David, que, devido a sua incorrigível tendência a seduzir mulheres, fora despachado do Egito por meu pai em 1929, exilara-se no Brasil e em seguida sumira. Escrito num garrancho gigantesco e infantil, o cartão de David vinha de Lourdes e anunciava:

"Estou curado. Estou indo ver você". Uma semana depois, chegou um telegrama com o número de seu vôo e a data de chegada ao Cairo. Ele era uma versão bigoduda e latina de meu pai, mais escura, mais animada e mais compacta, uma espécie de cruzamento entre o *alter ego* de Wadie e sua paródia. Os poderes sedutores de David eram supostamente irresistíveis, em especial com mulheres casadas, que foram a causa imediata de seu desterro original. Ele falava uma bizarra combinação de árabe antigo esfarrapado, com uma dúzia de frases americanas ("Puxa, Bill, você devia ver quanto dinheiro eu ganhei uma noite na Bahia"*) e um pouco de português incompreensível. Ficávamos todos magnetizados por sua presença efusiva e descomplicada: seu irmão Wadie e sua irmã Nabiha, os vários filhos deles e minha mãe, a quem ele fazia graciosamente alguns galanteios desajeitados mas corteses. Hospedado em nossa casa, ele passou um mês no Cairo fazendo muito pouca coisa além de persuadir com sucesso meu pai a tirar uma folga no trabalho para que os três irmãos pudessem sentar juntos e conversar sobre a velha infância em Jerusalém que eles tinham compartilhado tanto tempo atrás. As profundezas dostoievskianas que eu intuía em meu pai (mas nunca via) eram plenamente evidentes em David — melancolia, volubilidade, extremos de disposição, do júbilo à mais escura depressão —, emolduradas (mas nunca contidas de verdade) por seu relacionamento com seus sóbrios irmão e irmã.

Nunca descobri o que ele fazia exatamente. Falou-se em minas de diamante, mas também em seu talento como guia turístico, como seu pai. Ele jogava e bebia, metia-se com mulheres e perambulava pelo interior do Brasil. Deu-nos uma algibeira de couro cheia de pedras semipreciosas de pequeno valor, mas que em sua

---

* No original, em inglês: "*Gee Bill, you should see how much money I made one evening in Bahia*". (N. T.)

cintilante profusão e variedade continham a aventura de um continente inteiro. Ele e eu nos tornamos grandes camaradas: *"ya dini"* ("minha religião"), ele costumava me chamar, em sentido literal. Anos mais tarde me dei conta de que, em sua personalidade exótica, indomada e misteriosa, ele era um avatar de Conrad para mim — uma figura à imagem de Kurtz, um companheiro secreto, um Cunningham Graham* de quem meu pai fazia as vezes de escudeiro britânico. Ele desapareceu de novo no Brasil. Em setembro de 1967 estive com ele por uma hora em Nova York; ele estava acompanhando uma excursão da seleção brasileira de futebol, em algum cargo misterioso. Pouco antes de sua morte, na primavera de 1973, tia Nabiha, devastada pelo câncer, foi visitá-lo e descobriu uma "espécie de" esposa, Adela, e um filho adolescente deficiente, que pode ter sido adotado. Uma tristeza virgiliana permeou os últimos dias de Nabiha, enquanto ela administrava as ruínas de sua dispersa família, sem que seu heróico passado ajudasse muito sua vida desorganizada e esfacelada em Amã, onde ela morreu no início de abril, no mesmo dia em que Kamal Nasir foi assassinado pelos israelenses em Beirute. Em David, Nabiha e meu pai, eu via um emaranhado de partidas, exílios e breve retornos, e compreendia a tentativa de meu pai de combinar uma mistura pouco promissora de instinto oculto e obstinado com uma determinação vitoriana em seus esforços para criar uma vida boa para sua família. O que sustentava a fé de meu pai era um imperativo pedagógico simples ao qual ele sempre retornava. "Se for instrutivo", costumava me dizer, "então faça." Tenho tentado desde então entender a que ele se referia, e este livro é o

---

* Robert Bontine Cunningham Graham (1852-1936): escritor, viajante e reformador social inglês, autor, entre outros, do relato de viagem e aventura *Mogreb-el-Aksa*. Na mesma frase, há referências ao personagem Kurtz, da novela *Coração das trevas*, e ao conto *O companheiro secreto*, ambos de Joseph Conrad. (N. T.)

registro de minha tentativa. Somente décadas depois de sua morte consigo ver os dois lados do legado que ele me deixou unidos irrevogavelmente num paradoxo absoluto, indiscutível, a repressão e a liberação abrindo-se uma à outra naquilo que ainda é para mim um mistério que estou apenas começando a aceitar, mesmo sem entender completamente.

Depois da Guerra de Suez, em 1956, o Victoria College foi nacionalizado e rebatizado de Victory College. Não tive mais nenhuma ligação com ele até 1989, quando numa visita para conferências ao Egito, junto com meus familiares, achei que seria divertido mostrar-lhes a escola que havia me expulsado. Fomos até Maadi numa manhã de sexta-feira em meados de março e seguimos de carro até a escola percorrendo o itinerário do velho ônibus. Fiquei descontente ao descobrir que aquilo que havia sido uma espécie de fronteira entre a escola e o deserto, depois da qual a imensidão de areia se estendia por quilômetros e quilômetros, tinha se tornado uma vasta área de conjuntos habitacionais apinhados de gente, roupas nos varais, carros, ônibus e animais. A escola estava fechada por causa do feriado de sexta-feira, mas convenci o porteiro a nos deixar entrar mesmo assim. Quando chegamos a minha sala de aula, que me pareceu bem menor do que na minha lembrança, mostrei-lhes minha carteira, o estrado do professor, de onde Griffiths havia me posto para fora, e o cubículo onde havíamos aprisionado o coitado do sr. Lowe.

Nesse momento, uma mulher de expressão zangada, com a cabeça coberta e um vestido de estilo islâmico, entrou na sala e perguntou o que estávamos fazendo ali. Tentei explicar as circunstâncias ("Use seu charme", disse minha filha, Najla), mas em vão. Éramos invasores e, na condição de diretora da escola, ela nos pedia que saíssemos imediatamente. Recusou minha mão estendida, encarando-nos com uma transbordante hostilidade nacionalista e um fervor inflexível enquanto saíamos arrastando os pés, bastante intimidados por sua evidente indignação. A britânica Eton do Egito havia agora se tornado uma nova espécie de santuário privilegiado islâmico do qual, 38 anos depois, eu estava mais uma vez sendo expulso.

IX.

No início de setembro de 1991, exatamente quarenta anos depois de ter deixado o Oriente Médio rumo aos Estados Unidos, eu estava em Londres para um seminário que havia marcado com intelectuais e ativistas palestinos para as vésperas da Conferência de Paz de Madri. Depois da Guerra do Golfo e do fatal posicionamento dos líderes palestinos ao lado de Saddam Hussein, estávamos numa posição desvantajosa para a negociação. A idéia da conferência era tentar articular um conjunto comum de temas que impulsionasse nosso progresso rumo à autodeterminação enquanto povo. Vínhamos de todo o disperso mundo palestino — da Margem Oeste e Gaza, da diáspora palestina em vários países árabes, da Europa e da América do Norte. O que transpirou no seminário foi uma terrível frustração: a interminável repetição de argumentos mais que conhecidos, nossa inabilidade em nos concentrar numa meta coletiva, o aparente desejo de ouvir apenas a nós mesmos. Em resumo, nada saiu dali exceto uma sinistra premonição do fracasso palestino em Oslo.

No meio dos debates, durante uma das pausas programadas, telefonei a Mariam, minha mulher, em Nova York, para perguntar-lhe se os resultados do exame de sangue que eu fizera para o meu controle médico anual tinham sido satisfatórios. O que me preocupava era o colesterol, mas, ela disse, não, tudo estava bem quanto a isso, e acrescentou com alguma hesitação: "Charles Hazzi [nosso médico de família e amigo] vai querer falar com você quando você voltar". Alguma coisa em sua voz me disse que não estava tudo bem, portanto telefonei imediatamente para Charles em seu consultório. "Nada que mereça inquietação", disse ele, "conversaremos a respeito em Nova York." Suas repetidas recusas em me dizer o que estava errado finalmente me deixaram impaciente. "Você tem que me dizer, Charles; não sou criança, e tenho o direito de saber." Com um arsenal completo de rodeios — não é nada sério; um hematologista pode facilmente cuidar de você; é crônico, afinal de contas —, ele me disse que eu tinha leucemia linfocítica crônica (LLC), embora eu tenha demorado uma semana para absorver plenamente o impacto inicial do diagnóstico. Eu era assintomático, mas precisava das sofisticadas técnicas de diagnóstico disponíveis num grande centro dedicado ao câncer em Nova York para confirmar a descoberta original. Precisei de mais um mês para entender como era completo o abalo causado em mim por essa "espada de Dâmocles" — como a definiu um médico loquaz e insensível — que pairava sobre minha cabeça, e de outros seis meses para encontrar o extraordinário médico Kanti Rai, sob cujos cuidados tenho estado desde junho de 1992.

Um mês depois de receber meu diagnóstico, peguei-me escrevendo uma carta para minha mãe, que havia morrido um ano e meio antes. Desde que eu deixara o Cairo, em 1951, era um hábito que havíamos mantido: de algum modo, o anseio de me comunicar com ela suplantou a realidade factual de sua morte, que no meio de uma frase interrompeu meu ímpeto fantasioso, deixando-me levemente desorientado e até constrangido. Um vago impulso narrativo parecia agitar-se dentro de mim, mas eu estava tomado demais pela angústia e pelo nervosismo da minha vida com LLC para dar atenção a ele. Durante aquele período de 1993, contemplei diversas mudanças em minha vida, que, conforme me dei conta sem nenhum temor perceptível, seria mais curta e mais difícil dali para a frente. Pensei em me mudar para Boston para retornar a um lugar onde eu vivera e do qual gostara quando era estudante, mas logo admiti para mim mesmo que, pelo fato de se tratar de uma cidade pacata em comparação com Nova York, eu tinha na verdade pensado regressivamente em encontrar um lugar para morrer. Desisti da idéia.

Tantos retornos, tentativas de voltar a pedaços da vida ou a pessoas que não estavam mais lá: essas coisas constituíram uma resposta constante aos crescentes rigores de minha doença. Em 1992 fui com minha mulher e meus filhos à Palestina, em minha primeira visita em 45 anos; para eles era a primeira da vida. Em julho de 1993 fui sozinho ao Cairo, em meio a uma missão jornalística, para visitar velhos fantasmas. Todo esse tempo eu estava sendo monitorado, sem tratamento, pelo dr. Rai, que ocasionalmente me lembrava que eu iria, em algum momento, precisar de quimioterapia. Na época que comecei o tratamento, em março de 1994, me dei conta de que tinha entrado, se não *na* fase final da minha vida, ao menos no período a partir do qual não haveria volta a minha antiga vida — como Adão e Eva ao deixar o Paraíso. Em maio de 1994 comecei a trabalhar neste livro.

Esses detalhes são importantes para explicar a mim mesmo e ao leitor como o desenvolvimento deste livro está intimamente vinculado ao andamento, às fases, aos altos e baixos, às variações da minha doença. Quanto mais fraco eu ficava e o número de infecções e surtos de efeitos colaterais aumentava, mais este livro era minha maneira de construir alguma coisa em forma de prosa, enquanto em minha vida física e emocional eu lutava com as angústias e as dores da degenerescência. Ambas as tarefas se resolveram nos detalhes: escrever é ir de uma palavra a outra, sofrer uma doença é passar pelos degraus infinitesimais que levam você de um estado a outro. E enquanto com minhas outras espécies de trabalho — ensaios, conferências, aulas, jornalismo — eu atravessava a doença, pontuando-a quase forçosamente com prazos e ciclos de início-meio-e-fim, com estas memórias eu era carregado pelos episódios de tratamento, internações hospitalares, dor física e aflição mental, deixando-os ditar como e quando eu poderia escrever, e também por quanto tempo e em que lugar. Períodos de viagem foram com freqüência produtivos, uma vez que eu carregava meu manuscrito comigo aonde quer que fosse, tirando partido de cada quarto de hotel ou casa de amigo onde me hospedasse. Assim, raras vezes eu tinha pressa de escrever um capítulo, ainda que tivesse uma idéia precisa daquilo que queria colocar nele. Curiosamente, a escrita destas memórias e as fases da minha doença compartilham o mesmo tempo, embora a maior parte dos traços desta última tenham sido apagados neste relato do início da minha vida. Este registro de uma vida e o curso contínuo de uma doença (para a qual eu soube desde o início que não existe cura) são a mesma coisa, poder-se-ia dizer, a mesma, mas deliberadamente diferentes.

Quanto mais essa relação se desenvolvia, mais importante ela se tornava para mim, e mais minha memória também — sem nenhuma ajuda a não ser a da reflexão concentrada numa investigação arqueológica de um passado muito distante e essencialmente irrecuperável — parecia receptiva e generosa com minhas incursões quase sempre importunas. Apesar da evolução da doença e das restrições impostas a mim pelo fato de ter me afastado dos locais da minha juventude, posso dizer com o poeta: "nem neste caramanchão,/ Neste caramanchão de limeiras, nem ali distingui/ Muito do que me confortou". Houve uma época, até o início dos anos 60, na qual eu simplesmente não suportava pensar no meu passado, em especial no Cairo e em Jerusalém, que por duas ordens diferentes de motivos não me eram mais acessíveis. A última tinha sido substituída por Israel; a primeira, devido a uma daquelas coincidências cruéis, estava fechada para mim por razões legais. Impossibilitado de visitar o Egito pelos quinze anos entre 1960 e 1975, eu administrava a mim mesmo rações de lembranças antigas de minha vida lá (consideravelmente truncadas, cheias de ruídos de estática que comunicavam uma sensação de calor e conforto, em contraste com o áspero estranhamento que sentia com minha vida em Nova York) como meio de adormecer, atividade que se tornou mais difícil com o tempo, o tempo que também dissolveu a aura de felicidade em torno da primeira parte da minha vida e deixou-a emergir como um período mais complicado e difícil; para assimilar isso, percebi que teria de estar intensamente alerta, acordado, evitando a sonolência propensa aos sonhos. Tenho pensado na verdade que este livro, de alguma maneira fundamental, é todo sobre a insônia, todo sobre o silêncio da vigília e, no meu caso, sobre a necessidade de recordação e articulação conscientes que têm sido um substituto para o sono. Não apenas para o sono, mas para feriados e distrações, para tudo aquilo que é visto como o "lazer" das classes média e alta, ao qual, cerca de dez anos atrás, eu inconscientemente dei as costas. Como uma das principais respostas a minha doença, encontrei neste livro uma nova espécie de desafio — não apenas uma nova espécie de vigília, mas um projeto tão distante da minha vida profissional e política quanto me é possível.

O tema subjacente para mim tem sido a emergência de um segundo eu soterrado por muito tempo sob a superfície de características sociais muitas vezes habilmente adquiridas e manipuladas, pertencentes ao eu que meus pais tentaram construir, o

"Edward" do qual venho falando de forma intermitente, e a maneira como um número crescente de partidas tem desarranjado minha vida desde seus mais remotos inícios. Para mim, não há em minha vida nenhuma característica mais dolorosa — e, paradoxalmente, buscada — que os muitos deslocamentos entre países, cidades, domicílios, línguas e ambientes que me mantiveram em movimento todos esses anos. Treze anos atrás escrevi, em *After the Last Sky*, que, ao viajar, sempre levo coisas demais comigo e que mesmo uma ida ao centro da cidade requer uma pasta cheia de itens desproporcionalmente maiores em tamanho e número do que o exigido pela verdadeira extensão da viagem. Analisando isso, concluí que tenho um medo secreto, mas inerradicável, de não voltar. O que descobri desde então é que, a despeito desse medo, fabrico ocasiões para partir, instigando assim o medo voluntariamente. As duas coisas parecem absolutamente necessárias a meu ritmo de vida e têm se intensificado de maneira dramatica neste período em que estou doente. Digo a mim mesmo: se você não fizer esta viagem, não testar sua mobilidade, se for dominado pelo medo de se perder, se não sobrepujar os ritmos normais da vida doméstica agora, com certeza não será capaz de fazer isso no futuro próximo. Também experimento a aflita melancolia de viajar (*la mélancolie des paquebots*, como a chama Flaubert, *Bahnhofsstimmung* em alemão) aliada à inveja em relação aos que ficam para trás, aos quais vejo em meu retorno, seus rostos livres da sombra do deslocamento ou do que parece ser uma mobilidade forçada, felizes com suas famílias, envoltos num terno confortável e numa capa de chuva, *ali* para todo mundo ver. Algo como a invisibilidade daquele que parte, a saudade que sente e a que deixa talvez nos outros, somada à intensa, repetitiva e previsível sensação de desterro que nos arrasta para longe de tudo o que conhecemos e que pode nos confortar, essas coisas nos fazem sentir a necessidade de partir por causa de alguma lógica anterior, mas autocriada, e de uma sensação de arrebatamento. Em todos os casos, porém, o grande temor vem do fato de que a partida é o estado de ser abandonado, muito embora sejamos nós que estejamos partindo.

No verão de 1951, deixei o Egito e passei duas semanas no Líbano, três semanas em Paris e Londres e uma semana no *Nieuw Amsterdam* de Southampton até Nova York, para terminar minha formação escolar nos Estados Unidos. Isso incluiu o curso secundário e em seguida a graduação e a pós-graduação, num total de onze anos, depois dos quais permaneci no país até o momento. Não há dúvida de que o que tornou angustiosa toda essa prolongada experiência de separação e volta durante os verões foi meu relacionamento complicado com minha mãe, que nunca cessou de me lembrar que o fato de eu me separar dela era o mais desnaturado ("Todo mundo tem seus filhos por perto") e ao mesmo tempo tragicamente necessário dos destinos. A cada ano o retorno aos Estados Unidos no fim do verão reabria velhas feridas e fazia com que eu experimentasse de novo minha separação dela como se fosse a primeira — eu partia incuravelmente triste, olhando desesperadamente para trás, frustrado e infeliz. O único alívio eram nossas cartas angustiadas, mas tagarelas. Ainda hoje me pego reavivando aspectos daquela experiência, como a sensação de que eu deveria estar em outro lugar — ou seja, mais próximo dela, autorizado por ela, envolvido em seu amor materno especial, de infinita clemência, dedicação e generosidade —, porque estar *aqui* era não estar onde eu/nós queríamos estar, *aqui* sendo por definição um lugar de exílio, de remoção, de deslocamento a contragosto. Contudo, como sempre, havia algo de condicional em seu modo de me querer junto dela, pois não só eu tinha de me amoldar a suas idéias sobre mim como também devia estar ali *para* ela, enquanto ela, dependendo de seu estado de espírito, podia estar ou não ali para mim.

Depois que retornei, anticlimaticamente, ao Victoria College para o restante do ano escolar 1950-51, passei, como Griffiths imediatamente esforçou-se para deixar claro, por um período de provação. Na prática isso parecia significar que todos os mestres estavam alertados para minha condição ameaçada e não perdiam a chance de me lembrar, cada vez que eu começava a ficar inquieto, que eu "ganharia mais se me comportasse". Nessa situação desconfortável eu me via constantemente ansioso, tiranizado, caçoado ou evitado por alguns de meus colegas de classe; apenas Mostapha Hamdollah, Billy Abdel Malik e Andy Sharon pareciam se comportar como antes, o que me limitava a uma órbita restrita de amigos, isolada e desconfortável. Durante esse período eu me peguei buscando a proximidade de minha mãe mais do que antes, e ela, com aquele seu modo sobrenatural de sentir e até mesmo ler meu estado de ânimo, mostrou-me a espécie de ternura e de intimidade de que eu precisava desesperadamente.

Um acontecimento culminante no VC naquela primavera nos aproximou mais. Primeiro houve os concertos de Furtwängler, para os quais meu pai, que afirmava só gostar de "concertos para solo e orquestra" (não oferecidos pela Filarmônica de Berlim), juntou-se a nós com entusiasmo contido. Lembro-me de me voltar para minha mãe ou cutucá-la durante uma passagem particularmente apreciada do movimento lento da *Quinta* de Beethoven e depois, na passagem para o último movimento, sentindo de novo aquela mistura especial de intimidade e compreensão que só ela podia me dar, principalmente enquanto eu estava num limbo ameaçador na escola, como um semipária. No dia seguinte ao domingo do concerto, durante o intervalo do lanche na escola, alguns de nós nos juntamos à beira do campo de esportes principal e nos revezamos no arremesso de peso, registrando as marcas de cada um, tentando com a maior seriedade estabelecer um ranking dos seis colegas que participavam da disputa. Na minha vez, quando tomei posição para arremessar, três dos rapazes veteranos do Inferior Seis, liderados por Gilbert Davidson, tão ruidoso e valentão quanto seu irmão mais novo Arthur era pacato e sutil, pediram que o deixássemos arremessar o peso. "Não", eu disse com firmeza, "é minha vez agora. Esperem o meu arremesso." "Seu cuzão idiota, me dá isso já", respondeu ele, com o rosto vermelho totalmente apopléctico de raiva, enquanto avançava contra mim tentando arrancar o peso da minha mão esquerda. Errando completamente o golpe, a mão de Davidson acabou agarrando a parte da frente da minha camisa, que ele abriu num puxão violento, fazendo saltar botões e rasgando o tecido, além de me desequilibrar com a súbita e raivosa violência de seu gesto. Oscilando, deixei o peso cair, virando-me na direção dele no momento que ele lançava um grande golpe de boxe visando minha cabeça e errando o alvo em sua ira então incontrolável. Com o que me lembro como sendo a mais calma lentidão, coloquei toda a minha força no punho que aterrissou no seu nariz, produzindo uma torrente de sangue assustadoramente vermelha. Caindo de costas no chão, imediatamente cercado e amparado pelos amigos, ele ameaçou me matar e matar minha mãe assim que conseguisse se levantar. Corri, escoltado por meus colegas, e fui salvo pela campainha da chamada para a aula.

Depois, na mesma tarde, fui convocado a visitar a enfermaria por causa de um relatório médico sobre o incidente escrito pela velha enfermeira escocesa, cujo único comentário depois de olhar para minha mão foi: "Você tem um punho que parece um pedaço de ferro". Davidson fora levado para casa, reaparecendo uma semana depois com todo tipo de ameaças horrorosas, as quais, em meu imenso desassossego, levei bastante a sério. Griffiths me disse alguma coisa depreciativa e desdenhosa sobre a falta de esperança da minha condição — "Tem sempre algum problema onde você está, não é, Said?". Nenhuma medida disciplinar foi tomada. Mas durante um mês depois do incidente eu me confinei em casa e em minha mãe, de tão convencido estava de que Davidson iria me matar pessoalmente ou arranjar alguns durões para fazer isso por ele.

A lembrança da ternura de minha mãe durante aquelas últimas semanas no Cairo permanecem excepcionalmente fortes, e foi uma fonte de conforto durante meus primeiros anos nos Estados Unidos. Por meio dela sentia-me encorajado naquilo de que nosso ambiente no Cairo não fazia nem idéia, especialmente livros e música que me levavam muito além das inócuas prescrições da escola e também da esvoaçante trivialidade de nossa vida social. Ela tinha me dado alguns romances russos para ler e neles, durante minhas semanas de segregação, descobri um mundo turbulento mas no fim das contas auto-suficiente, um baluarte contra as aflições da realidade cotidiana. Ao ler *Os irmãos Karamazov* senti que havia encontrado uma elaboração da disputa familiar entre meu pai, seu sobrinho, e minha tia, agora entrando em sua fase terminal de incidentes, recriminações e trocas de gritos quase diários, além de discussões tanto com os empregados como a respeito deles. Também me dei conta de como, apesar da cordialidade de nossas amizades com o círculo Shami no interior do qual havíamos crescido, uma leve mas perceptível zombaria a meu pai se insinuava em muitos dos comentários feitos pelos amigos a ele ou a seu respeito — seu inflexível uso do inglês (minha mãe havia se tornado fluente em francês e proseava de modo impecável com Emma Fahoum e Reine Diab com frases como *"ma chère"*, *"j'étais etonnée"* e assim por diante), sua rígida concentração nos negócios, sua queda por comidas americanas como torta de maçã e panquecas, que eles achavam vulgares demais para ser comentadas, seus trajes muito chamativos, incluindo nos feriados velhas camisas e calças com a bainha esfiapada.

Pensando hoje naquele último período no Cairo, recordo

apenas da sensação de conforto e prazer que eu extraía dos cuidados de minha mãe; ela obviamente estava pensando na minha partida iminente, tentando fazer daqueles últimos dias algo muito especial para nós dois, enquanto eu, sem imaginar de fato a terrível ruptura que estava por vir, desfrutava do momento como de uma libertação da agenda febril que eu havia seguido antes. Não mais Tewfiq Effendi, não mais Fouad Etayim, a equitação foi abandonada, as aulas de piano extintas, os exercícios no ginásio de Mourad encerrados. Ao voltar da escola no final da tarde, eu freqüentemente a encontrava sentada no terraço contemplando o Jardim dos Peixes; convidando-me a sentar a seu lado com um copo de limonada perfumada com água de rosas, ela me envolvia em seu braço e relembrava os velhos tempos, comentando como "Edwardo Bianco" tinha sido um menino notavelmente precoce e como eu dava sentido à vida dela. Ouvíamos as sinfonias de Beethoven, particularmente a Nona, que se tornou a composição mais significativa para nós. Lembro-me de estar confuso acerca do relacionamento entre ela e meu pai, mas também de me sentir pacificado pelo fato de ela sempre se referir a ele como "papai", nós dois usando a mesma palavra para o marido e o pai. Tudo isso pode ter sido o jeito dela de tentar me reconquistar à América antes que eu partisse, seu jeito de me reivindicar de volta contra os planos de meu pai, dos quais ela sempre discordou e os quais sempre lamentou, no que se refere ao meu envio aos Estados Unidos. Mas aquelas tardes tiveram o efeito de criar a imagem de uma união inviolada entre nós, que teria, no conjunto, resultados ruinosos para minha vida posterior como um homem tentando estabelecer um relacionamento amoroso desenvolvido e maduro com outras mulheres. Não é bem que minha mãe tenha usurpado um lugar em minha vida ao qual não tivesse direito, e sim que ela conseguiu ter acesso a ele pelo resto de sua vida e, conforme sinto muitas vezes, até depois.

Só agora percebo que aquelas conversas antes da partida para os Estados Unidos constituíram uma espécie de cerimônia de despedida. "Vamos ao Groppi's para tomar um chá pela última vez", ou "Você não gostaria que fôssemos jantar no Kursaal de novo antes da sua partida?", perguntava ela. Mas muito disso teve lugar em algum complicado labirinto construído por ela mesma, que também incluía as providências tomadas por ela para si própria e para minhas quatro irmãs, que eram só o que lhe restaria depois que eu partisse. Havia um elemento terrível de entrega em sua atitude na última semana antes que fizéssemos as malas para o primeiro estágio de nossa viagem via Líbano. Conforme me dei conta mais tarde, ela via aquela entrega como algo motivado pelo amor altruísta, quando obviamente seu ego soberano desempenhava um papel preponderante naquilo que ela estava disposta a fazer, ou seja, lutar dentro de um ambiente doméstico limitador para encontrar meios de auto-expressão, auto-articulação, auto-elaboração. Acho que essas eram as necessidades mais profundas de minha mãe, embora ela nunca tenha conseguido dizer isso explicitamente. Eu era seu único filho homem, e compartilhava sua facilidade de comunicação, sua paixão pela música e pelas palavras, e assim me tornei um instrumento para sua auto-expressão e auto-elaboração enquanto ela lutava contra a inflexível e geralmente silenciosa vontade férrea de meu pai. As súbitas retrações de seu afeto, das quais sempre tive medo, eram sua maneira de responder às minhas ausências. Desde 1951 até sua morte em 1990 minha mãe e eu vivemos em continentes diferentes, e ainda assim ela nunca deixou de lamentar o fato de que, entre todas as suas amigas, era a única a sofrer as aflições de estar separada dos filhos, especialmente de mim. Eu sentia culpa por tê-la abandonado, embora ela tenha finalmente aceitado a primeira e mais decisiva de minhas muitas partidas.

A mera gravidade de minha vinda para os Estados Unidos em 1951 me espanta até hoje. Tenho apenas uma noção muito vaga do que teria sido minha vida se eu não tivesse vindo para a América. O que sei é que estava começando de novo nos Estados Unidos, desaprendendo até certo ponto o que havia aprendido antes, reaprendendo as coisas a partir do zero, improvisando, me auto-inventando, em tentativas e erros, experimentando, apagando e recomeçando de maneiras surpreendentes e freqüentemente dolorosas. Até hoje ainda me sinto longe de casa, por mais risível que isso possa soar, e embora eu não tenha, acho, nenhuma ilusão quanto à vida "melhor" que eu poderia ter levado se tivesse ficado no mundo árabe, ou morado e estudado na Europa, ainda existe alguma dose de remorso. Estas memórias são, em certo plano, a reencenação da experiência da partida e da separação no momento em que sinto a pressão do tempo que se esvai. O fato de viver em Nova York com a sensação do provisório apesar de 37 anos de residência aqui salienta mais a desorientação do que as vantagens que auferi.

Fizemos nossa mudança anual para o Líbano no final de junho de 1951 e passamos duas semanas em Dhour. Então, em 15 de julho, meus pais e eu embarcamos no aeroporto de Beirute (Khaldé, como era chamado na época) para Paris, num Stratocruiser da Pan-American. Praticamente desde o momento em que descemos do avião em Paris até nosso embarque no tremleito para Londres, fui acometido de terçol em ambos os olhos, o que os deixou quase fechados, a não ser por duas pequenas aberturas. Isso agravou a sensação de deriva e indeterminação que se seguiu a meu afastamento de todos os aspectos do mundo que me era familiar, a sensação de não saber *realmente* o que eu estava fazendo ou para onde estava indo.

Horas depois de nossa chegada a Londres, onde nos hospedamos majestosamente numa imponente e grandiosa suíte do Savoy, meu primo Albert foi chamado em Birmingham, onde fazia um curso de engenharia química, e instalou-se suntuosamente conosco no hotel. Ele parecia não saber das tensões entre meu pai e seus irmãos, a julgar pelo jovial e admirável bom humor que aparentava quando estava conosco. Passei muitas horas comendo meus primeiros peixes com fritas ao lado de Albert, visitando a nova Feira de Diversões de Battersea e indo a uma série interminável de pubs à procura de garotas e de agitação, tentando o tempo todo aprender com ele a arte de se divertir sem se sentir culpado ou solitário. Ele foi o único parente próximo a quem, durante os primeiros vinte anos de minha vida, me vi tentando emular, porque era tudo o que eu não era. Tinha uma postura ereta, era um excelente futebolista e corredor, parecia bem-sucedido com as mulheres e era um líder natural, além de aluno brilhante. Londres foi certamente o mais prazeroso interlúdio de nossa viagem. No momento em que ele partiu, seu efeito estimulante se dissipou e caí de volta na angustiosa melancolia da viagem.

Em Southampton embarcamos no *Nieuw Amsterdam*, uma versão maior e mais luxuosa do *Saturnia*. A travessia de seis dias até Nova York foi monotonamente empanturrada de jantares e almoços, filmes noturnos e a presença ubíqua de meus pais. "Odeio a América e os americanos", minha mãe dizia. "O que estamos fazendo aqui, Wadie? Faça o favor de me explicar toda essa maluquice. Temos mesmo que levar o menino para lá? Você sabe que ele nunca vai voltar. Estamos roubando de nós mesmos." Minha mãe estava queixosa e triste, enquanto meu pai se refestelava com suas panquecas e café, suas tortas de maçãs *à la mode*, excitado com a América e com sua determinação, agora que eu ficaria lá, de comprar uma casa. Eu me via evitando, exceto no jantar, os es-

329

tados de espíritos contraditórios de meus pais, sem nenhuma idéia firme sobre para onde eu ia nem por quanto tempo.

Logo que chegamos a uma enfumaçada, desagradavelmente nublada e escura Nova York, minha mãe convenceu meu pai a nos deixar visitar a prima dela Eva Malik em Washington. Não fazia mais do que uma hora que tínhamos nos instalado no Mayflower quando Eva chegou na limusine diplomática preta de seu marido e, sem enfrentar objeções, nos arrancou do hotel, com toda a nossa suntuosa bagagem e nos colocou na lindamente confortável chancelaria. Na qualidade de representante plenipotenciário do Líbano nos Estados Unidos, Charles Malik estava num encontro das Nações Unidas em San Francisco, portanto tivemos tia Eva só para nós por alguns dias de turismo e relaxamento geral. Foi ela também que insistiu para que eles fossem os responsáveis por mim enquanto eu estivesse no colégio interno, um arranjo bem recebido por minha mãe, e também por mim, uma vez que eu poderia passar minhas férias no esplendor da residência do embaixador do Líbano, num estilo semelhante ao que achava que tinha deixado para trás no Cairo. Meu pai não se expressou sobre o assunto, por razões que eu só descobriria mais tarde. Pude sentir, contudo, que tanto meu pai como minha mãe logo ficaram incomodados com nossa permanência, que já tinha se prolongado demais, conforme viviam repetindo a Eva, a qual, estando sozinha e não tendo nenhuma tarefa doméstica a cumprir, estava evidentemente gostando de nossa presença. Ambos tinham a noção de que não deviam, no sentido árabe, ser "pesados" — na prática, não ficar em nenhum lugar mais do que três, no máximo quatro dias, e ao mesmo tempo levar nossos anfitriões para jantar toda noite, comprar montes de flores e chocolates, tornando-se mais "leves" ao fazer isso.

Subitamente embarcamos para Madison, Wisconsin, que numa recente *National Geographic* tinha sido citada, para satisfação de meu pai, como a cidade "mais agradável" dos Estados Unidos. Passamos dois dias na bela cidade, percorrendo-a com corretores de imóveis que nos mostravam um casarão após o outro, e em cada um deles nós três nos imaginávamos morando: "Aquela é a escrivaninha de sua mãe", dizia meu pai, apontando um canto pouco atraente ocupado descuidadamente por uma carcomida mesa dobrável. "Podemos colocar o piano aqui", dizia minha mãe, com cada vez menos entusiasmo à medida que as horas passavam. Acumulamos uma grande quantidade de folhetos e cartões de corretores, todos jogados desdenhosamente por meu pai no cesto de lixo do hotel naquela noite. Havia algo de incoerente e sinistro em nossa busca por uma casa em Madison, mas minha mãe e eu jogávamos o jogo com meu pai, embora eu nunca tenha percebido qual era a projeção imaginária que Madison representava para ele, a não ser a oportunidade de vir para os Estados Unidos como eu e estabelecer-se aqui, apesar do seu agora esmerado estabelecimento doméstico, seu próspero negócio, sua vida muito plena no Egito e no Líbano. Ele sempre costumava dizer, e minha mãe repetia com freqüência, que se tivesse vinte anos a menos no final da Segunda Guerra Mundial, teria vindo para os Estados Unidos. Quando fomos a Madison ele já estava com 56, mas sei que em alguma medida seu interesse nos Estados Unidos vinha em parte de um patriotismo teórico, em parte do revigoramento que sentia ao sair das garras de sua família, em parte do desejo de me fazer sentir que estava tendo a maior oportunidade da vida, e que minha persistente melancolia e meu apreensivo temor diante do fato de ficar sozinho se dissolveriam no devido tempo. Ele tinha uma aversão ideológica ao sentimentalismo, representado pelo deplorado efeito das chateações de sua própria mãe para que voltasse e pelo comportamento de minha mãe com relação a mim pouco antes de nossa viagem.

Voltamos a Nova York pela ferrovia Milwaukee Road e por um vôo da TWA saído do aeroporto Midway,* e no dia seguinte ao Dia do Trabalho finalmente nos encontrávamos num trem que partia da Grand Central Station com destino a Mount Hermon. A única parte da longa viagem de trem pela Linha de White River de que me lembro foi nossa chegada à pequena e marcadamente rural estação de Massachusetts, onde um solitário táxi esperava para nos levar pelos derradeiros três quilômetros que faltavam até a escola. Mal tivemos uma hora juntos, pois meus pais precisavam tomar o trem de volta para Nova York. Depois que encontramos meu quarto e que meus pais tiveram uma breve reunião sozinhos com o diretor da escola, minha mãe passou quinze minutos me ajudando a desfazer as malas e a arrumar a cama (meu desconhecido companheiro de quarto já estava devidamente instalado). Em seguida eles partiram rapidamente, deixando-me plantado com um nó na garganta na entrada do imponente prédio do meu alojamento, o Crossley Hall, e sumiram de vista. O vazio que subitamente me cercou e que eu sabia que teria de suportar por todo o ano acadêmico que passaria em Mount Hermon me pareceu intolerável, mas eu também sabia que tinha de voltar ao meu quarto para recuperar um pouco da sensação da presença recente de minha mãe — seu cheiro, um vestígio de suas mãos, talvez até uma mensagem.

Um jovem louro e de olhos azuis da minha idade estava lá para me receber. "Oi, sou seu companheiro de quarto, Bob Salisbury", disse com simpatia, não me deixando nenhuma chance de recuperar um pouco da aura de minha mãe que se esvanecia, e então me dei conta de que agora eu tinha definitivamente chegado.

A Mount Hermon School, fundada originalmente pelo evangelista Dwight L. Moody no final do século XIX, era maior que o

---

* Um aeroporto de Chicago. (N. T.)

Victoria College. Era a contrapartida masculina do Seminário Northfield para Moças, e os dois estabelecimentos ocupavam vários milhares de acres nos dois lados do rio Connecticut. Uma estrada de dez quilômetros e uma ponte ligavam as duas escolas, separadas, mas associadas. Mount Hermon, diferente de Northfield, não ficava numa cidade ou povoado: era inteiramente fechada e auto-suficiente. Professores solteiros moravam entre os estudantes no alojamento; para os casados com filhos havia pequenas casas espalhadas pelo campus. Embora se tratasse, no sentido tradicional dos álbuns infantis, de um lindo, verdejante cenário da Nova Inglaterra, montanhoso e impecavelmente preservado, achei-o alienante e desolado. Os encantos da natureza me diziam pouco, e em Mount Hermon eles me pareceram particularmente obliterados e recalcados.

O Crossley Hall era o maior prédio do campus, uma longa construção vitoriana de tijolos vermelhos que poderia muito bem ter sido uma fábrica. Salisbury e eu estávamos no segundo andar; os banheiros e os chuveiros, alinhados numa fila sem separações, cada um exposto ao seu vizinho, ficavam no porão. Cada estudante era convocado a fazer trabalho braçal por dez a doze horas por semana, de acordo com os mandamentos de Moody, que eram citados a torto e a direito, mais ou menos como aconteceria em outros tempos com o livrinho vermelho de Mao, para nos inculcar "a dignidade do trabalho manual". Minha tarefa, com quatro outros rapazes, era arrancar os botões das batatas. Pelo volume exigido a cada noite, o serviço nos tomava diariamente uma hora e 45 minutos de trabalho ininterrupto, durante o qual cantávamos e fazíamos piadas, mas sempre totalmente concentrados em nossa tarefa, que começava logo depois do desjejum, às sete e quinze, e terminava às nove, quando começava nossa primeira aula. Nosso supervisor era um homem baixo e robusto de meia-idade — Eddie Benny —, um ex-sargento do Exército que nos tratava como recrutas recalcitrantes, para não dizer ineptos, que tinham de ser constantemente subjugados.

A rotina diária era não apenas rigorosa, mas também longa e repetitiva, sem o alívio de nenhum dos divertimentos urbanos aos quais eu estava acostumado no Cairo. Mount Hermon tinha um posto do correio e uma loja, que ficava aberta apenas durante algumas horas por dia, na qual podíamos comprar pasta de dentes, cartões-postais e selos, barras de chocolate e uma pequena variedade de livros. As aulas iam até o meio-dia. Todas as refeições incluíam oração de agradecimento, e o almoço era seguido de comunicados sobre esportes e reuniões sociais. À uma hora corríamos para nossas duas horas de esportes.

As aulas da tarde iam das quatro às seis. O jantar era imediatamente seguido por um pequeno intervalo sem atividades. Em seguida éramos confinados ("trancados" seria uma palavra melhor) em nossos quartos entre as oito e as dez e quinze, para um período de estudos de duas horas e quinze minutos, vigiado por inspetores, um por andar. Estes últimos eram estudantes promovidos a essa posição não em virtude de seu tempo de escola ou de seu desempenho acadêmico, mas por motivos misteriosos que tinham a ver com "liderança", uma palavra que ouvi pela primeira vez em Mount Hermon. Conversar durante o período de estudos era proibido. Às dez e quinze, tínhamos permissão para tomar banho e escovar os dentes em quinze minutos, e depois luzes apagadas e silêncio.

Cada aluno tinha licença, duas tardes de sábado por semestre, para ir a Greenfield, um lugarejo infeliz a cerca de dezesseis quilômetros de distância. À parte isso, e com exceção das excursões dos times esportivos, ficávamos aprisionados por três meses ao regime sufocante e claustrofóbico de Mount Hermon. Os telefonemas eram curtos e raros. Meus pais me ligaram uma vez de Nova York antes de voltar para o Cairo com a notícia de que "o doutor Rubendall e nós achamos que seria bom para você repetir de ano, embora tecnicamente você tenha passado para a Quinta Superior". Meu pai tomou o telefone. "Se você se formar na próxima primavera, terá apenas dezesseis anos. É muito cedo para entrar na universidade. Portanto você vai ficar nessa escola aí" — ele sempre esquecia o nome da escola — "por dois anos. Você é um sujeito de sorte!", disse jovialmente e sem ironia. "Quisera eu ter tido as suas chances." Eu sabia que ele estava sendo sincero, embora percebesse que, como alguém que teve de lutar muito na vida desde cedo, sentia também um leve ressentimento pela vida privilegiada que estava me dando. Lembrei-me do choque que eu havia sofrido algumas semanas antes em Londres, quando, tendo instalado a nós e a Albert em quartos e suítes do Savoy sem poupar despesas, e tendo nos levado a restaurantes finos, peças de teatro ou concertos todas as noites (incluindo a mais memorável comédia musical que vi na vida, *Kiss Me Kate*, com Alfred Drake e Patricia Morison, e um formidável *H. M. S. Pinafore*, com Martyn Green no Savoy Theatre), ele me repreendeu raivosamente por ter gasto meio xelim na compra de um programa de teatro. "Você pensa que é filho de milionário, para jogar dinheiro fora desse jeito?", disse com aspereza. Quando me voltei para minha mãe em busca de ajuda e conforto, ela explicou: "Ele teve de trabalhar tão duro", me deixando sem palavras e envergonhado, incapaz de assimilar a disparidade entre a raiva por causa de meio xelim e as vastas somas desembolsadas em hotéis e restaurantes de luxo.

"Adeus, querido. Quando você estiver triste", minha mãe encerrou o telefonema impetuosamente, "tente não ficar sozinho. Encontre alguém e sente a seu lado." Sua voz começou a tremer de modo perturbador. "E pense em mim e em quanto sinto sua falta." O vazio à minha volta cresceu. "Papai está dizendo que temos de desligar. Amo você, querido." Então, nada. Por que, lembro-me de haver me perguntado em silêncio, fui enviado para um lugar tão distante, horrível, abandonado por Deus? Mas esses pensamentos foram dissipados pela seca voz da Nova Inglaterra do sr. Fred McVeigh, o professor de francês em cujo pequeno apartamento no Crossley Hall eu recebera o telefonema de meus pais. "O.k.?", ele me perguntou laconicamente, como se dissesse: "Se você terminou, por favor, retire-se para o seu quarto". O que eu fiz, com a nascente percepção de que ali não era lugar para conversas demoradas e calorosas, mas apenas para frases prontas do tipo diga-logo-o-que-quer, as quais descobri que eram, à sua maneira, tão codificadas e complexas como as que eu havia supostamente deixado para trás.

No dia seguinte fui procurar o sr. Edmund Alexander, o instrutor de tênis e professor de inglês. Além do dr. Rubendall, "Ned" Alexander era a única outra conexão com o Cairo em Hermon. Quem tinha me falado algo sobre ele tinha sido Freddie Maalouf, um amigo próximo da família que fora colega de classe de Ned. Pequeno, moreno e rijo, vestindo uma blusa esportiva de lã, Alexander não foi nem um pouco receptivo. Ficamos frente a frente, em pé, um de cada lado de uma caminhonete estacionada à entrada de sua grande casa branca de madeira. "Sim?", perguntou secamente. "Sou do Cairo", respondi com entusiasmo. "Freddie Maalouf me estimulou a procurar o senhor e dizer olá." Nenhum traço se suavizou em seu endurecido rosto de couro. "Ah, sim, Freddie Maalouf", foi tudo o que ele disse, sem nenhum comentário adicional. Sem desanimar, passei a falar em árabe, pensando que nossa língua nativa comum pudesse abrir uma avenida mais generosa de interação. O efeito foi oposto. Interrompendo-me no meio de uma frase, Alexander ergueu a mão direita: "Não, irmão" — uma locução bem árabe, pensei, embora enunciada em inglês —, "nada de árabe aqui. Deixei tudo isso para trás. Aqui somos americanos" — outra construção de frase árabe, em vez de "Estamos na América agora" — "e devemos falar e agir como americanos".

Era pior do que eu pensava. Tudo o que eu queria era algum contato amistoso que emanasse de casa, algo que abrisse uma brecha no imenso tecido de solidão e isolamento que eu sentia em torno de mim. Alexander revelou-se não apenas inamistoso, mas uma espécie de antagonista. Ele me colocou imediatamente na categoria júnior na escala do tênis, o que significava semanas de partidas eliminatórias concebidas para proteger dos novatos a equipe principal da escola, e quando essas partidas terminaram, nas primeiras investidas da neve no início de novembro, eu estava classificado (injustamente, a meu ver) entre os juniores. Depois disso, por um ano não tive mais nenhum contato com Alexander, a quem eu via junto da esposa, filha de um velho fazendeiro de Mount Hermon, passeando pelo campus em sua caminhonete, sendo tão americanos quanto podiam. Fiquei sob o comando do treinador britânico da equipe júnior e professor de história da América Hugh Silk, contra cujo "treinamento" dirigi todo meu sentimento antibritânico residual. Embora eu tenha conseguido o melhor desempenho, ele me manteve como número 2 porque, conforme me disse uma vez em tom de admoestação, eu não estava preparado para ser o número 1. Gestos demais, reclamações demais, explosões temperamentais demais provavam que eu não era, em suas palavras, "equilibrado o bastante".

O comportamento de Alexander demonstrava a sagacidade da ameaçadora observação de meu pai de que nos Estados Unidos era preciso manter distância dos árabes. "Eles nunca farão nada por você e sempre o puxarão para baixo." Ilustrou isso estendendo as mãos abertas à sua frente e baixando-as até que ficassem a meio metro do chão. "Eles serão sempre um estorvo. Eles não preservam nada de bom da cultura árabe, nem mostram solidariedade alguma uns aos outros." Não deu nenhum exemplo, mas a vívida imagem que construiu com as mãos e o modo definitivo como se expressou sugeriram que não havia exceção ou relativização cabível a esse veredicto. Tanto a reação de Alexander a minha banal aproximação como o método disciplinar de punhos de ferro em luvas de pelica de Silk revelaram-se uma forma de pressão moral mais sutil que a que eu havia encontrado nos anos de confrontações freqüentemente brutais com a autoridade britânica em minhas escolas egípcias ou palestinas. Nelas, pelo menos você sabia que *eles* eram seus inimigos. Em Hermon, a moeda corrente eram "valores comuns ou compartilhados", cuidado e preocupação com o aluno, interesse em coisas intangíveis, como liderança e cidadania sadia, palavras de incentivo, repreensão ou louvor emitidas com um tipo de meticulosidade com a qual nunca sonhei no VC, onde a guerra era um traço constante da vida cotidiana, sem paliativos oferecidos pelas autoridades ou aceitos por nós, alunos. O julgamento era constante nos Estados Unidos, mas oculto sob um enfadonho tecido de palavras e frases suavemente sonoras, todas sustentadas no fim das contas pela incontestável autoridade moral dos professores.

Logo aprendi também que você nunca conseguia descobrir por que, ou com base em que, era julgado, como eu, inadequado a um papel ou uma posição para a qual indicadores objetivos — como notas, placares ou vitórias — o habilitavam. Enquanto estive em Mount Hermon nunca fui nomeado inspetor de andar, ou chefe de mesa, ou membro do conselho estudantil, ou orador oficial (geralmente designado como o número 1 da classe), ou orador de formatura (oficialmente o número 2), embora tivesse as qualificações para tal. E nunca soube por quê. Mas logo descobri que teria de me manter em guarda contra a autoridade e que precisava desenvolver algum mecanismo ou artifício para não ser desencorajado por aquilo que eu tomava como esforços para me silenciar ou me demover de ser quem eu era e fazer com que me tornasse o que eles queriam. Nesse processo iniciei uma luta de toda a vida no sentido de tentar desmistificar a inconstância e a hipocrisia de um poder cuja autoridade dependia completamente de sua auto-imagem ideológica como um agente moral, atuando com boa-fé e intenções inatacáveis. Sua iniqüidade, em minha opinião, assentava principalmente em sua prerrogativa de mudar seus critérios de avaliação. Você podia ser perfeito um dia, mas moralmente delinqüente no dia seguinte, embora seu comportamento continuasse o mesmo. Por exemplo, Silk e Alexander nos ensinavam a não dizer coisas como "Boa jogada!" a nossos adversários no tênis. Nunca lhes dê nem conceda nada; torne o trabalho do adversário o mais difícil possível. Mas me lembro de que uma vez, durante um jogo duro contra a Williston Academy, fui chamado de lado e repreendido por ter feito meu oponente pegar uma bola que *talvez* estivesse mais perto de mim. "Dê o passo extra", me disseram, e fiquei silenciosamente furioso com as bases movediças de avaliação. Mas o que se desenvolveu em meus encontros com a autoridade amplamente hipócrita em Mount Hermon foi uma recém-descoberta volição que não tinha nada a ver com o "Edward" do passado, mas se baseava na identidade, formada pouco a pouco, de um outro eu por baixo da superfície.

Logo ficou claro para mim, na desorientação causada pela saudade de casa, que, com exceção das palavras de conselho contidas na carta semanal que recebia de minha mãe, eu tinha de lidar sozinho com a rotina diária em Hermon. Academicamente, a coisa até que era fácil e às vezes agradável. Se no VC tínhamos apenas o material bruto para lidar, sem nenhum embelezamento ou embalagem, em Mount Hermon muito do que era requerido de nós vinha mastigado por instruções cuidadosas e simplificadas. Assim, nosso enérgico e bem articulado professor de inglês (e também treinador de golfe), o sr. Jack Baldwin, conduziu-nos por um mês de leitura e análise de *Macbeth* por meio de minuciosos estudos de personagens, motivação, dicção, linguagem figurada, padrão de enredo, todos esses tópicos detalhados em subgrupos, passos e progressões que levaram cumulativamente a um caderno repleto de pequenos ensaios arrematados por um ou dois parágrafos sintéticos sobre o sentido da peça. Muito mais racional e cuidadoso que o das escolas anteriores, esse sistema me animava e desafiava, particularmente em comparação com o estilo anglo-egípcio de estudar textos literários, no qual tudo o que se exigia de nós era que articulássemos respostas "corretas" segundo uma definição muito estreita.

Durante as primeiras semanas, Baldwin nos encarregou de um tema de ensaio de tipo pouco promissor: "Sobre o acendimento de um fósforo". Obedientemente, fui à biblioteca e mergulhei em enciclopédias, histórias da indústria e manuais de química com o intuito de saber o que eram os fósforos; então compilei e transcrevi de modo mais ou menos sistemático o que havia colhido e, bastante orgulhoso do que havia conseguido, entreguei o trabalho. Baldwin quase imediatamente me pediu que fosse falar com ele em sua sala durante seu horário de atendimento, o que era um conceito totalmente novo para mim, uma vez que os professores do VC não tinham nem sala própria, quanto menos horário de atendimento. A sala de Baldwin era um lugar pequeno e alegre, com paredes cobertas por cartões-postais, e assim que nos sentamos em duas poltronas próximas uma da outra ele me cumprimentou pela pesquisa. "Mas será esse o modo mais interessante de examinar o que acontece quando alguém acende um fósforo? E se ele está tentando incendiar uma floresta, ou acender uma vela numa caverna, ou, metaforicamente, iluminar um mistério como a gravidade, assim como fez Newton?" Pela primeira vez na vida, um assunto era descortinado para mim por um professor de uma maneira que me fazia responder de modo imediato e entusiasmado. O que antes havia sido reprimido e abafado pelo estudo acadêmico — no qual respostas completas e corretas deviam ser dadas para satisfazer um currículo padronizado e avaliações transformadas em rotina, concebidas essencialmente para a exibição de poderes de memorização, em lugar de faculdades críticas e imaginativas — foi despertado, e desde então o complicado processo de descoberta (e autodescoberta) intelectual nunca mais parou. O fato de não me sentir nunca em casa, nem mesmo em Mount Hermon, de me ver fora do lugar em praticamente todos os sentidos, deu-me o incentivo para encontrar meu território, não social, mas intelectualmente.

A Sala de Leitura no subsolo da biblioteca me propiciava uma fuga da freqüentemente insuportável rotina diária. Ela abrigava uma vitrola (os discos de 33 rpm acabavam de ser lançados) e numerosas estantes de romances, ensaios e livros traduzidos. Ouvi repetidas vezes um pesado álbum triplo de *As bodas de Fígaro*, sob a regência de von Karajan, com Erich Kunz, Elisabeth Schwartzkopf, George London e Irmgaard Seefried; li algumas das muitas coleções de clássicos literários americanos (os *Leatherstocking Tales*, de Cooper, os romances e relatos de viagem de Twain, contos de Hawthorne e Poe) com excitação considerável, uma vez que revelavam todo um mundo paralelo ao mundo anglo-egípcio no qual eu estivera imerso no Cairo.

Mas o grande salto para mim ocorreu na música, a qual, ao lado da religião, tinha um papel essencial nos programas da escola. Tentei e consegui um lugar no coro da capela, assim como na inteiramente secular sociedade de canto. Éramos todos convocados para cerimônias na capela quatro vezes por semana (incluindo domingo), nas quais o organista, um certo Carleton L'Hommedieu, tocava um robusto prelúdio e um poslúdio, geralmente de Bach, mas ocasionalmente de compositores americanos de segunda linha, como John Knowles Paine e George Chadwick. Durante uma dessas cerimônias deixei-me levar pelo impulso de falar com L'Hommy, como todos o chamavam pelas costas, sobre aulas de piano. Meus anos desperdiçados no VC tinham liquidado minha carreira no piano, mas os discos que eu ouvia e as execuções de L'Hommy me inspiraram a começar de novo.

L'Hommy tinha pouco mais de um metro e setenta e era cadavericamente magro, inclinado a gravatas-borboletas axadrezadas e camisas listradas, sempre combinando muito bem (ninguém nunca o viu sem gravata ou de bermuda). Tinha um jeito de andar desconcertantemente afetado, as mãos bastante finas e delgadas dobradas na frente do peito (como as de um coelho) ao caminhar com seus passinhos curtos, mas diante do teclado compunha uma figura muito confiante e até imponente. Sou grato a ele por ter me levado a sério e por nunca ter sido impaciente comigo como pianista. Ainda assim, L'Hommy encarnava o tipo do professor precavido, muitas vezes pedante, que tenta constantemente deter o desenvolvimento do aluno. Seu modo de ensinar, entretanto, sua soberba técnica e seu ensino da história da música me enchiam de entusiasmo. Logo a música se tornou um saber e uma experiência que me consumiam por inteiro: eu ouvia, tocava e lia sobre ela sistematicamente (no *Grove's Dictionary of Music and Musicians* da biblioteca) pela primeira vez na vida, e não parei desde então. Mas precisava haver, percebo agora, uma figura como L'Hommedieu para me estimular a reagir, alguém cuja competência lhe dava o direito a um julgamento "ponderado" (não demasiado entusiástico). Raras vezes estávamos de acordo, mas pelo menos eu tinha o ouvido de um mestre implacável para me estimular a seguir minha opinião, *contra* a dele, sempre comedida, como, por exemplo, em seu excessivamente educado "Oh, sim, Ed! Isso ficou bem bonito. Mas você não acha que as inseguranças da abertura poderiam ser consertadas" etc., depois de eu tocar para ele a gavota da *Suíte inglesa em sol menor* de Bach.

Lembro-me de uma enevoada tarde de domingo em que pratiquei a gavota com as janelas abertas, e depois de trabalhar meticulosamente nas pequenas coisas que meu professor havia detectado em mim, decidi abrir mão de todas as paradas, tocando a peça do início ao fim apaixonadamente, do jeito que eu a sentia. Naquele momento, L'Hommy e o sr. Mirtz, um velho professor de inglês, passavam junto à janela e obviamente me viram e me ouviram. "Ei, esse é o grande Ed", foi o desabafo informal de Mirtz. "Ahn-ahn", foi a resposta um tanto desaprovadora de L'Hommy. Continuei tocando, com ainda mais energia. Lembro-me de que em nosso encontro seguinte mudamos abruptamente da composição de Bach para uma (a meu ver) singela e tilintante *Sonata em dó maior* de Haydn: "Solomon, o excelente pianista britânico, tocou-a em seu último recital". Então era assim, o Solomon dele versus o meu Rubenstein.

O abrasivo salve-se-quem-puder de minha vida cotidiana no colégio interno de seiscentos alunos era, todavia, desagradável e às vezes intolerável. Não havia nenhum terreno cultural comum para a amizade, do tipo que eu havia experimentado no VC. Dividi um quarto com Bob Salisbury (que estava uma série atrás de mim) durante dois anos, mas nunca fomos próximos, a não ser em coisas superficiais. Eu sentia que não havia nenhuma profundidade, nenhuma naturalidade nos americanos, apenas a jocosidade e a animação superficiais de companheiros de time, algo que nunca me satisfez. Havia sempre o sentimento de que o que me fazia falta, entre meus contemporâneos americanos, eram outras línguas, principalmente o árabe, nas quais eu vivia, pensava e sentia, além do inglês. Eles pareciam menos emotivos, com menos interesse em expressar claramente suas atitudes e reações. Assim era o extraordinário poder homogeneizador da vida americana, na qual a mesma TV, as mesmas roupas, a mesma uniformidade ideológica nos filmes, jornais, gibis etc. pareciam limitar as complexas inter-relações da vida cotidiana a um irrefletido mínimo comum no qual a memória não tinha importância alguma. Eu me sentia sobrecarregado de lembranças, e os melhores amigos que fiz em Mount Hermon eram imigrantes recentes, como Gottfried Brieger, um aluno alemão irônico ao extremo, e o socialmente desajeitado, mas intelectualmente interessante Neil Sheehan.

A mitologia de D. L. Moody* dominava a escola e fazia dela o local de segunda linha que era. Havia a conversa da "dignidade do trabalho manual", que me parecia totalmente tola. Parecia haver uma incontestada aceitação da incrível importância daquele homem: foi meu primeiro encontro com a apaixonada hipnose de massa por um charlatão, porque, com exceção de dois de nós, nenhum professor ou aluno expressava a menor dúvida de que Moody merecia a mais elevada admiração. O único outro dissidente era Jeff Brieger, que me abordou na Sala de Leitura e disse *"Mais c'est dégoûtant"*, apontando para um dos muitos estudos hagiográficos que tínhamos de ler.

E assim era com a religião — a cerimônia de domingo, a noite de quarta-feira na capela, o sermão do meio-dia de quinta-feira —, terrível, carola, sem filiação a nenhuma congregação (eu detestava essa forma de hesitação em particular), cheia de homilias, conselhos, regras de conduta. Observações ordinárias eram codificadas num inflexível cristianismo moodyesco, no qual palavras como "cerimônia" e "trabalho" adquiriam um sentido mágico (mas no fim das contas não identificável), a ser repetido e entoado como algo que daria "propósito moral" a nossas vidas. Não tinha havido nada disso no VC; agora havia toneladas. E nenhum espancamento, nem inspetores tirânicos. Éramos todos ra-

* Dwight Lyman Moody (1837-99), evangelizador norte-americano. (N. T.)

pazes de Hermon, seiscentos de nós marchando por Moody e Ira Sankey, seu fiel comparsa.

As roupas eram um problema para mim. Todo mundo usava calça de veludo ou jeans, jaqueta xadrez e botas. Durante nossa estada em Londres meu pai me levara a um estabelecimento dickensiano vizinho ao Savoy chamado Alfaiates de Trinta Xelins e me comprara um terno cinza bem escuro. Eu tinha também o sortimento de largas calças cinza do VC, um blazer e algumas camisas sociais, tudo isso acomodado em duas gigantescas malas de couro bege, junto com uma coleção de selos, dois álbuns de fotografias de família e uma pilha crescente de cartas de minha mãe, preservadas cuidadosamente uma a uma. Tive que escrever a meus pais pedindo permissão para comprar um vestuário mais apropriado, e por volta de 1º de outubro eu já estava quase, embora não completamente, igual a todos os outros. Precisei de mais um mês para dominar completamente o sistema de ensino, e no final de novembro eu (para minha surpresa) já surpreendia meus colegas de classe com meu desempenho intelectual. Como e por que eu ia bem, de fato até hoje não sei, pois em decorrência da recomendação de minha mãe para que eu não ficasse triste ou solitário eu era ambas as coisas, e me via fora das prolongadas reuniões masculinas no Blue Cloud (o enfumaçado salão de bilhar), ou das panelinhas que se formavam no Crossley Hall, ou das várias equipes esportivas. Eu queria voltar para o Cairo; ficava calculando as sete horas de diferença de fuso horário (deixando meu despertador acertado na hora do Cairo), sentia saudade da comida de casa durante as refeições na escola, um cardápio pouco apetitoso que começava com frango *à la king* na segunda-feira e terminava com frios e salada de batata na noite de domingo — e acima de tudo sentia falta de minha mãe, cujas cartas aprofundavam a ferida de abandono e separação que me afligia. Algumas vezes eu puxava uma de minhas volumosas malas de debaixo da cama, folheava os maços de cartas e começava a chorar suavemente, logo lembrando a mim mesmo as palavras de meu pai: "Ânimo, rapaz; não seja um maricas. Endireite essas costas. Postura, postura".

Experimentei a passagem do outono para o inverno com temor, como algo não familiar para alguém que vinha de um clima basicamente quente e seco. Nunca superei meus sentimentos de aversão à neve, que vi pela primeira vez em meu aniversário de dezesseis anos, em 1º de novembro de 1951. Desde aquela época, por mais que eu tenha tentado, não encontrei na neve muita coisa a desfrutar ou admirar. Para mim a neve significava uma espécie de morte. Mas o que me fazia sofrer era o vazio social do ambiente de Mount Hermon. Eu tinha passado toda a minha vida até então em duas metrópoles ricas, fervilhantes e historicamente densas, Jerusalém e Cairo, e agora estava totalmente privado de qualquer coisa que não fossem as florestas primárias, os pomares de maçãs, o vale do rio Connecticut e as montanhas despidas de história. A cidade mais próxima, Greenfield, simbolizou para mim por muito tempo a desolação compulsória da América média.

Por outro lado, um pequeno número de professores e alunos, bem como assuntos como literatura e música, me davam momentos de grande prazer, normalmente manchados de alguma maneira pelo sentimento de culpa. "Não se esqueça do quanto eu amo você e sinto sua falta; sua ausência faz tudo parecer tão vazio", minha mãe repetia ao longo dos anos, fazendo com que eu sentisse que não podia e não devia me sentir bem enquanto ela não estivesse ao meu lado, e que seria uma traição fazer qualquer coisa de que gostasse se ela não estivesse presente. Isso dava a meus dias na América um sentido de impermanência, e embora eu passasse três quartos do ano nos Estados Unidos, era sempre ao Cairo que eu associava a idéia de estabilidade.

A vida social autorizada pela escola era com o Seminário Northfield para Moças, a dez quilômetros dali, do outro lado do rio. Tínhamos permissão para ir ao futebol, ao cinema ou a festas dançantes apenas aos sábados, mas, sendo um novato incrivelmente tímido e inexperiente em matéria de sexo, só o que me restava era observar com inveja os outros pegando na mão, trocando carícias e beijos e, em geral, excitando-se uns aos outros. Isso era tão remoto quanto a China para mim, já que o Cairo nunca havia me propiciado nada parecido com esse adultério sancionado na prática (que era como minha mente febrilmente reprimida representava para mim a troca de carícias), e sem nenhuma amizade em Northfield eu ficava toda semana chupando o dedo, junto com Brieger e uma ou duas outras almas abandonadas. Quando eu era ocasionalmente apresentado a uma ou duas garotas, quase nunca acontecia um segundo encontro. Foi só em meu segundo e último ano que tive uma espécie de sucesso limitado com as garotas.

Para minha crescente tristeza, no início de dezembro de 1951 fui americanizado como "Ed Said" para todo mundo, exceto para Brieger, cuja desenfreada ironia e humor poliglota me pareciam cada dia mais preciosos, à medida que meu passado dava a impressão se esvair mais e mais, corroído de modo lento mas inelutável pelas modalidades americanas de rotinização de nossos dias e noites. Até mesmo Tony Glockler, um velho conhecido que havia crescido em Beirute, tinha passado pela máquina de transformação. Costumávamos falar árabe e francês um com o outro, mas isso logo acabou e nos afastamos. Sem contar com nenhum amigo íntimo, batalhei por meu espaço, tentando, cada vez com mais sucesso, agüentar firme e desenvolver a sensibilidade para resistir ao nivelamento americano e ao espírito de rebanho que parecia operar de modo tão efetivo em tantos dos meus colegas de classe.

Não era a nostalgia do Cairo que me mantinha ativo, pois eu me lembrava muito agudamente da dissonância que sempre havia sentido lá na condição do não-árabe, do não-americano americano, do guerreiro antiinglês que falava e lia em inglês, ou do filho surrado e afagado. Em vez disso, era o início de uma nova força independente o que eu detectava ao nadar 2 500 metros no treino de natação, sentindo que meus braços iam se descolar do corpo de tanto peso e cansaço, a respiração cada vez mais difícil, minhas pernas afundando de modo ainda mais pesado quando eu tentava comandá-las desesperadamente, uma semente que me ajudou a pensar em como eu iria extrair de "O barril de Amontilado" um script radiofônico para a aula de Baldwin, comigo regulando as vozes, o volume, a música (o terceiro movimento de *Eine kleine Nachtmusik*, do qual eu queria que os ouvintes escutassem o ritmo de dança palaciana contraposto à voz enfraquecida do pobre herói emparedado). Força independente ou vontade nascente: isso marcava o início de minha recusa em ser o passivo "Ed Said" que ia de um compromisso ou prazo final para outro praticamente sem pausa.

A maioria do pessoal da escola foi para casa no Dia de Ação de Graças, um feriado que até hoje significa pouco para mim, embora meu pai tenha nos imposto todo ano um jantar com peru no Cairo pelo que ele chamava de "razões tradicionais". Para as férias natalinas de três semanas, meu pai contatou em Nova York os filhos de seu irmão mais velho, Abie e Charlie, que, junto com sua mãe viúva, Emily, e a irmã, Dorothy, tinham se mudado para o Queens logo depois da morte de Asaad, em 1947. Nada de férias em Washington, no fim das contas.

Abie era louro, gregário, um homem franco e amável cerca de dez anos mais velho que eu; minha mãe o achava muito parecido com meu pai na generosidade, lealdade e transparência. Havia algo considerado um traço problemático na família de meu tio Al, legado por Emily — ela era uma Saidah de Jaffa —, e somente Abie parecia ter sido poupado daquele defeito hereditário muito comentado, que consistia num temperamento um tanto dispersivo, aliado a uma gargalhada meio idiota que surgia de modo desconcertante sem nenhuma razão particular.

O apartamento deles em Jackson Heights, na avenida 51, ficava no segundo andar de uma casa num condomínio residencial parecido com todos os outros que ocupavam as ruas daquela região por quilômetros e quilômetros. O espaço no apartamento dos Said ficou extremamente apertado depois que cheguei com minhas malas gigantescas (eu podia tê-las deixado na escola, mas de modo neurótico e categórico me recusava a ir aonde quer que fosse sem levar *todos* os meus pertences). Deve ter sido um inferno para minha tia e seus filhos me hospedarem lá, mas, para seu crédito eterno, devo dizer que nenhum deles fez com que me sentisse mal recebido.

Abie e Charlie agora tinham empregos fixos num banco e numa companhia de seguros, respectivamente, e freqüentavam o curso noturno de comércio na Universidade de Nova York. Dorothy ainda trabalhava como secretária na Reuben Donnelley, a enorme empresa gráfica responsável pela impressão da lista telefônica. Os três saíam de casa por volta das sete e meia da manhã e não voltavam antes das oito ou nove da noite. Emily perambulava pelo apartamento durante a maior parte da manhã, falando constantemente sozinha num árabe pontuado por gargalhadas misteriosas, arrumando as camas (mas não a minha, que eu arrumava o mais cedo possível), recolhendo a roupa suja, revirando a copa-cozinha e produzindo uma profusão de ruídos de louça se chocando, coisas quebrando, portas batendo, tudo isso sem nenhum padrão ou sistema visível. Parecia totalmente surda aos sons a sua volta, de tal maneira que, quando ela ligava o rádio em algum horrendo programa de entrevistas ou de música, eu conseguia mudar de estação para a WQXR, embora essa afetada emissora — cujo programa das nove e meia, *Personalidades do piano*, era o meu favorito — me parecesse demasiado submersa em comerciais da Barney's e da Rogers Peet. Tais anúncios de vez em quando chamavam a atenção de Emily, que cantava junto, e depois continuava cantando sozinha: "Na Barney's você economiza, na Barney's você economiza", certamente sem atentar para o que estava dizendo. Por volta das dez, ela me perguntava se eu queria comer alguma coisa: eu nunca me aventurava na geladeira ou na cesta de pães por conta própria, em parte porque, mesmo quando estava arrumando as camas ou limpando o banheiro, ela às vezes interrompia bruscamente o que estava fazendo e corria de volta para a cozinha, como um boi que retorna a sua querência. Logo compreendi que ela não apenas cuidava da cozinha, mas também a vigiava, como se ali tivesse alguma espécie de tesouro primitivo.

Em torno do meio-dia ela geralmente anunciava que ia sair, e eu era levado a compreender que se ela saísse eu não poderia ficar em casa sozinho. Habitualmente eu pegava o ônibus de Woodside até a estação de metrô de Jackson Heights, e dali seguia para a Times Square, onde comia meu almoço diário de cachorro-quente e suco de laranja no Nedick's e começava a dar uma volta, no mais das vezes para ver cinejornais e filmes em reprise, com uma eventual esticada até o Ripley's. Museus, bibliotecas, locais edificantes e educativos pareciam não fazer parte da minha perspectiva, mas por intermédio de Dorothy descobri que os programas de perguntas distribuíam ingressos para suas platéias, de modo que freqüentei os do Rockefeller Center por algum tempo, depois troquei-os por mais filmes e cinejornais (que eram contínuos naquela época) antes de rumar para Jackson Heights no final da tarde. No Natal houve um breve telefonema do Cairo, mas, como meus primos e Emily foram convocados por meus pais para felicitações protocolares, só me sobrou tempo para ouvir de modo rápido e ainda assim satisfatório o incrivelmente cálido "Feliz Natal, querido" de minha mãe, e depois acabou.

Abie e eu normalmente fazíamos coisas juntos nas noites de fim de semana em que ele não estava ocupado com sua loja maçônica. Meus primos pertenciam a uma igreja árabe-protestante em Bay Ridge, no Brooklyn (a duas horas e várias baldeações de metrô de distância), que servia à comunidade "síria", como os árabe-americanos eram conhecidos naqueles dias, com um centro social, no qual *haflés* (jantares dançantes) possibilitavam a todos uma integração entre quibes e *hommus*. Abie e eu acabamos indo juntos sem os outros, eu com muita relutância, uma vez que via os árabe-americanos mais velhos perdidos num mundo de comércio — de tapeçarias, alimentos, móveis. Eles eram estranhos, quase à maneira de personagens de Swift, com casas de verão em Poconos, fragmentos de árabe dos anos 20 e um americanismo zelosamente patriótico: a expressão "Tio Sam" aparecia com regularidade em seu discurso, embora falassem mais sobre o "perigo comunista" do que (para os ouvidos desapontados de um adolescente palestino) sobre Israel. As mulheres eram deselegantes e infelizes por terem deixado suas aldeias e encalhado no Brooklyn, com suas filhas adolescentes malvestidas, que mascavam chiclete e tinham voz estridente.

Ou então Abie e eu íamos à sessão semanal de filmes árabes na Atlantic Avenue, sábados à meia-noite, o que nos fazia chegar de volta ao Queens às quatro da madrugada, totalmente exaustos. Mas o esforço era compensado quando eu via atrizes provocantes como Naeema Akif, Samia Gamal ou Tahia Carioca dançando, ou Ismail Yassin despejando suas piadas idiotas, mas afetuosamente sarcásticas. Era a cadência do Cairo nos diálogos desses filmes que nos botava nostálgicos enquanto fazíamos a viagem de volta no trem vazio e rangente, mas depois de três excursões dessas estávamos fatigados demais para pensar em repetir a experiência.

Uma vez, durante as férias, fui a Bay Ridge sozinho como convidado de tia Salimeh e tio Amin Badr. Ela era uma mulher vivaz, espirituosa, bonita e inequivocamente exuberante na faixa dos quarenta anos, e ele — irmão mais novo de Faris Badr e residente nos Estados Unidos havia pelo menos cinqüenta anos — era um homem incrivelmente preciso, cuidadosamente bem-composto (eu nunca tinha visto calças com vincos tão perfeitos e camisas tão bem engomadas) de setenta e poucos anos, um comerciante de roupas de cama e banho aposentado. A loquacidade e a irreverência de Salimeh, que ela exagerava para tornar ainda mais dramática a diferença de idade entre ela e Amin, me divertiam enormemente, em vívido contraste com minha vida no Queens; além disso, a ligação de Salimeh, por meio do casamento, com a família de minha mãe era tratada por mim de modo subliminar como um antídoto à rigidez saidiana da família bem menos colorida de meu pai.

Encontrei Salimeh em sua loja na Quarta Avenida, a Casa dos Sutiãs e Corpetes da sra. Beder, onde ela trabalhava com duas ajudantes desde o início da manhã até a noite. Minha mãe era uma cliente, eu sabia, assim como Eva Malik, embora ambas considerassem ao mesmo tempo cômicas e inconvenientes as queixas incessantes de Salimeh contra suas exploradas subalternas. "Elas vivem me pedindo mais dinheiro e uma jornada de oito horas diárias. Você acha que eu só trabalho oito horas? *Hawdy*" — palavra das montanhas do Líbano para "essas" — "são idéias comunistas", ela dizia, mas nunca de modo tão solene que não me deixasse defender as garotas. "Você é bonzinho demais", dizia com um sorriso. "Você precisa um pouco mais da fibra de seu pai." O que me encantou particularmente nela não foi apenas a comida maravilhosa e abundante que preparou para o jantar daquela noite, nem a cama confortável num quarto só meu, nem mesmo os alegres gracejos que trocava com o "velho sujeito", como ela o chamava, mas seu talento para promover o próprio negócio. Ali, bem na vitrina de sua loja, ela havia instalado um manequim sem cabeça e sem pernas, cujo amplo busto estava coberto com um de seus sutiãs rosa-choque. Sob os dois seios havia um sarcástico cartaz com os dizeres: UNIDOS, FICAMOS DE PÉ; DIVIDIDOS, CAÍMOS. "Você não acha que eu sei o que estou fazendo aqui? Seu tio Amin ficou escandalizado com o modelo, mas você acha que vou dar atenção a ele? Ele nem chega perto da loja, mas espere até eu arrumar uma vitrine com os corpetes!"

Na manhã seguinte, antes de partirmos, ela para o trabalho, eu para Jackson Heights, ela abarrotou minha mochila com um pote de picles, um vidro de azeitonas verdes e um grande saco de bolinhos de espinafre que havia feito. "Dê minhas lembranças ao seu pessoal", disse ela, "especialmente a Abie. Ele daria um bom marido." Só alguns anos depois comecei a vê-la como uma espécie de Esposa de Bath,* natural e irreprimível, irremediavelmente fora de lugar entre os solenes imigrantes sírios de Bay Ridge, conduzida por uma rara energia e senso de humor que criaram um vínculo entre nós que dura até hoje, ainda que ela esteja isolada, e na maior parte do tempo amnésica, na Flórida.

A completa solidão em Mount Hermon me parecia ainda mais profunda três semanas depois de eu ter voltado às aulas, no início de janeiro. Estávamos enterrados, eu sentia, em conseqüência de mais uma nevasca devastadora, com árvores vergadas e

---

* Personagem e narradora de um dos *Contos de Canterbury*, de Geoffrey Chaucer (1343-1400), tornou-se símbolo da mulher mundana obcecada pelo casamento. (N. T.)

montes de neve de três metros de altura por toda parte, temperaturas próximas de zero e um sol radiante brilhando quase lugubremente sobre a inexorável brancura. De cabeça descoberta, fui do dormitório para a sala de aula, para o ginásio de esportes, para o refeitório, amaldiçoando sem parar a sensação de confinamento e obstrução que eu percebia a minha volta, totalmente desprevenido para a mensagem que recebi quando saía de minha aula de química do final da tarde com o minúsculo dr. Paul Bowman e seus óculos. Um aluno que trabalhava como ajudante da diretoria estava em pé à porta me esperando; disse: "O doutor Rubendall gostaria de falar com você agora". Enquanto caminhávamos lentamente lado a lado, eu me perguntava, quase distraído, qual seria a nova infração que eu tinha cometido, embora meu comportamento geral em Mount Hermon fosse, a meu ver, irrepreensível. Não havia gangues, professores odiados, situações políticas instáveis. Rubendall era o único homem cortês e totalmente agradável da escola, em parte devido a suas ternas lembranças dos tempos de treinador de basquete no Cairo, em parte, eu especulava, porque com 1,93 metro de altura, uma presença compacta e ao mesmo tempo graciosa, além de um grande charme, ele exalava um tipo de confiança que pouco tinha a ver com o legado de Moody, que parecia subjugar os outros. Eu não conseguia imaginá-lo tendo alguma coisa em comum com o casmurro Ned Alexander, embora ambos tivessem o Cairo em sua formação. Mas sempre ficava contente quando Rubendall me destacava da multidão — "Ed", dizia ele, usando meu novo nome americanizado, "como vão as coisas? Espero que esteja gostando de Hermon. Minhas lembranças a seus pais e ao Cairo. Apareça em casa uma noite dessas", o que evidentemente eu nunca fazia, mas a genuína receptividade e amabilidade do homem me transportavam para muito longe da melancolia cotidiana da escola, muito embora eu só tenha entrado em sua casa uma vez durante meus dois anos ali.

Rubendall me cumprimentou calorosamente. "Acabo de ter notícias do Cairo, Ed. Sua família está bem. As novidades, ou o que sabemos delas, são bastante alarmantes, mas todos estão a salvo." Sem saber exatamente a que ele se referia, mas assustado assim mesmo, pedi mais detalhes. "Houve distúrbios, boa parte da cidade foi queimada, ninguém sabe quem está por trás disso. Venha a minha casa às sete para vermos o que a televisão nos traz." Claro que fui, mas a recepção estava muito precária: imagens de oficiais, generais e políticos diante de um retrato desbotado do rei Farouk, tirado bem antes de ele se tornar uma caricatura de 160 quilos. Era uma noite de segunda-feira: os conflitos tinham ocorrido dois dias antes, e de algum modo meu pai tinha entrado em contato com Rubendall por telefone.

Eu estava verdadeiramente apavorado tanto com o que pudesse ter acontecido a meus pais, em especial a meu pai, nesse redemoinho sem precedentes, como também com a possibilidade de não ter para onde voltar. Eu sabia que alguma coisa tinha mudado irrevogavelmente. As espantosas cenas de destruição que duraram uns vinte segundos na TV da família Rubendall — ele e sua esposa ficaram protetoramente em pé junto a mim enquanto eu permanecia sentado em posição rígida diante do grande aparelho marrom — provinham de algum outro lugar e de alguém que eu nunca imaginara abrigado no Cairo familiar da minha juventude: "forças impessoais"? pessoas enraivecidas? espiões estrangeiros? Eu não conseguia imaginar nem atinar com as causas daquilo que via diante de mim. No dia seguinte, lendo o *Boston Globe* de terça-feira no saguão do Crossley Hall, tomei um susto ao ver o nome de meu pai numa reportagem de três páginas que detalhava os enormes estragos causados no Sábado Negro.

Era a primeira vez que nossa existência havia assumido uma

forma tão objetiva e, para mim, tão vulneravelmente assertiva. "A Standard Stationery", dizia o texto, "de propriedade de um cidadão norte-americano, William A. Said, foi totalmente devastada pela multidão que desceu pela rua Malika Farida e destruiu o British Turf Club, uma eminente instituição britânica do Cairo..." Outros locais familiares mencionados eram a loja de música Papazian, onde eu tinha comprado livros de música e discos, a Kodak, o Salon Vert, a Gattegno. Todos lugares de consumo sofisticado, obviamente estrangeiros, bem no centro da moderna metrópole colonial. A multidão foi detida por um valente capitão de polícia (que depois, como recompensa por sua dedicação, foi demitido) e por um punhado de homens sob seu comando bem na cabeceira da ponte Kasr el Nil, que atravessa o Nilo em direção a Zamalek, o bairro de nossa casa. E ali, se não fosse pelo capitão... Eu não tinha condições de imaginar tudo o que havia ocorrido, embora a carta de minha mãe que chegou uns dez dias mais tarde tenha preenchido algumas lacunas. O fundamental é que nossos dois principais pontos de negócios (o Ramo B também foi destruído) tinham sido reduzidos a entulho; um mês depois me mandaram fotos do estrago, nas quais os únicos objetos reconhecíveis eram algumas mesas e cadeiras Sebel retorcidas em formas surrealistas, sob as quais se viam fragmentos de máquinas de escrever, copiadoras Ellams e um grande mas aparentemente ileso cofre Chubb (uma imagem que seria usada mais tarde por meu pai em seu material promocional), além de enormes quantidades de papel chamuscado. Minha mãe comentou com tristeza que àquela altura meus primos e tia expressaram a meu pai o desejo de se desligar da firma, de modo que, juntando todas as suas reservas financeiras (nunca compreendi bem de onde elas vinham), ele comprou a parte deles, ficando sozinho com o encargo de um estabelecimento completamente arruinado. "Tudo bem, Lampas", ele disse, segundo minha mãe, a seu velho gerente, "vamos arregaçar as mangas" — a frase ficou grudada na minha cabeça por mais de 46 anos — "e começar de novo." E foi o que fizeram: pondo em ordem os escombros com uns poucos ajudantes fiéis, anunciando que os negócios, como sempre, seriam conduzidos a partir de seu escritório intacto, do outro lado da rua, conseguindo todos os empréstimos bancários requeridos, mais pequenas indenizações pelos estragos pagas por uma comissão governamental formada às pressas, começando a reconstrução numa escala maior e mais suntuosa. Na época que cheguei em casa, em junho, para as férias de verão, os únicos efeitos remanescentes em seus negócios dos distúrbios de 26 de janeiro de 1952 — aparentemente desencadeados pela Irmandade Muçulmana — eram uma série de fotografias mostrando as ruínas, que ele havia enquadrado e pendurado atrás da escrivaninha do caixa e em seu escritório.

Ainda me admiro de sua recuperação quase sobre-humana. Nunca o ouvi falar com nostalgia sobre os dias anteriores à baderna, nem lamentar o muito que havia perdido, nem tampouco se queixar da catástrofe que aquilo havia sido para ele. E as cartas datilografadas quinzenais continuaram chegando nos mesmos precisos dias, como se nada houvesse mudado, exceto pelas notícias da chegada de "bens", como ele os chamava, enviados à Standard Stationery com rapidez de emergência por seus fornecedores europeus e americanos. Tentando talvez penetrar o mistério de sua força avassaladora, escrevi a minha mãe me queixando de que as cartas formais dele, datilografadas, obviamente ditadas, assinadas "Sinceramente seu, W. A. Said", eram desconcertantes e dizendo que "eu não conseguia entender" por que nunca me escrevia uma carta realmente pessoal. Eu estava preocupado com as pressões sobre ele e queria alguma indicação humana de sua contínua e garantida presença em minha vida. "Querido Edward", dizia uma carta de uma página que chegou duas semanas depois, escrita no garrancho desmazelado dele, "sua mãe me diz que você não gosta das cartas datilografadas que lhe mando, mas estou muito ocupado, como você pode imaginar. De todo modo, aqui está uma carta manuscrita para você. Sinceramente seu, W. A. Said." Preservei a carta por pelo menos vinte anos, uma vez que parecia simbolizar perfeitamente meu pai e sua atitude com relação a mim. Era como se ele acreditasse que a expressão e o sentimento nunca pudessem ser equivalentes ou intercambiáveis, e que se o fossem haveria alguma coisa claramente errada com um deles ou com ambos. Assim, ele manteve seus colaboradores, reservando seus esforços para as coisas que fazia, as quais protegia com o silêncio ou o estilo lapidar que tanto me desconcertava.

Toda a sua vida meu pai foi deliberadamente circunspecto a respeito das propriedades e riquezas que possuía, e agora que tinha de reconstruir um negócio com uma grande carga de dívidas, ele se tornava surpreendentemente loquaz quanto a seus compromissos. "Vocês não percebem", ele nos disse exasperadamente dúzias e dúzias de vezes, "como estou seriamente com dívidas?", usando o plural como um lembrete para enfatizar que não se tratava de uma dívida de valor corriqueiro. As "dívidas" na verdade nos atormentaram (enquanto família) por três ou quatro anos, até que uma vez, quando eu estava em seu escritório, ocupando seu lugar durante uma tarde de verão, comecei a folhear distraidamente seus registros de contabilidade do ano fiscal recém-concluído. Fiquei espantado com as milhares e milhares de libras que ele estava faturando a cada trimestre. Quando mencionei isso a ele, olhou-me com um grande desprezo. "Pare de falar besteira, Edward. Talvez um dia você aprenda a ler uma folha de balanço. Por enquanto, concentre-se em seus estudos e deixe que eu cuide dos meus negócios." Mas era difícil não notar que durante os meados dos anos 50 meus pais deram festas maiores e mais freqüentes, adquiriram belos objetos e mudaram-se do apartamento da Sharia Aziz Osman para outro maior e mais luxuoso num prédio vizinho que abrigava residências diplomáticas. Não obstante, suas queixas acerca de estar "com dívidas" nunca cessaram.

No início da primavera de 1952, eu suspendera meus sentimentos de solidão paralisada — saudades de minha mãe, do meu quarto, dos ruídos e objetos familiares que encarnavam o encanto do Cairo — e deixara um eu menos sentimental, menos incapacitado, assumir o comando. Quarenta anos depois ocorreu um processo similar, quando recebi o diagnóstico de leucemia e me descobri por um momento completamente à mercê dos mais sombrios pensamentos de sofrimento e morte iminente. Minha principal preocupação era sobre como seria terrível ter de me separar da minha família e, na verdade, de todo o edifício da minha vida, o qual, agora que pensava nele, eu me dava conta que amava muito. Só quando vi que esse cenário horrendo constituía um bloco paralisante no centro de minha consciência, pude começar a distinguir seus contornos, o que me ajudou primeiro a adivinhar e depois a estabelecer seus limites. Logo me tornei consciente de ser capaz de tirar esse bloco do centro e em seguida de me concentrar, às vezes apenas de modo muito breve, em outras coisas muito mais concretas, incluindo o prazer por um trabalho realizado, uma música ou um encontro com um amigo. Não perdi o agudo senso de vulnerabilidade à doença e à morte que experimentei ao descobrir minha condição, mas se tornou possível — como com meu exílio de juventude — ver todas as horas e atividades do dia (incluindo minha obsessão pela doença) como totalmente provisórias. Dentro dessa perspectiva, posso avaliar que atividades reter, empreender e desfrutar. Nunca perdi meu senso de desagrado e desconforto em Mount Hermon, mas aprendi a minimizar seus efeitos sobre mim e, numa espécie de auto-esquecimento, mergulhei nas coisas das quais achava possível obter prazer.

A maioria delas, se não todas, era de ordem intelectual. Durante meu primeiro ano fomos todos convocados a assistir a uma aula simplória (sem dúvida uma idéia do dr. Moody) concebida para nos tornar devotos. Ela não apenas repetia o conteúdo que eu já havia suportado em minha preparação para a crisma, mas ia mais longe do que me parecia ser humanamente possível em matéria de interpretações literais e, devo dizer, fundamentalistas do Antigo Testamento. Amós e Oséias, Isaías e Miquéias grudaram em minha mente: não só líamos os textos, um aluno por vez, como também parafraseávamos o que diziam, de modo inexorável, literal, repetitivo e sem imaginação. Não fosse meu bom rendimento escolar, eu teria tido o mesmo professor de Bíblia (Chester alguma coisa) na série seguinte, com o Novo Testamento como texto básico, mas em vez disso pude cursar a disciplina alternativa Bíblia IV, ministrada pelo capelão da escola e instrutor-assistente de natação, reverendo Whyte, conhecido por todos como frei Tuck* devido a sua corpulência, seu cabelo ruivo e seu bom humor a toda prova. Eu tinha dezessete anos, mas graças a sua abertura de espírito e total ausência de dogmatismo tivemos um soberbo curso de leitura de filosofia clássica, de Platão e Aristóteles a Kierkegaard, passando pelo Iluminismo.

Por mais que tentasse, não consegui obter muito êxito como esportista. Fiz parte das equipes de natação e de tênis e venci provas e partidas, mas a verdadeira competição em geral me deixava fisicamente doente. Durante o almoço, na primavera de meu primeiro ano, um aluno da última série (o presidente do conselho estudantil e capitão do time de futebol Dale Conley) foi de mesa em mesa deslizando um pedacinho de papel para baixo de

---

* Personagem do bando de Robin Hood. (N. T.)

360

cada prato. O meu dizia simplesmente "14 entre 157"; era a minha colocação na classe, muito mais alta do que eu havia imaginado possível. Durante meu último ano, minha posição iria variar entre primeiro e segundo, porém no final do verão, numa cama improvisada às pressas no quarto de meus pais em Dhour el Shweir, passei a noite anterior ao dia previsto para o meu retorno implorando para não ser mandado de volta. A partida inevitável teve lugar ao alvorecer, e rodamos até Beirute em completo silêncio. Uma vez de volta, recebi a odiosa tarefa de passar camisas na lavanderia, mas após uma cena de protesto, e em parte devido a meu bom desempenho acadêmico, fui piedosamente transferido para uma sinecura na biblioteca.

Em meados daquele segundo ano, com a matrícula na faculdade ocupando nossos pensamentos, eu tinha me dado conta de que não haveria retorno ao Cairo num futuro próximo. Eu invejava minhas irmãs na Escola Inglesa do Cairo, o conforto de que gozavam por estarem juntas e em casa, a solidez, conforme eu imaginava, da bem equipada segurança, tudo aquilo que me seria negado, a não ser pelas breves férias de verão. A Revolução dos Oficiais Livres havia ocorrido em julho de 1952, mas com o general Mohammed Naguib no comando, com seu cachimbo e sua cara de tio — o rei havia sido banido para a Itália —, eu tinha a impressão, assim como meus pais e seus amigos, de que aquela nova situação não era assim tão diferente da antiga, exceto que agora haveria homens mais jovens e mais sérios no poder, e a corrupção acabaria. Pouco mais que isso. Nossa pequena comunidade — os Dirlik, Ghorra, Mirshak, Fahoum —, todos *shawam*, fazendo muito dinheiro, vivendo incrivelmente bem, continuaram suas vidas como se nada tivesse acontecido. E depois de umas poucas semanas no Cairo durante o mês de junho e a primeira metade de julho, partimos como sempre para a longa e monótona temporada em Dhour. Eu experimentava a parte egípcia da minha vida de um modo irrefletido, até fingido, durante o verão, entrando nela assim que eu chegava ao Cairo, ao passo que minha vida americana estava adquirindo uma realidade mais durável e independente, desligada do Cairo, de minha família e dos velhos hábitos e confortos familiares que minha mãe mantinha a minha disposição.

Foi numa radiante tarde de primavera de 1953, durante a aula de tênis, que Bob Salisbury, passando pelas quadras de volta ao Crossley Hall, depois de sair do posto do correio, gritou para mim que ficara sabendo que haviam chegado as respostas das faculdades aos pedidos de matrícula. Correndo imediatamente ao correio, descobri que tanto Princeton como Harvard haviam me aceitado, embora eu nunca tivesse visitado a segunda e tivesse pouca noção do que ela representava além da distinta e bem-educada impressão deixada em mim por Skiddy von Stade, o cavalheiro encarregado das admissões a Harvard que viera nos visitar, ao qual L'Hommy se referira posteriormente como um "jogador de pólo de Long Island". Quando voltei à quadra trazendo minhas cartas, o treinador, Ned Alexander, disse: "Bom. Agora você vai jogar no time dos calouros em Harvard", mas pela mais estranha e — olhando para trás agora — frívola das razões eu me decidi rapidamente por Princeton, que havia visitado uma vez com meus pais no verão anterior ao meu ingresso em Mount Hermon. Tínhamos ido de Nova York até lá para visitar parentes de vizinhos nossos de Dhour el Shweir, e a presença deles ali, embora eu nunca tivesse voltado a vê-los, aquela prazerosa tarde de tabule e charutinho de folha de uva na casa deles, atraiu-me para Princeton por motivos inteiramente fantasiosos. Em minha fantasia serena e superficial, ali me parecia o oposto de Mount Hermon: um lugar que não tinha cara de Nova Inglaterra e era confortável, informal, idílico — uma projeção da vida do Cairo nos Estados Unidos.

Um mês mais tarde, fiquei sabendo que meu pai viria do Cairo para a minha formatura, o que implicava uma despesa enorme, e que em seguida ele, eu e meus primos Abie e Charlie sairíamos em excursão pela Nova Inglaterra no Ford 1951 deles. Essa viagem era um presente de formatura para mim.

Durante minhas últimas semanas em Hermon ponderei que, embora tivesse me destacado em todas as minhas atividades, eu continuava sendo uma espécie de *lusus naturae*, um rapaz peculiar e deslocado. Eu vencera competições importantes na natação e no tênis, tivera um desempenho brilhante na atividade acadêmica, tornara-me um pianista de destaque, e entretanto parecia incapaz de alcançar a estatura moral — não me ocorre outra expressão — que a aprovação geral da escola poderia me conferir. Eu era conhecido como alguém com um cérebro poderoso e um passado incomum, mas não era plenamente parte integrante da vida corporativa da escola. Estava faltando alguma coisa. Conforme eu descobriria, era chamada de "a atitude correta".

Havia alunos como Dale Conley ou, na minha classe, Gordie Robb e Fred Fisher (diferentemente, digamos, de Brieger e eu) que pareciam não ter arestas: não ofendiam ninguém, eram estimados, tinham uma notável capacidade de nunca dizer nada que pudesse ser errado ou ofensivo, e me davam a impressão de se encaixar perfeitamente. Em resumo, eram escolhas naturais para vários cargos e títulos honoríficos — capitães, membros do conselho estudantil, inspetores de andar ou chefes de mesa (no refeitório). Nada disso tinha a ver com sua inteligência aparente ou com sua performance escolar, que, embora acima da média, não chegavam a se destacar. Ainda assim, havia neles uma qualidade de escolhidos, uma aura, de que eu claramente carecia. Entretanto, não se poderia descrevê-los como queridinhos do professor nem atribuir seu status a alguma coisa que tivesse a ver com nobreza ou riqueza hereditária, como teria sido o caso no mundo de onde eu vinha.

Apenas uma semana antes da formatura, uma batida na porta anunciou Fred Fisher, um membro do conselho estudantil, companheiro da equipe de natação, inspetor de andar no Crossley Hall e um dos rapazes mais evidentemente bem-sucedidos da escola. Salisbury e eu estávamos, lembro-me, terminando nossos relatórios de conclusão de curso. Embora eu estivesse prestes a me formar, ainda seguia a norma de ficar aprisionado no quarto no período noturno, mas Fisher, como inspetor de andar, podia vagar pelo alojamento à vontade. "Ei, *woz*", disse ele, usando uma denominação amistosa muito empregada na época, "vocês não ficaram em primeiro ou segundo lugar na classe? Em termos acadêmicos, quero dizer."

Respondi: "Sim, o primeiro lugar alternou entre mim e Ray Byrne. Ele é o primeiro agora, acho, mas não tenho certeza. Por quê?".

Nesse ponto, Fisher, sentado na minha cama, pareceu claramente incomodado. "Nunca fiquei acima de sexto ou sétimo, mas acabam de me dizer que serei orador de turma e Byrne será o orador da formatura. Não consigo entender. O que aconteceu?" A perplexidade de Fisher diante de sua inesperada promoção era genuína, mas eu estava atordoado. Não consegui dar nenhuma resposta ao recém-ungido Fred, que deixou nosso quarto logo depois com o que me pareceu uma fisionomia perturbada e até mesmo confusa. Eu sentia que estava credenciado àquela honra e que ela me havia sido negada, mas de alguma maneira estranha, embora peculiarmente apropriada, sabia que *não* deveria recebê-la. Assim, eu estava ferido, incapaz de aceitar a injustiça, de contestá-la ou ainda de compreender o que poderia, afinal, ter sido uma decisão justificada contra mim. Diferentemente de Fisher, eu não era um líder, nem um bom cidadão, nem respeitoso, nem, em suma, aceitável por todos. Percebi que continuaria sendo o forasteiro, fizesse o que fizesse.

Foi também naquele momento que senti que o fato de vir de uma parte do mundo que parecia estar num estado de transformação caótica tornou-se o símbolo do que havia de fora de lugar a meu respeito. A Mount Hermon School era fundamentalmente branca: havia um punhado de alunos negros, na maioria atletas talentosos e um músico de intelecto verdadeiramente brilhante, Randy Peyton, mas o corpo docente era todo branco (ou de máscara branca, como no caso de Alexander). Até o episódio de Fisher e a formatura, eu me sentia sem cor, mas aquilo me forçou a me ver como marginal, não-americano, alienado, marcado, justamente quando os políticos do mundo árabe começavam a desempenhar um papel cada vez maior na vida americana. Suportei sentado as tediosas cerimônias de formatura, de barrete e toga, com uma indiferença que chegava às raias da hostilidade: aquele era um evento *deles*, não meu, embora eu tenha recebido inesperadamente um prêmio de biologia — de consolação, segundo eu acreditava firmemente. Meu pai, tendo vindo do Cairo para o que eu achava que seria uma decepção, estava ao mesmo tempo orgulhoso e brincalhão. Sem a companhia de minha mãe (que havia ficado em casa com minhas irmãs), ele estava inabitualmente falante e simpático; longe de sentir falta do traquejo social dela, meu pai parecia florescer sem ele, passando momentos divertidos com o muito alemão Brieger pai, um professor da Escola Médica Hahneman.

A chave para o humor de meu pai parecia ser sua animada satisfação com uma escola que finalmente havia me convertido num cidadão com um barrete na cabeça. Na festa ao ar livre que se seguiu à formatura, ele carregava um grande objeto circular embrulhado em papel pardo. Foi especialmente efusivo com Rubendall, cujo encanto extraordinário contagiava tudo em volta.

Mais alto que meu pai, ele sorriu para nós dois: "Que maravilha, o senhor ter viajado desde o Cairo para vir até aqui. Pena que a senhora Said não tenha podido vir. Não foi uma beleza o desempenho do Ed?". A essa altura meu pai me deu sua taça de ponche de frutas para segurar e, com seu característico jeito impetuoso e desmazelado, começou a rasgar o papel de embrulho, revelando uma imensa placa de prata em relevo, que ele e minha mãe deviam ter encomendado a um artesão do Cairo. Em seu melhor estilo cerimonial, entregou-a de modo bastante pomposo ao enlevado Rubendall. "Minha mulher e eu gostaríamos de lhe entregar isto em grato agradecimento pelo que o senhor fez por Edward." Pausa. "Em grato agradecimento." Eu estava constrangido pela prodigalidade e excentricidade tanto do presente como das palavras que o acompanharam, sobretudo levando em conta quão inadequado eu devia ter parecido a Rubendall e a seus colegas para a posição de orador da classe ou orador da formatura.

Por uma semana meu pai e eu, com Abie e Charlie (que dirigiam a maior parte do tempo), fomos a lugares como Keene, New Hampshire e Boston, meu pai pagando todas as contas, que era seu jeito de recompensar os dois jovens pelo tempo e esforço despendidos. Eu estava ansioso por voltar para o Cairo e para casa. Já estava farto de motéis e alojamentos, e mesmo depois de mais duas semanas em Nova York, no confortável Stanhope Hotel, o desejo de retornar ao Cairo que eu havia deixado dois anos antes era esmagadoramente poderoso.

X.

Voltar ao Cairo no verão significava também voltar a Dhour. E, na época em que eu havia me tornado um aluno de Princeton, Dhour passara a significar quase exclusivamente Eva Emad, com cuja presença lá eu podia contar. Considerando o que ocorreu com o Líbano alguns anos depois — a guerra civil de 1958, as décadas palestinas de 70 e 80, a catastrófica guerra civil de dezessete anos que eclodiu em 1975, a invasão israelense de 1982 —, era como se nossos verões ininterruptos em Dhour anteriores aos conflitos fossem uma espécie de devaneio prolongado cujo centro, depois que conheci Eva, tornou-se a evolução infinitesimalmente lenta de nosso romance. Nenhuma outra coisa que eu fizesse então parecia interditar ou interromper minha concentração na atividade de vê-la e estar com ela durante a maior parte do dia, excluídos os domingos.

Fomos atraídos imperceptivelmente um para o outro: sempre formando uma dupla no tênis, sentando lado a lado, sendo parceiros em jogos de trunfo (um gênero primitivo de bridge), compartilhando pequenas confidências. Jovem oriunda de uma família árabe conservadora, Eva era reservada e correta, como se esperava das mulheres de sua idade em meados dos anos 50. Sua educação tinha parado no final do secundário e, ainda que eu não percebesse isso na época, ela estava esperando pelo casamento, sem nenhuma outra carreira à disposição ou como perspectiva. Embora eu soubesse que ela me atraía mais do que qualquer outra mulher havia me atraído antes, nosso futuro não tinha lugar nenhum em minhas reflexões ou devaneios. Depois de três ou quatro verões, eu me sentia cada vez mais envolvido por ela, incapaz de fazer ou dizer mais do que os gracejos informais cotidianos.

Havia uma sensação ilícita no fato de estar junto a ela sem que se passasse entre nós nada de explícito, nem física nem verbalmente. Eu sentia que precisava vê-la todos os dias, e passava cada momento a seu lado procurando algum sinal, por mais leve que fosse, de que ela gostava de mim como eu gostava dela. Mas, se a ligação entre nós permanecia não pronunciada, ela se tornou evidente para os outros, da maneira mais casual. "A dupla Eva e Edward já jogou?", Nelly perguntava; "Você e Eva sentam aqui", alguém dizia no cinema; "Eva já viu sua nova raquete?". Nossos pais não tinham nenhum conhecimento de nossa amizade. Embora ficássemos afastados um do outro durante nove meses do ano — ela em Tanta, eu em Princeton —, quando estávamos em Dhour nosso relacionamento era retomado como se nos tivéssemos visto no dia anterior. Escrevíamos, com pouca freqüência, cartas corretas e cordiais, e eu carregava as dela nos bolsos semanas a fio, imaginando-me mais perto dela ao fazer isso.

Era inevitável que minha mãe ouvisse falar de Eva. Lembro-me de meu pai mencionando a idade de Eva — "Quando você estiver no seu apogeu ela será uma mulher de sessenta anos. Você sabe o que é isso?" — e em seguida acrescentando uma daquelas frases feitas que cumpriam o papel de um adágio ameaçador:

"Quando você é solteiro, todo mundo o convida, mas basta casar para que ninguém mais olhe para você". Pelo menos com ele eu sabia onde estava pisando; com minha mãe, não. No início, o comportamento dela foi inteiramente circunspecto, sugerindo pouco mais que uma espécie de curiosidade neutra a respeito de Eva e de minha atitude em relação a ela. Gradualmente, seu tom endureceu, tornando-se levemente desafiador quando ela dizia: "E suponho que Eva estava lá também, não estava?". Por fim, pareceu-lhe que Eva havia ultrapassado certos limites de propriedade e decência, o que ficava claro quando dizia: "O que os pais dela acham que ela está pretendendo ao passar todo o tempo com gente jovem como você? Será que não percebem que ela está comprometendo as chances dela de arranjar um marido?".

Na época em que Eva e eu nos fixamos um no outro, em nosso progresso lento como o movimento de uma geleira, o que durou uns três anos, eu estava subliminarmente consciente de que falar com minha mãe a respeito de Eva, ou responder (mesmo de forma lacônica) a seus comentários não solicitados, era algo a ser evitado. A idade de Eva, seu estilo de vida diferente e muito mais ocioso, sua religião (grega ortodoxa) e sua francofonia claramente deixavam minha mãe temerosa, mas eu não suspeitava que ela estava firmemente posicionada contra minha persistente ligação.

No verão de 1956, quando eu estava com vinte anos e Eva com quase 27, o Tabbarah Club empreendeu uma excursão coletiva à praia de Beirute. Era muito diferente de nossas excursões familiares da década anterior — os pais estavam ausentes e não havia horários a ser observados rigidamente. Os destinos de nosso grupo naquele ano haviam sido a piscina de Eden Roc — uma enseada de estilo californiano, em forma de rim, ligada a um restaurante e clube noturno no alto de um rochedo com vista para o mar, junto a "Pigeon Rock" — e o Sporting Club, um novo clube de praia logo abaixo de Eden Roc, construído nas rochas e que dispunha de um café animado, numerosas áreas para banhos de sol e um bar. O "Sporting", como era conhecido, tinha diversos canais por onde o mar fluía e onde, quando a maré não estava muito violenta, era possível alugar um bote e remar até Pigeon Rock e as frescas cavernas logo adiante. Sugeri a Eva que fizéssemos exatamente isso, já que o mar estava maravilhosamente plácido, o sol resplandecia e todo o cenário irradiava uma sensação de magnífica quietude. Ela sentou-se a minha frente no barco e eu remei para fora dos limites do Sporting e em seguida tomei, em diagonal, o rumo dos grandes rochedos, que ambos parecíamos buscar como um refúgio contra olhares inquisitivos.

Em seu maiô, Eva parecia mais desejável do que nunca. Tinha uma macia pele marrom, ombros perfeitamente arredondados, pernas elegantemente torneadas e um rosto que, embora não fosse bonito no sentido convencional, tinha uma simpatia jovial que eu achava irresistível. Sob uma rocha escarpada, nos abraçamos pela primeira vez. O abraço liberou toda a minha emoção reprimida: declaramos nosso amor e, à maneira de narradores subitamente iluminados, recontamos um ao outro a história de nossos anos de distância e de secretas saudades. Eu estava espantado com a força da minha paixão. Voltamos a Dhour naquela tarde e à noite, com o resto do grupo, nos encontramos no City Cinema, onde, sentados lado a lado na escuridão, sussurramos nossas declarações de amor de novo, e de novo, e de novo.

Do lado de fora do cinema, conscientes de que todo mundo estava olhando para nós, nos despedimos de modo bastante casual, e Eva foi embora com Nelly. No dia seguinte eu partiria e ficaria sem vê-la por outros nove meses. Ao entrar no carro com minha irmã Rosy, fui acometido de uma terrível dor de estômago. Quando nosso médico me examinou no dia seguinte, achou que meu estômago estava fraco, mas não encontrou nenhum outro sintoma. Foi enviado um atestado a Princeton explicando que, em decorrência de uma enfermidade, eu voltaria à escola com uma semana de atraso. Se o amor era o responsável não sei, mas certamente eu não queria me separar de Eva tão cedo.

Depois de me despedir de Eva em minha última noite de fato com ela, encontrei minha mãe me esperando na sala de estar. A antiga desolação da sala estava agora amenizada por algumas poltronas decentes, tapetes persas no chão e quadros de paisagens do Líbano que ela havia comprado de um comerciante de arte de Beirute. Ela alegou que estava preocupada com o fato de eu estar nas ruas desertas e mal iluminadas de Dhour, e também inquieta com o adiantado da hora, já que eu tinha de acordar cedo no dia seguinte para minha viagem de vinte horas até Nova York. Havia um inesperado gume hostil em sua voz quando me perguntou onde eu havia estado. Normalmente mais do que feliz em dividir com ela minhas idas e vindas, eu me vi respondendo com resmungos e monossílabos, tentando proteger tanto a mim como a Eva. Minha velha vulnerabilidade voltou, como se viesse de uma indesejada outra vida. "E suponho que você também a beijou?", interpelou, transformando a emoção do primeiro amor em culpa e desconforto.

Continuei apaixonado por Eva por mais dois anos, recusando-me durante esse tempo todo, de maneira bastante infantil, a perceber que para ela o casamento era o desdobramento lógico de nossa relação. Quando me formei em Princeton em 1957, pelo menos dois dos amigos dela tentaram me convencer a pensar seriamente em casamento. Eu passaria o ano seguinte (1957-58) no Egito antes de ir a Harvard para estudos de pós-graduação. Eva morava em Alexandria com uma irmã recém-enviuvada, e eu ia lá, usando os negócios de meu pai como pretexto, para vê-la. Nosso relacionamento físico continuava apaixonado, mas não consumado, porque ambos tínhamos a noção de que, uma vez que tivéssemos cruzado essa linha, seríamos para todos os efeitos marido e mulher; e, por conta do que sempre considerei sua profunda sensibilidade e amor, Eva me detinha, dizendo que não queria me obrigar a assumir a responsabilidade. À medida que nossa paixão e nossos discretos encontros em Alexandria prosseguiam, aumentava minha admiração pela força de Eva, sua inteligência e seus atrativos físicos. Ela não era intelectual, mas mostrava uma paciência maravilhosa e interesse em me ouvir falar sobre o que eu estava lendo e descobrindo. Eva era minha nova interlocutora, substituindo minha mãe, que já havia percebido que minha atenção e minha intimidade se desviavam dela para aquela outra mulher.

Separados por enormes distâncias, pelas diferenças entre os modos de vida que levávamos — eu como estudante em Harvard no ano seguinte, ela como a última filha solteira da família, em Tanta ou Alexandria —, nos víamos cada vez menos. Minha felicidade diminuía ainda mais à medida que eu percebia quão seriamente a vida de Eva seria afetada se não nos casássemos. Sua família estava tornando sua vida intolerável, só deixando muito a contragosto que ela tivesse alguns meses de paz em Roma, onde estudava história da arte e italiano. Em uma de suas viagens de volta ao Egito, segundo me contou, Eva finalmente tomou a decisão desesperada de procurar minha mãe no Cairo e obter sua aprovação. Ela acreditava que essa era a única maneira de curar minha indecisão quanto ao tema do casamento. Eu estava em Harvard quando Eva chegou; foi cordialmente cumprimentada por minha mãe, mas, pelo que Eva, minha mãe e uma de minhas irmãs me contaram depois, pude apreciar, para não dizer admirar, a habilidade de minha mãe.

Asseverando seu amor por mim, Eva começou dizendo que queria saber quais poderiam ser as objeções a ela. Uma Eva sutil, tipicamente modesta, expôs sua causa em termos verossímeis e convincentes. Minha mãe ouviu com paciência e, a seu ver (conforme me contou depois), simpatia. Então começou a responder: "Permita-me que seja perfeitamente honesta com você. Você é uma pessoa maravilhosa, com muito a oferecer. O problema não é você; é Edward. Você é muito melhor que ele: ele mal tem um diploma universitário, tem muitas dúvidas sobre o que vai fazer da vida e, dadas suas inclinações para continuar estudando durante anos, ou então simplesmente vadiar, não tem como sustentar nem a si próprio, que dirá uma esposa e uma família". Eva rapidamente objetou que tinha dinheiro mais que suficiente para nós dois, mas minha mãe optou por ignorar esse ponto. "Você é uma mulher madura e completa, com uma vida plena a sua frente. Edward obviamente é meu filho, a quem amo muito, mas também sou objetiva quanto a ele. Conheço-o muito bem. Ele é pouco desenvolvido e, dado seu histórico de desatenção e falta de concentração, devo dizer que estou muito preocupada, e até alarmada, com o que será feito dele. Não posso, em sã consciência, aconselhá-la a investir muita esperança nele, embora naturalmente eu acredite que ele tem um grande potencial. Por que jogar fora seu futuro com alguém instável como ele? Ouça meu conselho, Eva, você pode conseguir coisa muito melhor."

Quando repreendi minha mãe por tudo isso, eu mal podia decidir qual de suas observações tinha mais me ferido, aliviado ou aborrecido. Taticamente, minha mãe havia tirado o vento das velas de Eva, que, tendo ido defender a si mesma, encontrou-se na situação de tentar convencer minha mãe das virtudes do próprio filho. A enlouquecedora insistência de minha mãe em achar que, pelo fato de me amar, era a única que sabia o que eu era, o que havia sido e o que sempre seria me deixava furioso. "Conheço meu próprio filho", dizia, beatificamente, me subjugando com sua desaprovação e sua insistência em dizer que sabia o que eu nunca deixaria de ser — uma decepção, em última instância. Qualquer tentativa de remover seu senso de certeza determinista sobre mim era impossível. Não era tanto sua clemência que eu queria, mas sim que ela admitisse que eu podia ter mudado e modificasse seus pontos de vista, mantidos com uma desanimadora combinação de confiança serena e alegria inabalável, como se seu filho estivesse preso para sempre a seu inventário de vícios e virtudes, dos quais ela tinha sido a primeira, e certamente a mais autorizada, historiadora.

Ao mesmo tempo eu experimentava um mesquinho e quase imperceptível sentimento de alívio pelo fato de ela ter afastado os planos de casamento de Eva. O feito não declarado de minha mãe era o de ter me puxado de volta para a sua órbita, ter permitido que eu me aconchegasse em seu amor, por mais peculiar e insatisfatório que fosse, e ao mesmo tempo ter feito com que eu visse meu relacionamento com Eva sob uma luz nova e pouco lisonjeira. Por que eu deveria assumir as responsabilidades de uma família agora (o casamento era retratado por minha mãe como uma atividade essencialmente sóbria e sisuda, destinada a durar "para sempre") e por que Eva e eu não poderíamos manter uma relação de amizade? Por trás dos alertas de minha mãe a Eva havia endosso implícito de ligações irresponsáveis para mim, que não tinham a horrível seriedade do casamento e que permitiriam que o relacionamento dela comigo continuasse predominante.

Alguns anos depois, em Dhour, minha mãe me mostrou uma nota do diário egípcio *al-Ahram*, anunciando o noivado de Eva com seu primo. Tive a súbita impressão de que Eva provavelmente ouvira a informação de que eu também estava com outra pessoa, com quem planejava me casar — o que de fato fiz durante a mesma semana em que li a notícia do noivado de Eva. Aquele meu primeiro casamento foi uma união efêmera e infeliz, que só aumentou meu sentimento depressivo de não ser merecedor de

Eva, a quem não voltei a ver nos quase quarenta anos que se seguiram.

Eva e eu deixamos de nos ver no verão de 1961, quando, em meados de julho, meu pai teve de se submeter a uma pequena cirurgia para remover uma verruga supurada localizada logo acima do tornozelo. Ao longo de vários anos ele a havia mostrado a diversos médicos no Egito, nos Estados Unidos e no Líbano, mas apenas Farid Haddad advertiu-o logo sobre ela, instando-o pelo menos duas vezes a extirpá-la. Relutando em fazer o que quer que fosse, meu pai continuou procurando outros médicos, até que a ferida ficou inflamada e muito dolorosa, e ele foi a Beirute para removê-la no hospital da Universidade Americana. Eu tinha 25 anos na época e estava atrasado em minha carreira de estudante de pós-graduação em Harvard. Na semana posterior a sua pequena cirurgia, meu pai foi informado pelo dermatologista de que a biópsia havia revelado um melanoma maligno em estado avançado de transformação metastática. Na semana seguinte, Sami Ebeid, um jovem mas renomado cirurgião geral cujos pais conhecíamos de Dhour, realizou uma excisão considerável em sua perna, cavando uma vala profunda que deixaria meu pai permanentemente manco e extraindo uma grande porção de tumores linfáticos de seu corpo.

Munir Nassar era um médico residente em cardiologia na época, e num final de tarde, logo após a excisão local para biópsia e antes da operação, ele e eu paramos perto de nossa casa de Dhour, do lado da cerejeira em flor, e ele me explicou solenemente a natureza do melanoma e a provável seqüência de eventos. Eu queria uma confirmação do diagnóstico, o que me foi dado devidamente, mas também queria saber de Munir se aquele seria o fim de meu pai. Na época eu estava mergulhado no estudo de Conrad, Vico e Heidegger, entre outros escritores rigorosos e sombrios que desde então têm sido uma presença forte em meu trabalho intelectual, mas me vi espantosamente vulnerável diante das medonhas notícias sobre a operação de meu pai, sua radioterapia e as possíveis complicações daquilo tudo. Impulsionado pela mesma curiosidade mórbida que tivera seu começo, segundo eu achava, nas longas horas que eu passara, aos dez anos de idade, a espiar as caixas de vidro do Museu Agrícola do Cairo que mostravam reproduções detalhadas em cera de doenças deformantes como elefantíase, esquistossomose e framboesia, finalmente perguntei a Munir se depois de tudo aquilo meu pai tinha alguma chance de sobrevivência. Ele não respondeu. "Mas ele vai morrer?", persisti, ao que, com a voz diminuída e o rosto obscurecido pela escuridão que descia rápido, Munir respondeu bem devagar: "Provavelmente".

Em 1942 e 1948 eu ficara inquieto com as doenças de meu pai, mas tivera consciência apenas parcial de sua gravidade. Eu não tinha então compreensão alguma dos fatos da morte, tampouco da prolongada e debilitante enfermidade física. Durante aqueles dois incidentes anteriores, eu me lembrava de ter observado meu pai como que de uma distância segura, apreensivo mas desconectado. Agora eu era capaz de numa seqüência de imagens mentais instantâneas, ver seu corpo ser tomado por uma horrível invasão rastejante de células malignas, os órgãos lentamente devorados, o cérebro, os olhos, os ouvidos e a garganta dilacerados por aquela aflição terrível, quase miasmática. Era como se os alicerces cuidadosamente construídos para manter e nutrir minha vida fossem subitamente solapados, deixando-me em pé sobre um escuro vácuo. O que eu sentia mais que qualquer outra coisa era que minha conexão física direta com meu pai corria perigo de uma completa ruptura, deixando-me desprotegido e vulnerável, a despeito de meu desagrado com a presença exigente e intimidadora que ele encarnava com tanta freqüência. O que seria de mim sem ele? O que substituiria aquele amálgama de força confiante e vontade indestrutível ao qual eu havia ficado irrevogavelmente ligado, e pelo qual eu percebia que havia sido inconscientemente seduzido?

Por que naquele momento, quando teria sido possível vislumbrar o potencial para a libertação, por que eu via a morte de meu pai como uma calamidade tão terrível e indesejável? "Mas ainda há uma chance de ele resistir à operação e viver por algum tempo, não há?", praticamente supliquei a Munir. Depois de uma pausa considerável, ele disse algo como: "Sei o que você quer dizer: viver depois da operação por algum tempo. Sim, claro. Mas o melanoma é muito traiçoeiro, o pior dos cânceres, de modo que o prognóstico de longo prazo tem que ser" — fez mais uma pausa — "tem que ser precário". Dei-lhe rapidamente as costas e subi devagar os degraus para a casa escura e deserta, na esperança de que alguém logo aparecesse para aliviar meu desalento solitário.

Mais tarde me dei conta de que a invasão do câncer era a primeira intervenção irreversível naquilo que eu julgava ser, apesar das aflições que eu sofrera em seu interior, a privacidade inviolável de minha família. Minhas três irmãs mais velhas reagiram de modo parecido. "É o horror rastejante da doença", Rosy me disse uma vez, com grande sofrimento. Ao ouvir, quando chegou ao aeroporto, que a vida de nosso pai corria perigo, Joyce sucumbiu a um ataque de angústia dilacerante. Jean era a única de nós que parecia capaz de manter-se firme: durante os três meses que nosso pai passou no hospital ela ficou constantemente a seu lado, mostrando uma força extraordinária, que eu simplesmente não tinha.

A operação subseqüente de meu pai para a remoção de nódulos linfáticos e do resto do melanoma foi eclipsada, em termos de drama e sofrimento, pelo que aconteceu depois. Meu pai se restabeleceu da operação com a lentidão apropriada, e por uma semana pareceu se fortalecer um pouco a cada dia. O indicador de seu progresso era um barbeiro pequeno e jovial que aparecia todas as manhãs por volta das dez. Se meu pai estava bem, deixava-se barbear; se não estava, o barbeiro ia embora sem dizer uma palavra. De acordo com o costume do mundo árabe, quando alguém está no hospital os membros da família permanecem lá da manhã até a noite. As visitas que formam um fluxo constante vêm demonstrar solidariedade para com a família, raramente visitar o paciente propriamente dito, e em troca recebem chocolate ou biscoitos. Estávamos vivendo em Dhour, mas chegávamos todo dia ao hospital em Beirute em torno das nove da manhã e ficávamos até a noite. Pelo fato de sua condição ser tão grave, meu pai requeria cuidados de enfermagem 24 horas por dia, prestados em sua totalidade por idosas solteironas armênias, uma das quais, a srta. Arevian, tornou-se uma amiga íntima da família até a morte de meu pai, dez anos depois.

Durante o verão de 1961, ele deu a impressão de ter morrido uma meia dúzia de vezes. Nessas ocasiões, depois de tê-lo deixado por volta das oito da noite, éramos despertados em Dhour por um telefonema às três da madrugada: "Venham imediatamente", dizia uma voz, "ele está muito próximo do fim". Então nos espremíamos num táxi e chegávamos ao hospital perto do amanhecer, encontrando-o paralisado ou em coma. Ele parecia ter atraído todas as complicações imagináveis. Primeiro foi uma mortífera infecção urinária; recuperou-se como que por milagre, para sucumbir em seguida a uma poderosa hemorragia estomacal. Então, dois dias depois, estava sentado deixando-se barbear e jogando conversa fora. Em ocasiões assim, uma enorme sensação de liberdade me permitia ir até a praia, ou mesmo ao cinema, antes de dizer-lhe boa-noite e voltar para Dhour. Dois dias depois, outro telefonema às quatro da madrugada, e dessa vez quando cheguei ouvi um médico dizer que durante quatro minutos meu pai tinha estado clinicamente morto — o coração simplesmente tinha parado de bater. Um jovem médico interno,

Alex Zacharia, que por acaso estava perto do quarto dele, correu para lá e rapidamente o revivificou, mas os danos a seu organismo foram graves; por uma semana ele permaneceu entre o aniquilamento e um estado inquieto de semiconsciência.

Dois dias depois, estava de novo sendo barbeado como se nada tivesse acontecido. Seus modos autocráticos voltavam. "Você deve ir ao almoço oferecido por Wadia Makdisi", ele me disse uma vez com vigor. "Você será meu representante", acrescentou, à guisa de justificação. Não fui, e depois de saber de minha ausência por minha mãe, tratou-me com frieza durante um dia inteiro, do alto de sua cama: por pelo menos duas semanas ficou voltando ao assunto, remoendo minha infração como se eu tivesse cometido uma má-criação ou desafiado sua autoridade, eu uma criança de 25 anos, ele um pai severo. Ele havia desenvolvido um meio insistente de voltar repetidas vezes a um assunto, reiterando exatamente as mesmas perguntas e comentários até que, atingido um misterioso limite, parava, como que satisfeito por ter persistido (ou feito a situação persistir) pelo tempo necessário. "*Khalas*", pronto; acabou, ele dizia, convencido de haver cuidado do problema de maneira satisfatória. Mais tarde, ao longo de sua doença, quando uma de minhas irmãs apresentou sintomas de aguda depressão psicológica, ele não parava de perguntar: "Mas por que faz isso? Será que não fomos bons pais para ela?". Reformularia essas perguntas repetidamente ao longo de cinco anos, à medida que ela passava de uma crise para outra, de uma instituição para outra, sem grandes melhoras. A dificuldade crônica — e a essa altura legendária — de meu pai com as palavras não familiares ("feeta beta" em lugar de Phi Beta Kappa, "Rutjers" em vez de Rutgers etc.) soçobrava espetacularmente com a palavra *psychiatrist* (psiquiatra), que virava "psypsy" ou "psspss" ou "quiatrist" ou "qualquer coisa trist", mas suas perguntas cessaram de repente quando ele considerou que o caso dela estava resolvido e ela parecia melhor: "*Khalas*", ele me disse, "*ir-tahana*", agora podíamos descansar.

As complicações da doença dele continuaram ao longo de agosto. Mais problemas estomacais, mais infecções urinárias, mais corre-corre no pavilhão, mais telefonemas na madrugada, mais sobressaltos, mais unhas roídas coletivamente. Uma reunião com a comissão do meu serviço militar para a realização de exames médicos havia sido adiada três vezes desde a crise do Muro de Berlim de 1960, e agora eles se mostravam inesperadamente inflexíveis, negando-me qualquer adiamento suplementar. Sendo assim, preparei-me devidamente para partir no final de agosto. Como que por milagre, meu pai pareceu livrar-se da maioria de seus problemas, embora continuasse fraco devido às agruras das oito semanas anteriores. Lembro-me que voltei a Dhour na noite anterior à manhã de minha partida, fiz as malas, comprei algumas frutas secas e nozes na cidade e fui para a cama por volta das onze, depois de uma noitada com os Nassar. Dr. Faiz, o coronel, estava lá e, quando eu disse algo a respeito de estar seguro o bastante das condições estáveis de meu pai para viajar, ele respondeu, com um tremor comovido na voz: "Quando ele estava totalmente sozinho, paralisado, na semana passada, fui até seu quarto por um momento e me prostrei no chão assim" — levantou os braços bem devagar acima da cabeça e em seguida baixou-os lentamente — "rezando ao Todo-Poderoso para que salvasse Wadie. Acho que minhas preces foram atendidas", concluiu, afundando de volta no silêncio glacial de seus últimos anos.

Às três horas da madrugada da minha partida, tendo novamente sido acordados por um telefonema que nos chamava ao hospital, fomos às pressas para Beirute. Lembro-me de ter parado em pé diante da minha mala aberta, entorpecido e exausto pelos altos e baixos da doença de meu pai, incapaz de fazer outra coisa além de encarar a mala no chão, indeciso entre partir ou ficar. Leila, esposa de Munir Nassar e enfermeira formada, veio me resgatar, estimulando-me a terminar meus preparativos para a viagem, ajudando-me a colocar a mala e os livros no carro, convencendome a parar no hospital apenas como uma breve escala em meu caminho até o aeroporto. Era uma noite fresca e excepcionalmente clara, com o céu pontilhado por milhares de estrelas distantes e tremeluzentes, e a paisagem escura de Dhour indiferente a nossos problemas e dúvidas. Todos experimentávamos uma espécie de silêncio anestesiado; parecia não haver fim para aquela pavorosa série de crises que nos assaltava e nos tornava impotentes para fazer outra coisa senão correr para dentro e para fora do hospital, em cuja temida ala "Tapline" (assim chamada devido à companhia Trans Arabia Pipeline, que havia dotado de equipamentos e ar-condicionado aquelas poucas salas) meu pai lutava, sucumbia temporariamente e voltava a lutar. Ele estava em estado semicomatoso e não me reconheceu quando entrei. Vários de seus médicos — ele havia se tornado um caso célebre pelo simples número espantoso de complicações pouco comuns — tinham passado por lá para vê-lo: "Seu pai certamente vai entrar nos anais", um deles me disse com apreço.

Entorpecido, parti para o aeroporto: minha única contribuição ao cipoal de desespero foi convencer minha mãe a chamar de Londres para uma consulta de emergência um renomado cirurgião britânico, Sir Rodney Maingott. Houve alguma resistência à idéia por parte de um par de médicos locais mais orgulhosos ("Ele vai chegar em alguns dias, seu pai como sempre já terá se restabelecido, e mais uma vez o Homem Branco vai ganhar o crédito em detrimento dos nativos"), mas minha mãe e eu estávamos inflexíveis. Mais tarde naquela manhã, enquanto eu sobrevoava a Europa, Maingott concordou em voar na direção oposta; seus honorários estavam fixados em mil guinéus mais todas as despesas. Exatamente como fora previsto, quando ele

chegou a Beirute, 36 horas depois, meu pai já havia se recuperado, e o grande médico desfrutou de um fim de semana de sol re-
festelado no luxo do legendário Hotel St. Georges. De Cambridge acompanhei a cura quase total de meu pai com um crescente
temor de que eu também estivesse infectado com tumores malignos e viesse a sofrer como ele. Várias excrescências e protube-
râncias dérmicas eram autodiagnosticadas como sintomas que
os médicos do Serviço de Saúde de Harvard descartavam com visível irritação. A força avassaladora da ligação que eu sentia com
relação a meu pai me deixava confuso.

Debilitado, com os membros (em especial as pernas) extremamente atrofiados, o rosto meio enrugado, o equilíbrio bastante instável, meu pai decidiu que, tendo vencido traumas aos quais
não se esperava que sobrevivesse, voltaria a fumar cigarros, cha-
rutos e cachimbos, jogar ainda mais bridge e empreender viagens
luxuosas. Eu estava ansioso para vê-lo bem de novo, de modo que
pudéssemos voltar ao terreno familiar de dominação e resistência
subterrânea no qual "Edward" seria intimidado e tiranizado, enquanto meu outro eu difuso e geralmente escondido aguardava
vez e buscava caminhos próprios sobre os quais a presença im-
periosa de meu pai não poderia lançar uma sombra muito grande. Contudo, eu sabia também que, por desagradáveis que fossem, sua força e sua mera presença haviam me proporcionado
uma estrutura internalizada num mundo em contínua mudança
e turbulência, e que eu não podia mais me fiar diretamente nele
para aquele tipo de apoio. A gravidade de sua doença agiu como
um primeiro anúncio da mortalidade de meu pai e da minha própria e ao mesmo tempo indicou para mim que os domínios no
Oriente Médio que ele havia construído para nós como um lar,
um abrigo, um domicílio, ainda que precário, com seus principais pontos localizados no Cairo, em Dhour e na Palestina, estavam analogamente ameaçados de descontinuidade e desapareci-

mento. Vinte anos depois de sua morte, quando me vi no curso de uma sessão de psicanálise centrada em minhas queixas quanto à atitude de meu pai em relação a mim, experimentei uma espécie de epifania. Surpreendi-me derramando lágrimas de pesar e remorso por nós dois, e pelos anos de conflito latente nos quais sua truculência dominadora e sua inabilidade para expressar qualquer sentimento, combinadas com minha autopiedade e minha postura defensiva, nos mantiveram tão afastados um do outro. Fui subjugado pela emoção porque pude ver de repente como em todos aqueles anos ele havia lutado para se expressar de uma maneira que, por temperamento e formação, não estava equipado para adotar. Talvez, por razões edipianas, eu o tivesse bloqueado, e talvez minha mãe, com seu talento para a ambivalência e a manipulação, o tivesse solapado. Mas, fosse isso verdadeiro ou não, a distância entre mim e meu pai foi selada por um duradouro silêncio, e foi esse fato que confrontei com lágrimas no consultório do meu terapeuta, permitindo a mim mesmo uma visão redentora dele, por toda a sua falta de jeito e pelo áspero mas perceptível afeto que ele havia mostrado ter por seu único filho.

O declínio de meu pai ao longo dos últimos dez anos de sua vida marcou o fim de um período da nossa experiência libanesa, ao mesmo tempo que os abalos sísmicos do Oriente Médio começavam a se fazer sentir em nosso microcosmo em Dhour, alterando irrevogavelmente o mundo em que vivíamos. Durante o período inicial da revolução egípcia (julho de 1952), ainda estávamos morando no Cairo, mas, com exceção de meu pai, que esperava o momento propício, estávamos todos contagiados pelo espírito e pela retórica do que Gamal Abdel Nasser dizia estar fazendo por seu povo. Minha mãe, em especial, tornou-se uma ardorosa defensora do nacionalismo dele; não obstante, era em Dhour, em meio às monótonas visitas convencionais que recebia e fazia, que ela dava vazão a seu entusiasmo, com um ímpeto e um fervor que alarmavam seus ouvintes. Sem que soubéssemos, os alinhamentos políticos no Líbano — sectários, bizantinos e freqüentemente invisíveis — estavam começando a reagir à estatura de Nasser como um super-homem árabe, e, embora não percebêssemos, para o nosso pequeno círculo cristão em Dhour ele começou a parecer uma emanação não do Cairo, mas de Meca, um pan-islamita com desígnios malignos não apenas para os judeus israelitas, mas também para os cristãos libaneses.

No verão de 1958, uma pequena guerra civil eclodiu no Líbano, entre os partidários de Camille Chamoun, o então presidente maronita, que pretendia (inconstitucionalmente) prorrogar seu mandato, e os seguidores dos partidos arabistas, na maioria muçulmanos, que depressa conquistaram o apoio bastante estridente da emissora de rádio A Voz dos Árabes. Aquele foi o único verão desde 1943 no qual não fomos a Dhour como de costume. As montanhas diante da cidade estavam cheias de tropas norte-americanas enviadas por John Foster Dulles para apoiar as forças "pró-Ocidente" dos seguidores de Chamoun, cujos oponentes, segundo se alegava na tensa retórica da época, seriam agentes marxistas-leninistas de Moscou. Durante verões anteriores, meus pais e eu tínhamos determinado tranqüilamente que, apesar dos laços de sangue com nossos parentes libaneses, os Badr, não sentíamos nem a animosidade muçulmano-cristã que os assombrava, nem o conflito árabes-versus-libaneses que os tornava tão defensivos. Além disso, e para deixar as coisas ainda mais emaranhadas, havia o fato abrasivo (para eles) de que também éramos cristãos, mas nosso pan-arabismo e ausência de preconceitos constituíam no mínimo uma deslealdade, se não uma traição.

Nesse instável e freqüentemente desconfortável quadro de forças, minha mãe logo adquiriu o status de uma verdadeira e confiante nasserista, uma imagem invertida de seus não menos doutrinários primos e amigos das facções cristãs ultradireitistas.

Ela ocasionalmente irritava até a mim com seus discursos em geral tediosos sobre o pan-arabismo socialista de Nasser, e para piorar as coisas vi um de seus primos, num momento desprevenido, lançar-lhe um olhar de desprezo agressivo. Acho que, para ela, era em parte uma atividade social, essa dedicação a conversas acaloradas no interior de uma vida confortável e isolada da política, mas sua postura revelava também uma integridade de espírito e uma capacidade de pensar para além dos "nossos" interesses enquanto minoria: "Não temos tanta importância", ela sempre dizia. "Foi a vida do carregador, do motorista, do operário, que as reformas de Nasser modificaram, dando-lhes dignidade". Era preciso coragem para ir contra sua formação e sua família. Depois de 1958, Dhour pareceu ainda mais estrangeira, nossos amigos menos seguros, as rachaduras mais claras e nosso caráter forasteiro mais evidente. Por volta de 1962, em parte por causa do lento restabelecimento de meu pai, minha família tinha se mudado para um apartamento mobiliado em Beirute, deixando para trás o Cairo, destinado a desaparecer lentamente junto com o mundo da nossa infância.

A figura polarizadora e carismática de Charles Malik também emergiu durante esse período. Ele era não apenas o ex-embaixador do Líbano nos Estados Unidos, não apenas o marido da prima de minha irmã Eva, mas também ministro do Exterior no governo Chamoun, uma posição que o envolvia diretamente na decisão de pedir a Dulles que mandasse tropas ao país. Não muito grande em estatura, transmitia uma impressão de extraordinária gravidade e solidez, que soube explorar durante seus anos de professor, diplomata e político. Tinha uma voz estrondosa, uma confiança inequívoca, uma postura afirmativa e uma personalidade extraordinariamente avassaladora, que no início eu considerava atraente, mas depois passei a achar cada vez mais importuna. Nos anos 70, ele tinha se transformado — com o apoio dos parentes e amigos de minha mãe em Dhour (e de sua própria esposa?) — no símbolo e na grande figura intelectual de tudo o que havia de mais nocivo, antagônico e incompatível com o Oriente Médio árabe e em grande parte islâmico. Ele começou sua carreira pública no final dos anos 40 como porta-voz árabe da Palestina na ONU, mas a concluiu como o arquiteto antipalestino da aliança cristã com Israel durante a Guerra Civil Libanesa. Examinando a trajetória intelectual e política de Malik, com tudo o que ela envolveu para mim como seu jovem admirador, companheiro, parente e freqüentador dos mesmos círculos, vejo-a como a grande lição intelectual negativa de minha vida, um exemplo com o qual me peguei nas últimas três décadas brigando, resistindo, analisando, repetidas vezes, com pesar, perplexidade e um desapontamento sem fim.

Tive notícia de Malik pela primeira vez na época da guerra, no Cairo, onde morava sua mãe viúva. Na ocasião ele lecionava filosofia na Universidade Americana de Beirute e era casado com Eva, prima de minha mãe. Era muito ligado a meus pais; meu pai, segundo Malik me contou uma vez, deu-lhe sua primeira máquina de escrever. Eva, que tinha passado suas férias em Nazaré na casa de minha mãe, era uma mulher afetuosa e bonita, de considerável personalidade, com quem travei rapidamente uma amizade próxima, apesar da grande disparidade de idade entre nós. Havia então algo de simplório e tosco naquele casal, ele com seu forte sotaque de aldeia do Norte do Líbano (Kura) sobreposto a um inglês sonoramente europeu que trazia o aroma de sua rica e, para mim, espantosa experiência educacional. Aluno de Heidegger em Freiburg e de Whitehead em Harvard na década de 30, Malik já havia adquirido a alcunha de "divino Charles", tanto por seu brilho intelectual como por sua propensão religiosa. Ortodoxo grego por nascimento, era católico romano (e, por extensão, maronita) por opção; Eva, neta de um convicto pastor protestante, converteu-se ao catolicismo na época do casamento com Charles, a exemplo de sua irmã mais nova, Lily, a amiga mais íntima de minha mãe entre seus parentes.

Depois de se tornar embaixador do Líbano na ONU em Lake Success, Makik assumiu o papel adicional de representante plenipotenciário libanês em Washington, e posteriormente embaixador. Quando o pai de Eva, Habib, e alguns dos filhos dele começaram a veranear em Dhour, os Malik também encontraram uma casa lá e vieram de Washington para passar algumas semanas. Eu me sentia muito atraído pela presença deles. Na impiedosa dispersão de Dhour, a casa deles, a conversa de Charles e o evidente afeto de minha tia por mim estimularam minha sede por idéias, pelos grandes temas da fé, da moralidade, do destino humano, e por toda uma gama de autores. "Durante o verão de trinta e poucos", Malik me contou uma vez, "eu costumava sentar nas margens do Nilo e ler tudo de Hardy e Meredith. Mas li também a *Metafísica* de Aristóteles e a *Suma* de Tomás de Aquino." Nenhuma outra pessoa que eu conhecia na época falava de coisas assim. Quando eu tinha doze anos, lembro-me de ter encontrado Malik sentado em sua varanda com vista para o brumoso vale de Shweir com um grande livro nas mãos. "João Crisóstomo", disse ele, erguendo o livro para me mostrar, "um pensador maravilhoso, sutil, não distante de Duns Escoto." Foi mais ou menos nessa época que comecei a sentir a qualidade provocadora de suas observações a propósito de livros e idéias. Ele tinha uma tendência (então bem-vinda para mim) a mencionar nomes e títulos, que depois eu procurava e esmiuçava, mas também a lançar mão de tiradas espirituosas, classificações e questões redutoras. "Kierkegaard era muito grande, mas ele acreditava de fato em Deus?"; "Dostoievski era um grande romancista porque era um grande cristão"; "Para compreender Freud você tem que visitar as lojas de pornografia da rua 42"; "Princeton é um clube de campo onde os segundanistas de Harvard passam seus fins de semana." Talvez ele achasse que eu era demasiado imaturo e despreparado para as estimulantes discussões que ele dizia ter tido com Heidegger e Whitehead em suas universidades, mas eu também detectava certa condescendência, misturada com a vocação professoral para guiar e instruir.

Durante os primeiros anos Nasser, Malik me encorajou a falar-lhe sobre meu entusiasmo pelas reformas do líder popular. Ouviu tudo o que eu tinha a dizer e então declarou, de modo evasivo: "O que você diz é interessante. A renda *per capita* no Egito hoje é de oitenta dólares por ano: a do Líbano é de novecentos. Se todas as reformas funcionarem, se cada recurso for bem empregado, a renda *per capita* do Egito será duplicada. Isso é tudo". Com o tio Charles, como todos o chamávamos, aprendi a atração do dogma, da busca pela verdade inquestionável, da autoridade irrefutável. Com ele aprendi também sobre o conflito de civilizações, a guerra entre o Oriente e o Ocidente, o comunismo e a liberdade, o cristianismo e todas as outras religiões inferiores. Além de nos contar sobre essas coisas em Dhour, ele desempenhou um papel central na formulação de tudo isso no cenário mundial. Ao lado de Eleanor Roosevelt, ele trabalhou na Declaração dos Direitos Humanos; nomes como Gromyko, Dulles, Trygve Lie, Rockefeller e Eisenhower eram moeda corrente em suas conversas, como também Kant, Fichte, Russell, Plotino e Jesus Cristo. Tinha um deslumbrante domínio de línguas — o inglês, o árabe, o alemão, o grego e o francês eram todos instrumentos excelentes de trabalho, mas nos três primeiros sua maestria era absolutamente notável. Com sua grande cabeleira negra, olhos penetrantes, nariz aquilino, peito largo e grandes pés de passo firme, ele dominava a sala sem nenhum traço de hesitação ou de embaraço com a própria imagem. Durante os anos 40 e início dos 50, a confortante certeza moral de Malik, sua força granítica, sua fé inextinguível no Eterno davam-nos esperança e me faziam lembrar o comentário de Gorky de que dormia melhor sabendo que Tolstoi estava vivo no mesmo mundo que ele.

Malik ascendia sem parar no mundo público das nações, mas ele e Eva sempre voltavam a Dhour: a aldeia era como a *Heimat*, a pátria, de que falava Heidegger, mas para Malik o lugar também representava uma prosaica simplicidade libanesa. Ele sempre conservou o que parecia ser uma persistente admiração e afeição por meu pai: "Não conheci ninguém", disse-me uma vez com certa dose de perplexidade e afeto, "que fosse um homem de negócios de modo tão puro quanto ele. Ele tem o instinto comercial no grau mais espantoso". Mais tarde pensei que sua intenção tinha sido sugerir que meu pai era de fato um excelente negociante, mas nada mais que isso; talvez eu tenha entendido errado. Apreciei, de todo modo, um diálogo memorável entre Charles e meu pai em nosso terraço em Dhour numa noite cintilante. "Como é que eles [presumivelmente cientistas] determinam a distância entre aquelas estrelas e a Terra?", meu pai se perguntou em voz alta. "Você sabe, Charles?" "Ah", disse o filósofo, "é muito fácil. Você toma um ponto fixo da Terra, deduz o ângulo e então calcula a distância", foi a resposta imediata e um tanto evasiva. Moleza. Meu pai não ficou satisfeito. Seu talento fenomenal para os cálculos — ou pelo menos para os princípios que embasavam os cálculos — se agitava num mar de dúvidas. "Não, não: quero dizer com exatidão. Que ângulo? Onde? Com certeza deve haver algo mais que isso." Todos os demais presentes ficaram em silêncio: parecia que meu pai havia lançado um desafio inabitual à autoridade. Vi a confusão no rosto de Malik, e uma desagradável impaciência, como se estivesse tentando entender a intenção do pequeno negociante. Mas ele claramente não podia fornecer a resposta que o interesse genuinamente intrigado de meu pai demandava. Bravatear não era uma boa saída. Melhor mudar de assunto e falar de Berdayev. Na manhã do funeral de meu pai, quinze anos depois, ele veio a nossa casa em Beirute para nos dar os pêsames, mas não para participar da cerimônia propriamente dita. "Tenho um almoço muito importante com o núncio papal", disse-me, à guisa de justificativa.

Mas sua força espiritual, que em outros tempos tinha levado pessoas a se converterem, degenerou à medida que ele se tornava mais político, descaindo para o preconceito e o ressentimento contra aqueles que não podiam aceitar nem a idéia (só podia ser uma idéia, uma vez que o Líbano era plurirreligioso) de um Líbano cristão, nem a do Líbano como um país árabe inteiramente alinhado com os americanos. Ele deve ter sido um soberbo professor e conferencista em seus primeiros tempos na universidade. Lily, sua cunhada, me contou uma vez o modo como ele, depois de retornar de Harvard a Beirute, elevou sozinho o nível do debate intelectual, conduzindo-o para discussões sobre a verdade, o ideal, a beleza e o bem. Um de seus alunos nos anos 40 foi meu primo em primeiro grau George, que, destinado inicialmente a uma carreira nos negócios, largou tudo uma década depois para se converter ao catolicismo e mudar para Fribourg, na Suíça, com um punhado de discípulos de Malik que pensavam como ele, para fundar ali uma colônia de devotos e devotas que se prepararia para voltar ao mundo muçulmano e converter as pessoas a Cristo. Todas essas pessoas, que permanecem na Suíça até hoje, com sua missão grandiosa tristemente frustrada, são um testemunho da profundidade da influência de Malik como um intelectual cujas metas não eram deste mundo, no sentido bíblico. E eu também senti essa influência, não apenas nas perspectivas e ideais que ele me apresentou, mas também na dignidade do tipo de investigação moral e filosófica na qual ele se engajou, que estava tão ausente de minha educação formal e de meu ambiente. A presença informal e quase familiar de Malik em Dhour me fez perceber que eu nunca tivera até então um professor que se destacasse intelectualmente. Quando foi que terminou aquele revigoramento, para ser substituído por uma força antitética tão diametralmente oposta ao que outrora havia sido franqueza, coragem e originalidade de pensamento?

Tenho às vezes especulado que Dhour, com sua encarnação insidiosa mas em última análise falsa de autenticidade bucólica, nos havia corrompido a ponto de acreditarmos que sua infrutífera dispersão, sua policiada simplicidade de vida e sua compulsória unanimidade cristã tinham desempenhado algum papel no extremismo político posterior de Malik. Mas ao mesmo tempo acho que o sonolento afastamento do mundo que o lugar prometia para os meses de verão também era uma negação de seu próprio contexto árabe. Bem depois de terminado o período colonial, nós nos considerávamos coletivamente capazes de levar uma vida sucedânea, modelada nas estações de veraneio européias, alheios ao que acontecia a nossa volta. Meus pais tentavam reproduzir nosso casulo do Cairo nas montanhas libanesas: quem poderia condená-los por isso, dada nossa condição peculiarmente fraturada de cacos palestino-árabe-cristão-americanos que a história espalhou e que só se mantinham parcialmente unidos pelos êxitos comerciais de meu pai, que nos permitiam uma semifantástica, confortável, mas vulnerável marginalidade? E quando as turbulências do Egito pós-monárquico levaram o país a se despedaçar em torno de nós, carregamos os efeitos disso para onde quer que fôssemos, incluindo Dhour. Lá Malik representava nosso primeiro símbolo de resistência, a recusa do Líbano cristão em acompanhar o nacionalismo árabe, a decisão de aderir à Guerra Fria do lado dos Estados Unidos, de lutar intransigentemente contra as exortações inflamadas de Nasser, em vez de nos entusiasmar com elas ou nos acomodar.

Lembro-me com muito desconforto do choque da derrota

árabe total de 1967, e de como no final de dezembro daquele ano fatídico fui de carro até a imponente e monolítica casa de tio Charles e tia Eva em Rabiyé, um subúrbio em declive a nordeste de Beirute. Naquela casa tinham podido finalmente acomodar os livros, móveis e documentos acumulados durante os anos passados em casas alugadas, embaixadas e alojamentos temporários, incluindo suas várias residências em Dhour. Neve fresca cobria a estrada, o céu estava escuro, o vento cortante, e a atmosfera geral era carrancuda e inóspita. Eu não estava muito seguro sobre o sentido de minha visita, exceto, de modo um tanto vago, pedir que Charles desse as caras, por assim dizer, e ajudasse os árabes a sair de sua incrível derrota. Uma idéia estúpida, talvez, mas na época parecia algo que valia a pena tentar. O que eu não estava preparado era para sua resposta atipicamente passiva: de que não era o momento, de que ele não sentia que ainda tivesse um papel a desempenhar e de que teria de advir uma nova situação para que ele reingressasse na política. Fiquei espantado, perplexo com o fato de que o que eu supunha ser uma necessidade comum de resistir e reconstruir não era compartilhado por um homem em cujas visões e compromissos eu ainda depositava fé. Durante a Guerra Civil Libanesa, Malik tornou-se um líder intelectual da direita cristã, e tanto tempo depois de sua morte, ocorrida em 1988, ainda lamento profundamente o abismo ideológico que veio nos separar e o enorme e complicado turbilhão da política árabe que acabou nos dividindo, deixando a ambos muito pouco de história e experiência positivas para apresentar.

É difícil hoje fazer uma leitura retrospectiva de nossos anos em Dhour e detectar neles elementos da desolação devastadora da Guerra Civil Libanesa, que começou em 1975 e oficialmente acabou cerca de dezessete anos depois. Isolados das profundezas das correntes políticas e populares antagônicas que fenderam o Líbano durante décadas, levávamos uma vida pseudo-idílica que oscilava à beira de um precipício muito fundo. Ainda mais estranho era o senso que meu pai tinha de que Dhour era um refúgio contra as crescentes dificuldades da vida comercial no Egito de Nasser. No início de 1971, quando estava próximo da morte, ele nos contou que desejava ser enterrado em Dhour, mas isso nunca foi possível, uma vez que nenhum residente se dispôs a nos vender um pedaço de terra no qual pudéssemos satisfazer seu desejo. Mesmo depois de seus anos de devoção ao lugar, de suas contribuições materiais para sua vida comunitária, de seu amor pela região e seus habitantes, ainda era considerado estrangeiro demais para ser acolhido ali após a morte. A idealizada existência bucólica que pensávamos estar levando não tinha nenhuma base na memória coletiva da cidade.

Uma das imagens duradouras da vida sinistramente isolada que levamos durante aqueles 27 anos era a de Emile Nassar sentado sozinho à noite, escrevendo numa mesa no meio de sua desolada sala de estar. Não importava até quão tarde fossem seus jogos de bridge, não importava o número de convidados que tivessem recebido para o jantar, ele sacava infatigavelmente seus cadernos de capa de couro e um maço de jornais e punha-se a escrever. O que, exatamente, ele escrevia não sabíamos, até que meu pai uma vez lhe perguntou diretamente se estava escrevendo suas memórias. "De certo modo, sim. O que faço é transcrever trechos das notícias do dia, mantendo assim um registro do que aconteceu", respondeu o sr. Nassar. "Mas você acrescenta comentários também, não é?", meu pai replicou. "De jeito nenhum. Faço apenas um registro fiel do que aconteceu." Com uma leve nota de exasperação na voz, como o administrador eficiente de sempre, meu pai disse: "Mas então por que você não recorta simplesmente as matérias e cola os recortes nos cadernos, em vez de ter todo esse trabalho?". Nassar pareceu momentaneamente perplexo diante da pergunta, mas logo reagiu dizendo que estava tendo todo aquele trabalho em prol de seus filhos, para que, depois de sua morte, eles tivessem um registro duradouro da época feito por ele. Sem se deixar convencer, meu pai voltou-se para Alfred, o filho do meio, reclinado num sofá perto dele. "Você vai ler esses cadernos depois da morte de seu pai?" — ao que, sem a menor hesitação, Alfred respondeu: "Não. Nem pensar".

Conservei essa cena curiosa na memória por todos esses anos como um símbolo da trivialidade e da impermanência da qual tantos de nós nos nutríamos em Dhour, como símbolo da tentativa não correspondida e não recompensada de pertencer a (e reter na memória) um lugar que no final das contas seguia seu próprio curso como parte de um país mais volátil, fragmentado e amargamente dividido do que qualquer um de nós suspeitava. Éramos estranhos fora do alcance das contendas e rixas que davam a Dhour sua identidade peculiar. Nossa casa ainda está lá, desabitada, salpicada de marcas de bala e buracos abertos nas paredes por morteiros e foguetes Katyusha. Em 1997, 27 anos depois de nosso último verão passado ali, fui a Dhour para ver o que tinha restado. Ainda um baluarte militar sírio com soldados e oficiais aquartelados, é um dos poucos lugares populares de veraneio que não foram reconstruídos e ocupados por novos moradores vindos depois da guerra civil para escapar do ruidoso, frenético e desordenado *boom* de edificações de Beirute. A maioria das casas de Dhour da nossa época ainda está em ruínas; os cafés e lojas, em geral fechados ou reduzidos a dimensões mais modestas. Minha irmã Jean, seu marido e seus filhos compraram e reformaram uma casa em Shweir, ao lado de onde, há 43 anos, tive minhas aulas particulares de geografia com Aziz Nasr. Seu jardim e seus interiores cuidadosamente planejados, com todas as conveniências modernas, nada têm em comum com o áspero despojamento de nossas acomodações de anos atrás. Ao me deitar para um breve repouso vespertino, essa justaposição me encheu de lembranças melancólicas dos dias finais de verão em que nos preparávamos para a viagem de volta ao Cairo, com a inclemência ensolarada de Dhour cedendo lugar aos frescos nevoeiros do outono que se aproximava.

Recordei os dias de fim de temporada com considerável prazer: a maioria dos outros veranistas havia feito as malas e partido antes de nós, os lojistas da cidade vestiam seus surrados paletós e diminuíam seu ritmo graças à reduzida clientela e à necessidade, suponho, de calcular seus lucros e planejar o ano seguinte. O assunto rotineiro das conversas em volta da *saha* era se tinha sido uma boa temporada; certa vez ouvi o sr. Affeish, o farmacêutico letárgico e corpulento, e Bou Faris, o homem que alugava bicicletas, discutindo o verão anterior num tom pesaroso por causa do número de casas que haviam permanecido sem inquilinos. "Se Deus quiser, virá mais gente no ano que vem", disseram simultaneamente um para o outro. Apenas Farfar, de todo o batalhão de taxistas, permanecia na *saha* ao longo do mês de setembro, o ronco de seu combalido Ford enchendo o ar parado com sua cacofonia; seus colegas haviam deixado Dhour para oferecer seus serviços nas ruas de Beirute. E no alvorecer do último dia, feitas as malas, tirada a mesa do café-da-manhã pela última vez, esperávamos em pé no ar frio da manhã os motoristas carregarem os dois enormes táxis e viajávamos languidamente ao longo da costa até Beirute, e dali até Jerusalém e o Cairo. De 1948 em diante, passamos a tomar um avião em Beirute.

XI.

Quando cheguei ao Cairo depois de me formar, logo vi que não era mais correta a lembrança que eu tinha da cidade, durante meu exílio nos Estados Unidos, como um lugar de estabilidade. Havia uma nova incerteza: o plácido paraíso dos estrangeiros estava começando a perder sua durabilidade. Em poucos meses Gamal Abdel Nasser substituiria o general Mohammed Naguib como chefe do governo, e o ambiente que havia sido "nosso" tornou-se "deles", sendo que "eles" eram egípcios a quem tínhamos dado politicamente menos atenção do que ao nosso inerte cenário. Reconheci isso na poesia de Caváfis alguns anos depois — a mesma indiferença, o mundo recebido de bandeja enquanto estrangeiros privilegiados como nós perseguiam seus objetivos particulares e se preocupavam com seus negócios sem muita consideração pela vasta maioria da população. Ironicamente, durante os anos 50, separado de seus sobrinhos e antigos sócios (que haviam partido para uma variedade de negócios, da fabricação de máquinas de lavar à exportação de embalagens para salsichas, passando pela confecção de roupas), as posses de meu pai se elevaram e sua influência como negociante aumentou. Em 1955-56, ele abriu uma filial desafortunada em Beirute, na qual continuou despejando dinheiro sem nenhum retorno. Durante as férias de verão do colégio e da faculdade, fui sendo puxado cada vez mais para o interior de nossos negócios no Egito, pressionado a atuar como representante de meu pai durante as tardes, sem deveres ou responsabilidades especificadas. Era seu modo de me convidar a entrar e, em seguida, fechar a porta na minha cara, mostrando que não havia um lugar funcional para mim. Colocandome em semelhante beco sem saída, ele e minha mãe continuavam insistindo que, como o homem da família, eu era responsável por minhas irmãs, muito embora elas fossem equivalentes a mim em todos os aspectos. Eles me davam o dever sem me dar o privilégio; pelo contrário, eu sentia que minhas irmãs recebiam uma consideração muito maior, e eu nem aceitava o peso da responsabilidade, tampouco concordava, em princípio, com ela. Sentia que meu pai freqüentemente favorecia minhas irmãs em meu detrimento como um ato de cavalheirismo, o que de certo modo combinava com sua espantosa reconciliação com os sobrinhos e a irmã depois da prolongada hostilidade destes contra ele. Uma vez desligados da sociedade, voltaram a ser seus sobrinhos para valer, de tal maneira que um deles depois me contou que sentia muito remorso do que dissera e fizera contra meu pai durante sua desavença de negócios.

Quando eu era um segundanista em Princeton e minha irmã mais velha veio cursar faculdade nos Estados Unidos, senti uma aguda dificuldade em me comunicar e me relacionar com ela. Mas àquela altura já havia me dado conta de que tanto minha família como o que costumavam ser meus ambientes nativos no Cairo e no Líbano não estavam mais a meu alcance. Meus anos nos Estados Unidos estavam lentamente me desapegando dos hábitos — de pensamento, comportamento, linguagem e relacionamento — do Cairo. Minha pronúncia e meu modo de vestir estavam se alterando aos poucos; meus pontos de referência no colégio e, depois, na faculdade eram diferentes; meu discurso e meu pensamento estavam passando por uma mudança radical que me levava para bem longe das confortáveis certezas da vida no Cairo. Eu via a existência de minhas irmãs na Escola Inglesa, por exemplo, como inteiramente remota e alheia.

Depois de Mount Hermon, mudei-me para Princeton no outono de 1953 totalmente sozinho. Eu estava muito mais independente e desenvolto do que apenas dois anos antes, e me surpreendi ao me descobrir capaz de, em pouco tempo e num lugar desconhecido, comprar móveis, livros e roupas e me instalar com três companheiros incompatíveis num quarto coletivo, que troquei por um individual no Natal. Minha primeira experiência exemplar em Princeton ocorreu em meu segundo dia lá, quando, ao procurar pelo refeitório em Holder (um reduto de segundanistas), fui encurralado por um jovem corpulento e ligeiramente embriagado, de camiseta laranja e preta, bermuda cor-de-rosa, chapéu de palha e tênis azuis, que carregava uma imensa cabeça de alce. "Ei", ele me disse, num tom efusivo, "detesto ter de me separar do Sam aqui, mas acho que ele vai ficar ótimo no seu quarto." Eu disse algo sobre o fato de a cabeça não caber — com seus grandes chifres, ela era do tamanho de um Volkswagen —, mas ele insistiu. "Você me dá só vinte dólares pelo Sam e eu o coloco em seu quarto, mesmo que tenha de usar um guindaste para enfiá-lo janela adentro." Finalmente consegui convencê-lo de que Sam e eu não podíamos viver juntos, mas foi meu primeiro encontro com certo humor de Princeton escassamente distinguível daquele de um internato, exceto pela mistura, em Princeton, de cerveja com educação secular. À parte isso, as duas instituições eram parecidas.

Princeton, nos anos 50, era inteiramente masculina. Os carros eram proibidos, assim como as mulheres, exceto aos sábados até as seis da tarde; a grande conquista coletiva de minha classe durante os anos passados lá (1953-57) foi fazer com que o "sexo depois das sete" aos sábados fosse permitido, em decorrência da agitação estudantil. Para ver ou namorar garotas, era preciso convidá-las a vir nos fins de semana de lugares como Smith e Vassar, ou então ir até esses lugares na esperança de encontrar uma namorada lá. Fui dolorosamente malsucedido nesse campo em meus primeiros dois anos, durante os quais meu romance de verão com Eva compensou o que Princeton não me dava. Eu não era capaz nem de convencer uma garota a vir me ver, nem de fazer a viagem requerida com a mais leve possibilidade de encontrar alguém. A população estudantil a minha volta era bastante homogênea. Não havia sequer um negro, e os alunos estrangeiros eram em sua maioria graduados, entre eles um punhado de árabes com os quais ocasionalmente eu passava algum tempo.

Meus colegas de classe eram, ou tentavam ser, todos do mesmo molde. Como em Mount Hermon, quase todo mundo vestia as mesmas roupas (sapatos de camurça brancos, calça de sarja, camisa de botões no colarinho e paletó de tweed), falava do mesmo jeito e fazia socialmente as mesmas coisas. Estávamos todos aprisionados a um horrendo sistema de clubes, de tal maneira que a partir do segundo ano todos tínhamos de nos tornar membros de clubes mediante um sistema chamado Bicker, se não quiséssemos ser liquidados. Socialmente, o Bicker significava que durante duas semanas, no mês de fevereiro do seu segundo ano, você era trancado em seu quarto por noites inteiras à espera de delegações de cada um dos clubes. Gradualmente o número de membros diminuía, à medida que mais e mais candidatos eram eliminados (judeus, garotos que não vinham de escolas preparatórias, gente malvestida), ao passo que no caso de atletas (craques), de formados em St. Paul ou Exeter, ou ainda de filhos de pais famosos (Batista, Firestone, DuPont), as visitas dos clubes se tornavam mais intensas e importunas. Havia uma hierarquia entre os dezessete clubes em funcionamento: os cinco grandes (Ivy, Cottage, Cannon, Cap and Gown, Colonial), um grupo intermediário (Quadrangle, Tower, Campus, Dial, Elm etc.) e finalmente um grupo inferior abastecido essencialmente por membros que hoje seriam chamados de esquisitos ou rejeitados, mas que na verdade eram em grande parte judeus.

Coisas terríveis aconteciam durante o Bicker, todas toleradas e até encorajadas pela diretoria. Em 1955, meu ano Bicker, por exemplo, os presidentes de clubes e os homens que dirigiam a universidade decidiram que todo segundanista, não importava quão inaceitável fosse socialmente, receberia um convite. Inevitavelmente vinte ou trinta acabariam não sendo escolhidos, e reuniões públicas seriam realizadas para repartir os "companheiros" — os estudantes que ninguém queria, em geral judeus — entre os vários líderes magnânimos de clubes. Todo esse grotesco exercício foi relatado em detalhes picantes no jornal dos alunos. Igualmente repulsivo era ver aqueles estudantes que sabiam que, em função de raça, formação ou modos, não conseguiriam entrar no clube de sua predileção transformarem a si próprios em protótipos do WASP, em geral com resultados patéticos. Isso era simbolizado pela moda entre os alunos dos dois últimos anos de usar camisas azuis com o colarinho puído; lembro-me de observar perplexo dois colegas de classe num apartamento contíguo enquanto esfregavam uma lixa num par de camisas azuis novas, tentando produzir em questão de minutos o efeito da aristocrática camisa usada que poderia abrir-lhes as portas de um clube melhor.

Eu me surpreendia com a docilidade com que nossos professores encaravam o fato de que, durante aquelas duas semanas Bicker, ninguém lia coisa alguma. Mas desde a primeira batida em minha porta pude notar que eu era uma desconcertante anomalia para os emissários ambulantes, uma vez que a escola preparatória que eu freqüentara não era propriamente chique, meu sotaque e minhas roupas eram difíceis de ser relacionados com alguma origem conhecida e meu nome era totalmente inclassificável para a maioria dos sofisticados terceiranistas de Princeton vindos de Darien e Shaker Heights. Pelo fato de meus pais terem por acaso feito amizade com um casal de velhos aposentados de Boca Raton e St. Croix no jogo de bridge a bordo do *Andrea Doria*, o marido, um ex-aluno e ex-membro do Cap and Gown, fez com que uma delegação daquele clube me visitasse algumas vezes, mas claramente não tínhamos sido feitos um para o outro. Meu colega de apartamento na época, um músico talentoso mas pouco desenvolvido socialmente, rechaçou quase todos os comitês, mas três dos clubes de nível médio continuaram voltando para me ver; eles me rodeavam num dos lados de nossa acanhada sala de estar e deixavam-no tristemente sozinho no outro lado. Finalmente, na noite em que a classe inteira desceu a Prospect Street para se dirigir aos clubes e aceitar seus convites, eu tinha três convites para escolher, e meu infeliz colega de apartamento não tinha nenhum.

Então um dos clubes, por meio de seu porta-voz, um jovem gordo que também era campeão de golfe, me fez uma proposta pouco atraente: junte-se a nós e, como recompensa extra, aceitaremos também seu companheiro de apartamento. Quando eu estava prestes a rejeitar a oferta e deixar o lugar, ouvi um lamento de partir o coração: "Oh, Ed, por favor não me abandone. Aceite, por favor. O que vai ser de mim?". Assim, aceitei me tornar membro, mas nunca desfrutei do clube. Sentia-me incomodado e ofendido por um ritual universitário sancionado publicamente que humilhava as pessoas daquela maneira. Daquele momento em diante Princeton deixou de me importar, a não ser como local de estudo. Dei palestras lá várias vezes, mas um novo corpo docente, o esvaziamento dos infames clubes e, claro, a presença de mulheres e de minorias transformaram-na da tacanha e provinciana faculdade que freqüentei entre 1953 e 1957 numa genuína universidade.

À parte a companhia de alguns estudantes singularmente brilhantes e talentosos, como o compositor John Eaton, Arthur Gold, Bob Miles e uns poucos outros, minha imersão na leitura e na escrita era o único antídoto contra a envenenada atmosfera social de Princeton. Matriculei-me não em literatura, mas em humanidades, um programa livre que me permitia ter tantos cursos na área de música, filosofia e francês quantos na de inglês; todos eram sistematicamente cronológicos, apinhados de informação, tremendamente empolgantes para mim no que dizia respeito à leitura. Houve dois professores de destaque lá (dos quais só um conheci de fato e de quem fui aluno) que deixaram em mim uma impressão duradoura. Um deles foi R. P. Blackmur, o crítico literário e (apesar do fato de não ter doutorado ou sequer um diploma de segundo grau) professor de inglês, um escritor e conferencista solitário, difícil de acompanhar, cujo talento absoluto para desvelar, camada após camada, os sentidos da poesia e da ficção modernas (a despeito de sua linguagem torcida e com freqüência incompreensível) eu considerava extremamente desafiador. Seu exemplo abriu para mim o prazer secreto da interpretação como algo mais que paráfrase ou explicação. Nunca fiz um curso regular com ele, nem o abordei, mas além de ler avidamente seus textos eu costumava ir de modo intermitente a suas palestras sobre poética e sobre ficção moderna. Ele foi um dos dois leitores de meu trabalho de graduação sobre André Gide e Graham Greene — um assunto tormentoso, ai de mim — e, em seus comentários escritos, louvou meus "grandes poderes de análise". Morreu em 1965.

A outra figura de destaque foi (e com certeza ainda é) o catedrático de filosofia Arthur Szathmary, um sujeito pequeno, enérgico e com jeito de duende, que era a mutuca que incomodava todo mundo, fosse estudante, colega ou escritor consagrado. Para muitos que o viam à distância e sem nenhuma simpatia, Szathamary passou a representar, e mesmo encarnar, a vida intelectual. Era intensamente cético, lançava perguntas irreverentes e em geral fazia a gente sentir que a enunciação precisa de objeções e falhas era uma atividade da mais alta ordem. Não havia nele nada do etos grã-fino de Princeton, tampouco qualquer coisa que sugerisse carreirismo e busca do sucesso mundano. Ninguém podia situar seu sotaque vagamente europeu. Mais tarde admitiu para nós que tinha sido um rapaz do Massachusetts que nunca saíra do país, embora durante a guerra tivesse sido um interrogador de prisioneiros de guerra japoneses. Seu irmão era o escritor e comediante Bill Dana, cujo célebre personagem televisivo era José Jimenez.

Meus cursos de humanidades eram radicalmente históricos em sua organização, ministrados por homens da mais alta competência e rigor filológico. Minhas leituras em história da música, da literatura e da filosofia formaram a base de tudo o que fiz desde então como acadêmico e professor. A serena abrangência do currículo de Princeton me deu a oportunidade de deixar minha mente investigar campos inteiros de estudo, com um mínimo de autoconsciência na época. Foi só quando esse aprendizado entrou em contato com o estimulante espírito crítico de Szathmary ou com a chancela visionária de Blackmur que eu me vi cavando mais fundo, ultrapassando o nível do desempenho acadêmico formal e começando de algum modo a formatar para mim mesmo uma atitude mental coerente e independente. Durante as primeiras semanas de meu segundo ano, eu tinha consciência de estar aprofundando uma fascinação antiga pela complexidade e pela imprevisibilidade — especialmente, e de modo duradouro, no que se referia às múltiplas complexidades e ambigüidades da escrita e da fala. Paradoxalmente, isso foi estimulado por alguns dos professores mais convencionais em termos de abordagem e temperamento, incluindo Coindreau, de francês, ou Oates, de letras clássicas, e Thompson, Landa, Bentley e Johnson, de inglês. Na música, obriguei-me a trilhar a pista de obstáculos que era o curso de harmonia e contraponto, e depois os seminários rigorosamente históricos e positivistas sobre Beethoven e Wagner em particular, nos quais Elliot Forbes e Ed Cone eram modelos de sentido musical e pedagogia erudita.

Eu estava muito consciente de mim mesmo como intelectualmente incompleto, em especial se comparado com alguém como Arthur Gold, o aluno mais brilhante de minha classe, que possuía um soberbo talento tanto para ler como para escrever literatura. Sobreviver intelectualmente como ele e, em menor medida, como eu mesmo na atmosfera de Princeton daqueles tempos era algo quase milagroso. Nós dois pretendíamos nos transferir para Harvard no terceiro ano e estávamos ambos em conflito com o antiintelectualismo desdenhoso, chique, de cachimbo na boca, de muitos professores e também de alunos. Durante meus dois últimos anos em Princeton, odiando meu clube — no qual tinha de ir para fazer as refeições, já que só existiam restaurantes caros nas redondezas — e não sentindo nenhuma ligação com a vida social das festas de fim de semana, dos casacos de pele de *raccoon*,* das bebedeiras sem fim, fiquei bastante isolado, ainda que intelectualmente feliz. Princeton havia posto em movimento uma série de correntes profundas, muitas delas em conflito umas com as outras, me puxando para direções diferentes e radicalmente irreconciliáveis. Eu não conseguia abandonar a idéia de voltar ao

---

* Animal carnívoro noturno americano da família dos ursos, algo semelhante ao quati. (N. T.)

Cairo, nem de assumir os negócios de meu pai, mas ao mesmo tempo queria ser um estudioso e acadêmico. Estava me aprofundando cada vez mais seriamente na música, a ponto de não fazer outra coisa, a despeito dos meus anos de insatisfatórias aulas de piano. Princeton, nos anos 50, era apolítica, autocentrada e alienada. Não havia nada de coletivo em Princeton em nenhum sentido político, com exceção dos jogos de futebol, das corridas e das festas. A coisa que chegou mais perto disso foi quando meu colega de classe Ralph Schoenman (mais tarde secretário e porta-voz de Bertrand Russell) organizou uma visita de Alger Hiss* ao campus; aquilo fez surgir uma multidão de estudantes curiosos e alguns piquetes de manifestantes. Até a invasão de Suez no outono de 1956 (a exemplo da conflagração do Cairo, um evento que vivi à distância, com grande tensão emocional, uma vez que minha família estava lá), tudo o que vinha à tona em matéria de política estava restrito a minhas conversas com amigos estudantes árabes, dos quais o principal era Ibrahim Abu-Lughod, então um refugiado palestino recente, em seguida candidato a um doutorado em estudos orientais (isto é, do Oriente Médio) em Princeton. Porém, com exceção dessas conversas particulares, minha crescente preocupação com o que estava ocorrendo no Egito de Nasser não tinha nenhuma válvula de escape. Durante a crise de Suez, entretanto, descobri algo que havia ignorado durante dois anos — que um de meus companheiros de apartamento, Tom Farer, que se tornara meu amigo, era judeu, mas não dava apoio algum a Israel ou ao que Israel estava fazendo. Lembro-me de uma conversa bastante acalorada com Arthur Gold durante a qual gritamos um com o outro sobre a injustiça (nas minhas palavras)

---

* Ex-funcionário do Departamento de Defesa norte-americano acusado de espionagem em 1948. Ficou preso entre 1950 e 1954. (N. T.)

que Israel cometia conosco (enquanto palestinos), e ele defendia um ponto de vista oposto ao meu — mas isso foi um evento isolado, completamente desvinculado de tudo o que eu estava fazendo em Princeton na época. Ao longo dos anos, entretanto, nossas visões caminharam para uma conciliação. McCarthy era visto em Princeton como algo insignificante, e ao que se saiba nenhum professor de Princeton foi perseguido por suas idéias comunistas. Na verdade, não havia presença de esquerda de nenhum tipo em Princeton. Marx era muito pouco lido ou citado, e para a maioria de nós a grande conferência final de Gordon Craig sobre Hitler (completada por uma horripilante imitação), em História, foi o mais perto que chegamos da história contemporânea.

Um incidente muito estranho teve lugar no Dodge Hall, que alojava ateliês, uma alfaiataria (dirigida pelo instrutor de tênis dos calouros), uma cafeteria, um pequeno teatro e vários escritórios para estudantes de diversas religiões — católicos, judeus etc. Eu estava a caminho da cafeteria e de repente me vi face a face com o rabino da Fundação Hillel; ele descia as escadas depois de ter deixado seu escritório, e nossos olhos se encontraram. "Você é do Egito", ele me disse com uma ligeira aspereza na voz. Admiti que sim diante daquela demonstração de inteligência, surpreso por ele não apenas me conhecer, mas também saber onde eu vivia. "O que planeja fazer quando se formar aqui?", perguntou de modo categórico. Eu disse alguma coisa vaga sobre fazer pós-graduação ou mesmo cursar medicina (por pelo menos metade de minha carreira em Princeton eu tinha sido um aluno de programa preparatório para medicina, embora minha área fosse de humanidades), mas fui interrompido com impaciência por ele. "Não, não. Quero dizer depois que você completar todos os seus estudos." Então, sem esperar uma resposta, ele me passou um sermão. "Você deve voltar. Seu povo precisa de você. Eles precisam de médicos, engenheiros, professores. Há tanta miséria, ignorância e doença entre os árabes que pessoas como você são um bem essencial." Então ele marchou para fora do Dodge Hall sem esperar minha resposta.

Isso aconteceu antes da invasão de Suez, quando me ofereci para escrever um artigo sobre a guerra do ponto de vista árabe para o jornal da universidade. O texto foi publicado sem provocar o tipo de reação que poderia ter se tivesse aparecido depois de 1967. Era meu primeiro escrito político, mas as paixões políticas estavam tão inertes e as opiniões sionistas tão abafadas — afinal de contas, era a época em que Eisenhower na prática obrigou Israel a se retirar do Sinai — que pude publicá-lo sem nenhum problema. Mesmo assim, eu estava consciente das tensões da Guerra Fria e dos contornos problemáticos do mundo árabe, graças ao tempo passado com os Malik em Washington.

Enquanto eu estava em Princeton, me aproximei pela primeira vez não apenas dos temas e correntes e políticos imediatos, mas também daqueles que de uma maneira ou de outra influenciariam minha perspectiva intelectual e política pelo resto da vida. Foi naquele período que ouvi Malik falar sobre ideologia, comunismo e a grande batalha entre Ocidente e Oriente. Ele também era próximo de John Foster Dulles e estava começando a destacar-se na vida americana da época: as universidades acumulavam-no de títulos honorários, ele dava conferências e era muito disputado socialmente. Mantinha um divertido desdém por Princeton e por mim, mas gostava de falar comigo longamente (uma conversa de verdade, exceto por uma ou outra pergunta de minha parte, não era realmente possível). Mais tarde compreendi que a aproximação de Nasser com a União Soviética, combinada com sua fé islâmica, eram o verdadeiro problema para Malik; ocultos sob o discurso das estatísticas e tendências demográficas estavam o comunismo e o Islã. Contudo, eu era incapaz de sustentar qualquer espécie de contra-argumento: a postura de Malik me lembrava o tempo todo que eu era apenas um segundanista, enquanto ele vivia no mundo real, lidava com grandes personagens, tinha uma visão muito mais elevada etc.

A atitude de Malik realmente me perturbava com sua mistura de política e família, com o sentido que ambos tínhamos de comunidade e relações genuínas batendo de frente com forças exteriores que ele sentia (e, conforme eu percebia, a maioria dos meus parentes libaneses também sentia) que "nos" ameaçavam. Eu, de alguma maneira, não era capaz de sentir aquilo, nem conseguia tampouco achar que a mudança social e a cultura da maioria devessem ser confrontadas como forma de preservar nossa condição de cristãos, ou mesmo que tivéssemos uma condição separada. Foi naquelas discussões em Washington que a inerente irreconciliabilidade entre a crença intelectual e a lealdade à tribo, à seita e ao país abriu-se pela primeira vez para mim, e permaneceu aberta desde então. Nunca senti a necessidade de conciliar as duas pontas, mas conservei-as separadas como pólos antagônicos, e sempre senti a primazia da consciência intelectual sobre a nacional ou tribal, não importando quanto de solidão essa opção implicava. Mas tal idéia, durante meus anos de graduação, era, para mim, difícil de ser formulada, embora eu certamente estivesse começando a senti-la de forma aguda. Eu não dispunha nem do vocabulário nem das ferramentas conceituais, e era com demasiada freqüência subjugado por emoções e desejos — basicamente insatisfeitos na desolação social de Princeton —, para poder tornar claras aquelas distinções que mais tarde seriam tão centrais em minha vida e em meu trabalho.

O que permanecia em Princeton da implacável pressão cotidiana dos meus anos no Cairo era uma sensação igualmente intensa de necessidade de ação: uma boa parte da minha energia emocional insatisfeita era canalizada para uma atividade intensa. Eu me mantinha em dia com os esportes jogando tênis e, ao longo de meu segundo ano, participando da equipe de natação. O coral e a sociedade de canto, onde eu era cantor e acompanhador, ocupavam meu tempo, ao lado da prática de piano. Eu tinha conquistado um prêmio generoso dos Amigos da Música em Princeton para estudar com um eminente professor de Nova York (geralmente da Julliard); em seguida à morte súbita de Erich Itor Kahn, meu primeiro professor, vieram o terrível e agressivo Edward Steuerman, o afável Beveridge Webster e o desajeitado Frank Sheridan. Nenhum deles, em seu conformismo sem imaginação, mostrou-se um professor tão útil quanto Louise Strunsky, uma mulher de Princeton de grande discernimento e musicalidade, com quem estudei por alguns meses.

Durante a última fase de meu período em Princeton, a sensação de mim mesmo como alguém inacabado, trôpego, fragmentado em diferentes partes (árabe, músico, jovem intelectual, excêntrico solitário, estudante aplicado, desajustado político) me foi dramaticamente revelada por uma colega de faculdade de minha irmã mais velha, Rosy, a quem conheci casualmente na Filadélfia quando ela se convidou para assistir conosco a uma montagem de *A morte do caixeiro-viajante,* com Mickey Shaughnessey no papel de Willie Loman. As duas eram segundanistas em Bryn Mawr. Minha irmã mal começava a superar sua paralisadora saudade de casa, mas não sua antipatia pelo lugar; sua amiga era uma aristocrata reconhecida socialmente e líder do campus, com uma elegância e um charme avassaladores, que superavam, ou antes liquidavam, qualquer reserva que se pudesse ter com relação a sua aparência incomum, mas modesta. Era muito alta, porém movia-se com uma graça espantosa. Chorou copiosamente durante a peça, tomando meu lenço emprestado e prometendo devolver depois (o que me agradou). Havia algo errado com seus dentes da frente, os quais ela tentava esconder quando falava frente a frente com alguém.

Na segunda vez que a vi, semanas depois, ela os tinha consertado. E então me dei conta de que eu havia sido arrebatado por ela com tal intensidade e paixão que queria ficar ao seu lado constantemente, um desejo que se alimentava justo do fato de que isso me era impossível. Os regulamentos de Princeton, a distância até Bryn Mawr e as complicadas agendas acadêmicas limitavam a freqüência de nossos encontros. Mas essa era também a época do meu envolvimento com Eva, que crescia e tinha lugar apenas durante os verões em Dhour el Shweir. Assim, em meu último ano em Princeton, eu corria atrás — com resultados apenas em uma a cada seis semanas, e ainda assim em geral frustrantes — do meu amor de Bryn Mawr, como de uma parte, em certo sentido, da minha vida americana, enquanto Eva, no Oriente Médio, era parte integrante *daquela* vida. Ambos os relacionamentos, contrapostos e tramados com diabólica regularidade, eram castos, não consumados, incompletos. Como uma amiga mais velha dela me disse dez anos depois, aquela surpreendente mulher americana era uma figura nos moldes de Diana, infinitamente atraente para mim e ao mesmo tempo infinitamente inatingível.

Depois que meu relacionamento com Eva acabou, no final dos anos 50, continuei de modo esporádico com aquela enigmática, estranhamente apaixonada e no entanto cada vez mais fugidia americana. Tive um casamento infeliz com outra pessoa e quando, depois de algum tempo, ele terminou, voltei mais uma vez para minha amiga de Bryn Mawr. Vivemos juntos, fomos companheiros genuínos por quase dois anos, depois de doze ou treze anos de relacionamento intermitente banhado (para não dizer encharcado) num desejo sexual sempre inflamado e também sempre refreado de modo absurdo. Ela não era uma intelectual e tampouco alguém com metas muito definidas na vida. Estivemos juntos em Harvard no primeiro ano, 1958-59, ela em educação, eu em literatura. Uma vez, durante aquele outono, ela se abriu comigo sobre as dificuldades de um relacionamento que estava tendo com outra pessoa (isso me machucou e desconcertou, mas consegui manter a calma e oferecer um ouvido amigo e aconselhamento), porém no meio do ano estávamos nos vendo regularmente outra vez. Ela partiu para Nova York para trabalhar por um tempo como professora de escola particular, depois foi lecionar na África por dois ou três anos. Sempre se interessou por teatro e cinema, mas pelo fato de ser graduada em educação, ela acabou no magistério, embora minha impressão fosse a de que, a despeito de seus dons fantásticos para lidar com jovens, isso era para ela mais uma ocupação do que propriamente uma vocação.

É difícil descrever o tremendo poder de atração que ela exercia, o fascínio de seu corpo, que esteve por tanto tempo fora do meu alcance sexual, o prazer avassalador da intimidade com ela, a completa impossibilidade de saber quando ia me querer ou me rejeitar, a alegria irredutível de vê-la depois de um período de ausência. Foram essas coisas que me amarraram a ela por tantos anos. De vez em quando, ela representava aquela face de uma América ideal à qual eu nunca seria admitido, mas que me mantinha paralisado a suas portas. Ela tinha um lado moralista do tipo "não-fale-coisas-feias" que às vezes fazia com que eu me sentisse mais forasteiro e que me levava a adotar, ressentido, meu melhor comportamento. Havia também (e mais tarde de modo central) sua família, que me parecia aristocrática e mais ou menos sem dinheiro, porque seu enérgico pai advogado enfrentara quixotescamente, por puro idealismo, oponentes gigantescos, como o Departamento de Defesa, arruinando suas finanças no processo. Mas havia bom gosto e educação, elegância e uma espécie de refinamento literário em sua família, a qual demorei um tempo considerável para conhecer e que às vezes me induzia a uma atitude quase subserviente. Sua ligação mais íntima na vida era com seu irmão mais velho, um atleta famoso e exato contemporâneo meu, embora ele estivesse em Harvard. Acho que os vi juntos apenas duas vezes, mas naquilo que ela disse sobre ele ao longo dos anos percebi uma combinação pouco comum de amor, admiração, respeito e, sim, paixão, o que durante anos senti vagamente como algo que nos impedia de consumar o que eu queria tão desesperadamente e que parecia impossível. Nisso, parece-me agora, devo ter sido complacente.

É difícil agora reconstituir os sentimentos de terrível abandono a que ela me lançava quando estava prestes a me deixar, como fez muitas vezes. "Eu amo você", ela dizia, "mas não estou *apaixonada* por você", ao anunciar a decisão de não me ver nunca mais. Isso aconteceu no final da primavera de 1959, na véspera da minha partida para o Cairo, onde passaria as longas férias de verão. Eu estava no curso de pós-graduação em Harvard e ainda dependia dos negócios de meu pai, que àquela altura estavam acossados pelas leis socialistas de Nasser, pelas nacionalizações e pela ilegalidade das contas estrangeiras, nas quais nosso negócio se baseava. Ao entrar na cidade, vindo do aeroporto, tive a clara sensação de estar sendo ameaçado, uma insegurança tão profunda que só podia vir, pensei, do sentimento de estarmos sendo arrancados pelas raízes, que eram as raízes que tínhamos no Egito. Para onde iria minha família?

Alguns dias depois, os ritmos eternos da metrópole — as pessoas, o rio, meus conhecidos do Gezira Club, o próprio tráfego, e com certeza as pirâmides, que eu podia ver da janela do meu quarto — tinham acalmado meu espírito. Aqui era o Oriente, lembro-me de ouvir um amigo de meus pais dizer, e as coisas acontecem devagar. Nada de mudanças abruptas. Nada de surpresas, embora houvesse, ironicamente, novas leis "árabes socialistas" sendo promulgadas diariamente. Não obstante as contradições e ansiedades, eu me aquietava na rotina de ir à firma de meu pai todo dia, tendo ainda, como sempre, muito pouco trabalho de verdade para fazer lá. Chegou então um cartão-postal de Chartres. Era dela, e duas semanas depois ela perguntou se poderia me visitar no Cairo. Fiquei em êxtase, mas depois de uma semana o impulso de Diana se impôs. "Tenho de partir", disse, e nada seria capaz de detê-la. Algumas semanas mais tarde estávamos juntos de novo, depois não estávamos mais, e assim por diante.

Quando, passados alguns meses, ela foi para a África, teve de voltar às pressas quase em seguida porque seu irmão tinha ficado doente. Três semanas mais tarde ele morreria nos braços dela — de leucemia, uma doença para a qual não havia nenhuma terapia eficaz há trinta anos. Foi o maior golpe da vida dela, e embora tenha retornado à África, onde ficou mais dois anos, não fui capaz de avaliar devidamente a extensão e a profundidade de sua perda. Mais tarde nossos caminhos se separaram, quando terminei minha pós-graduação, comecei a trabalhar na Columbia e me casei com minha primeira mulher. Quando meu casamento começou a ruir, voltei para ela, mas meus sentimentos haviam mudado. Todos aqueles anos de espera pela minha Diana tinham subitamente chegado ao fim. Ela havia sido uma parte tão íntima de minha vida, tão necessária para o meu faminto e reprimido eu oculto, que eu chegara a sentir que a vida sem ela era inimaginável. Ela parecia falar diretamente àquela parte subterrânea da minha identidade que eu tinha guardado por tanto tempo em mim mesmo, não o "Ed" ou "Edward" que me tinha sido designado, mas o outro eu do qual sempre estive consciente mas que era incapaz de alcançar de modo fácil ou imediato. Ela parecia ter acesso àquela parte de mim quando eu estava com ela, e então de repente (na verdade, ao fim de algumas semanas inquietas no Líbano) meu espírito serenado reconheceu que ela e eu não podíamos continuar. Nosso tempo havia acabado. E de fato não continuamos.

Diplomei-me em Princeton em junho de 1957 com um caso pronunciado de rubéola. Meus pais estavam lá para assistir à cerimônia da Phi Beta Kappa* e em seguida conhecer alguns dos meus professores. Embora tivesse me saído muito bem, meu pai insistia em perguntar aos meus professores se eu tinha mesmo dado o melhor de mim, com um tom que sugeria que eu não tinha. Minha mãe tentou em vão me garantir depois que ele estava muito orgulhoso de minhas conquistas (entre elas uma gorda bolsa de estudos para Harvard, que protelei por um ano). A maioria dos mestres (como é de seu lamentável costume) murmurava frases educadas, com exceção de Szathmary, que literalmente atacou meus confusos pais com uma breve diatribe sobre o contrasenso filosófico contido na forma lógica (ou antes ilógica) da pergunta "Ele deu o melhor de si?". Que paladino do pensamento crítico ele era, pensei com entusiasmo, e desejei muito também chegar a ser um.

Eu estava tão dividido entre impulsos díspares que finalmente decidi com meus pais que teria um ano afastado da escola para retornar ao Cairo e experimentar um pouco da vida que eu levaria se — havia sempre um "se" na minha vida naquela época — decidisse assumir os negócios. Mas o ano (1957-58) acabaria chegando ao fim com várias portas fechadas. Não, eu não era capaz de trabalhar em algo que meu pai possuía e havia criado: era território dele e a dependência que eu sentia era odiosa para mim. Dinheiro e propriedade eram duas coisas nas quais eu sabia instintivamente que nunca poderia vencê-lo numa disputa. Durante meus anos em Princeton, e mesmo nos da pós-graduação em Harvard, quando ele ainda generosamente me supria de dinheiro, uma provação desagradável para mim era o dia da volta para casa. Ele andava agitado e desconfortável a minha volta , até que,

---

* Instituição honorária norte-americana fundada em 1776, cujos membros vitalícios são escolhidos entre universitários de alta distinção acadêmica. (N. T.)

para terminar com sua inquietação, me dizia: "Edward, podemos ter uma pequena conversa?". Por pelo menos dez anos "nossa conversa" tomou a mesma forma, repetida de modo exato ano após ano. Ele tirava um pedaço de papel do bolso e lia nele uma cifra, uma soma em dólares. "Este ano eu lhe mandei 4.356 dólares. Quanto sobrou?" Como eu sabia que teria de responder essa pergunta assim que chegasse em casa, e como nunca mantinha registro dos meus gastos, passava várias horas de angústia durante a longa viagem de avião para o Oriente Médio tentando fazer uma lista das minhas despesas, entre as quais estavam a escola, o aluguel do quarto e as refeições. Essa soma sempre ficava muito abaixo do total, de modo que quando eu o encarava me vinha um terrível sentimento de culpa, e eu me sentia tolo e sem fala. "Você diz que gastou cinqüenta dólares no barbeiro. Com isso ainda sobram 1.500 dólares que você não computou. Tem idéia de quanto eu preciso dar duro para conseguir esse dinheiro? Quanto você ainda tem no banco?", ele dizia então, como que me dando uma oportunidade de me redimir. Antes de sair de férias eu tinha sacado tudo, exceto uns dez dólares. Ele protestava com irritação. E foi sempre a mesma coisa, até por volta dos meus 25 anos.

Nunca consegui conciliar isso com sua extraordinária generosidade — pagando caras aulas de piano em Boston, deixando-me comprar um carro na Itália para uma longa excursão européia de verão em 1958, incluindo semanas passadas em Bayreuth, Salzburgo, Lucerna e por aí afora. Eu sentia que só pedindo a minha mãe que intercedesse poderia obter um sim dele, já que sua resposta imediata a qualquer pedido que eu fizesse era invariavelmente negativa; além disso, devo confessar que a maior parte das vezes eu era demasiado tímido, assustado e envergonhado para pedir a ele por conta própria. O fato é que ele financiava meu ensino e minhas atividades extracurriculares e ainda assim não conseguia falar sobre dinheiro com ele, que tampouco queria que eu tivesse dinheiro demais.

Deve ser dito também que meu pai possuía claramente um sentimento de proprietário, algo que nunca adquiri e que, de um modo sutil e silencioso, tampouco me deixaram adquirir. Até a queda da Palestina ele e a família de seu primo Boulos (Boulos tinha morrido em 1939 ou 1940) eram co-proprietários dos negócios no Egito e na Palestina. Durante aquela época nenhum de nós, muito menos meu pai, nunca pegou qualquer mercadoria da loja, nem mesmo um lápis, sem registrar a retirada. Ele era escrupuloso na defesa do interesse *deles*. Junto com esse escrúpulo havia uma ira descontrolada contra qualquer sinal de extravagância ou gasto imprudente de nossa parte. Por anos e anos — durante os quais seus lucros se basearam em enormes vendas de máquinas e mobília para o governo egípcio, o exército inglês e grandes corporações como a Shell e a Mobil Oil — ele se lançava contra nós dizendo: "Vocês se dão conta de quantos lápis tenho que vender para ganhar as cinqüenta piastras que esbanjaram em doces no clube?". Realmente acreditei nessa espantosa ficção até por volta dos 21 anos; lembro-me de tê-lo desafiado com a frase: "De que lápis você está falando? Você não vende lápis; vende calculadoras Monroe e faz milhares de libras em uma única venda". Aquilo o deteve, embora o sorriso maroto em seu rosto me sugerisse que, a despeito de si próprio, ele gostou de ter levado a pior daquela vez.

Pelo fato de ter criado o negócio e chegado a ser seu proprietário exclusivo, meu pai era, e em todos os sentidos agia como, o dono absoluto. Em conseqüência, nada escapava do seu controle, nenhum detalhe era pequeno demais para que ele o conhecesse, nenhum canto de seu escritório, lojas, depósitos, fábricas e oficinas estava isento de um exame crítico. O expediente começava às oito da manhã, fechava para almoço à uma, reabria às quatro (no verão; no inverno, às três e meia) e fechava às sete e meia; aos sábados havia meio período e o domingo era o dia de folga semanal. Meu pai sempre aparecia às nove e meia, nunca à tarde. Nas datas festivas ele sempre hasteava a bandeira norte-americana, um hábito que enfureceu um orientalista americano visitante que eu conhecia de Princeton e que me passou um sermão (acho que não conseguiu sequer ultrapassar os vários obstáculos para ver meu pai, que dirá para conhecê-lo) sobre a inconveniência daquilo: "Aqui é o Egito", disse ele, tautologicamente. "Hastear aquela bandeira é um insulto aos egípcios." Para seus muitos empregados egípcios, porém, meu pai parecia uma presença natural. Ele conhecia todos os seus clientes e, em caso de necessidade, podia tomar o lugar de um vendedor cansado ou incapacitado. Mas era sua figura poderosamente imponente, postada em qualquer ponto do estabelecimento na Sharia Abdel Khalek Sarwat, ou em seu escritório na Sharia Sherif, que transmitia algo que nunca cheguei a possuir, o sentimento profundo e incontestável de ser o dono.

Eu era o forasteiro, o desconhecido que estava de passagem. Claro que todos os funcionários, mesmo os mais antigos e graduados, me tratavam como "senhor Edward", mas sempre achei esse tratamento ao mesmo tempo ridículo e constrangedor. Eu não conseguia me referir à firma com pronomes possessivos como "nosso" ou "nossa" e nunca tinha nada específico para fazer ali. Sentia que meu pai queria que eu trabalhasse com ele por ser seu filho, mas o extraordinário é que durante todo aquele ano eu ia de carro sozinho ao local às oito, passava o dia inteiro na loja e no escritório, ficava lá sozinho à tarde e fazia tudo isso sem ter nenhum compromisso específico a cumprir, nenhuma tarefa a realizar, nenhum departamento ou serviço pelo qual me responsabilizar. Eu lhe pedia regularmente alguma coisa para fazer e ele sempre respondia: "Para mim, é suficiente que você esteja lá". Até minha mãe de vez em quando objetava contra essa idéia extraordinariamente vaga, em certo sentido até desdenhosa, de missão — afinal de contas eu já tinha um bacharelado em Princeton e era membro da Phi Beta Kappa —, mas sem resultado. "Para mim, é suficiente que você esteja lá!"

Por volta do Natal comecei a chegar para o "trabalho" de manhã cada vez mais tarde. Passava minhas tardes sozinho no escritório dele enquanto ele jogava bridge no clube; ou eu lia — lembro-me de haver passado uma semana lendo todo Auden, uma outra folheando a edição da Pléiade das obras de Alain, uma terceira quebrando a cabeça com Kierkegaard e Nietzsche, outra ainda lendo Freud — ou escrevia poemas (alguns dos quais publiquei em Beirute), crítica musical ou cartas a vários amigos. No final de janeiro comecei a ficar em casa para praticar piano. Meu pai, entretanto, permaneceu serenamente inalterado. Eu era inseguro demais para competir com ele e, por razões que ainda não compreendi inteiramente, não me sentia no papel de filho varão mais velho, aliás único, credenciado a assumir de fato suas propriedades. A Standard Stationery Company nunca foi minha. Ele me pagou durante aquele ano o que na época era o considerável salário mensal de duzentas libras egípcias e fez questão de que no último dia de cada mês eu ficasse em fila com os outros empregados, assinasse a folha de pagamentos (por motivos fiscais eu era chamado de "Edward Wadie") e retirasse meu salário em dinheiro. Invariavelmente, quando eu chegava em casa ele pedia cortesmente o dinheiro de volta, dizendo que era uma questão de "fluxo de caixa" e que eu poderia dispor do dinheiro que precisasse. "É só pedir", dizia. E claro que eu obedecia devidamente, sempre submisso a ele.

Era o dinheiro dele, afinal de contas, seu negócio, seu trabalho. Esses fatos produziam tamanha impressão em mim que eu só conseguia me ver como um apêndice inútil dele, "o filho", como eu imaginava que seus empregados se referiam a mim. O que entrava e saía da firma não tinha absolutamente nada a ver comigo; eu apenas acontecia de estar lá, mas o comércio seguia o curso que sempre seguira sem mim. Fui útil para ele apenas ocasionalmente, sobretudo no verão de 1960, quando o "socialismo árabe" de Nasser passou a significar que as transações em moeda estrangeira forte e as importações às quais elas se destinavam estavam proibidas, e meu pai teve de recorrer a complicados acordos triplos ou quádruplos de escambo, envolvendo, digamos, amendoins egípcios vendidos à Romênia, que em troca adquiria locomotivas da França, que por sua vez permitia a exportação adicional de máquinas de franquia postal para o meu pai no Egito. Eu tentava acompanhar esses acordos, mas não conseguia: meu pai era capaz de fazer todos os cálculos de cabeça (mais as taxas de conversão, as comissões, as flutuações dos preços em dólar) enquanto seu revendedor favorito, Albert Daniel, sentava diante dele com uma calculadora de bolso. Eles faziam o acordo e eu só observava, me perguntando até onde aquilo seria legal, uma vez que era algo claramente concebido para burlar as inconveniências e obstáculos colocados no caminho de importadores como meu pai. Ele já havia mudado para móveis de escritório de aço produzidos localmente, por exemplo, mas ainda precisava garantir a aquisição da matéria-prima vinda do exterior: para isso eram necessárias maquinações ainda mais complicadas, mas ele estava à altura da tarefa, e logo conseguia os produtos desejados.

Lembro-me de que ele parecia se deleitar na complexidade do que estava fazendo, mas seu evidente prazer me causava desalento e um considerável sentimento de inadequação. Eu nunca tinha alguma coisa de útil a acrescentar, uma vez que meu pai e Daniel eram demasiado rápidos, demasiado seguros e hábeis naquela negociação incessante. Contudo, na tarde de um dia de semana meu pai deu um raro telefonema do clube; eu estava sentado em seu escritório, lendo uma revista, se não me engano. "Você vai receber alguns papéis — um contrato — esta tarde. Quero que os assine e mande de volta a Daniel por intermédio do mensageiro." Explicou que tinha me passado o encargo porque, disse, "afinal de contas, você também é um executivo". Não parecia nada de grande interesse para mim: lá estava eu "só estando lá" para ele, apenas ocasionalmente cumprindo o que parecia ser uma ou duas tarefas úteis. Os contratos sobre os quais ele me falou foram devidamente assinados uma hora depois; lembro-me com clareza de não ter pensado mais naquela transação. Entretanto, pelos quinze anos que se seguiram não pude voltar ao Egito por causa daquele contrato específico. Como seu crédulo signatário, fui declarado culpado de contravenção à lei de controle do comércio. Meu pai me disse que policiais foram ao seu escritório a minha procura, e que um deles uma vez ameaçou me trazer de volta do exterior algemado. Mas nesse caso, também, por muito tempo não culpei meu pai pelo surpreendente lapso mediante o qual havia envolvido seu filho em algo basicamente ilegal. Sempre supus que era a polícia egípcia que devia ser responsabilizada e que era o zelo dela que tinha me banido por quinze anos da única cidade do mundo na qual me sentia mais ou menos em casa.

Assim, nosso mundo do Cairo começou a se fechar ameaçadoramente sobre nós, na verdade a desmoronar, à medida que se desfechava para valer o ataque nasserista não apenas às classes privilegiadas, mas também aos dissidentes de esquerda como Farid Haddad. Percebi, na altura do meu segundo ano na pós-graduação (1959-60), depois da morte de Farid e do julgamento de George Fahoum por "corrupção comercial", que nossos dias como residentes estrangeiros no Egito estavam finalmente caminhando para um desfecho. Um palpável ar de ansiedade e depressão perpassava o círculo de amigos da minha família, muitos dos quais faziam planos para partir (como em sua maioria de fato partiram) para o Líbano ou para a Europa.

Meus cinco anos (1958-63) como estudante de pós-graduação em literatura em Harvard foram uma continuação intelectual de Princeton, no que dizia respeito à instrução formal. A história convencional e um pálido formalismo regiam a faculdade de literatura, de tal modo que para preencher os requisitos para minha titulação não havia possibilidade alguma de fazer algo que não fosse a progressão de um período literário a outro até chegar ao século XX. Lembro-me de horas, dias, semanas de leitura voraz sem nenhuma relação significativa com o que os professores lecionavam ou com o que esperavam de uma clientela estudantil largamente passiva. Praticamente não havia nenhuma ondulação na superfície de placidez do corpo discente, talvez porque, sem nenhum sentido de exemplo intelectual para animar nossos esforços, todos estivéssemos fora do lugar, ou pouco confortáveis na instituição. Minhas próprias descobertas intelectuais eram feitas fora do que era requerido pelo regime, a exemplo das daqueles talentosos esquisitões que também estavam em Harvard, como Arthur Gold, Michael Fried e Tom Carnicelli. Como o Oriente Médio se distanciava mais e mais da minha consciência (afinal, eu não lia nada em árabe na época, nem conhecia árabe algum, exceto Ralph Nader, que, diferentemente de mim, era um estudante de direito de Harvard nascido na América, que me ajudou a resistir e por fim a escapar à convocação ao serviço militar quando da crise de Berlim de 1961), os eventos mais significativos para mim eram coisas como a *Nova ciência*, de Vico, *História e consciência de classe*, de Lukács, Sartre, Heidegger, Merleau-Ponty. Todos deram forma a minha dissertação sobre Conrad, escrita sob a gentil supervisão de Monroe Engel e Harry Levin.

Tentei duas vezes estudar sob a orientação do idoso I. A. Richards, a figura mais de vanguarda na época em Harvard, e nas duas vezes ele abandonou o curso na metade. Sua secretária entrava e dizia que o curso tinha sido unilateralmente dissolvido. Obscuro, vaidoso, divagador, era uma miniatura cômica do pensador ousado de outrora, e, à medida que eu a lia, sua obra me parecia tão rala e incompleta quanto a de Blackmur era estimulante e, apesar de sua sintaxe retorcida, sugestiva. Havia um excitação ocasional em torno de professores visitantes, muito poucos naqueles dias, mas fui atiçado pelas palestras de Kenneth Burke sobre o que ele chamava de "logologia".

A mais importante influência musical em minha vida, mesmo enquanto eu estava em Harvard, foi Ignace Tiegerman, um minúsculo (cerca de um metro e meio) pianista polonês, diretor de conservatório e professor residente no Cairo desde meados dos anos 30. Muito poucos músicos que conheci tinham ou têm seus dons de pianista, professor e músico. Aluno de Lechetizky e Ignaz Friedman, ele foi para o Egito num cruzeiro, amou o lugar e simplesmente ficou, perfeitamente consciente do que o advento do nazismo significaria para judeus como ele na Polônia. Ele era intrinsecamente preguiçoso, e, quando o conheci, já havia parado de praticar e de dar concertos. Mas tinha toda a literatura para piano do Beethoven intermediário ao primeiro Prokofiev na cabeça e nos dedos, e era capaz de tocar peças como *Gaspard de la nuit* ou os estudos de Chopin em terças e sextas fabulosamente bem e com o mais extremo brilho. Quanto às últimas peças de Brahms ou a obras de Chopin, como os noturnos, mazurcas e, acima de tudo, a *Balada nº 4*, os *Improvisos* e as *Polonaises*, ninguém que eu tenha ouvido tocava-as como Tiegerman, com tal perfeição de tom e frase, tempo infalivelmente "certo", anagogias e tudo o mais. Ele me encorajou mais do que sou capaz de expressar, e menos pelo que dizia diretamente a mim do que pelo que fazia no segundo piano e também por mostrar o que poderia ser modificado em minha maneira de tocar (que ele sabia parodiar com perfeição). Acima de tudo era um companheiro musical — não uma autoridade intimidadora ou impositiva — para quem a música era literalmente uma parte da vida, de tal maneira que, durante nossas longas conversas nas noites quentes de domingo no Cairo, ou mais tarde em sua pequena *dacha* de verão em Kitzbühl, deslizávamos naturalmente entre períodos de diálogo e períodos de piano.

No que se refere à música, meu interesse numa carreira profissional diminuiu quando me percebi insatisfeito com a exigência física de uma prática diária e apresentações muito esporádicas. E também, devo dizer, me dei conta de que meus talentos, no estágio em que estavam, nunca poderiam se adequar ao tipo de trajetória profissional que eu imaginava para mim. Paradoxalmente, foi o exemplo de Tiegerman, vivendo e agindo dentro de mim, que acabou me desencorajando a fazer do piano algo além de um prazer sensual, ao qual me entregaria com um nível decente de competência pelo resto da vida; senti que havia uma linha de sombra de habilidade em estado puro que eu não era capaz de ultrapassar: a linha que separa o bom amador do executante realmente talentoso, alguém como Tiegerman ou Glenn Gould, a cujos recitais em Boston assisti entre 1959 e 1962 com admiração e arrebatamento, músicos para quem a habilidade de transpor ou ler de modo imediato, uma memória perfeita e a total coordenação entre mão e ouvido eram algo sem esforço, enquanto para mim tudo isso era realmente difícil, exigindo muito esforço e no fim apenas resultando em algo incerto e precário. Ainda assim, com meu extravagante amigo Afif (Alvarez) Bulos, um antigo jerusalemita cerca de quinze anos mais velho que eu que fazia pós-graduação em lingüística e era, para a época, um homossexual invulgarmente pitoresco, de gestos afetados quase caricaturais, cheguei a dar concertos, ele com sua boa voz de barítono, eu no piano. Ele era um dos raros contemporâneos dos meus dias de Harvard a quem continuei a ver em Beirute, onde deu aulas até sua escabrosa morte, a facadas, na primavera de 1982. Foi um horrível sinal premonitório da invasão de Israel, ocorrida três meses depois, e da guerra civil libanesa que rugia furiosamente na região em que Afif morava, em Ras Beirute.

Em Cambridge, Afif e eu costumávamos ensaiar onde eu morava, na casa no fim da Francis Avenue, da minha cordial senhoria Thais Carter, cuja filha havia sido colega de classe de Rosy em Bryn Mawr. Thais era uma mulher divorciada de meia-idade que morava sozinha, exceto durante os meses de verão, quando seu pai, o sr. Atwood, residente na Flórida, vinha se hospedar com ela. Ela alugava dois quartos no andar de cima, num dos quais morei durante três anos e onde, graças a seu humor sutil, sua hospitalidade e seu dom para a amizade, me senti genuinamente satisfeito. Mais ou menos da idade de minha mãe, Thais era paciente onde minha mãe era impetuosa, metódica onde minha mãe se deleitava em surpreender e subverter qualquer método, serenamente prática onde minha mãe era uma combinação singular de ingenuidade e sofisticação diligente. Ela e minha mãe se tornaram boas amigas, embora seja impossível imaginar um par mais contrastante. Thais tolerava com facilidade e tinha uma afeição divertida pela homossexualidade extravagante de Afif, ao passo que Afif deixava minha mãe incomodada. Lembro-me de que contei-lhe em 1959 que Afif era homossexual e, para meu espanto, descobri que ela não tinha idéia do que isso significava, mas mesmo assim, como todas as menções à sexualidade, aquilo a fez estremecer de autêntica repulsa.

Eu ainda a via como meu ponto de referência, em geral de maneiras que não apreendia totalmente e tampouco compreendia de forma concreta. No verão de 1958, enquanto rodava pela

Suíça, tive uma horrenda e sangrenta colisão frontal com um motociclista; ele morreu e eu fiquei bastante ferido. Ainda estremeço ao me lembrar do som pavorosamente alto e terrivelmente absoluto da trombada, que me deixou inconsciente, e do momento em que acordei deitado na grama com um padre curvado sobre mim, tentando ministrar a extrema-unção. Num instante, depois de empurrar para longe o clérigo intruso, eu soube com instinto infalível que tinha de telefonar para minha mãe, que naquele momento estava no Líbano com o resto da família. Ela era a primeira pessoa a quem eu precisava contar minha história, o que fiz no momento em que a ambulância me deixou no hospital de Fribourg. Aquele meu sentimento de que tudo começava e terminava em minha mãe, em sua presença encorajadora e, segundo eu imaginava, em sua infinita capacidade de cuidar de mim foi algo que sustentou minha vida de modo suave e imperceptível por anos e anos. Numa época em que eu atravessava mudanças radicais — nos terrenos intelectual, emocional e político —, sentia que a figura idealizada de minha mãe, sua voz, sua envolvente atenção e carinho materno eram aquilo em que eu podia verdadeiramente me fiar. Quando me divorciei de minha primeira mulher, a terrível confusão que senti foi, creio, mais bem dirimida por minha mãe, apesar de sua extraordinária ambivalência, a qual ou eu negligenciava ou sobrepujava: "Se as coisas estão tão ruins entre vocês, então, sim, você certamente deve se divorciar". Isso era seguido imediatamente pela frase: "Por outro lado, para nós [cristãos], o casamento é permanente, é um sacramento, é sagrado. Nossa igreja nunca vai reconhecer o divórcio". Declarações desse tipo freqüentemente me paralisavam por completo.

Ainda assim, durante anos consegui superar sua irresolução e alcançar o amparo que ela me dava, especialmente depois que perdi o Cairo, evento por trás do qual, comecei a me dar conta cada vez mais, estava a contínua perda da Palestina em nossas vidas e nas de outros parentes. E 1967 trouxe mais deslocamentos, enquanto para mim aquilo parecia encarnar *o* deslocamento que englobava todas as outras perdas, os mundos desaparecidos da minha infância e juventude, os anos apolíticos da minha educação, a pretensão de um magistério desengajado na Columbia e assim por diante. Não fui mais a mesma pessoa depois de 1967; o choque daquela guerra me levou de volta para onde tudo começou: a luta pela Palestina. Entrei em seguida na paisagem recentemente transformada do Oriente Médio como parte do movimento palestino que emergiu em Amã e depois em Beirute no final dos anos 60 e ao longo dos 70. Essa foi uma experiência que se alimentou do lado agitado e grandemente escondido da minha vida anterior — o antiautoritarismo, a necessidade de romper um silêncio forçado e imposto, acima de tudo a necessidade de voltar a uma espécie de estado original do que era irreconciliável, e que por isso espalhava a destruição e estabelecia uma ordem injusta. Parte do frenético desassossego de minha mãe era uma reação à perda de meu pai e às muitas mudanças desconcertantes a sua volta à medida que a OLP crescia em tamanho e importância em Beirute, em paralelo com a guerra civil libanesa. Ela sobreviveu à invasão israelense de 1982, por exemplo, com admirável bom humor e firmeza, cuidando de uma casa onde moravam minha irmã caçula, Grace, mais dois amigos desabrigados, Ibrahim Abu-Lughod e Sohail Meari, cujo apartamento havia sido devastado por um foguete israelense no início da guerra. Foi uma espantosa demonstração de bravura sob fogo cerrado. Entretanto, quando eu tentava falar com ela sobre política, sobre a *minha* política dissidente em particular, ou sobre as complexas realidades políticas que causavam os problemas cotidianos de sua vida desde o seu casamento, ela me repreendia: volte para sua vida de literato; a política no mundo árabe destrói pessoas boas e honestas como você, e assim por diante.

Levei anos, depois do fim de minha educação formal, para me dar conta de quanto ela havia — nunca saberei se conscientemente ou por instinto — se insinuado não apenas em nossos problemas de irmãs e irmão, mas também entre nós. Minhas irmãs e eu ainda convivemos com as conseqüências dos terríveis talentos dela, todos implicando espinhosas barreiras entre nós, nutridas, decerto, por outras fontes também, mas erguidas inicialmente por ela. Algumas dessas barreiras são irremovíveis, o que lamento. Talvez elas existam em todas as famílias. Mas também percebo agora que nosso peculiar casulo familiar não era modelo algum para vidas futuras, assim como o mundo em que vivíamos tampouco o era. Acho que meu pai deve ter sentido isso, quando, com imoderada despesa, tomou a atitude completamente inaudita e nos mandou aos Estados Unidos (minhas irmãs apenas para a faculdade) para estudar; quanto mais penso nisso, mais acredito que ele achava que a única esperança para mim como homem estava em minha separação da família. Minha busca da liberdade, do eu recalcado ou obscurecido por "Edward", só pôde ter início graças a essa ruptura, de modo que acabei por vê-la como algo positivo, apesar da solidão e da infelicidade que experimentei por tanto tempo. Agora não parece importante e nem mesmo desejável estar no lugar "certo" (perfeitamente em casa, por exemplo). Melhor é vagar sem lugar fixo, não possuir uma residência e jamais se sentir demasiado em casa onde quer que seja, especialmente numa metrópole como Nova York, onde ficarei até morrer.

Durante seus últimos poucos meses de vida, minha mãe freqüentemente me falava, em tom de queixa, sobre o tormento que era tentar dormir. Ela estava em Washington, eu em Nova York; conversávamos constantemente, nos víamos mais ou menos uma vez por mês. Seu câncer estava se espalhando, eu sabia. Ela se recusava a receber quimioterapia: "*Ma biddee at'adthab*", dizia, "Não quero passar por essa tortura". Anos depois foi minha vez de me submeter em vão a tal tratamento durante quatro anos devastadores, mas ela nunca se dobrou, nunca cedeu nem mesmo à insistência de seu médico, nunca fez quimioterapia. Porém não conseguia dormir à noite. Sedativos, pílulas para dormir, bebidas calmantes, as sugestões de amigos e parentes, leitura, orações: nada disso deu resultado, segundo ela. "Ajude-me a dormir, Edward", ela me disse uma vez com um comovente tremor na voz que ainda posso ouvir enquanto escrevo. Mas então a doença atingiu seu cérebro, e ao longo das seis últimas semanas ela dormiu o tempo todo. Esperar à beira de sua cama que ela despertasse, junto com minha irmã Grace, foi a mais angustiosa e paradoxal das minhas experiências com ela.

Agora conjecturo que minha própria inabilidade para dormir pode ser seu último legado para mim, um contraponto a sua própria luta pelo sono. Para mim o sono é algo a ser vencido o mais rápido possível. Só consigo ir para a cama muito tarde, mas estou de pé literalmente ao alvorecer. Assim como ela, não detenho o segredo do sono prolongado, mas, ao contrário dela, cheguei a um estágio em que nem o desejo mais. Para mim, o sono é morte, a exemplo de qualquer diminuição da consciência. Durante meu último tratamento — uma provação de doze semanas —, fiquei muito aborrecido com as drogas que me deram para afastar a febre e os calafrios, e mais aborrecido ainda com a sonolência induzida por elas, com a sensação de estar sendo infantilizado, com o desamparo que muitos anos atrás eu me teria permitido como sendo o de uma criança diante de minha mãe e, de modo diferente, de meu pai. Lutei amargamente contra os soporíferos, como se minha identidade dependesse de resistir a eles e até mesmo aos conselhos do meu médico.

A insônia para mim é um estado precioso, a ser desejado quase a todo custo; não há nada mais revigorante do que o início da manhã, em que se dissipa imediatamente a vaga semiconsciência de uma noite desperdiçada e me reencontro comigo mesmo ou retomo o que poderia ter perdido por completo algumas horas antes. Às vezes me sinto como um feixe de correntes que fluem. Prefiro isso à idéia de um eu sólido, à identidade a que tanta gente dá tanta importância. Essas correntes, como os temas da vida de uma pessoa, fluem ao longo das horas de vigília e, em seu melhor estado, não requerem nenhuma reconciliação, nenhuma harmonização. Elas escapam e podem estar fora do lugar, mas pelo menos estão sempre em movimento, no tempo, no espaço, em toda espécie de estranhas combinações que se movem, não necessariamente para a frente, às vezes umas em choque com as outras, fazendo contrapontos, ainda que sem um tema central. Uma forma de liberdade, eu gostaria de acreditar, embora esteja longe de ter certeza disso. Esse ceticismo também é um dos temas aos quais particularmente gostaria de me agarrar. Com tantas dissonâncias em minha vida, de fato aprendi a preferir estar fora do lugar e não absolutamente certo.

ESTA OBRA FOI COMPOSTA EM MINION PELO ESTÚDIO O.L.M.,
TEVE SEUS FILMES GERADOS PELA SPRESS E FOI IMPRESSA PELA
GRÁFICA BARTIRA SOBRE PAPEL PÓLEN SOFT DA COMPANHIA SUZANO
PARA A EDITORA SCHWARCZ EM JANEIRO DE 2004